European Drama
and Performance Studies

2024 – 2, n° 23

# European Drama and Performance Studies

## Stage and Plate. Eating and Starving in European Drama and Theatres (16th-19th century)

Edited by Sabine Chaouche and Clara Édouard

PARIS
CLASSIQUES GARNIER
2024

© 2024. Classiques Garnier, Paris.
Reproduction et traduction, même partielles, interdites.
Tous droits réservés pour tous les pays.

ISBN 978-2-406-17446-2
ISSN 2266-9035

# CONTENTS

## ARCHETYPES OF THEATRE
## AND RELATIONSHIP WITH FOOD /
## *ARCHÉTYPES DU THÉÂTRE*
## *ET RELATION À LA NOURRITURE*

## CULINARY CULTURE
## AND THEATRE PRODUCTION /
## *CULTURE CULINAIRE*
## *ET PRODUCTION THÉÂTRALE*

OTHER PERSPECTIVES / *AUTRES PERSPECTIVES*

UNIVERSALITY OF FOOD AND HUNGER /
*UNIVERSALITÉ DE LA NOURRITURE ET DE LA FAIM*

# THE MULTIFACETED ROLES OF FOOD
# ON THE EUROPEAN STAGE

The recent field of food studies has shown the value of a broad approach that examines food from many angles. By looking at food as a part of culture, society and art, researchers have been able to use insights from ecology, sociology, anthropology, history, and the culinary arts. This comprehensive view has led to rich and diverse findings. From ancient symposia to the post-Covid resurgence of dinner theatres, food appears in all aspects of theatre: on stage, as a prop, a plot element, or as a protagonist in its own right; it is also evident behind the scenes, in the audience, in the sociability of the troupe and as part of rituals. Moving beyond the specifics of the art form, it can be seen that the notion of food as 'Theatre' is ubiquitous: in our ritualization of meals, from the *'mise en place'* to the service, to the conversations that take place over dinner. The recent hit film *The Menu* (2022) illustrates this, and it can be seen that 'The Meal' is a theatrical machine. So, in the wake of some stimulating recent works in English that have offered a wide international perspective (for instance: Dorothy Chansky (ed.), *Food and Theatre on the World Stage* (Routledge, 2015), L. Piatti-Farnell, D. Lee Brien (eds), *The Routledge Companion to Literature and Food* (Routledge, 2018), Amy Tigner, and Allison Carruth, *Literature and Food Studies* (Routledge, 2018) or French works that focussed on the twentieth and twenty-first century (with an issue of *Jeu, Nourriture en scène* (2015) and Athéna-Hélène Stourna, *La cuisine à la scène, Boire et manger au théâtre du XX<sup>e</sup> siècle* (PUR, 2011), it is time to devote an issue to the interaction between food and drama from the seventeenth century to the nineteenth century.

An analysis of food and its antagonist counterpart, hunger, requires a multifaceted approach to understanding the role, consumption of, and craving for food both on and offstage from the Renaissance to the Belle-Époque. This includes examining its preparation and presence in theatres, its representation and idealisation, its associated rituals and etiquette, and exploring interrelated topics such as dietary habits, weight, and body. How is food or hunger portrayed on stage? To what extent does food reflect ingrained socialising habits and leisure activities, highlight trendy dishes or new products in the market? How do playwrights and actors utilise food or the absence of it through verbal expressions, characters, or stage actions?

Such a broad topic necessitates exploring various intertwined aspects, including dramatic art and poetics, which showcase the significance of food within plot development and its essential role in both tragic and comic actions. Offering poisoned cups, swallowing the poison;[1] or offering one's children as a meal[2] or even a lover's heart to one's spouse[3] is part of the theatre of terror in tragedy. Don Juan's 'last supper' is a culmination of his deceitful behaviour. Conversely, food can be a means of seduction in love affairs. Monsieur Jourdain organises a banquet worthy of a wedding[4] for Dorimène. Harpagon, on the other hand, prefers to avoid any expenses, proclaiming, 'When there is enough food for eight, there is certainly enough for ten' (L'Avare, III.1). Gluttonous or gourmand servant characters in European theatre such as El Gracioso, Arlequin, or Sganarelle entertain audiences by stealing food or being heavily intoxicated. Thus, food often serves as an opportunity to create comical effects but also innuendos. For instance, in Regnard's Les Filles errantes, ou Les intrigues des hôtelleries (1690), a 'young pullet, tender, and fat to the fingertips'[5] (II.2) is metaphorically portrayed as a young woman who gradually transforms into a piece of meat, as indicated by the subsequent lines: 'By Jove, sir, if you enjoy tough meat, we will provide you with all you desire.' (II.2).[6]

During the nineteenth century, the bourgeois dining room emerges as an alternative to the traditional living room or *salon* inherited from classical comedy. In celebrations and social gatherings, the art of tableware (*art de la table*) plays a significant role. Servants bring food while guests

---

1   Such as Cleopatra in *Rodogune* (1644/1645) by Corneille.
2   See *Atrée et Tyeste* (1707) by Prosper Jolyot de Crébillon.
3   See *Gabrielle de Vergy* (1777) by Pierre Laurent de Belloy.
4   *'je vois ici un banquet à faire noces'* states Madame Jourdain in *Le Bourgeois gentilhomme* (IV.2).
5   *'une jeune poularde, tendre, grasse jusqu'au bout des ongles'. Œuvres complètes de Regnard*, ed. by Charles Georges Thomas Garnier (Paris: E.A. Lequien, 1820), t. 5, p. 266.
6   *'Parbleu, monsieur, si vous aimez la viande coriace, nous vous en donnerons tout votre soul'*. Ibid., p. 267.

dine on stage.[7] Lively conversations about the food being consumed intertwine with other serious or playful topics, adding a realistic and authentic touch to the stage. However, naturalism is not far behind with its meat trays which contribute to the development of modern staging. The portrayal of courses and meals on stage raises questions about the staging of food, the types of food depicted, and the contextual significance of specific dishes. In certain circumstances, luxury items like expensive wines are not only staged but also consumed on stage. Food sometimes permeates the entire stage design: a palace can be 'made' of 'sugar, candy canes, and candy fruits',[8] showcasing new culinary fashion trends influenced by imported goods.

Beverages and food could be found in playhouses as early as the seventeenth century.[9] As a result, spectators could drink during intermissions or visit the famous Café Procope located near the playhouse. A century later, the cabarets in Montmartre welcomed spectators who could indulge in drinks, and "consume" female performers simultaneously. Further exploration of historical aspects related to the suppliers who worked with or around playhouses, such as caterers, pastry chefs, or restaurateurs, can provide insights into the geography of food in the city and theatrical life. This becomes particularly relevant as the nineteenth century marks a transition to a consumer society.

Actors possessed various techniques to portray drunkenness and heightened excitement on stage. However, they were sometimes accused of being intoxicated during performances, but wine was inevitable during the period. This raises questions about the actors' daily diet and consumer habits. How do their indulgences impact their weight? In the seventeenth century, Montfleury was already ridiculed by Savinien de Cyrano de Bergerac in his satirical letter titled *Contre un gros homme* (*Against a Fat Man*): 'You are a miracle, as your roundness causes spectators

---

7    See Georges Feydeau's *Chat en poche* (1888). The opening line, 'Excellent, this duck!' sets the tone for the vaudeville.

8    As seen in *Le Roi de Cocagne* (1718) by Marc-Antoine Legrand, where the palace was made of 'sugar, candy canes, and candy fruits'. In the 1770s, in *Le Chevalier français à Turin* (1778) by Claude-Joseph Dorat, the troupe opted to stage a light meal consisting of sweets (*entremets*), fruits, biscuits, macaroons, cream, and a chocolate fricassee. The choices made by the actors reflect a form of on-stage gastronomy and a sweet tooth, symbolizing expensive tastes and wealth.

9    Sabine Chaouche, 'The Theatre Industry and Cultures of Consumption', in *Molière in Context*, edited by Jan Clarke (Cambridge: Cambridge University Press, 2022), pp. 154–61.

to mistake you for a rack of veal strolling on its bacon lardons'.[10] Actors putting on weight were mocked such as the 'fat Aricie' entering on stage to perform her role in *Phèdre* by Jean Racine in 1677.[11] In addition, the fortunes amassed by renowned actors whose fame is made by the press and voraciously devoured by theatre worshippers, are in stark contrast with struggling travelling troupes that often face starvation disillusionment. At the end of the spectrum, elderly actors, who have fallen into oblivion and have barely enough to drink and eat, dream of their past glorious days or crave a successful comeback. Be they rich or poor, theatre is presented as their main spiritual and earthly sustenance.

The proverb 'The appetite comes with eating'[12] holds true, but does the enthusiasm for drama and the stage have any limits over time? Audiences yearn for spectacles and possess a fervent appetite for entertainment and theatricality. The theatromania that characterized the eighteenth century and the emergence of boulevard theatres and music-halls which became very popular in the nineteenth century exemplify the interplay between the stage and the dining table.

## FOOD, MORALITY AND SOCIETY

The volume opens with a group of three texts that provide an immediate insight into the richness of the culinary angle. All three study the European sixteenth century in different countries (Portugal, Italy/Spain, France), all with a strong focus on the link between food and cultural practice. First, Thomas Marti's article, "The Backroom Takes Centre Stage: The *Comedia Tinellaria* or the Pleasures of a Satirical Meal", looks at the work of Bartolomé de Torres Naharro, a Spanish-language playwriter

---

10   Savinien de Cyrano de Bergerac, *Contre un gros homme* (Paris: Charles de Sercy, 1676), tome 1, letter 10, pp. 129-135. '*Vous êtes un miracle, car votre rondeur fait que vos spectateurs vous prennent pour une côte de veau se promenant sur ses lardons*'.

11   '*Une grosse Aricie au cuir rouge, aux crins blonds*'. (*Querelle des sonnets: Gédéon Tallemant des Réaux, Manuscript 673*, edited by Vincenette Magne (Paris: Klincksieck, 1994) commented on the website "Naissance de la critique dramatique" (https://www2.unil.ch/ncd17/index.php?extractCode=1058; accessed 28/05/2023).

12   '*L'appétit vient en mangeant*'.

from the early sixteenth century. In the context of its performance, it examines how the fictional staging of the domesticity of a palace, and in particular its relationship to the table, serves first and foremost as a satirical tool for criticising misguided behaviour. Built on a game of mirrors, the play also offers a comic reflection of what happens in the auditorium and is part of a system of *complaisance*. It sets out to decipher the playwright's use of satire and culinary metaphors to offer a social and moral critique of his time, drawing on the analogy between material and spiritual food and exploring the context of performance at banquets. It is particularly fruitful to begin the book with this text, and not just for chronological reasons: it sets out from the outset the multidimensional nature and hermeneutical joy of the intersection between theatre and food studies. Indeed, the perspectives this intersection offers in this first article are as stimulating as they are numerous: On a literal level, the representation of food in its anthropological, cultural and historical dimensions allows us to bring the historical context into interaction with the works in a twofold movement: through what the plays and troupes tell us about an era by re-presenting practices, rituals and food on stage, and through how this historical context shapes what we are shown. In the same way, the study of the functions of food in the dramatic text and on stage reveals its richness; with its ability to present at the same time literalness, symbolisation and metaphorization, and the bias it offers thanks to satire. These functions in turn open the eyes of the researcher and reader to another dimension, that of the interplay between the text, the performance, its context in the society of its time and in the auditorium.

This thematic and hermeneutic richness is confirmed by João Pedro Gomes and Guida Cândido's article, "Sweet Tooth and Bitter Tables. Between Materialities and Metaphors in the Dramaturgy of Gil Vicente (D. 1536) and António Ribeiro Chiado (D. 1590)", which looks at the intersection between the history of food and modern Portuguese theatre through the dramaturgical works of two of the most renowned Portuguese sixteenth-century playwrights. Sugar and sweet products within the fictional narratives depict society and its vices in the early stages of the Portuguese modern period. In so doing, the authors immediately highlight the multiple functions of food on stage, which invite us to use a 'fictionalisation lens': while these references represent the period's customs, they also function as metaphors and symbols, and even as instruments of social criticism. In addition, the use of food as an analytical gateway allows the authors to highlight the differences between the two playwrights, as well as the evolution of Portuguese society. Here we find a complementarity and tension between a literal use of food on stage and a metaphorical and critical use as a 'vehicle for spiritual and moral commentary', which gives the researchers, in dialogue with historians, the opportunity to better understand an era and what is played out on stage, in terms of playwriting and audience exchanges. François Rémond, in turn, in "Carnival and Lent. Food Metaphors in Baroque Farce", explores the cultural and historical context of the opposition between Carnival, a period of excess and feasting, and Carême, a period of penance and ascesis. He can thus show how theatrical performance mirrors society's view of food consumption and morality. Once again, the approach is stimulating and diverse: the study of the metaphorical use of food through archetypal characters, characterised at times by the excess of Carnival and, at times, by the asceticism of the Carême, allows us to understand the social tensions of the period. Furthermore, the transformation of popular carnival practices towards professionalisation accompany the transition to the form of farce. It means that, more than just a thematic resource, this opposition offered the burgeoning commercial entertainment industry a metaphorical support for thinking about the programmatic function of the comic genre and the temporality of the entertainment economy.

## ARCHETYPES OF THEATRE
## AND RELATIONSHIP WITH FOOD

The social and moral issues are not absent from the following three articles, which scrutinise two eagerly awaited theatrical archetypes when it comes to food on stage: Don Juan and Arlequin. Don Juan is indeed deeply connected to food: for Emilia Wilton-Godberfforde in "Dining with Dom Juan and the Dead", he is 'swallowed up in the depths of hell'; and for Théo Gibert in "Feasts of Stone before Don Juan. *'Obstinacy in*

*Sin*' from Luís da Cruz to Molière", the 'dinner sequence' [...]: 'constitutes the essence of the myth'. This other archetypal figure is Arlequin, for whom 'food has always been in his DNA', according to Silvia Manciati in "Arlequin's Hunger on the Stage of the Comédie-Italienne in Paris in the Second Half of the Eighteenth Century". Once again, food is used and staged as a metaphor, allowing the authors for both Don Juan and Arlequin to describe the evolution of these characters in the context of cultural and social change. Thus Théo Gibert examines the historical and theological evolution of the myth from the Jesuit theatre of Luís da Cruz to that of Molière, who introduces ambiguity and parody by choosing to 'reinvest a tradition rich in moral and theological meaning', transforming the '*convidado de Piedra*' into the '*festin de pierre*'. This study provides the reader with a neo-Latin background that may shed light on the final sequence of the Don Juan myth, considering it from Tirso's to Molière's version. The *Tragicae comicaeque actiones* (1605) by the Portuguese Jesuit, Luís da Cruz, attests to a dramatic motif predating the invention of Don Juan, in which the meal had both a tragic and comic function. Meanwhile, Emilia Wilton-Godbefforde explains this evolution of the title and the transition from "*convidado*" to "*festin*" as a way of highlighting the centrality of the banquet scene, and sets out to analyse the invitations to dinner and the symbolic and structural stakes of meals. This analysis highlights how 'the act of dining, or the lack of it, serves as a metaphor for the false exchanges and the hollowness of Dom Juan'. Themes of eating, consuming and desiring are shown to form the basis of the comedic material of Molière's play but this study also explores the extent to which these are used to underscore higher-stake issues around divine punishment, suffering and obsessive fantasy. Here again, we see constant and fruitful tension between the literal and metaphorical use of food and how Molière uses it to play with the expectations of the audience and blur the lines between tragedy and comedy.

In turn, Silvia Manciati investigates the case of Arlequin and traces an evolution in the same adaptation of an archetypal figure to an evolving context. She offers a historical and dramaturgical analysis of his character, examining how his characteristics linked to food (hunger and gluttony) have evolved over time towards a more refined figure, keeping his primal instincts under control. Her article also looks at the integration of these characteristics into the theatrical performances of the Comédie-Italienne and the transition from traditional Italian *Commedia dell'arte* to a more French-influenced theatre. Just like Don Juan's relationship with food becomes more complex – to the point of not eating the *festin* at all –, for Arlequin the use of food on stage has evolved from a simple source of comedy to a more complex dramaturgical element (also in its absence) that can also convey pathos and character development.

## CULINARY CULTURE AND THEATRE PRODUCTION

Jan Clarke's "Food and Drink On Stage and Off (1660-1700)" and Sabine Chaouche's "Bombance demeurez, et vous Ripaille aussi," the two following articles look at material history of Parisian theatre from the mid-seventeenth century to the end of the eighteenth, this time focusing fully on the literal dimension, abandoning the moral metaphor that prevailed previously, in a meticulous and rich approach to the material history of the theatre.

Food and Theatre under the Ancien Régime, enrich and renew our view of the period by following the trail of the material food consumed by the troupe, both on stage and backstage. Both have carried out social and economic investigations, producing results that are as enlightening as they are complementary. Jan Clarke's article examines the payments related to food and drink from 1660 to 1700 recorded in the account books and other documents from three key troupes: Molière's troupe, the company formed at the Hôtel Guénégaud, and the Comédie-Française. The study aims to uncover insights into the production processes, the daily life of theatre companies, and the significance of food and drink in rehearsals and performances. In so doing, Jan Clarke sheds light on rehearsal practices, the terminology used and its 'complex web of meanings', and demonstrates the richness of such an approach using three case studies (*Le Malade imaginaire, Circé* and *L'Inconnu*) to study production, rehearsal and performance conditions. She lays the methodological foundations for such an approach, and demonstrates the value of examining the materiality of food on and off stage in relation to the 'blurred boundaries between performance and daily life in early modern theatre', to trace the history of this pivotal moment in theatre.

Following a similar but broader approach, Sabine Chaouche's extensive and detailed analysis of the Comédie Française's supplier bills focuses on several dimensions. These include the history of ideas, particularly concepts like *glouton, goinfre,* and *gourmet,* and the staging of food in relation to the history of play production processes, which nuance the common view that consumables were merely markers of the company's wealth. It also examines spending on beverages and dishes, reflecting new ideologies linked to the new cuisine trend. Finally, the analysis considers the troupe's sociability and diet. As such, the article explores how the *sociétaires'* bodies are impacted not only by ageing but also by their consumption over time, as well as the perception of obesity and thinness in theatre and on stage.

A close reading of some plays suggests clearly that actors made specific choices, acting as stage directors and giving food an important role on stage. The troupe used food not as a prop or a simple element of the set, as often claimed, but mainly as a strategic comical effect, part of stage business. The presentation and presence of food on stage intertwined with social habitus and culinary culture: for instance, the staging of traditions such as different meals (*collation* or the *souper*), of rituals in terms of serving guests (*service à la française* and its many rules), and of the type of dishes displaying class, status, and lifestyle. In so doing, the historical approach, which contextualises the evolution of taste and consumption in Paris, including fashionable exotic goods, sheds light on certain modern practices in the life of the troupe, and its standard of living. Perhaps even more significantly, it implicitly points out the shortcomings of theatre historiography and criticism when disconnected from the historical context and a multidisciplinary approach. By highlighting the importance of stage games around real food (for example, in *Le Bourgeois Gentilhomme*), it allows us to reconsider the significance of such scenes and thus, the history of staging and notions such as realism on stage.

## MATERIALISM AND CONSUMPTION

In the nineteenth century, the religious metaphorisations have disappeared, as shown by the three articles that examine how food and drink in their performative aspect serve as central elements and are integral to cultural practices, whether in performances (theatre or café-concert) or social activities (dining out), at the Théâtre du Gymnase and the café-concert in Paris and London. Thus, Nathalie Coutelet, in "Drinking at the Café-Concert. Onstage and in the Auditorium", in a sideways shift from food to drink, shows the centrality of consumption at the heart of the café concert project: 'By its very name, the café-concert places consumption at the heart of its operation', in a study that involves historical and sociological analysis of café-concerts. N. Coutelet examines their cultural significance, the types of beverages consumed, and the social dynamics between performers and audiences. Key to the understanding of second half nineteenth-century culture is the way in which people drank there, particularly in the auditorium, and in song lyrics and the form of sociability created at the café-concert, between artists and audiences, around the consumption of alcohol. In so doing, she shows the continuity of the link between consumption – in the broadest sense – and the theatre: drinking is central to the spectator's experience and an integral part of the performances.

Similarly, Debra Kelly in "Varieties of Taste. Intertwined Histories and Geographies of Theatres and Restaurants in Late Nineteenth-Century London", proposes a cultural and historical study. Notable establishments and influential figures in the restaurant and theatre scenes were paramount. By exploring the intertwined history and geography of theatres and restaurants in the capital, Kelly addresses the evolution of trade and the emergence of consumer society. Focusing on, for example, the Café Royal and the Empire Theatre of Varieties, the Savoy Theatre, Hotel and Restaurant, the Palace Theatre of Varieties and Kettner's restaurant, she poses a number of questions: How did these establishments come into being? Who frequented them and had custom? Why? Who worked there? What was on the nineteenth-century London theatre and the restaurant menu? Here too, the act of consumption is associated with a performative act, likened to theatre, a 'form of entertainment and leisure activity and an expression of taste and status enacted in sites of complex encounters.'

Finally, Laurène Haslé, in "On mangera de véritables côtelettes"! The Staging of Meals under the Direction of Montigny at the Théâtre du Gymnase (1844-1880)" looks at this nineteenth-century Parisian figure who ruled the Paris theatre scene for almost half a century: Director of the Théâtre du Gymnase from 1844 to 1880, Adolphe Lemoine-Montigny devoted himself from the very first days of his directorship to raising the profile of his theatre and placing it among the great stages of the capital. Renowned for his talents as a literary adviser, actor-director and stage director, he attracted attention, among other things, for his quest for "naturalism" on stage. A forerunner, he was interested in staging meals. Here too the intersection between food and theatre proves stimulating: her study of the staging and the use of real food in theatrical performances at the Théâtre du Gymnase under the direction of Adolphe Lemoine-Montigny reveals innovative techniques. Haslé's angle of view helps to give him the place he deserves in the historiography of popular theatre in the nineteenth century.

The historical journey from the Renaissance to the end of the Belle Époque shows both the centrality of food in the theatre and the evolution of its function on stage from representation that is both literal and symbolic, historical and moral, to its very material meaning in the nineteenth century, when it was reinvested with aesthetic issues, in the movement towards realistic staging and aesthetics.

## OTHER PERSPECTIVES:
## UNIVERSALITY OF FOOD AND HUNGER

As Erika Natalia Molina-Garcia notes in "Taste and Time. An Essay on the Phenomenology of Hunger and Theatre": 'We will never cease to be hungry as long as we live, because we will never be in contact, either with others or with the elements, in the way that our desire desires'. There is a universality to food and hunger on stage that transcends time and place. In this way, Marie Duveau with "Time to Sit and Eat: Cooking Up a Story in Caroline Guiela Nguyen's *Saigon* and Wajdi Mouawad's *Mère*" proposes, through the theme of food, a stimulating rapprochement of these two plays which both feature the preparation of culinary dishes on stage. The article investigates exile and memory, showing how both plays stage the act of cooking and sharing meals as central elements to explore these themes and use it as a dramaturgical device to create a sense of realism and intimacy, linking the characters to their cultural identities and histories. Cooking evokes memories and emotions linked to the experience of exile. Similarly, Erika Natalia Molina-Garcia's article looks at how hunger and sensory experiences are represented and explored in the context of theatre. Her case study on Ibsen's play, *Rosmersholm*, and based on phenomenological philosophy, is informed by Husserl, Ingarden, and Levinas. The phenomenology of hunger and theatre and the broader significance of alimentary enjoyment is considered from the perspectives of both actors and spectators. Despite their different approaches and objects of study, from nineteenth-century Norwegian theatre to twenty-first-century theatre of exile, both articles illuminate how food and drink are integral to the theatre experience, whether through the depiction of hunger in 'Rosmersholm,' the culinary practices in *Saigon* and *Mère*, or the wider phenomenological and cultural significance of food in theatrical narrative. In particular, the role of the notion of unfulfillment: in the play *Rosmersholm*, the absence of consummated meals reflects broader themes of hunger, desire and incompleteness; *Saigon* and *Mère*, stage both the longing for the homeland and the use of food to fill emotional voids and evoke memories.

By the conclusion of this volume and the historical journey it proposes, readers will have gained valuable insights from the intersection of drama and food studies. This intersection has been explored in multiple and stimulating directions, within the plays themselves, onstage, and for the researchers.

In the plays, the use of food serves numerous functions. It provides an obvious universal appeal, enhancing audience engagement across time and space. It also helps characterisation, as can be seen in the baroque farce of the *Comedia Tinellaria*.[13] In addition, at this imme-diate but crucial level, food has a literal function that connects it to its contemporary context. This is exemplified by the use of sugar in sixteenth-century Portuguese drama.[14] Moreover, food can serve as a plot device, as demonstrated by Don Juan's invitations[15] to a *"festin"*;[16] In addition, food on stage also has a metaphorical and symbolic function, acting as a social or moral commentary, conveying judgement or irony, in line or against its context. This topic has been well analysed by our authors, in the articles examining the first part of the period. This metaphorical function allows food to symbolise social, religious and moral values related to the society and the audience. Simultaneously, the obvious connection of food to bodily functions and to the very material part of human experience makes it the ideal vehicle for humour. This is demonstrated by the archetype of Arlequin[17] and the characters connected to the Carnaval in the baroque farce.[18]

On the stage, food offers further implications. In terms of perfor-mance, it enables *"jeux de scène"*, as exemplified by Sganarelle,[19] and the development of physical comedy based on bodily functions. Additionally, it plays an aesthetic role, enhancing visual and thematic elements, as evidenced by the staging of real meat at the Théâtre du Gymnase.[20] This dimension also connects food with aesthetic movement, particularly the nineteenth-century quest for realistic staging and modern theatrical aesthetics, as illustrated in the previous example or the café-concerts.[21] Furthermore, in performances where food is consumed simultaneously

---

13   Thomas Marti, "The Backroom Takes Centre Stage. The *Comedia Tinellaria* or the Pleasures of a Satirical Meal".

14   João Pedro Gomes and Guida Cândido, "Sweet Tooth and Bitter Tables. Between Materialities and Metaphors in the Dramaturgy of Gil Vicente (D. 1536) and António Ribeiro Chiado (D. 1590)".

15   Emilia Wilton-Godberfforde, "Dining with Dom Juan and the Dead. '*Voulez-Vous Souper avec Moi?*'".

16   Théo Gibert, "Feasts of Stone before Don Juan. 'Obstinacy in Sin' from Luís da Cruz to Molière".

17   Silvia Manciati, "Arlequin's Hunger on the Stage of the Comédie-Italienne in Paris".

18   François Rémond, "Carnival and Lent. Food Metaphors in Baroque Farce".

19   Sabine Chaouche, "'*Bombance demeurez, et vous Ripaille aussi*'. The Comédie-Française and Culinary Inventiveness in the Eighteenth Century".

20   Laurène Haslé, "'*On mangera de véritables côtelettes*'! The Staging of Meals under the Direction of Montigny at the Théâtre du Gymnase (1844-1880)".

21   Nathalie Coutelet, "Drinking at the Café-Concert. Onstage and in the Auditorium".

on stage and in the audience, as was the case in sixteenth-century Italy and Spain, as well as in the aforementioned cabaret, food serves to enhance the connection between the two spaces.

Behind the curtain, food purchases reflect a desire for social distinction, encompassing elite manners, refined tastes, a sophisticated culinary culture, and conspicuous consumption. Wealthy troupes from privileged playhouses used food as a means of prestige and to gain status in society, engaging with traiteurs who could prepare elaborate and expensive meals. In contrast, provincial actors faced the uncertainties of an itinerant life, relying heavily on the generosity of their patrons.

The list of implications of food in drama, performance and real life is extensive, both on and off stage. However, one implication, that is particularly evident in the present volume, is the benefit that the intersection between food and drama study offers to researchers. Firstly, it allows for a genuine contextualisation and exploration of the historical and social context, offering a deeper understanding of cultural practices and societal norms, both within the play and the wider production context. This approach facilitates the advancement of drama material history, including the evolution of production practices. For instance, the analysis of Molière's Troupe, the Hôtel Guénégaud Company and the Comédie-Française[22] provides insights into the economic aspects of theatre production and the daily lives of actors (culinary habits, bodily changes and excesses). Furthermore, it enables the identification of the evolution of consumer habits, particularly in the context of the transition to a consumer society. This is exemplified by the interplay between cultural practices and theatrical representations, as evidenced in the intertwined histories and geographies of London's theatres and restaurants in the nineteenth-century.[23] Concurrently, it provides a renewed perspective on the texts. This intersection offers a fresh lens for understanding and interpreting non-dramatic texts, as is exemplified by *Don Juan* or *Le Bourgeois gentilhomme*. Finally, the study of food in drama enables the positioning of this genre within a phenomenological framework which allows for the examination of sensory experiences and

---

22   Jan Clarke, "Food and Drink On Stage and Off (1660-1700)" and Sabine Chaouche (ibidem).

23   Debra Kelly, "Varieties of Taste. Intertwined Histories and Geographies of Theatres and Restaurants in Late Nineteenth-Century London".

existential themes, as exemplified by Ibsen's *Rosmersholm*,[24] Caroline Guiela Nguyen's *Saigon* and Wajdi Mouawad's *Mère*.[25] Furthermore, it provides a framework for the exploration of ethical and moral dimensions through the portrayal of food and hunger.

Drama and performance arts are among the art forms most connected to the human body; it is only natural that food takes the centre of the stage. We hope this inspires further investigation into how the seemingly mundane aspect of food can enrich our understanding of theatrical works and their broader cultural contexts. The interplay between food and drama offers endless possibilities for academic exploration and creative interpretation.

Sabine CHAOUCHE

Clara ÉDOUARD
Zuyd University

---

24  Erika Natalia Molina-Garcia, "Taste and Time. An Essay on the Phenomenology of Hunger and Theatre".

25  Marie Duveau, "Time to Sit and Eat. Cooking Up a Story in Caroline Guiela Nguyen's *Saigon* and Wajdi Mouawad's *Mère*".

FOOD, MORALITY AND SOCIETY

# L'ARRIÈRE-CUISINE
# AU-DEVANT DE LA SCÈNE

## La *Comedia Tinellaria* ou les plaisirs
## d'une satire de la table

En 1517, le dramaturge espagnol Bartolomé de Torres Naharro publie, à Naples, la première édition d'un recueil dramatique et poétique intitulé *Propalladia*. Telles les prémices offertes à d'éminents mécènes[1] transposés en déesse Pallas, l'œuvre réunit initialement six *comedias*, accompagnées de quelques compositions poétiques. L'ensemble est précédé d'un texte introductif qui mêle à la présentation de ce qui constitue l'une des premières théories dramatiques en langue vernaculaire[2], celle de l'œuvre en elle-même. Ainsi, dans ce « *Proemio* », le dramaturge entend configurer la réception de l'ouvrage et en décline, de façon originale, les enjeux moraux :

> *La orden del libro, pues que ha de ser pasto espiritual, me pareció que se debía ordenar a la usanza de los corporales pastos, conviene a saber, dandoos por antepasto algunas cosillas breves como son los capítulos, epístolas, etc. y por principal cibo las cosas de mayor subjecto como son las Comedias, y por pospasto ansí mesmo algunas cosillas como veréis*[3].

---

1    « *Propalladia, a prothon, quod est primum et pallade, id est, prime res palladis* ». Toutes les citations de Torres Naharro sont issues de Bartolomé de Torres Naharro, *Teatro completo*, Julio Vélez-Sainz (éd.), Madrid, Cátedra, 2013, p. 967. Dans sa « *Dedicatoria* » le dramaturge adresse l'œuvre à Fernando de Ávalos et à Vittoria Colonna. Pour l'étude de ce texte et de la relation du dramaturge à ses mécènes nous renvoyons à Javier San José Lera, « "Viendo todo el mundo en fiesta de comedias". Contextos de la Propalladia, 1517 », *Revista de estudios extremeños*, vol. 74, nº 1, Centro de Estudios Extremeños, 2018, p. 237-274.

2    Margarete Newels, *Los géneros dramáticos en las poéticas del Siglo de Oro : investigación preliminar al estudio de la teoría dramática en el Siglo de Oro*, London, Tamesis Books, 1974, p. 35.

3    « L'ordre du livre, puisqu'il est voué à être repas spirituel, m'a semblé devoir être ordonné à la manière des repas corporels, à savoir, en vous donnant en guise de mise en bouche, quelques petites choses brèves telles que les chapitres, les épîtres, etc. puis en plat

Dans une fusion de l'organique et du spirituel, chaque pièce, drama-tique ou poétique, paraît alors destinée à sustenter un lecteur qui, entre ingestion et digestion, se voit invité à en saisir la portée édifiante. Bien loin de la simple fonction de divertissement à laquelle ces œuvres ont longtemps été associées[4], la *Propalladia* se présente alors initialement à ses lecteurs comme dotée d'une dimension éminemment morale qu'il convient d'examiner. L'analogie entre la nourriture du corps et de l'âme revêt, sous la plume du dramaturge, un caractère topique. Néanmoins, au-delà de l'ambition présentée par le dramaturge, les déclinaisons thématiques du banquet, tant sur le plan théorique que pratique, ne sauraient manquer d'inviter à un examen plus approfondi.

L'association entre l'œuvre, couchée sur le papier, et les plaisirs du palais peut se révéler signifiante à bien des égards. Après de nombreuses rééditions du recueil de l'Extrémadurien, notamment à Rome (1517), Naples (1521) et Séville (1520), l'ouvrage finit par attirer l'attention des agents du Saint-Office espagnol qui en interdirent la diffusion à partir de 1559, en l'inscrivant à l'*Index librorum prohibitorum*. Si, quelques années plus tard, Juan López de Velásco fut chargé d'en proposer une édition expurgée, qu'il publia en 1573, de cette version mutilée, le censeur, entre autres altérations, eut à cœur d'ôter les sections périphériques (*antipasto* et *postpasto*) constituées des compositions poétiques – épitres, chansons, romances, sonnets. Au-delà du contenu éminemment satirique qui se déploie dans les compositions poétiques qui encadrent l'œuvre dramatique, proprement dite, sans doute, faut-il relever dans ce choix éditorial, avec Miguel Ángel Pérez Priego, une réaction à l'organisation même de l'ouvrage puisque « *la imagen de banquete o comida espiritual, sólo correspondería a Cristo y a la iglesia*[5] ».

---

principal les choses de plus grand sujet comme le sont les comédies, et comme dessert, encore quelques petites choses comme vous le verrez. » (*Proemio*, p. 967).

4    Dans son étude de la *Propalladia*, M. Bataillon indique notamment : « C'est un caractère commun de TOUTES les comédies de Torres Naharro qu'elles ont été conçues comme de purs amusements de société pour agrémenter diverses fêtes ou réunions mondaines. » (M. Bataillon, « Le Torres Naharro de Joseph E. Gillet », *Romance Philology*, vol. 21, n° 2, 1967, p. 166-167). La thèse de M. Bataillon a depuis été nuancée par les travaux de Stanislav Zimic, *El Pensamiento humanístico y satírico de Torres Naharro*, Santander, Sociedad Menéndez Pelayo, 1977, 2 vol.

5    Miguel Ángel Pérez Priego, « Publicación y censura de la *Propalladia* », *Revista de estudios extremeños*, vol. 74, n° 1, Centro de Estudios Extremeños, 2018, p. 152. – (l'image du banquet et de la nourriture spirituelle, corespondrait seulement au Christ et à l'Église).

À un autre niveau, l'analogie alimentaire que propose Torres Naharro peut donner à saisir au lecteur les vestiges lacunaires d'une pratique scénique à reconstruire et ainsi renvoyer, du moins de façon implicite, au mode de représentation qui conditionna la réception première des œuvres.

Dans cette entreprise d'exhumation des modalités de réception scénique de ce théâtre, il convient de remarquer que rares sont les témoignages à même de documenter avec précision les conditions de représentations des *comedias* de Torres Naharro. Cependant, si le dramaturge est avare de détails scéniques, et en dépit des lacunes qui entourent sa pratique théâtrale, les indices conservés au cœur même des textes de la *Propalladia* et les travaux critiques menés autour de la reconstruction des pratiques scéniques du premier XVIᵉ siècle engagent à insérer ces compositions dans un contexte de festivités courtisanes[6].

Parmi les quelques traces documentaires, le paratexte qui accompagne une édition *suelta* de la *Comedia Tinellaria* joue un rôle fondamental dans la délimitation des contours de la réception de l'œuvre. La dédicace que le dramaturge adresse au sulfureux cardinal espagnol Bernardino de Carvajal[7] dont il devint le protégé atteste, en effet, une dimension scénique originelle :

> *Acuérdome que después de recitada esta Comedia Tinelaria a la Santidad De Nuestro Señor e a monseñor Reverendísimo Médicis patrón mío. Vuestra Señoría Reverendísima quiso verla y, después de vista, me mandó que en todo caso le diese copia d'ella. Tras d'esto me demandó la causa porque no dejava a estampar lo que escrevía[8].*

---

6  Nous renvoyons notamment aux travaux pionniers de Joan Oleza (dir.), *Teatros y prácticas escénicas*, Valencia, Institució Alfons el Magnànim, 1984 et de T. Ferrer Valls, *La práctica escénica cortesana : de la época del Emperador a la de Felipe III*, Londres, Tamesis Books Limited, 1991.

7  Le cardinal Bernardino de Carvajal prit notamment part en 1511 au Concile de Pise dans le contexte des rivalités à l'encontre du pape Jules II. À propos de son activité de activité, voir Marta Albalá Pelegrin, « Humanism and Spanish Literary Patronage at the Roman Curia : The Role of the Cardinal of Santa Croce, Bernardino López de Carvajal (1456-1523) », *Royal Studies Journal*, vol. 4, nᵒ 2, 2017, p. 11-37.

8  « Je me souviens qu'une fois cette comédie *Tinelaria* récitée, devant la Sainteté de Notre Seigneur et mon protecteur, Monseigneur Révérendissime Médicis, Votre Révérendissime voulut la voir, puis, après l'avoir vue, il me demanda de lui donner une copie et voulut savoir pourquoi je ne faisais pas imprimer ce que j'avais écrit. » B. de Torres Naharro, « Introducción a la suelta de la *Tinellaria*, s. f., s. l. », *op. cit.*

Ces indices paratextuels fondent particulièrement à envisager une réalité scénique, dans un sens large, de cette comedia « recitada[9] ». Selon Luisa de Aliprandini, cette pièce, jouée en présence de quelques-unes des plus éminentes figures romaines telles que le Pape Léon X et Jules de Médicis, mécène de l'auteur (« patrón mío »), fut certainement représentée à la suite d'un banquet, donné à l'occasion d'une célébration d'ordre privé car :

> si la fiesta hubiera sido un acontecimiento importante, el autor no lo hubiera silenciado, como no silenció la presencia del pontífice : es pues un banquete que acaba con la representación de una comedia, según difundida costumbre en la época[10].

Face aux inconnues qui entourent les réalisations scéniques des textes, il paraît pertinent de se pencher sur des productions analogues. En un temps où le théâtre s'extirpait des cercles humanistes et s'introduisait dans les palais nobiliaires ou cardinalices, Bernardo Dovizi da Bibbiena fit ainsi jouer la Calandria à Urbin, à l'occasion des festivités de carnaval de 1513. La pièce fut par la suite représentée devant les plus éminentes cours italiennes. Il est probable qu'à peu près au même moment, la Comedia Tinellaria, comme d'autres compositions du dramaturge espagnol, connût une destinée et un itinéraire scénique similaires.

---

9   Le verbe « recitar » apparaît également dans l'introito de la Comedia Trofea au terme duquel le personnage annonce : « una comedia ha de ser | que os vernan a rescitar ». (v. 214-215) J. E. Gillet analyse cette forme verbale et indique que « [t]he word recitare, in the early decades of the sixteenth century and even much later, normally implied acting, although before 1500 there might have been uncertainty on that point » (Joseph Eugène Gillet, Propalladia and other works of Bartolomé de Torres Naharro. 4, Torres Naharro and the drama of the Renaissance, O. H. Green (éd.), Philadelphia, University of Pennsylvania press, 1961, p. 431).

10  « si la fête avait été un événement important, l'auteur ne l'aurait pas passée sous silence, ainsi qu'il le fait lorsqu'il mentionne la présence du Pape : il s'agit donc d'un banquet qui se termine par la représentation d'une comedia, selon la coutume répandue à l'époque. » L. de Aliprandini, « La representación en Roma de la Tinellaria de Torres Naharro », op. cit., p. 128.

## DE LA TABLE À L'ARRIÈRE-CUISINE

THÉÂTRE ET BANQUET

La représentation théâtrale au début du XVIᵉ siècle semble, en Italie comme sur la péninsule ibérique, intimement liée à un contexte de célébrations et de banquets de cour. Les comptes-rendus épistolaires des fêtes courtisanes italiennes que nous conservons indiquent notamment comment la comédie profane tend à se configurer comme une composante essentielle des banquets nobiliaires ou cardinalices[11].

Dans le cas de l'Espagne, de cette pratique scénique, les chercheurs valenciens, réunis autour de Joan Oleza, ont, grandement contribué à esquisser les contours. Ainsi, dans le premier tome de *Teatros y prácticas escénicas*, lorsque le critique propose de retracer la genèse du drame baroque en reconstruisant l'histoire théâtrale du XVIᵉ siècle, il signale que :

> *Esta práctica escénica arranca de las celebraciones cortesanas y de los fastos de finales del XV (aunque sus orígenes son mucho más antiguos y se encuentran noticias abundantes en las crónicas catalanas y castellanas, así como en la literatura creativa, caso de la novela sentimental o de la de caballerías, que a menudo los reflejan). Su teatralidad se configuraba por la integración de los rituales de la vida cortesana, representados a la vez que vividos : el banquete y la lucha (el torneo), la danza y la autoexhibición (desfiles y procesiones), y si cada uno de estos rituales poseía una espectacularidad específica, entre todos definían una fiesta global de inequívoco carácter teatral[12].*

Ainsi, lorsqu'à l'heure de proposer une analyse prescriptive de la *comedia* et de présenter l'ensemble de son ouvrage, Torres Naharro file une métaphore alimentaire, cette association de la *comedia* à la

---

11   Fabrizio Cruciani, *Teatro nel rinascimento, Roma 1450-1550*, Roma, Bulzoni editore, 1983.

12   « Cette pratique théâtrale trouve son origine dans les célébrations et le faste de la cour à la fin du XVᵉ siècle (même si ses origines sont bien plus anciennes et sont abondamment documentées dans les chroniques catalanes et castillanes, ainsi que dans la littérature créative, comme les romans sentimentaux et les romans de chevalerie, qui en sont souvent le reflet). Leur théâtralité était façonnée par l'intégration des rituels de la vie de cour, qui étaient à la fois représentés et vécus : le banquet et le combat (le tournoi), la danse et l'exhibition de soi (les parades et les défilés), et bien que chacun de ces rituels ait un caractère spectaculaire spécifique, ils définissaient ensemble une fête globale dont le caractère théâtral est indéniable. », J. Oleza (dir.), *Teatros y prácticas escénicas*, Valencia, Institució Alfons el Magnànim, 1984, p. 14.

thématique du banquet et aux coutumes qui l'entourent semble bien s'inscrire dans un jeu d'écho. De manière oblique, l'analogie paraît relier l'œuvre à son contexte originel de réception et laisse percevoir la pratique scénique dans laquelle ces œuvres durent s'insérer, à la façon d'un *postpasto*.

À propos de ce rapport analogique, il convient de relever les liens entre la fête et le spectacle dramatique. Dans le champ du théâtre profane, Joan Oleza signale comment se noue cette relation :

> *Las fiestas, ingrediente determinante de la vida cortesana, no hacen sino escenificar – magnificando – sus rituales (la comida y la danza, la batalla y el juego, el desfile y el torneo, los galanteos y los regalos) y se convierten así en monumentos teatrales que la casta cortesana erige a sus propios modos de vida*[13].

Cette présentation des célébrations courtisanes invite à envisager l'œuvre sous l'angle du reflet et de l'éloge des mœurs courtisanes et, dès lors, justifie d'interroger le lien que tissent la thématique dramatique de la *comedia* et la circonstance qui l'accueille. Pourtant, en examinant la formule qu'expose Torres Naharro, celle-ci semble bien éloignée d'une telle ambition.

Afin d'approfondir la relation qui unit la *comedia* à la fête, nous proposerons de nous y intéresser au prisme de la matière alimentaire à laquelle le dramaturge recourt, nous l'avons vu, non seulement comme un motif dramatique mais également comme une clé interprétative de son œuvre et de sa dramaturgie. En cela, il paraît pertinent d'interroger le cas d'une *comedia* singulière qui mobilise particulièrement cette thématique : la *Comedia Tinellaria*.

## MONTRER L'ARRIÈRE-CUISINE : ENTRE REFLET INVERSÉ ET DÉMYSTIFICATION

Au cœur de cette pratique des « divertissements de table », c'est à dire, proposés à un auditoire avant, pendant ou après un banquet, cette pièce, dont la composition remonte aux années 1513, confère, dès le titre, une place centrale à la cuisine et au repas.

---

13 « Les fêtes, élément déterminant de la vie de cour, ne font que mettre en scène – en les magnifiant – ses rituels (repas et danse, bataille et jeu, parade et tournoi, cour et cadeaux) et deviennent ainsi des monuments dramatiques que la caste courtoise érige à son propre mode de vie. » J. Oleza, *Ibid.*, p. 15.

En effet, cette pièce en vers et divisée en cinq *jornadas*, doit son titre, selon les indications données dans l'*introito* – une partie liminaire prononcée par un héraut de l'auteur – que « *la comedia intitulamos | a tinelo, Tinelaria, | como de Plauto notamos | que de asno dijo* Asinaria[14] ». Ainsi, à la façon de Plaute, nous dit-il, Torres Naharro choisit d'intituler et de placer l'action de sa *comedia* dans un *tinelo*, l'arrière-cuisine ou la salle à manger de la domesticité d'un palais[15]. D'entrée de jeu, ce locuteur anonyme, chargé de présenter la composition à venir ne manque d'inviter les spectateurs à rejoindre la table des domestiques autour de laquelle l'ensemble de la pièce s'articule : « *Al yantar | os podéis también llegar | los que yantado no habréis | con un real singular | y un escaño en que os sentéis[16]* ». Nombreux sont, en effet, les indices textuels qui laissent à penser que l'action fictive rejoint celle, réelle, des spectateurs, jusqu'à la temporalité même de la pièce, annoncée d'une durée de deux heures[17]. Ainsi, cette pièce fut-elle sans doute jouée au cours d'un déjeuner (« *yantar* »), en présence d'un noble auditoire dont rend compte, une fois de plus le texte de l'*introito* :

> *Hasta aquí por excelencia | me sirvió la suerte mía | que me condujo en presencia | de tan alta compañía. | Ciertamente, | servir a tan noble gente | no ha sido mal pensamiento | si el servicio es conveniente | con tanto merecimiento ; | que en verdad, | bien que guíe voluntad, | si doctrina no acompaña | ante tanta majestad | quien más osa más se engaña[18].*

---

14  « nous nommons la *comedia*, du nom du *tinelo*, *Tinellaria*, de la même façon que Plaute fit de l'âne l'*Asinaire*. »

15  Sans véritable trame narrative, la pièce se constitue d'une succession de scènes concentrées dans l'espace du *tinello*. La première *jornada* se déroule juste avant le début du repas et dévoile les préparatifs. Peu à peu, les nombreux domestiques de toute nationalité rejoignent la table du Cardinal et commencent à déjeuner à la troisième *jornada*. Au fil du repas, les débats et querelles animent les personnages et l'arrivée de nouveaux personnages poursuit la mise en scène de la débauche des domestiques. Celle-ci atteint son paroxysme dans la dernière *jornada* où les personnages restants se livrent à une véritable beuverie.

16  « Si vous n'avez pas mangé, vous pouvez vous joindre au déjeuner, avec un seul réal et un siège sur lequel vous asseoir. » *Tinellaria*, v. 164-165.

17  « *dos horas puede durar | poco más, según yo siento* » (« elle peut durer deux heures, guère plus à mon avis »).

18  « Ma bonne fortune m'a servi excellemment, en me conduisant jusqu'ici, en présence d'une assistance si estimable. Servir de si nobles gens n'a certainement pas été un mauvais choix, puisque le service sied à pareille dignité. Car, en vérité, devant telle majesté, si la doctrine fait défaut, peu importe la volonté : plus on s'efforce, plus on échoue. » *Tinellaria*, v. 1-14.

Dans un jeu métathéâtral où les frontières de la fiction et du réel se révèlent éminemment poreuses, le dramaturge propose ainsi au spectateur de lever le voile sur les coulisses du palais où les convives sont réunis. D'emblée, nous voyons se configurer le jeu de reflet que nous évoquions, en ce que s'établit un rapport analogique, d'abord en termes spatiaux, entre l'action et l'espace scénique[19]. Mais l'image que le dramaturge transpose sur la scène du palais constitue moins un miroir de la situation des convives qu'une inversion parallèle. Le jeu qu'il propose ici peut bien, en cela, être ramené à un procédé carnavalesque, au sens d'un renversement ludique voire satirique des valeurs[20]. En cela, le titre même, et son association à l'*Asinaria* de Plaute permet de mobiliser ce motif : « *Y entre nos,* | *tinelos y asno, par Dios,* | *no difieren mil pasadas,* | *pues ya veis que todos dos* | *se mandan a bastonadas*[21]. ». Au-delà de la référence littéraire, l'analogie dégradante des domestiques à des ânes peut, non seulement, renvoyer à la « fête des ânes » comme le rappelle Julio Vélez Sainz[22], mais, indépendamment de la tradition folklorique, elle évoque, de façon plus générale, un imaginaire carnavalesque qui, nous le verrons, agit tout au long de la pièce.

D'entrée de jeu, apparaît un ensemble de résonances entre l'action mise en scène et la situation du spectateur, qui invite à lire l'œuvre au prisme du décalage inversé. Ces échos reposent également, tout du moins sur le plan littéraire, sur la catégorisation de la pièce que propose l'auteur. En effet, dans le *Proemio*, celui-ci fonde une taxonomie générique nouvelle dans laquelle il sépare la *comedia* en deux champs : l'une *a noticia*, l'autre *a fantasía*. Au sein de cette distinction, la première renvoie notamment à la *Comedia Tinellaria*. Il définit ce modèle comme une *comedia* « *de cosa nota y vista en la realidad de verdad*[23] » et s'oppose

---

19  Des auteurs tels que J. Vélez Sainz envisagent même que la pièce fut jouée à l'intérieur d'un *tinello* (B. de Torres Naharro, *Teatro completo, op. cit.*, n. 3 p. 440).

20  La dimension « carnavalesque » de la *Comedia Tinellaria* a fait l'objet d'une première approche dans Cecilia Novella, « Elementos carnavalescos bajtinianos en dos obras de B. Torres Naharro », dans *Actas del X Congreso de la Asociación Internacional de Hispanistas, Barcelona 21-26 de agosto de 1989*, Barcelona, Promociones y Publicaciones Universitarias, 1992, p. 305-310.

21  « Et entre nous, les domestiques et les ânes, par Dieu, ne sont guère si différents. Vous voyez bien que tous deux se dirigent à coups de bâton. » *Tinellaria*, v. 95-99.

22  Julio Vélez-Sainz, « Hacia la construcción del gracioso : Carnaval y metatetralidad en los pastores de Bartolomé Torres Naharro », *Tejuelo : Didáctica de la Lengua y la Literatura. Educación*, n° 6, 2009, p. 38.

23  « de ce qui est relevé et vu de la réalité, du vrai ». *Proemio*, p. 972.

à celle « *de cosa fantástiga o fingida que tenga color de verdad aunque no lo sea*[24] ». Cette séparation générique a souvent été envisagée comme une opposition entre, d'une part, une littérature dite de « vérité » (ou réaliste[25]) qui serait inspirée de la vie quotidienne, et, de l'autre, un drame strictement fictif ou idéaliste, c'est-à-dire fondé sur l'imagination.

Ainsi, en opposition à un drame inspiré de l'imaginaire, la définition qu'applique le dramaturge à la *Comedia Tinellaria* paraît chercher à attester l'authenticité de la matière comique, considérant la matière empirique comme modèle dramatique. En cela, dans la pièce qui nous intéresse, l'enjeu de vraisemblance semble primer et motive certainement l'auteur à déroger aux préceptes comiques qu'il expose dans son Art poétique. Il déclare par exemple que « *el número de las personas que se han de introducir es mi voto que no deben ser tan pocas que parezca la fiesta sorda, ni tantas que engendren confusión*[26] » et indique que le nombre "honnête" de personnages se situe entre six et douze. Néanmoins, afin de se conformer à l'ambition de vraisemblance, le sujet traité dans la *Comedia Tinellaria* exige de s'écarter de ce principe et justifie une *dramatis personae* qui s'élève à plus de vingt personnages. Poursuivant pareil projet, le sujet implique encore de faire dialoguer dans la pièce, cuisiniers, intendants et autres serviteurs de toute nationalité, dans leur langue respective :

> [...] *el proprio subieto | quiere cien lenguas y bocas, | de las cuales | las que son más manüales | en los tinelos de Roma, | no todas tan principales | mas cualque parte se toma. | Veréis vos. | ¡ Iur'a Dio! ¡ Voto a Dios! | ¡ Per mon arma! ¡ Bay fedea! | ¡ Io, [b]bi Got! y ¡ Cul y cos! | ¡ Boa fe, naun, canada e mea*[27] !...

Dès l'ouverture de la pièce, le castillan se mêle et répond au français, à l'italien, au portugais ou encore au basque. Non sans effet comique, la *comedia* se fait, dès l'*introito*, une savoureuse et très approximative « salade de langue[28] ». Le jeu est certes hérité du Moyen Âge, comme le

---

24  « de ce qui relève de l'imagination ou de la fiction, qui ait la couleur du vrai quoique sans l'être. » *Ibid.*

25  Nous reprenons ici la terminologie de J. E. Gillet, *op. cit.*, p. 441.

26  « Le nombre de personnages ne doit, selon moi, ni être trop modeste de sorte que la fête ne semble pas muette, ni trop important, pour ne pas engendrer de confusion. » *Proemio*, p. 971.

27  « Le sujet même requiert cent langues et cent bouches, lesquelles sont les plus usitées dans les *tinelos* de Rome. Toutes ne sont pas aussi importantes, mais on en gardera quelques morceaux... Comme vous le verrez : ¡ *Iur'a Dio! ¡ Voto a Dios! ¡ Per mon arma! ¡ Bay fedea! | ¡ Io, [b]bi Got! y ¡ Cul y cos! | ¡ Boa fe, naun, canada e mea!...* » *Tinellaria*, v. 38-49.

28  Marcel Bataillon, art. cité, p. 166.

rappelle M. Bataillon, cependant, là encore, le cadre fictionnel dédouble et reproduit sur la scène le cosmopolitisme de la situation culturelle et linguistique d'un *tinello* romain[29].

En fin de compte, la classification proposée et les spécificités dramatiques auxquelles recourt l'auteur invitent à envisager le drame et sa définition au prisme de cette revendication de non-fictionnalité qui engage à percevoir la matière transposée sur la scène en des termes de proximité voire d'identification, comme inscrite dans un hic et nunc. Pourtant, la prétention à l'*adtestatio rei visæ* qui se dégage non seulement du *Proemio* mais également de l'*introito* de la pièce, au-delà d'insister sur la véracité et l'authenticité du discours, suggère le positionnement singulier de l'auteur : celui de vouloir témoigner pour mieux dénoncer et corriger. Ainsi, loin du divertissement ou de l'amusement de cour auxquels on rattache régulièrement cette pièce, la conclusion de l'*introito* dévoile une ambition dramatique tout autre : « *Y a mi ver,* | *los que podrán atender* | *ganarán un paraíso,* | *y no solo un gran placer* | *mas un gran útil aviso,* | *los mayores* | *que a aquestos grandes señores* | *ora pudieran venir :* | *de cómo sus servidores* | *piensan otro que en servir*[30]. » Le texte insiste ici particulièrement sur les vertus du détrompement de l'œuvre à venir. Au-delà du divertissement, la position prééminente de la pièce semble alors être attribuée à l'enseignement qu'elle prodigue, dans un enjeu

---

29  La présence espagnole vint à représenter, à cette période, un cinquième de la population romaine (Benedetto Croce, *La Spagna nella vita italiana durante la Rinascenza*, Bari, G. Laterza e figli, 1917 ; Thomas James Dandelet, *La Roma española : 1500-1700*, Lara Vilà Tomàs (trad.), Barcelona, Editorial Crítica, 2002 ; Javier Gómez-Montero et Folke Gernert (éd.), *Nápoles ~ Roma 1504 : cultura y literatura española y portuguesa en Italia en el quinto centenario de la muerte de Isabel la Católica*, Salamanca, Seminario de Estudios Medievales y Renacentistas, 2005). Le plurilingüismo de l'œuvre de Torres Naharro rend compte du cosmopolitisme romain au temps de Léon X. En ce sens, plus qu'une véritable maîtrise de l'auteur des langues qu'il exploite dans la *Tinellaria*, les études sur le valencien indiquent notamment que le dramaturge reproduisait, jusqu'à en adopter les barbarismes, la langue des valenciens présents à Rome à l'époque. Ricardo García Moya, « El idioma valenciano en la Roma de los Médicis », *Historias del idioma valenciano*, 2003, p. 52. À propos de la fonctionnalité du plurilinguisme dans cette œuvre, nous renvoyons à l'étude d'Elvezio Canonica, « Del plurilingüismo al bilingüismo : el camino hacia la verosimilitud en las comedias de Torres Naharro », dans *Estudios de literatura y de lingüística españolas. Miscelánea en honor de Luis López Molina*, Lausanne, Sociedad suiza de estudios hispánicos, 1992.

30  « À mon avis, ceux qui pourront y assister gagneront un paradis : pas seulement un moment de grand plaisir mais un conseil d'une grande utilité. Le plus important que ces grands seigneurs, pourrez recevoir : comment leurs serviteurs pensent à chose qu'à servir. », *Tinellaria*, v. 60-69.

pragmatique : « *Si esperáis,| haremos como veáis | lo que agora oído habéis, | para que aquí lo riáis | y en casa lo castiguéis*[31] ».

Déjà, la corruption du vorace *tinello* s'offre comme une matière à rire et à blâmer, qui affirme le projet satirique et éminemment moral de l'œuvre. Elle est également renforcée par les caractéristiques du locuteur en charge de prononcer l'*introito*. Il s'agit ici d'un personnage singulier qui, à la différence des autres *comedias* de l'auteur, ne peut être associé au type du berger mais plutôt à celui du poète-serviteur. Dans un langage raffiné, il s'adresse avec déférence à ceux qu'il désigne comme ses maîtres et se présente de façon analogue aux membres du *tinello* qu'il dépeint. L'*introito* associe alors la voix du personnage à celle d'un témoin à la fois privilégié et distancié des mauvais comportements de la domesticité.

## LA SATIRE DU *TINELLO*

### *"DE CÓMO SUS SERVIDORES | PIENSAN OTRO QUE EN SERVIR"* : LE RAPPORT À LA NOURRITURE COMME MOTIF SATIRIQUE

En transposant le *tinello* sur la scène, Torres Naharro propose de suivre, au rythme de ses repas, une domesticité pervertie dont le seul service est celui de ses propres intérêts. Ainsi, plutôt que de la donner à voir s'affairant au profit des maîtres, qui ne sont jamais représentés, le dramaturge présente un *tinello* qui s'adonne, tout entier aux plaisirs de la chère. Tout au long de la pièce, la présentation du *tinello* est indissociable de la mise en scène graduelle de sa gourmandise et de sa cupidité, jusqu'à une scène finale où un grand nombre de valets se retrouvent autour d'une beuverie où le vin coule à flots[32].

Mais avant cela, dès la première *jornada*, le dramaturge présente l'avidité et la corruption de deux personnages masculins, Barrabás le crédencier et Escalco, l'intendant domestique, qui s'apprêtent à déjeuner. Tous deux manifestent alors leur voracité à la fois pour les femmes, le bon vin ou la

---

31 « Si vous attendez, nous ferons en sorte que vous voyiez, ce que vous venez d'entendre, pour qu'ici vous en riez et que chez vous, vous le châtiez. », *Tinellaria*, v. 85-89.
32 La scène finale réunit un grand nombre de personnage qui dans une parodie de l'eucharistie, invoquent le nom de dieu pour se saouler. L'œuvre se clôt sur un chant et une danse au cours de laquelle, tous, enivrés, peinent à tenir debout.

bonne chère ; les premières se situant d'ailleurs dans un rapport d'équivalence au reste. Ainsi comparent-ils Lucrecia, « *una d'esas putas viejas* », à une vieille poule dont on fait les meilleurs bouillons[33]. De façon générale, chez ces personnages, l'appétit renvoie tout autant à l'alimentaire qu'à la sexualité. Ainsi, si au début de la pièce, Escalco et Barrabás hésitent entre partir en quête d'une prostituée ou déjeuner[34], on découvre que pour le domestique Matía, les femmes sont une monnaie d'échange contre son service[35].

Par la suite, l'ensemble des personnages qui se succèdent sont caractérisés par cette même insatiabilité qui les conduit à subtiliser les ressources de l'arrière-cuisine. Ainsi, la scène d'ouverture de la pièce met en scène une dispute amoureuse entre la blanchisseuse Lucrecia et le crédencier Barrabás. Si la querelle est motivée par les plaintes de celle-ci à l'endroit de son partenaire, elle se résout lorsque Lucrecia accepte de cacher les denrées volées du garde-manger dérobé par son amant et qu'elle reçoit la promesse d'un copieux repas : « *mis pollos con su tocino,* | *pan blanco, buen queso y peras* | *y un par de jarros de vino*[36]. »

Si l'amant raconte, au début de la pièce, qu'il confie régulièrement à Lucrecia du pain, de la viande et du vin (v. 11), il exige de Metreianes, le cuisinier français, que soit préparés, avec la nourriture dérobée des mets raffinés tels que des faisans ou du vin de Malvoisie (v. 440-443). Si la thématique alimentaire caractérise les personnages, motive leurs ambitions elle paraît mise au service d'une dialectique où s'opposent le manque prétendu et l'abondance. D'entrée de jeu, le rapport à la nourriture se décline sous le signe de la corruption et permet de caractériser des personnages types qui incarnent de « *verdaderos antihéroes de la moral*

---

33 « *ESCALCO – Yo sé bien que con los días* | *no ha perdido el apetito.* | *BARRABÁS – [...] Como cuentan mis vecinas,* | *mayormente Celestina, / diz que las viejas gallinas* | *hacen buena la cocina* » « ESCALCO – Malgré sa vieillesse, je sais qu'elle n'a pas perdu l'appétit. | BARRABÁS – [...] Comme racontent mes voisines, et particulièrement Celestina, ont dit que c'est avec les vieilles poules qu'on fait les meilleurs plats. » (*Tinellaria*, v. 416-422).

34 « *ESCALCO – [...] búscam'ora por allá* | *una d'esas putas viejas.* | *BARRABÁS – ¿ Abadesa ?* | *ESCALCO – Y aunque sea prïoresa. [...]* | *Pon las tobajas apriesa* | *mientra mando por el vino.* | *BARRABÁS – Di, grosero, ¿ no almorzaremos primero[...] ? »* (*Tinellaria*, v. 426-435) « ESCALCO – [...] allons chercher par là une vieille pute. | BARRABÁS – Une abbesse ? | ESCALCO – Même une sœur. [...] Range les serviettes pendant que je commande du vin. | BARRABÁS – Grossier, N'allons-nous pas déjeuner d'abord ? »

35 En effet, lorsque Barrabás passe à table, il évoque avec lui ses vols de vaisselle. Pour son silence, Barrabás lui promet la compagnie d'une femme de Bologne.

36 « mes poulets avec leur gras, du pain blanc, du vin, du bon fromage et des poires, et quelques jarres de vin. », *Tinellaria*, v. 380-382.

*imperante*[37] ». Ainsi, le personnage de Barrabás ne semble guère souffrir la faim, puisqu'il évoque encore les « *siete pasteles muy buenos | de ciervo y puerco salvaje*[38]. » qu'il dina la veille. Son acolyte Escalco révèle quant à lui qu'il dérobe les pièces de vaisselle « *que valen sendos ducados*[39] »

Dans le même temps, cette corruption doit être mise en relation avec les nombreux discours qui témoignent de la mauvaise alimentation des membres du *tinello*. Ainsi, dans la deuxième *jornada*, les deux écuyers Godoy et Moñiz, partagent le même constat de la piètre qualité des denrées proposées à la table du cardinal : « *Sé que ellos se guardarán | de hacer tal travesura. | Mas contino | dan pan que sepa al molino, | la carne hiede un poquito, | y el agito dan por vino | y el vino dan por agito*[40]. » Outre les aliments gâtés et loin des mets qui durent être servis aux convives qui assistèrent à la représentation, le personnage de Godoy poursuit, à la *quatrième jornada*, la description des repas préparés pour les domestiques :

> *Mas ternéis | que si en tinelo coméis | es una vida muy sana, | vuestro antepasto ternéis | tres días en la semana. | Y ansí es | que faltaros de los tres | ya se hace y es posible, | mas pagároslo después, | esto os doy por imposible. | Pues continos | vuestros huevos perosinos | sábado y viernes os dan, | y a las veces mallorquinos, | mirad cuán frescos vernán; | y adobados, | a veces encorazados | con sus pollos y otras cosas, | a veces desesperados | en fritadas maliciosas*[41].

Aussi voit-on dans cette description se dérouler une véritable charge contre la nourriture préparée par le cuisinier Metreianes. Si même le repas finit par se révéler corrompu, c'est bien en raison de la dépravation de domestiques qui en ont la responsabilité. Ainsi, les personnages n'ont de cesse d'exprimer, tel un *leitmotiv*, des accusations contre ceux qui dérobent les ressources de l'arrière-cuisine.

---

37   « de véritables anti-héros de la morale dominante », José Luis Canet Vallés, « Los penitenciales : posible fuente de las primitivas comedias en vulgar », *Celestinesca*, vol. 20, 1996, p. 17.

38   (« sept très bonnes tourtes de cerfs et de porc sauvage ». (v. 510-511)

39   « qui valent quelques ducats », *Tinellaria*, v. 522.

40   « Je sais qu'ils s'abstiendront de pareille malice. Néanmoins, leur pain a le goût du moulin, la viande sent un peu et ce qu'ils font passer pour du vin n'est que du vinaigre, et inversement. » *Tinellaria*, v. 890-896.

41   « La santé ne saurait manquer à qui mange au *tinello* : les entrées sont servies trois fois par semaine. Que vous soyez absents ces jours-là, c'est possible. Mais que vous soyez remboursé, je vous assure que c'est impossible ! Les œufs frais de Pérouse sont servis le samedi et le vendredi. Parfois, ils viennent de Majorque. Mais regardez bien comme ils sont servis frais, marinés, parfois accompagnés de poulet et d'autres choses, parfois cuits malicieusement » *Tinellaria*, v. 1861-1884.

Dans la première *jornada*, Escalco et Barrabás accusent Metreianes et Canavario et prévoient de s'en prendre à eux et de leur donner mille coups de bâton (v. 481) :

BARRABÁS

*¿ No notáis ?*
*Las dos libras que le dais*
*que lleve donde sabéis,*
*cuando vos allí no estáis,*
*voto a Dios que toma seis.*

ESCALCO

*¡ Gran cosario !*
*Mas la carne y el salario*
*no saldrían de sus tasas,*
*sino qu'el y el Canavario*
*tienen juntas sus bagasas*[42].

Dans la seconde *jornada*, Godoy et Moñiz envisagent de dénoncer au Cardinal le comportement du maître de maison (le *Mastro de casa*) (v. 904-905) qu'ils accusent de trahison. À la quatrième *jornada*, l'intendant se plaint à son tour des misères de sa condition :

*Yo me muero. | ¡ Pobre de mí, despensero | diez años o | más pasados, | que no me hallo en dinero | un centenar de ducados ! | ¿ Qué he ganado ? | Unas casas que he labrado, | y en ropa poca cuantía,| que debiera haber comprado | una buena escriptoría. | Y a placer | hoy pudiera yo tener | mil ducados en la mano. | ¿ Qué falta pueden hacer | al Cardenal de Bacano ? | Pero pase ; | que si el diablo holgase, | yo estaría como un papa. | O traidor, si no jugase, | ¡ cuánto valdría mi capa*[43] *!*

Cependant, en dépit des lamentations, les références aux rétributions financières qu'octroie le cardinal à ses domestiques sont nombreuses[44]. Ainsi, l'ambition et la jalousie traduisent toute la démesure qui caractérise

---

42  « BARRABÁS – Ne vois-tu pas ? Lorsque tu lui donnes deux livres à porter là où tu sais, lorsque tu n'es pas là, je t'assure devant Dieu, qu'il en prend six. » *Tinellaria*, v. 463-472.

43  « Je meurs. Pauvre intendant que je suis. Cela doit faire au moins dix ans que je suis sans argent ! Qu'ai-je gagné ? Une maison où je sers, quelques vêtements. J'aurais dû me faire écrivain à la cour. Pour mon plus grand bonheur, aujourd'hui, je serais riche. Le Cardinal de Bacano a-t-il vraiment besoin de mille ducats ? Mais, allons, car si le diable était joueur, je serais comme un pape. O traître ! Si tu ne jouais point, combien vaudrait ma cape ? » *Tinellaria*, v. 1630-1649.

44  Le personnage de Godoy indique que « *Cada día Monseñor | paga un carlín que nos toca* » (« Chaque jour, Monseigneur, paie un carlin qui nous revient »), *Tinellaria*, v. 1906-1907.

ici le personnage. Ainsi, les occupants du *tinello* reproduisent non seulement des enjeux de pouvoirs mais incarnent dans le même temps la personnification de péchés. L'excès et la corruption s'y déclinent encore à différents niveaux. Car, si elle est nécessairement associée à la luxure, l'*hybris* qui se révèle par l'insatiabilité, la goinfrerie ou le vol, se déploie également sur un plan moral et religieux.

## LA NOURRITURE COMME REFLET DE LA LACUNE ÉTHIQUE

Cette mise en scène de l'excès renvoie à une conception satirique du péché de gourmandise qui, selon José Luis Canet Vallés, résonne avec les idées soutenues dans les cercles humanistes, auxquels se greffe peu à peu la grande noblesse de l'époque, défendant ainsi que le « *bien supremo del hombre consistía en la sola virtud*[45] ». En cela, si la *comedia* recourt à la thématique alimentaire pour nourrir cette veine satirique qui condamne l'ensemble des personnages en les montrant « *dominados por las pasiones de los sentidos*[46] », nous observons qu'elle dépasse le domaine strictement organique.

Au moment de passer à table, Godoy se présente comme « *medio sacristán* » (v. 1112) et se charge de prononcer le bénédicité :

> *Bendigamos | al que todos adoramos, | porque nos guarde de mal, | y al que nos da que comamos, | qu'es el señor Cardenal. | Yo bendigo | pan y vino, como digo, | y esotros materïales, | y reciamente maldigo | los traidores oficiales. | Lo primero, | yo maldigo al Cocinero | que da la menestra flaca, | y después al Despensero | que compra mula por vaca. | Maldiremos, | pues que ruin vino bebemos, | al poltrón del Canavario, | y al Escalco, pues que vemos | que nos sangra el ordinario. | Pues, señores, | Dios nos mande sus favores | y nos preste sus orejas, | y nos libre de traidores, | de lites y putas viejas*[47].

---

À propos du vin qu'achète le Cardinal, Monoy déclare : « *sé yo que al Cardenal | le cuestan buenos ducados,* » (« Je sais qu'il les paie quantité de ducats ») *Tinellaria*, v. 900-901.

45   « la vertu constituait le bien suprême de l'homme », J. L. Canet Vallés, art. cité, p. 17.

46   « dominés par les passions des sens. », J. L. Canet Vallés, *ibid.*

47   « Bénissons celui que nous adorons tous, afin qu'il nous garde du mal, et celui qui nous donne à manger, Monseigneur Cardinal. Je dis que je bénis le pain, le vin et ces autres mets et je maudis vigoureusement les traitres officiels. Je maudis d'abord le cuisinier qui prépare un maigre ragout. Ensuite, je maudis l'intendant, qui achète une mule pour une vache. Maudissons ensemble le vin infâme que nous buvons, Canavario le lâche et Escalco qui nous dérobe. Eh bien, messieurs, que Dieu nous soit favorable et qu'il nous prête ses oreilles, et qu'il nous garde des traitres, des querelles et des vieilles putains. » *Tinellaria*, v. 1126-1150.

Si le *tinello* où se réunissent les personnages est celui d'un cardinal, il convient de constater combien l'espace est dépourvu de toute prétention spirituelle. Ainsi, la prière prononcée par Godoy revêt non seulement un caractère burlesque mais, dans ce contexte, elle constitue également un élément singulièrement subversif vis-à-vis de l'Église. Ici, l'union des commensaux ne repose que sur la médisance à l'égard d'une partie des domestiques. La parole dévoyée témoigne bien d'une dégradation qui relève tout autant du rapport à l'alimentaire que de celui à la morale ; la première n'étant finalement que le reflet de la seconde.

En fin de compte, le lien qui unit les personnages à la nourriture révèle l'ampleur de leurs lacunes éthiques. Le dialogue entre les deux écuyers, Osorio et Moñiz, qui abordent les bénéfices ecclésiastiques auxquels chacun aspire, illustre la réciprocité de cette relation :

OSORIO

*Sí, que ya me ha requerido*
*con que, si quiero una capa,*
*y aun si quiero otro partido,*
*me asentará con el Papa.*

MOÑIZ

*¡ Cuál haría,*
*si yo tal brazo tenía !*
*Yo te juro a Dios, hermano,*
*no estoviese más un día*
*con Monseñor de Bacano.*

OSORIO

*No digáis ;*
*que Monseñor, si miráis,*
*será papa sin contrario.*

GODOY

*D'ese modo no os partáis,*
*que habréis un confesionario.*

OSORIO

*Yo lo fío.*
*Mas de su propio albedrío*
*un día me ha descubierto*
*que un astrólogo judío*
*se lo ha dicho por muy cierto.*

GODOY

*¿ Vistes tal ?*
*Veis qu'es regla general*
*que todos piensan so capa,*
*'l obispo ser cardenal,*
*y el cardenal de ser papa.*

OSORIO

*¿ Cómo no ?*
*Pues también me pienso yo*
*ser obispo de mi tierra.*

GODOY

*Pensando ganar, murió*
*mi padre, yendo a la guerra.*
*A mi ver,*
*pues qu'el pensar no es saber*
*ni el soñar es profecía,*
*demandemos de comer,*
*qu'es otra mercadería*[48].

L'association par Osorio de la nourriture devant être servie, et envisagée comme une marchandise, aux fonctions ecclésiastiques qu'ils appellent de leurs vœux, dévoile toute leur avidité et leur dévoiement moral. En effet, dans la logique des personnages, les charges religieuses sont assimilées à de bas avantages triviaux, loin de toute ambition spirituelle[49].

---

48  « OSORIO – Oui, il m'a déjà fait savoir que si je souhaitais prendre l'habit, ou même si j'avais d'autres ambitions, il me conviendrait à la table du pape. | MOÑIZ – Que ferais-je si j'avais de tels soutiens ? Mon frère, he jure devant Dieu, que je ne resterais pas un jour de plus auprès de Monseigneur de Bacano. | OSORIO – N'en dis pas plus. Il deviendra pape, c'est certain. | GODOY– S'il en est ainsi, vous aurez une paroisse. | OSORIO – C'est certain. Un jour, il m'a même fait savoir qu'un astrologue juif le lui avait assuré. | GODOY – Chacun cache ses ambitions : l'évêque rêve d'être cardinal, le cardinal, pape. | OSORIO – Et comment en serait-il autrement ? Moi aussi je veux devenir évêque de là d'où je viens | GODOY – Mon père, pensant gagner, est allé à la guerre, et il en est mort. Selon moi, si penser n'est pas savoir et le rêve n'a rien de sûr. Demandons qu'on nous serve le repas car ça aussi, c'est un autre commerce. », *Tinellaria*, v. 1058-1091.

49  De l'insatiabilité à la corruption morale, sans doute peut-on voir se dessiner dans l'ambition des domestiques à intégrer la hiérarchie ecclésiastique une allusion à l'image du moine glouton qui « devient, au début de l'époque moderne, celle d'un prédateur dont l'obésité est alimentée par l'argent des indulgences » Isabelle Rosé, « Le moine glouton et son corps dans les discours cénobitiques réformateurs (début du IXe siècle-début du XIIIe siècle) », dans F. Quellier et K. Karila-Cohen (éd.), *Le corps du gourmand : D'Héraclès à Alexandre le Bienheureux*, Tours, Presses universitaires François-Rabelais, 2012, § 1. Ici, l'image corrompue de l'Église est portée par des personnages eux-mêmes débauchés ainsi la

En outre, l'échange révèle une corruption qui paraît généralisée et qui finit même par entacher la réputation d'un maître appelé à occuper les plus hautes fonctions de l'Église. Ainsi, si même le Cardinal paraît dépourvu de toute exemplarité morale, alors tous semblent caractérisés par une forme d'insatiabilité qui se manifeste, nous l'avons vu, à différents niveaux. Dès lors, à travers la corruption du maître, comment ne pas envisager que le comportement des serviteurs n'est que

> *el lamentable resultado de unas preocupaciones y motivaciones turbias y depravadas y que éstas tienen su causa y estímulo directos en un ambiente exento de espíritu y moralidad. Dicho de otro modo, la conducta inmoral e inescrupuloso –lo picaresco– de los personajes de Torres Naharro procede principalmente de una falta de recta educación espiritual y de los ejemplos en los más altos niveles de la jerarquía social y religiosa, en que aquellos personajes suelen reflejarse y que orientan hacia el crimen y el pecado*[50].

## LE DISCOURS OBLIQUE :
## S'EN PRENDRE À LA TABLE

Finalement, en composant des personnages qui ne sont rien d'autre que des anti-modèles, la pièce ne laisse de s'en prendre à toutes les bouches corrompues. En ce sens, quoique la *comedia* n'inflige, aux membres du *tinello*, aucun châtiment poétique autre que le rire, elle semble s'attacher, par l'excès et la démesure, à montrer des comportements répréhensibles. Mais, il convient de relever comment dans cette pièce, le motif alimentaire paraît également déployer un sens qui ne se donne que dans l'oblique.

---

satire paraît davantage concerner les personnages que l'institution. En ce sens, l'un des épigones de Torres Naharro, Jaime de Huete, reprend quelques années plus tard, l'image traditionnelle du religieux licencieux. Avec la corruption du personnage du confesseur Vegeçio se manifeste à la fois par son rapport à l'alimentaire et le trouble langagier mais elle sert principalement des fins comiques.

50 « le résultat malheureux de quelques préoccupations et motivations obscures et dépravées, et que celles-ci trouvent leur cause directe et leur élan dans un environnement dépourvu de spiritualité et de moralité. En d'autres termes, la conduite immorale et peu scrupuleuse – le picaresque – des personnages de Torres Naharro émane principalement d'un manque d'éducation spirituelle et des exemples tirés des niveaux les plus élevés de la hiérarchie sociale et religieuse, dans lesquels ces personnages se reflètent généralement et qui conduisent au crime et au péché. » S. Zimic, *op. cit.*, p. 231.

En effet, en relevant l'importance de la dimension éthique qui se dégage du rapport des personnages à l'alimentaire, il est nécessaire d'interroger la hiérarchie dans laquelle s'insèrent les protagonistes, et en particulier, la place de celui qui se trouve à son sommet. Si S. Zimic propose d'analyser le comportement du *tinello* à la lumière de la lacune, celle-ci se répercute, sur le plan littéraire, par l'absence du personnage du Cardinal.

Si son titre semble lui octroyer un ensemble de vertus morales, sa présence, bien qu'en filigrane, dévoile une tout autre réalité. Du reste, la caractérisation que l'*introito* nous offre du personnage brosse un portrait moral profondément critique et marqué par l'ironie[51]. Malgré les tentatives de certains chercheurs, les éléments que fournit le texte ne permettent pas de relier la figure du Cardinal à un personnage réel, encore moins à ceux présents dans la salle. Cependant, la valeur du protagoniste repose certainement davantage sur son potentiel connotatif. Au gré des éditions, il est tantôt désigné comme « *Cardenal Egiptiano* », tantôt « *Cardenal de Bacano* » (v. 133). Moins que l'indication d'une province ecclésiastique, les qualificatifs semblent révéler, sur le plan sémantique, des attributs « *sumamente negativos que circunscriben claramente una personalidad deshonesta, corrupta y disoluta*[52] ».

Dès lors, il s'avère légitime d'interroger comment les déclinaisons du traitement satirique du motif culinaire s'intègrent à la configuration scénique et dramatique de la pièce. Si la portée morale de l'œuvre semble se donner au moyen d'un discours indirect qui condamne tout autant la hiérarchie que les valets, comment envisager ce discours dans son interaction avec la salle ?

Nous l'avons vu, l'excès des personnages représentés participe d'un discours implicite mis au service d'une satire mordante qui finit par atteindre, par ricochet, le Cardinal. Dans et par la cuisine affleure une condamnation qui, se révèle, en fin de compte, tout autant celle de cette domesticité fictive que celle de la hiérarchie qui l'emploie et qui, en un sens, pourrait être assimilée à celle qui compose les rangs du public. Pourtant, le contexte de représentation semble peu favorable à

---

51    En effet, le locuteur de l'introito évoque ironiquement l'excellente réputation du Cardinal en soulignant « *Su familia | rica y grande a maravilla* » (« Sa famille [désignant ici ses valets] merveilleusement riche et grande »).

52    « très négatif, décrivant clairement une personnalité malhonnête, corrompue et dissolue. » S. Zimic, *op. cit.*, p. 215.

une entreprise critique vouée à mettre à mal son auditoire[53]. Il paraît
donc légitime d'imaginer qu'au-delà de l'éventuelle fidélité thématique
qui motiverait une identification dévoyée des personnages à l'assistance,
et donc au-delà de la dimension satirique, se joue davantage un écho
ludique à ce qui se passe dans la salle. Ainsi pourrait-on voir dans la
mise en scène, une représentation fondée moins sur la morale que sur des
enjeux comiques et qui servirait, dans le même temps, de confirmation
ironique, du regard que porte le public sur le personnel du palais.

À propos du choix du plurilinguisme, au-delà d'une quête de fidélité
ou de vraisemblance, M. Bataillon indiquait que « faire rimer entre eux
tant de langages hétéroclites, parlés non sans à-peu-près, était plaisant
pour l'auteur non moins que pour son public, où se coudoyaient toutes
les nations de la péninsule ibérique représentées à Rome[54] ». Dès lors, le
cadre fictionnel n'apparaît plus seulement comme le reflet de la matière
que le dramaturge prétend mettre en scène et satiriser. Il doit également
être envisagé pour sa capacité à interagir avec la salle. Car, plus que de
lever le voile sur le dévoiement des cuisines du palais, peut-être faut-il
chercher dans l'œuvre comment la mise en scène de la table sert un
reflet inversé au bénéfice de la satisfaction du public.

La configuration métathéâtrale que fournit l'œuvre constitue une
scène qui ne peut s'affirmer autrement que comme le reflet déformant de
ce qui se joue dans la salle. Cette lecture du phénomène théâtral porté
par Torres Naharro et où le genre, moins que d'encenser son auditoire,
le prend à partie ou cherche à le choquer[55], fait écho, à notre sens, à
la configuration singulière que propose l'*introito*. Dans l'analyse qu'il
soumet de cette partie liminaire, Miguel García Bermejo Giner invite
à saisir l'effet performatif d'un texte fondé sur la *captatio malevolentiæ* et

---

53    Il s'agit en effet d'une œuvre de commande, destinées à un public restreint et privilégié,
      ainsi que le décrit Alfredo. Hermengildo, *Texto, escena y público en el Quinientos español :
      modelos encadenados*, [édition numérique], Anejos de TeaPal, 2013.
54    M. Bataillon, art. cité, p. 166.
55    C'est notamment la thèse de J. Brotherton lorsqu'il évoque l'effet de l'obscénité présentée
      dans les *introitos* : « *It is difficult to assess how shocked they would be by the overt eroticism of
      the Prologue Speaker's accounts, but their sense of modesty and decorum would doubtless conflict
      with any prurient delight the courtiers took in such obscenity* » (« Il est difficile de mesurer
      dans quelle mesure ils seraient choqués par l'érotisme manifeste des récits du locuteur
      de l'*introito*, mais leur sens de la pudeur et de la bienséance s'opposerait sans aucun
      doute à tout plaisir trivial que les courtisans prendraient face à une telle obscénité. »)
      J. Brotherton, *The Pastor-Bobo in the Spanish theatre : before the time of Lope de Vega*, London,
      Royaume-Uni de Grande-Bretagne et d'Irlande du Nord, Tamesis Books, 1975, p. 101.

où l'auteur entend obtenir du public « *su enfurecimiento y su atención*[56] ». Selon nous, tout l'enjeu de l'*introito* et son effet comique, reposent, de fait, sur la façon dont il suggère au public de se voir représenté, non tel qu'il est, ni tel qu'il pourrait le souhaiter mais au prisme d'une dégradation éminemment comique et singulièrement complaisante. En effet, le statut du locuteur, généralement un berger grotesque, contribue à annuler tout potentiel subversif de l'attaque. Dans ce décalage ludique et fondée sur le renversement, qui, dans le cas de la *Tinellaria*, dépasse le cadre de l'*introito*, naît, peut-être, tout le plaisir du théâtre. C'est ainsi qu'il convient d'envisager le véritable sens comique de l'œuvre c'est-à-dire, celui d'un rire dont les contours demeurent à modeler mais qui se donne dans une forme d'autodérision complaisante. Ici résident toute l'ambivalence et la complexité du dispositif comique convoqué dans cette pièce qui, dans un jeu de miroir, fait de la table un espace polysémique. Elle est à la fois le vecteur d'un discours moral que le spectateur est invité à investir et l'outil d'un divertissement complaisant basé sur le reflet et la dégradation.

Thomas Marti
Université Paul Valéry Montpellier 3
ReSO

---

56   « sa rage et son attention », Miguel García-Bermejo Giner, « Origen y circunstancia del introito en el primer teatro clásico español », dans F. B. Pedraza Jiménez, E. Marcello et R. González Cañal (dir.), *El teatro en tiempos de Isabel y Juana, 1474-1517 : XXIX Jornadas de Teatro Clásico, Almagro, 12, 13 y 14 de julio de 2016*, Almagro, Universidad de Castilla-La Mancha, 2017, p. 121.

# SWEET TOOTH AND BITTER TABLES

Between Materialities and Metaphors
in the Dramaturgy of Gil Vicente (D. 1536)
and António Ribeiro Chiado (D. 1590)[1]

The scarcity of research at the intersection of Food History and sixteenth-century Portuguese theatre studies is evident. However, this field has not been completely neglected.

Since 1996, Maria José Palla has explored Gil Vicente's works as an integral element of sixteenth-century food historiography,[2] with a particular focus on the food-related lexicon in Vincentian dramaturgy. In contrast to these reflections, from a perspective anchored in the literary dimension, Olinda Kleiman[3] has rightly focused on the carnival of language in Gil Vicente's works, from an angle that examines the sexual analogies in some of his texts. She has demonstrated the links between certain food references and allusions to sexual practices. Commonly, researchers seem to have a predilection for using *Pranto de Maria Parda*[4] as a focal point of their studies.

In fact, among the playwright's extensive oeuvre, *Pranto de Maria Parda* is the text that has garnered the most attention. Notable contributions include the 1963 publication by Luciana Stegagno Picchio,[5] Yvonne

1    This study is financed with National Funds through FCT – Fundação para a Ciência e a Tecnologia, I.P., within the project UIDB/00196/2020.
2    Maria José Palla, 'Manger et boire au Portugal à la fin du Moyen Âge', *Sénéfiance*, 38 (1996), 93–123.
3    Olinda Kleiman, 'De la boulangère et du forgeron: un exemple de langage érotique dans l'œuvre de Gil Vicente', *Quadrant*, 12 (1995), 31–53.
4    José Camões, *Obras de Gil Vicente* (Lisboa: Imprensa Nacional-Casa da Moeda, 2002), V.II, pp. 491–502.
5    Luciana Stegagno Picchio, 'Continuidade e ruptura no teatro de Gil Vicente – *Maria Parda* revisitada', in *Gil Vicente 500 anos depois: actas do Congresso Internacional realizado pelo Centro de Estudos de Teatro da Faculdade de Letras da Universidade de Lisboa*, vol. 2 (Lisboa: Imprensa Nacional-Casa da Moeda, 2003), pp. 115–29.

David-Peyre,[6] and María Josefa Postigo Aldeamil.[7] More recently, Guida Cândido's[8] article in a collective volume on the history of Portuguese food succinctly demonstrated how analysing the food lexicon in Vicente's texts can reveal the dietary habits of the time. This research also forms part of her doctoral thesis.[9]

Studies on António Ribeiro Chiado are even scarcer. Apart from a few biographical entries in some compilations of his plays from the twentieth century, Vanessa de Souza developed her doctoral research focusing on the author's representations of the female figure.[10] In addition, Guida Cândido analysed food references in his works, such as *Auto das Regateiras*, exploring the historical and contextual meanings of the food lexicon.[11]

The theatre of Gil Vicente, Ribeiro Chiado, and other sixteenth-century playwrights inevitably reflected the historical and social circumstances of the time, although this influence was not always direct or explicit, due to the predominantly fictional nature of their dramaturgical texts. Analysing the food lexicon within these texts allows for a comparison with contemporary food consumption, shedding light on sixteenth-century customs, eating habits, social hierarchies, and power dynamics. Through their reviews and observations, the playwrights expose stereotypes related to the presence or absence of food, the visualisation of meals, commercial standards, and even gastronomic preferences dictated by social class. However, this analysis of food references in dramaturgical works cannot and should not be conducted one-dimensionally; it must continuously engage with the historical context, cultural references, and the relationships established among the various characters.

---

6   David-Peyre, 'Maria Parda, témoin de son temps', *Arquivos do Centro Cultural Português*, 28 (1990), 437–446.

7   María Josefa Postigo Aldeamil, 'Contribución al estudio de los refranes en Gil Vicente', *Paremia*, 6 (1996), 499–504.

8   Guida Candido recently concluded her doctoral thesis concerning the identification of food heritage in the playwright's work (Guida Cândido, '*O que não haveis de comer.* Fome e saciedade da obra de Gil Vicente' (unpublished doctoral thesis, University of Coimbra, 2023).

9   Guida Cândido, 'Gil Vicente: comida e metáforas', in *História Global da Alimentação Portuguesa*, ed. by Isabel Drumond Braga (Lisboa: Temas e Debates), pp. 117–22.

10  Vanessa Souza, 'O teatro de António Ribeiro Chiado: Perfis femininos no Portugal Quinhentista' (unpublished master dissertation, University Fluminense, 2016).

11  Guida Cândido, 'Vinho e pão quanto convém: referentes alimentares na peça quinhentista Auto das regateiras', *e-Letras com vida*, 5 (2020), 11–25.

Based on this premise, dramaturgy should not only be interpreted as a literal or documentary representation, but also through a lens of fictionalisation. In fact, it is particularly insightful to explore the dramaturgical meanings of food references, which vary depending on the genre of the play. Identifying the symbolism and literary dimensions of these indicators – whether they signify abundance, satiety, or hunger, on physiological, mystical, or doctrinal levels – is crucial.

The focus here is on the analysis of the commodities listed by the two authors, notably during a period marked by the emergence and growing popularisation of sweet production and consumption in Portuguese society. Therefore, by analysing both authors in parallel, we can highlight the transformations that took place during the period in which they were active.

## GIL VICENTE:
## COURT DRAMATIST AND FOOD METAPHORS

The birth of the future king João III (1502-1557) coincided with the beginning of Gil Vicente's dramaturgical work. Celebrating the prince and the royal family, Vicente crafted an apologetic monologue, adopting the persona of a shepherd – a motif that would recur throughout his career. The *Auto da Visitação*[12] marked the initial moment of a long-lasting relationship between the author and the court, manifested through his writing, staging, and performance spanning over three and a half decades. The period of Gil Vicente's literary production (1502-1536) aligns with a historical period marked by expansionist endeavours over new geographies that reshaped the national landscape, both domestically and internationally. Alongside these economic transformations, this era also saw the emergence of a new society, with evolving signs that challenged established, previously rigid hierarchies.

Gil Vicente is an author who employs diverse stylistic formulas, creating countless gradations of interpretation across his oeuvre. The symbolic, metaphorical, and allegorical language he utilises creates narratives that transcend the everyday life of the sixteenth century and

---

12 Camões, pp. 17–21.

engage the court, the target audience of his theatre.[13] His frequent use of a codified lexicon enables him to create with versatility, ranging from popular adages and songs to scholarly texts based on Catholic dogma. The former, however, do not have the same relevance for dramaturgical creation that can be identified in the latter.

Food, seen as "the consumption of food that constitutes man's daily sustenance, but also the art or manner of preparing and cooking – the *ars coquinaria*" –,[14] is what we want to observe through the *Vicentina Compilation*. The work offers a comprehensive inventory of foods and dishes that were consumed in the sixteenth-century across various contexts, accessible to the population of that era. The food and culinary preparations featured in the Compilation serve a dual purpose: they reflect the usual consumption of the social groups outlined in the dietary prescriptions and they also represent the sought-after and consumed items of the time.

THE SYMBOLIC MILK

In the Catholic context, Vincentian dramaturgy closely mirrors religious practices, starting with the evocation of the birth of a king. In *Visitação*,[15] his inaugural work, he presents eggs, milk, cheese, *que-ijadas*,[16] and honey to the newly delivered Queen Maria, all items associated with shepherding. The mention of eggs, symbolising life and rebirth, is particularly significant.[17] Like Christ, King João is depicted receiving simple, rustic food offerings from the shepherds, in contrast to the luxurious gifts from the Eastern Kings. In the Bible, the episode of the Adoration of the Shepherds is recounted in Luke 2:8-16, though at no point is the offering of food mentioned. In pictorial art, however, these details are included, and many painters depict various foods being presented by the shepherds to the new-born.[18]

---

13   Cândido (2023), p. 510.
14   Maria José Azevedo Santos, *A Alimentação em Portugal na Idade Média. Fontes – Cultura – Sociedade* (Coimbra: n.pub., 1997), p. 35.
15   Camões, pp. 17–21.
16   Milk pastries.
17   Paula Barata Dias, 'Quando o doce é corpo. Antropomorfismo e Antroponímia na doçaria tradicional portuguesa', in *Mesas luso-brasileiras: alimentação, saúde & cultura*, vol. I, ed. by Carmen Soares (Coimbra: Imprensa da Universidade de Coimbra, 2018) p. 289.
18   "Adoration of the Shepherds", Gregório Lopes, altarpiece of Santos-o-Novo, oil on wood, National Museum of Ancient Art; "Adoration of the Shepherds", Master of Abrantes, 1550, oil painting, Évora Museum.

*Queijadas* were, in fact, a staple of sixteenth-century dairy cuisine, as observed in manuscript 142 in the Braga District Archive. This manuscript was compiled by the cleric Luís Álvares de Távora, likely during the second half of the sixteenth century, containing what may be the earliest known written record of this centuries-old recipe in Portugal.[19] In this recipe, the prominence of cheese is highlighted, complemented by sugar.

However, the inclusion of sweeteners such as sugar or honey was not a common practice. The production of *queijadas* is historically associated with shepherding, as depicted in the Visitation passage, primarily as a method of transforming milk. This extends beyond the configuration of various cheeses and cottage cheese, which are easier to preserve and transport, and were not considered part of confectionery until the latter half of the century. Records from various *forais*[20] in the first decade of the sixteenth century list *queijadas* as products exempt from tolls, along with baked bread, biscuits, bran, eggs, and milk.[21] In 1552, João Brandão also noted that the sale of *queijadas* and milk derivatives was predominantly managed by 20 to 30 "women from the hills" at the Feira da Ladra in Lisbon.[22] This reinforces the notion that *queijadas* were a dairy product rooted in rural production and not initially categorised as confectionery.

This preparation could be incorporated into the diet in two ways: as a savoury dish or as a sweet treat during festive occasions. For example, during the celebrations marking the union of D. Isabel and D. Duarte, the son of King Manuel, in 1537, guests were served the finest delicacies, including *queijadas* sweetened specifically with white honey.[23] During the second half of the sixteenth century, the use of sweeteners in the preparation of this product is evident. In a letter dated 16 October 1585, the

---

19  See recipe 206 of manuscript 142 of the Braga District Archive (Anabela Barros, *As receitas de um frade português do século XVI* [Coimbra: Imprensa da Universidade de Coimbra, 2013]. Medieval Iberian Arabic literature refers to a recipe close to this preparation, called "qaiyata", which consists of a box of dough filled with crumbled fresh cheese, to which bread is added, being cooked in an oven covered in milk and finished with toppings of honey, rose syrup, or ground sugar (Huici Miranda, *La cocina hispano-magrebí durante la época almohade según un manuscrito anónimo del siglo XIII.* [Gijón: Ediciones Trea. Reedición, 2005], pp. 248–49).

20  Sovereign regulations documents.

21  João Pedro Gomes, 'A doçaria portuguesa. Origens de um património alimentar (séculos XVI a XVIII)' (unpublished doctoral thesis, University of Coimbra, 2022), pp. 386–7.

22  José da Felicidade Alves, *Grandeza e abastança de Lisboa em 1552. João Brandão de Buracos* (Lisboa: Estúdios Horizonte, 1990), p. 94.

23  Lisbon, National Library, Reservados COD. 1544, fl. 111v.

Portuguese Jesuit Fernão Cardim (1549-1625), who was then travelling to South America, recounts being offered '*queijadinhas de açúcar*' on Chinese porcelain by a Brazilian Indigenous woman. This was followed by a large jar of cold water, gifted as a refreshment by the Jesuit provincial priest.[24]

Although they were not a regular food in the sixteenth-century diet, *queijadas* were nonetheless a product with a 'certainty of widespread consumption, however sporadic it may have been'. As Iria Gonçalves shows in documentation concerning the Monastery of Alcobaça and its land tenants, since the late medieval period, most peasant families were often required to prepare them as part of their fiscal obligations and payments to the monastery. These *queijadas* certainly provided a welcome variation from the monotony of their daily meals.[25] This is reflected in another Vincentian work, the *Auto da Feira*, where they are portrayed as a coveted delicacy. Mateus attempts to purchase them from Justina, asking: '*mana tendes i queijadas?*'.[26]

HONEY, SUGAR, AND SWEETS

To another extent, honey acquired a religious connotation during the Medieval period as it symbolised spiritual sweetness. As Paula Barata Dias summarises, metaphors of sweetness, milk, honey, and accessible fruit often represent the fullness of union with God.[27] Although honey lost its primacy as a sweetener with the spread of sugar in subsequent periods, its relatively lower cost meant that it remained the more commonly purchased sweetener,[28] despite being subject to counterfeiting, speculative manoeuvres, swindling, and fraud.[29] The brief references

---

24  Sugar cheesecakes; Caetano e Capistrano, *Tratados da terra e gente do Brasil* (Rio de Janeiro: J. Leite & Cia, 1925) p. 298.

25  Iria Gonçalves, *À mesa nas terras de Alcobaça em finais da Idade Média*, (Alcobaça: Direção-Geral do Património Cultural / Mosteiro de Alcobaça / Cooperativa Agrícola de Alcobaça / IEM, 2017), p. 155.

26  v. 834: "Girl, do you have cheesecake?"

27  Dias, pp. 286–93.

28  António de Oliveira Marques, *A sociedade medieval portuguesa. Aspectos da vida quotidiana* (Lisboa: Livraria Sá da Costa, 1974) p. 15.

29  João Pedro Gomes, 'Mel: um adoçante com milénios de história', in *História Global da Alimentação Portuguesa*, ed. by Isabel Drumond Braga and José Eduardo Franco (Lisboa: Temas e Debates, 2023), pp. 23–28; João Pedro Gomes, 'De mezinha a iguaria: o açúcar', in *História Global da Alimentação Portuguesa*, ed. by Isabel Drumond Braga, and José Eduardo Franco (Lisboa: Temas e Debates, 2023), pp. 35–40.

in *Auto da Feira*[30] and in *Auto da Índia*[31] underscore honey's routine consumption within society.[32] For instance, Branca Anes expresses a desire to buy Serafim a 'little jar of honey'.[33]

In *Rubena*'s comedy, the dialogue between the shepherds and Cismena, where they boast about the abundance of delicacies they have – in reality what they wish to have – goes as follows:[34]

JOANINHO

*E nós temos tanto mel*
*que trougue a nossa Isabel.*

AFONSINHO

*Mentes Joane.*

JOANINHO

*Par esta.* [...]

PEDRINHO

*Temos tanta marmelada*
*que minha mãe m'há de dar.*[35]

Besides honey, the final verses of this excerpt also highlight the prevalent role of another sweet treat in sixteenth-century consumption patterns and desires: marmalade. Various sources of different nature confirm the widespread use of this product. For example, the culinary manuscript *Livro de Cozinha da Infanta D. Maria*[36] includes a specific section dedicated to fruits preserved in sugar, featuring 22 recipes. This section includes the famous marmalade made from quinces, as well as cider, lemon zests, peaches, lettuce stalks, and pears.

---

30 Camões, pp. 157–87.
31 Camões, Vol. II, pp. 171–86.
32 Camões, pp. 157–87.
33 Mug/small for honey (v. 743).
34 Camões, pp. 367–418.
35 v. 780 and 787: 'JOANINHO: And we have so much honey | which our Isabel brought; AFONSINHO: You are lying Joane; JOANINHO: I'm not; PEDRINHO: we have so much marmalade | that my mother will give me'.
36 It is the oldest known recipe book written in Portuguese. Dating back to the sixteenth century, it is presumed to have been taken to Italy by D. Maria de Portugal, D. Manuel's granddaughter, when she married and became Duchess of Parma. The manuscript was part of the Farnese family library, now kept in the National Library of Naples. It contains 61 culinary recipes that reveal the royal dietary habits of the sixteenth century. Salvador Dias Arnaut, Jiacinto Manuppella, *O "Livro de cozinha" da Infanta D. Maria, códice português IE33 da Biblioteca Nacional de Nápoles* (Coimbra: Acta Universitatis Conimbrigensis, 1967), pp. 85–143.

A 1572 receipt from the Household[37] of Queen Catherine of Austria (1507-1578) lists most of these preserves, by then already made using sugar, and also mentions the addition of plums, oranges, and cucumbers. This document confirms the extensive consumption, variety, and magnificence of preserves at the royal table. What is certain is that from the mid-sixteenth century onwards, sweets and preserves became ingrained in Portuguese culinary habits, far from confined to the lavish tables of the elite. They were a constant presence in monasteries and infirmaries, and were even desired by the less affluent.[38]

The use of sugar was crucial in making these delicacies. The expansion of production, especially in the Atlantic islands and Brazil, allowed sugar to transcend its therapeutic uses and secure a prominent place in culinary arts. This was especially true at noble tables, from the second half of the sixteenth century onwards.[39]

Gil Vicente would have known that the sugar arriving in Lisbon originated from these territories. However, in *Juiz da Beira*, the doorman introduces himself to the judge by proposing the cultivation of sugarcane in the territory of Coruche, along with saffron – a spice of exorbitant value, highly esteemed and frequently used throughout the sixteenth century. It represents a deceitful promise. The court wants to sell what it does not possess:

> *São terras novas guardadas*
> *que nunca foram lavradas*
> *oh que matos pera pão*
> *que vales pera açafrão*
> *e canas açucaradas.*[40]

There are no sources attesting to the production of sugar in the place mentioned, but historical references do exist for its cultivation in the Algarve dating back to the fifteenth century. A royal chancellery

---

37  Cândido (2023), p. 386.

38  João Pedro Gomes, 'Uma doce viagem: doces e conservas na correspondência de D. Vicente Nogueira com o Marquês de Niza (1647-1652)', in *Ensaios sobre património alimentar Luso-brasileiro*, ed. by Carmen Soares (Coimbra: Imprensa da Universidade de Coimbra, 2014), pp. 213–250 (p. 247).

39  Leila Algranti, 'Alimentação, saúde e sociabilidade: a arte de conservar e confeitar os frutos (séculos XV-XVIII)', *História: Questões & Debates*, 42:1 (2005), 33–38.

40  vv. 41-49: 'These are new lands safeguarded | that have never been ploughed | oh what woods for bread | what meadows for saffron | and sugarcanes'.

document from 1404, during the reign of King João I, recorded the leasing of the king's hunting grounds in Quarteira to the Genoese merchant Joham da Palma. This suggests the possibility of other sugar cane plantations in Portugal prior to this date, extending beyond the islands.[41]

In the House of Queen Catarina, records indicate sugar was imported from different locations, including Madeira Island and Brazil, with a slight prevalence for Brazilian sugar due to its accessibility. These records also highlight the therapeutic uses of sugar, as it was acquired by Misia Nunez, the person responsible for the apothecary.[42]

Consistent with this usefulness, pink sugar appears in Vincentian works.[43] In *Don Duardos*,[44] Constança Roiz asks her son to drink it, as he is in a state of deep melancholy:

> *Vem Costança Roiz e diz chorando a Flérida:*
> Ha hí azúcar rosado
> señora en vuesa casa?

> FLÉRIDA
> Para qué?

> COSTANÇA ROIZ
> Mi hijo está mal tratado
> qu'el corazón se le abrasa. [...]

> COSTANÇA ROIZ
> Es mi hijo muy sesudo
> nueso señor me lo guarde
> sospira de tarde en tarde
> pero quéxase a menudo
> qu'el ánima se le arde.

---

41  Aurélio de Oliveira points to the possibility of sugarcane plantations having existed in other areas of the territory, particularly in the north, since in the Land Registry of the Ferreira de Paredes Church, Valença district, dated 1516, from the Braga District Archive, Registo Geral. Liv. 5, fl. 281, identifies a reference to a "sugarcane field". Aurélio de Oliveira, 'O Tempo Económico no Tempo de Gil Vicente', *Revista de Guimarães*, 112 (2002), p. 300.

42  ANTT – Núcleo Antigo 786, fl. 17.

43  Jorge Ferreira de Vasconcelos, another sixteenth-century playwright, mentions this famous preparation in his play Comédia Ulissipo, attesting to its therapeutic qualities: 'Por isso foi bom remédio açúcar rosado em caniculares | That's why pink sugar was a good medicine for canicular ulcers.' Cena sétima. (118). http://www.cet-e-quinhentos. com/autores (accessed 02/04/2024).

44  Camões, pp. 517–77.

*FLÉRIDA*

*Qué será?*

*COSTANÇA ROIZ*

*Señora no sé qué ha*
*sus lágrimas son iguales*
*a perlas orientales*
*tan gruesas salen dallá.*[45]

Pink sugar[46] – made with sugar and rose petals – was used to soothe the heart, stomach, and viscera,[47] and was highly recommended by physicians. Around 1430, D. Duarte highlighted its benefits in his treatise, advising that to maintain health, every man should consume an ounce of pink sugar dissolved in cold water on an empty stomach upon waking.[48] This practice was intended more as a preventative measure than a cure for imbalances in the humours.

The use of pink sugar as a nutritional supplement during periods of greater physical and emotional frailty was documented by Friar Sebastião Goncalves in 1562. He noted its application among missionaries in India, who administered pink sugar to some patients in the morning, while others received marmalade, and others still, sultanas and biscuits, with everyone leaving satisfied.[49] Moreover, the preparation of pink sugar was not confined to apothecaries and physicians; it also extended beyond this pharmacological purpose, into the domestic realm.

João Brandão de Buarcos's list leaves no room for doubt on this matter. His accounts document 50 women who produced marmalade, oranges,

---

45   vv. 1181-1199: 'Constança Roiz comes and says, crying, to Flérida: lady, is there pink sugar | in your house? | Florida: what for? | Constança: my son is poorly treated | his heart burns. | my son is very sad | may Our Lord protect him | sighs from afternoon to afternoon | but constantly complains | that his spirit burns. | Flérida: what could it be? | Constança: Lady, I don't know what's going on | your tears are akin | to oriental pearls | so thick they come out of there'.

46   Pink sugar was common in recipes associated with monasteries in the modern period (Braga, p. 89). In the codex of the Braga District Archive, two recipes are recorded, varying mainly in dosage, presumably to meet different consumption needs, in a proportion that equates to a third of the dish (Barros, p. 281, 287).

47   Américo Pires de Lima, 'A botica de bordo de Fernão de Magalhães', *Anais da Faculdade de Farmácia do Porto*, 4 (1942), 72.

48   João José Alves Dias, *Livro dos Conselhos de El-Rei D. Duarte* (Lisboa: Editorial Estampa, 1982), p. 268.

49   António da Silva Rego, *Documentos Remetidos da Índia ou Livros das Monções*, Vol. IX (Lisboa: Imprensa Nacional – Casa da Moeda, 1953), p. 62.

and pink sugar, selling them to travellers bound for India and Goa.[50] This highlights that such preparations were plausible and accepted for the medicinal use of plants in everyday domestic practices. Contrary to initial perceptions, the use of sugar quickly expanded beyond the confines of the apothecary's shop. It became a prominent and eloquent fixture at the table, particularly those of royalty and nobility, due to its high commercial value and limited accessibility. While the art of preserving and preparing fruit marked the beginning of confectionery, there are other food items within this realm with extensive and ancient histories, as noted by Gil Vicente.[51] Among these is the *pinhoada*, a comforting delicacy mentioned in *Lusitânea*:

CORTESÃO

*Antre essas cousas louçãs*
*peço que me consoleis.*

LEDIÇA

*Pinhoada comereis*
*ou caçoila de maçãs*
*vede vós o que queries.*[52]

As noted by Ribeiro Chiado,[53] such a delicacy made of sugared pine nuts with honey[54] was a common feature during Christmas celebrations, along with other sweets. Other delicacies could be found on Christmas tables, though they are notably absent from Gil Vicente's works. Marzipan, believed to have Muslim origins,[55] could have also been used for medicinal purposes.[56] Its exuberant reference in King Manuel's Christmas dinner in 1504 – where apothecaries were commissioned to craft marzipan in

---

50  Alves, p. 214.
51  Regarding the activity of confectioners, see Isabel Drumond Braga, 'Confeiteiros na Época Moderna: Cultura Material, Produção e Conflituosidade', in *Ensaios sobre o Património Alimentar Luso-Brasileiro*, ed. by Carmen Soares (Coimbra: Imprensa da Universidade de Coimbra, 2014), pp. 165–92.
52  vv. 158-162. 'Courtier | Among these seductive things | I ask you to comfort me. | Lediça | Pinhoada you will eat | or apple casserole | see what you desire'.
53  António Ribeiro Chiado, 'Prática das oito figuras", in *Teatro de Autores Portugueses do século XVI*, www.cet-e-quinhentos.com (accessed 20/07/2023).
54  Raphael Bluteau, *Vocabulario portuguez & latino: aulico, anatomico, architectonico*, vol. 2 (Coimbra: Real Colégio das Artes da Companhia de Jesus, 1712), p. 203.
55  Braga, p. 57.
56  The Hospital of São José, in 1592, bought 5 arráteis of marzipan for 600 reis for the sick. ANTT, Hospital de São José, liv. 761, fl. 36v.

various sizes, along with other sweets including *pinhoada*[57] – illustrates the dual nature of marzipan at the beginning of the century.

Unlike *pinhoada*, for which no recipes are known from this period, marzipan is described in Infanta D. Maria's cookery book within the section dedicated to preserves. It is prepared with sugar, flour, and flower water, with almonds providing its unique flavour. In fact, in *Rubena's* comedy,[58] marzipan is recommended by the midwife to Rubena as a source of encouragement and strength for the approaching labour:

RUBENA

*Oh cuitada dolorida*
*en qué estremo está mi vida.*

PARTEIRA

*Mordei neste maçapão*
*esforçai rosa florida*
*eu venida e vós parida*

*Kirieleisam Christeleisam.*[59]

*Alfenim* was another sweet paste primarily made of sugar, a staple of sixteenth-century confectionery mentioned allegorically in the Vicentina Compilation. In the *Velho da Horta* farce,[60] an honourable and very wealthy elderly man who owns a vegetable garden meets a girl who wants to buy vegetables. He falls in love with her and makes futile attempts to seduce her. At one point, he expresses his love by declaring that she has an *alfenim* face, an allusion to her light and delicate complexion, qualities typical of this sweet. To the Old Man, the girl appears as sweet and desirable as *alfenim* itself:

VELHO

*Senhora eis-me eu aqui*
*que nam sei senam amar*
*ó meu rosto d'alfeni*

---

57   ANTT, Contos do Reino e Casa, Núcleo Antigo 799. We extend our gratitude to Pedro Pinto for granting access and authorisation to use this unpublished source. At the time of writing, this source is part of a publication currently being prepared by the author.

58   Camões, pp. 367–418.

59   vv. 279-284: 'RUBENA: Woe is me, in pain | what extreme my life has come to | MIDWIFE: bite into this marzipan | try flowery rose | I help you | and you will give birth | Kirieleisam Christeleisam'.

60   Camões, pp. 205–28.

*que em forte ponto vos vi
neste pomar.*[61]

The pervasive use of this sweet in the Kingdom's dietary habits at the time is well-documented. The *Books of the Regiments of the Mechanical Officers of the Very Noble and Always Loyal City of Lisbon* (1572) stipulate that confectioners must be skilled in making this sweet.[62] According to research by Naidea Nunes, the culinary origins of *alfenim* are deeply rooted in ancient Arab culture, evident from historical documentation dating back to 1469 in Madeira. There, it was referred to as *alfinij* (from the Arabic al-fenid, meaning 'target, white'). This term points to its Mediterranean origins – specifically Sicily and Valencia – regions where the Arabs significantly developed the sugar industry and pharmacopoeia. In the Azores, *alfenim* is a traditional sweet from the island of Terceira, featured in offerings and promises during the Divine Holy Spirit festivities. It is a dough made from white sugar, typically fashioned into symbolic shapes such as doves, representing the Holy Spirit.[63]

## ANTÓNIO RIBEIRO CHIADO AND THE FOOD MATERIALITIES OF THE SECOND HALF OF THE SIXTEENTH CENTURY

Born in Évora around 1520, António Ribeiro Chiado grew up in humble conditions. At an undetermined date, he moved to Lisbon and joined the Franciscan order, though some testimonies suggest he was ill-suited to religious life.[64] His tenure as friar ended with imprisonment

---

61    vv. 154–158: 'OLD MAN: Madam, here I am | I who don't know anything but to love | oh my *alfenim* face | that in a strong point | I saw you | in this orchard.'

62    Vergílio Correia, *Livro dos Regimentos dos Oficiais da muito nobre e sempre leal cidade de Lisboa* (Coimbra: Imprensa da Universidade de Coimbra, 1926), p. 380.

63    Naidea Nunes, 'A cultura açucareira e a alimentação: património linguístico e cultural comum das ilhas atlânticas e do Brasil', in *Patrimónios alimentares de aquém e além-mar*, ed. by Carmen Soares e Joaquim Pinheiro (Coimbra: Imprensa da Universidade de Coimbra, 2016), pp. 239–64 (pp. 241–2).

64    António Pimentel, *Obras do poeta Chiado. Colligiadas annotadas e prefaciadas por A. Pimentel* (Lisboa: Livraria de António Maria Pereira, 1889), pp. xxi–xxx.

and expulsion from the monastery, after which he devoted himself to writing dramatic works until his death in 1590. This peculiar life path would lend a less erudite tone to his works, which, unlike those of Gil Vicente, feature simpler plots and characterisation. He does, however, mirror Vicente style in his use of comedy and moral portraiture to criticise the societal norms and behavioursof his time.[65]

Of the four works attributed to Chiado, three contain specific references to the world. These not only illustrate the popular scenes the author wanted to depict but also imbue his narratives with moralistic and social critiques.

### VANITY AT THE CHRISTMAS TABLE IN THE *PRÁTICA DOS COMPADRES*

In the play *Prática dos Compadres*, the playwright articulates a sense of discontent through the character of the Cavaleiro. This character laments the hustle and bustle at the *Cais*, Lisbon's commercial centre par excellence, made even busier by the Christmas festivities. This sentiment of dissatisfaction is shared by the Compadre, who adopts a critical tone to comment on the overall excessive expenditure associated with the celebration:

> *E vós zombais?*
> *A festa já não é nada*
> *Sem candeias verdes, junquete,*
> *Coscorões, cidra, fartete,*
> *Pinhões, figos, gergilada,*[66]

He reminisces nostalgically about older, simpler celebrations such as games, dances, music, or eating roasted chestnuts. These pastimes were no longer appreciated, overshadowed by more lavish festivities where sweet treats dominate.

The mention of *coscorões*,[67] *cidra*,[68] *fartete*,[69] pine nuts, figs, and *gergilada*[70] as Christmas sweets is deliberate. João de Brandão de Buarcos,

---

65  Pimentel, pp. xxxi–xlii.
66  'And you mock it? | The feast is nothing now | without green lamps, reeds | fritters, candied citron, cakes, pine nuts, figs, and sesame nougat'.
67  Deep fried doughs sweetened with honey.
68  Sugar-coated zests of citron.
69  Baked cakes filled with almond, spices, and sugar.
70  Nougat made with sesame.

in 1552, lists various commercial activities in Lisbon. Among these is the sale of *Gulodices de Natal*[71] between 10 December and 5 January, when 30 women would set up tables in the *Ribeira* area – where the pier was located – and at the *Pelourinho Velho* to sell 'sesame, *pinhoada*,[72] *nogada*,[73] marmalade, orangeade, *cidrada*,[74] *fartéis*,[75] and every other kind and manner of preserves'.[76]

The importance of this seasonal sale in urban commercial dynamics was such that it was mentioned in the Confectioners' Regulations of 1572 to prevent eventual conflicts between the regulated confectionery trade and the domestic practice of producing and selling sweets. According to these rules, confectioners were granted the exclusive right to produce fruit preserves with sugar, acknowledging the therapeutic uses of these goods and the importance of safeguarding their quality. These preserves had to be sold in shops, as street vending was forbidden. However, the sale of *gergiladas, pinhoadas*, and other honey-made sweets was permitted in squares and public places during the Christmas season, from 10 December to 10 January.[77]

This practice of consuming sweets during the Christmas period aligns with the broader societal norm of reserving sugary delicacies as exceptional treats for times of celebration since the medieval period. Gomes Eanes de Zurara, a fifteenth-century chronicler, emphasises the abundance of "delicacies of sugar and preserves" on Infant D. Henrique's table during Christmas in 1414.[78]

More detailed accounts from the early sixteenth century highlight the opulence of Christmas celebrations within the royal circles. During the 1504 Christmas festivities at the court of King Manuel, accounting records detail the purchase of *gergilada, cidrada, pinhoada, fartens*, and other fried sweets for the court's Christmas dinner. Damião de Góis, a contemporary chronicler, confirms that fruit and sugar preserves from the island of Madeira were a significant feature at these feasts,

---

71    Christmas delicacies.
72    Nougat made with pine nuts.
73    Confectioned walnuts.
74    Marmalade made from citron.
75    Similar to "fartete", baked cakes filled with almond, spices, and sugar.
76    Alves, p. 214.
77    Correia, p. 209.
78    Gomes, 'A doçaria portuguesa', pp. 386–7.

distributed at the end of the meal to officers of both the King's and Queen's households, including those of lower ranks.[79]

Chiado Ribeiro's description of the Christmas festivities also serves as a backdrop for his moral criticism of the society of the time, which are highlighted in the dialogues between his characters. The consumption of sweets, initially a privilege associated with the apex of Portuguese society – the king – is presented in Chiado's mid-century plays as a widespread societal practice. This effective change in Portuguese dietary behaviour, additionally, did not go unnoticed by other authors.

The 1550s and 1560s were a period of economic and social instability in the Kingdom. The so-called crisis of the Portuguese Empire of the East played a role in decelerating the Kingdom's commercial flourishing that had characterised the first half of the sixteenth century. This previous flourishing was matched by a general societal enrichment, which in turn led to a particular fondness for material luxuries. By mid-century, this focus on materiality had become central in establishing relationships between social groups and the corresponding powers. It was increasingly viewed as one of the signs of the general moral decay within society, now driven by greed, desire, and the incessant renewal of fashions.[80]

Once again, João Brandão de Buracos highlighted that this obsession with trends and novelties extended even to food practices, especially concerning sweets, commenting that *"quando a gente extravagante gasta tanto nestas gulodices, que fará todo o mais nobre povo, em cujas casas se gasta em grandíssima quantidade frutas e conservas"*.[81]

António Ribeiro Chiado's tone of moralism and criticism of customs in his characters' speeches reflects the spirit of Portuguese society at the time. This society, emulating the behaviour of the ruling elite, increasingly tied its social prominence to consumerist behaviour centred on luxury and goods with added social value. Sweets, in particular, played a conspicuous role as privileged vehicles of ostentation and social validation.

---

79    Damião de Góis, *Crónica do Felicíssimo Rei D. Manuel*, IV (Lisboa: Casa de Francisco Correa, 1566-1567), Fo.106ʳ.

80    Maria Leonor García da Cruz, *Os "Fumos da Índia:" Uma Leitura Crítica da Expansão Portuguesa. Com uma Antologia de Textos dos Séculos XVI-XIX* (Lisboa: Edições Cosmos, 1998).

81    'when the extravagant people spend so much on theses delicacies, what shall the remaining good people do, when in their houses is spent such a great amount of fruits and sweets'; Alves, p. 87.

SWEET POISONS OF WOMEN IN *PRÁTICA DAS OITO FIGURAS*

The second work by Ribeiro Chiado where it the symbolic role of sweets in dramaturgical discourse is evident is *Prática das oito figuras*.[82] In this play, the character Gomes da Rocha, a nobleman, requests food from the host. Lopo da Silveira complements this desire, expressing his hope that *"mimos de mulher"* would be served.[83] Both are surprised by Ambrósio da Gama, who introduces a critique of excessive spending on food into their conversation. Realising Ambrósio's discontent with the household expenses, Lopo da Silveira soon alerts him to the dangers of acquiescing to his wife's requests, denouncing women as wasteful and cunning. Gomes da Rocha confirms this, drawing on his own domestic experience:

> *Se a minha despendeu*
> *em gergelins e em bocados*
> *quarenta e cinco cruzados*
> *o que nunca se escreveu.*[84]

Ambrósio da Gama, however, remains sceptical that his situation can change, attributing this to the negative influence of his wife's female companions and her learned tricks, which convince him to overspend. Gomes da Rocha, who initially hopes for "women's delicacies" during the meal, does not shy away from criticising women, urging caution when dealing with them and likening their tricks to "fine rosealgar", a known poison.

This theme of criticising women is recurrent in all of Ribeiro Chiado's works.[85] In this play, the association between sweets and this negative perception of women is clear: 'women's delicacies' are unequivocally associated with sweets, especially desired by women and considered a financial drain by Lopo da Silveira. These concerns are reinforced by Gomes da Rocha, who shares his own familiar experiences of his wife

---

82 António Ribeiro Chiado, 'Prática das oito figuras', in *Teatro de Autores Portugueses do século XVI*, www.cet-e-quinhentos.com (accessed 20/07/2023).

83 Women's delicacies.

84 'If my wife spent | in sesame nougats and sweet morsels | forty-five cruzados | which was never written.'

85 Vanessa Souza, *O teatro de António Ribeiro Chiado: Perfis femininos no Portugal Quinhentista* (unpublished master dissertation, University Fluminense, 2016).

spending excessively[86] on *gergelins* and *bocados*[87] – two popular sweets since the beginning of the sixteenth century.

Garcia de Resende presents a similar literary motif in a lyrical work included in *Miscelânea*, compiled in the 1530s. This composition accuses society of vanity and dishonour, depicting married women surrounded by luxury goods, indulging in sweets made from sugar-preserved fruits.[88] This critique of customs focuses sharply on the material excesses of luxury, clearly highlighting 'preserves' as emblematic of fruit sweets, and associating them to female domestic and dietary practices.

Contemporary culinary literature also corroborates this effective domestic connection between women and sweets, namely in three manuscripts written in Portuguese dating back to the sixteenth century.

The first manuscript is the aforementioned cookbook of Infanta D. Maria. It features 42 sweet recipes, four of which are attributed to female characters. A similar phenomenon is observed in manuscript 142 of the Braga District Archive. Although the culinary techniques and flavours documented are less complex, this compilation includes 112 sweet recipes, two of which are marked as 'from my aunt' and another attributed to a second woman, D. Madalena de Távora.

A third manuscript presents a different profile, as it primarily contains beauty recipes, meals, and products tailored to the female domain and intimacy. Written in Portuguese, it includes a note about its owner/producer, Joana Fernandes. The content suggests a connection to the sphere of influence of Empress Isabel of Portugal (1503-1539), who was married to Carlos V. The identification of distinct handwritings and the use of Castilian in several recipes indicate that the manuscript was used over a period extending beyond the lifespan of its original owner. It was in these subsequent uses that some sweet recipes were added, in both languages, making this manuscript a quintessential example of the so-called "books of secrets". These books were produced and circulated among generations of women connected

---

86  The character says that his wife spent 45 cruzados (18,000 réis). For comparison, the annual salary of a nurse at the Royal Hospital was 10,000 réis. (Alves, p. 128).

87  Name associated with marmalade and other fruit jams (Gomes, 'A doçaria portuguesa', p. 465).

88  It is said that 'The sweets [are] | their food'; Garcia de Resende, *Miscellanea e variedade de historias, costumes, casos, e cousas que em seu tempo aconteceram, Com prefácio e notas de Mendes dos Remédios* (Coimbra: França Amado – Editor, 1917), p. 79.

by family ties.[89] In this collection of recipes, sugar preserved fruits are also registered, further confirming the link between sweet production and the feminine domestic context.

Juan de Vallés, a royal official from Navarre and author of an extensive recipe book where sweets predominate, also explains this intimate connection between sweets and women's daily lives in the mid-sixteenth century. His advice on the best ways to make marmalade includes a recommended formula, one used "for the most part in Portugal and in Castile among delicate ladies and excellent in preserving fruits",[90] thereby affirming that, within the Iberian context, the link between sweets and women was socially recognised. This relationship is critically addressed in the works of Ribeiro Chiado, where it aligns with the moralisation of customs that characterises his writing. Over the following centuries, this theme would be further explored by increasingly moralistic authors, reaching its zenith in the baroque poetry of the eighteenth century.

PLACES FOR SWEETS AT THE PARTY TABLE AT *AUTO DAS REGATARIAS*

Ribeiro Chiado's dramaturgical discourse, in the third selected case study, provides less symbolic density. It is, however, an example of the realities of sixteenth-century food culture being portrayed as a way of colouring a bustling scene.

In *Auto das Regateiras*,[91] Ribeiro Chiado depicts the family festivities of less privileged social groups, represented here by the *regateiras*, female street sellers. At the heart of the plot is the wedding of Beatriz, much anticipated by her mother.[92]

The preparation for the wedding is a flurry of activity, a scene of great dynamism that involves both characters in the hustle and bustle of culinary tasks. The preparations begin with tidying up the space designated for the festive meal, accompanying a "black woman to

---

89  Maria Ángeles Pérez Samper, 'Recetarios manuscritos dela España moderna', *Cincinnati Romance Review*, 33 (2001), 27–58.

90  'in the most parts of Portugal and Castile by delicate ladies, skilled in confectioning fruits'; Fernando Serrano Larráyoz, *Juan Vallés. Regalo de la vida humana. Transcripción del manuscrito y coordinación de estúdios: Fernando Serrano Larráyoz* (Pamplona: Gobierno de Navarra-Österreichische Nationalbibliothek, 2008), p. 445.

91  António Ribeiro Chiado, 'Auto das Regateiras', in *Teatro de Autores Portugueses do século XVI*, www.cet-e-quinhentos.com (accessed 17/08/2023).

92  Cândido, 'Vinho e pão', pp. 11-25.

wash the dishes". This is followed by the preparation of the delicacies.
Taking care of the table, the bride's mother begins by directing the
arrangement of the sweets:

VELHA

*Nas porcelanas pintadas*
*porás as frutas das martes*
*e nos açafates os fartes*
*com essas outras gergiladas*
*e essa trutas de feira*
*porás por sua maneira*
*nos outros pratos mais grandes*
*e nas bandejas de Flandres*
*que estão dentro da taceira.*

BEATRIZ

*E os bolos de rodilhas*
*e essas outras sensaborias?*

VELHA

*Virão lá nas almofias*
*e sê tu agora boa filha*
*e emenda os dos outros dias*
*e esse frito que eu fiz*
*deixa-o estar no alguidar*
*que não há cá de aportar.*
*Acaba filha Beatriz.*[93]

This sequence is followed by the preparation of meats, including
suckling pig, chickens, ducks, and rabbits, representing a considerable
investment to ensure the wedding feast is lavish and satisfying. Textually,
Ribeiro Chiado does not provide as detailed a description of the preparation or presentation of these meats as he does for sweets. This literary
option, in a first prospective analysis, leads us to consider the literary
use of sweets as a more direct way of materializing wealth and ostentation. This interpretation is reinforced in the dramaturgical discourse,

---

93  'OLD WOMAN: In the painted porcelains | you'll put the candied fruits | and the spices
cakes in the baskets | with those sesame nougats | and the fruits of the market | you'll
put them their way | on the other bigger plates | and in the Flemish trays | which are in
the cupboard | BEATRIZ: And the fried cakes | and the other delicacies? | OLD WOMAN:
They will come in the bowls | and now be a good daughter | and prepare those from the
other days | and those fritters I made | leave in the bowl | as it will not be necessary |
Get it done daughter Beatriz'.

considering that sweets are listed first in the scene, and only then are the meats named, a sequence that inverses contemporary eating practices where sweets typically conclude a meal.[94] This prompts the question: why would Ribeiro Chiado reverse the traditional order of food preparation for this wedding?

The analysis of the previous excerpts highlights the importance of sweets in the construction of festive and more informal environments. In celebrations of greater exceptionality, extraordinary food products were essential. This practice was ancient, as classical Greek and Latin literature attest, where sweets were an indispensable component of the most sumptuous meals, ultimately, materialising abundance and prosperity.[95]

In Portugal, the earliest explicit references to sweets as exceptional foods during festive occasions date back to the medieval period. In Montemor-o-Novo (a town in the southern Alentejo region) between 1422 and 1423, Saint John's Day (June 24) was celebrated with a public meal provided by the municipality, which included *fartens*, pears, and wine.[96] Details on the practices of the general population during wedding celebrations are sparse, but it is evident that, even in noble circles, the use of sweets and high-quality food was a prevalent form of ostentation. A notable example is the wedding celebration of D. Isabel and D. Duarte in 1537, where the sumptuousness of the festivities led to a reshuffling of the food hierarchy. White bread, a staple on noble tables on ordinary days, was replaced by *molete* bread, *calo* bread, *queijadas* with white honey, and sugar cakes, with the bread being relegated to servants as it was deemed too common for the occasion.[97]

Even though Beatriz's family is less wealthy, the sweets also play a significant role on her wedding day, including '*frutas das martes*',[98] *fartens*, 'fair trout',[99] and *rodilha* cakes.[100] 'Fritos', simple fried sweets, had no

---

94 Gomes, 'A doçaria portuguesa', pp. 505–13.
95 Ibid., pp. 219–28.
96 Maria Helena da Cruz Coelho, 'No quotidiano e na festa – os gastos e alimentação de dois concelhos do além Tejo, no século XV', in *Patrimónios alimentares de aquém e além-mar*, ed. by Carmen Soares e Joaquim Pinheiro (Coimbra: Imprensa da Universidade de Coimbra, 2016), p. 579.
97 Lisbon, National Library, Reservados COD. 1544.
98 Term for fruit preserved in sugar (Gomes, 'A doçaria portuguesa', p. 567).
99 Ibid.
100 Fried puff pastries topped with sugar and cinnamon.

place on exceptional tables and would were left out of the wedding. This widespread consumerism led to the enactment of a sumptuary law aimed at curtailing luxury expenditures. Specifically, the second article of this law restricted the number of dishes that each person could consume per meal and explicitly banned more complex sweets, including the "*rodilha* cakes", which are referenced in the *Auto das Regateiras*. There, these cakes were highlighted not only for their sensorial richness but also for their social and connotations to luxury.

A final note on the domestic scene in the *Auto das Regateiras* is the mention of the objects used to serve sweets, such as "painted porcelains", "*açafates*",[101] and the "Flanders trays".[102] All these items, typically reserved for special occasions in less affluent households, represent the highest quality possessions of a family. In this scene, Ribeiro Chiado uses these exceptional objects at the wedding feast to underscore the context of poverty, where the characters strive to elevate the dignity of the celebration through meticulous table settings and the presentation of sweets.

Representing two distinct generations, Gil Vicente and António Ribeiro Chiado mirror the societies of their corresponding eras in their works through, among many other elements, food aspects.

The materialities they allude to in the dialogues and scenes written for their dramaturgies are effectively grounded in real, everyday experiences. The food products they list existed, were consumed, and were woven into the popular imagination as symbols of both celebration and luxury, or scarcity and disease. In this sense, these references serve not only as literal descriptors but also as metaphors for secondary readings. These metaphors, ultimately, functioned as conduits for criticism and denunciation of social immoralities and shifts in customs. Sweets, in particular, effectively performed both functions due to their dual perception as both coveted and therapeutically necessary.

However, this study further underscores the value of the use of food elements in the works of these two sixteenth-century Portuguese playwrights. Gil Vicente employs food references to construct a discourse rich with meanings, while Ribeiro Chiado distances himself from

---

101  Wicker baskets.
102  Tin trays.

this erudition, tapping into everyday food realities to critique societal immorality and customs. This stylistic divergence not only reflects their distinct audiences and production contexts but also highlights the evolving daily eating habits during a period of intense sociocultural and economic change.

Thus, it is possible to explain how the authors utilise food imagery differently. Not only do their personalities diverge, they also inhabit two distinct time periods. These divergences, naturally, conditioned the intended purpose of each dramaturgist's works.

João Pedro GOMES
Polytechnic Institute of Coimbra
CiTUR
Classical and Humanistic Research
Centre – University of Coimbra


Guida CÂNDIDO
University of Coimbra
Classical and Humanistic Research
Centre – University of Coimbra

# CARNAVAL ET CARÊME

## Métaphores alimentaires dans la farce baroque

Il est parfois difficile, à une époque marquée par une diversité alimentaire largement décorrélée des cycles naturels, de réaliser l'importance des fluctuations saisonnières de la disponibilité des vivres dans les sociétés préindustrielles. De même, la permanence de divertissements de toutes sortes peut faire oublier le caractère d'exception des événements spectaculaires au début de la première modernité. Porteur d'une conception holistique d'une unité entre l'individu, la nature et la société, l'homme prémoderne, comme l'a montré l'anthropologue Julio Caro Baroja[1], établit un lien fort entre le cycle naturel, les institutions sociales (célébrations religieuses et laïques) et l'imaginaire des représentations. Un exemple particulièrement parlant de cette interconnexion se retrouve dans le cycle festif de carnaval-carême[2], qui, parmi les cérémonies de l'Occident, possède l'une des structures symboliques les plus complexes, aux multiples attaches religieuses, climatiques, sociales et spectaculaires. Au plus froid de l'hiver, une célébration de la nourriture et de la boisson faisait office de rite propitiatoire afin d'assurer la survie alimentaire de la communauté pour l'année à venir. Une fois les nourritures périssables de la saison passée consommées commençait une période de limitations alimentaires, correspondant dans le calendrier catholique à la quarantaine de jours de pénitence précédant Pâques. Le découpage de la saison froide en une période de réjouissances, voire d'excès, suivie d'un période de privations crée ainsi un système de figures antithétiques, prégnantes dans les représentations mentales de l'époque, dont nous nous proposons d'évoquer quelques survivances dans le théâtre de l'âge baroque.

---

1     Julio Caro Baroja, *Le Carnaval* [1965], trad. Sylvie Sésé-Léger, Paris, Gallimard, 1979, p. 20.
2     Sur la notion de cycle festif, voir Arnold Van Gennep, *Le Folklore français*, Paris, Robert Laffont, 1998, t. 1, p. 705-735.

En effet, une dimension dramatique a toujours été présente au cœur des célébrations hivernales. Les zones peu urbanisées d'Europe gardent encore la tradition de ce carnaval primitif, avec des tournées de quête de nourriture par des jeunes gens déguisés en personnages symboliques, parfois agrémentées de chants, de jeux de saynètes, voire de prestations chorégraphiques. En France à partir du bas Moyen Âge, ces fastes de carnaval furent pris en charge par les diverses « sociétés joyeuses » qui fédéraient la jeunesse masculine d'une localité. En zone urbaine, celles-ci s'institutionnalisèrent progressivement et les saynètes rituelles semi-improvisées laissèrent la place à de véritables productions théâtrales. Le début du XVIIᵉ siècle vit une nouvelle mutation importante de l'environnement culturel, avec un déclin progressif des sociétés de jeunesse, marquant la fin des pratiques dramatiques populaires dans les espaces urbains, en parallèle d'une progressive expansion et institutionnalisation du théâtre professionnel.

À Paris, ce temps du carnaval ou « jours gras », où « on ne songe qu'à bien rire, à se bien traiter et à avaler plus de chair qu'auparavant[3] », est un moment de forte fréquentation des lieux de spectacles. Si les ballets de cour sont le spectacle de saison élitaire par excellence, l'ensemble de la population urbaine se presse aux représentations des farceurs parisiens[4]. Leurs petites saynètes, agrément habituel des représentations théâtrales, prennent dans ce contexte une résonnance toute particulière, de par leurs origines et thématiques carnavalesques. Dans le cadre d'une fête de l'exaltation de la bonne chère, tout un réseau de sens se tresse autour du genre de la *farce*, dont le nom même convoque un imaginaire alimentaire : pour certains étymologistes de l'époque, le genre est ainsi nommé en référence à la garniture composée de diverses sortes de viandes et de condiments « à cause qu'originairement c'étoit un meslange de diverses choses[5] », ou bien parce que ces pièces « sont remplies [= "farcies"] de plusieurs pointes et de *mots de gueule*[6] », mots de gloutonnerie, mais aussi « paroles sales et obscènes ». Quoi d'étonnant que l'on célèbre ainsi les « jours gras » par un « théâtre gras » : « Gras signifie aussi quelquefois

3    Pierre Richelet, *Dictionnaire françois*, Genève, Jean Herman Widerhold, 1680, s.v. « carnaval ».

4    *Le Duel du sieur Mistanguet contre Bruscambille pour un vieux chapeau*, [Paris], 1619, p. 32.

5    Gilles Ménage, *Dictionnaire étymologique, ou origines de la langue françoise*, Paris, Anisson, 1694, s.v. « farce ».

6    Antoine Furetière, *Dictionnaire universel*, 3 vol., Rotterdam, R. Leers, 1690, s.v. « farce ».

sale, obscène, licencieux… *Cette comédie, cette farce est un peu grasse* » écrit en 1694 le premier dictionnaire de l'Académie[7].

En effet, la farce exhibe sans fausse pudeur l'univers du « *bas corporel* » décrit par Mikhaïl Bakhtine[8], omniprésent dans les rituels du carnaval. Cet univers est celui du bas-ventre qui lie dans le même système symbolique les trois fonctions fondamentales : la nutrition, l'excrétion et la reproduction. L'absorption de nourriture, indissociablement liée aux thématiques sexuelles et scatologiques se présente en effet comme un élément fondamental du comique qui alimente ces saynètes. S'il serait simpliste et réducteur de voir en la farce des théâtres de l'époque baroque une pure transposition scénique des rites carnavalesques, il est intéressant d'étudier comment ces motifs issus du fond culturel commun ont infiltré les pratiques des premiers acteurs comiques professionnels. En outre, nous verrons qu'au-delà de la simple ressource thématique, l'affrontement cyclique entre les valeurs de carnaval et de carême offre à l'industrie naissante des divertissements commerciaux un riche support métaphorique, permettant de penser la fonction programmatique du genre comique et la temporalité de l'économie des spectacles.

## PERSONNAGES « GRAS »
## ET PERSONNAGES « MAIGRES »

La personnification du carnaval et du carême sous les traits de personnages de physionomies opposées s'affrontant en combat est une représentation très répandue en Europe depuis le XIII<sup>e</sup> siècle[9]. Les déguisements en l'un ou l'autre de ces personnages sont, encore aujourd'hui, un élément classique des mascarades de carnaval européennes[10]. Vers la

---

7   *Le Dictionnaire de l'Académie françoise dedié au Roy*, Paris, Jean-Baptiste Coignard, 1694, t. 1, s.v. « gras ».

8   Mikhaïl Bakhtine, *L'Œuvre de François Rabelais et la culture populaire au Moyen Âge et sous la Renaissance*, Gallimard, 1970.

9   Claude Gaignebet, « Le combat de Carnaval et de Carême », *Annales. Économies, Sociétés, Civilisations*, vol. 27, n° 2, 1972, p. 313-345 ; Hanns Swarzenski, « The Battle between Carnival and Lent », *Bulletin of the Museum of Fine Arts*, vol. 49, n° 275, février 1951, p. 2-11.

10   Arnold Van Gennep, *op. cit.*, t. 1, p. 790-840.

fin du Moyen Âge, les exhibitions de ces personnages furent dramatisées sous la forme de « jeux de carnaval », petites pièces de circonstance
mettant en scène l'affrontement de ces deux entités, accompagnées de
leurs alliés symbolisant respectivement la bonne chère et le régime de
pénitence[11].

Ces formes dramatiques disparurent à la fin du XVIe siècle avec le
déclin des « confréries joyeuses » qui les représentaient, mais les farceurs
professionnels des théâtres, leurs successeurs à cet égard, intégrèrent des
éléments de ces figures symboliques dans leurs numéros dramatiques.
Chargés de fournir à la fin des représentations la petite pièce burlesque
de clôture, ces artistes incarnaient tout au long de leur carrière un
rôle comique récurrent qui les suivait de saynète en saynète. Ces rôles
étaient choisis parmi un nombre restreint de figures archétypales qui
témoignent de l'influence combinée de la *commedia dell'arte* et des traditions carnavalesques autochtones[12].

Nous sommes en particulier bien renseignés sur les acteurs comiques
de l'Hôtel de Bourgogne, premier théâtre fixe de la capitale, et lieu au
fort héritage carnavalesque puisqu'il était le siège de la dernière « société
joyeuse » parisienne, la Sottie de Paris[13]. La compagnie de Robert Guérin
s'y imposa dans les années 1620, devenant la première troupe permanente de la capitale. Outre ses succès dans le genre sérieux, c'est par les
prestations de ses farceurs qu'elle acquit sa renommée : « L'on a veu,
écrit un contemporain, un Gaultier garguille, avec son loyal serviteur
Guillaume, assisté de la dame Perrine, qui ont joué des plus fameuses
fassecies qu'on puisse désirer[14] ». La nature du premier personnage cité,
Gaultier-Garguille (incarné par Hugues Quéru) est exprimée par son
nom éloquent qui combine une référence au caractère joyeux du personnage[15] au terme « Garguille », dont la sonorité expressive désigne
de manière burlesque la gorge, centre des plaisirs de la nourriture et

---

11  *Deux Jeux de Carnaval de la fin du Moyen Âge : La Bataille de Sainct Pensard à l'encontre de Caresme et le Testament de Carmentrant*, éd. Jean-Claude Aubailly, Genève, Droz, 1978.

12  Sur ces personnages récurrents, voir François Rémond, *Les Héros de la farce*, Paris, Honoré Champion, 2023, en particulier p. 107-161.

13  Alan Howe, *Le Théâtre professionnel à Paris, 1600-1649*, Paris, Archives nationales, 2000, p. 36-38.

14  *Les Fantaisies plaisantes et facetieuses du chappeau a Tabarin* [1622] in *Œuvres complètes de Tabarin*, éd. Gustave Aventin, Paris, Pierre Jannet, 1858, t. 2, p. 338-339.

15  « Gautier, gaultier, s. m., bon vivant » (Frédéric Godefroy, *Dictionnaire de l'ancienne langue française et de tous ses dialectes du IXe au XVe siècle*, Paris, F. Vieweg, 1885, t. 4, s.v. « gautier ».)

de la boisson, ainsi que du rire. Il incarne une figure assez paradoxale de vieillard joyeux, chantant et dansant, porté sur la bouteille malgré son avarice, et sur les jeunes femmes en dépit de son âge avancé. Ses successeurs dans ce type de rôle déclineront cette référence à la gorge en nommant leurs personnages Guillot-Gorju ou Gorgibus. À ses côtés, son épouse, « dame Perrine », représentante des rôles de vieilles burlesques, décharnées et hideuses au caractère épouvantable, est interprétée par le comédien Pierre Venière, reprenant la tradition carnavalesque d'incarner en travesti des personnages féminins burlesques[16], coutume qui perdurera au théâtre jusqu'à la fin du siècle.

Ce duo haut en couleurs fait écho aux couples de vieux et de vieilles fréquents dans les mascarades de carnaval européennes[17]. À eux deux, ce couple personnifie l'alternance du cycle carnaval-carême, le vieillard festif des jours gras contrastant avec la vieille déplaisante représentant les temps de privations. Leurs caractères discordants expliquent les nombreuses scènes de ménage du couple qui font l'objet des saynètes de fin de spectacle. La retranscription d'une de celles-ci, publiée dans un opuscule facétieux intitulé *La Farce de la querelle de Gaultier-Garguille et de Perrine sa femme*[18], est particulièrement éloquente à cet égard : le conflit qui déchire le couple tourne en apparence autour de la question de la fidélité de l'épouse, mais les métaphores alimentaires récurrentes laissent affleurer le sous-texte symbolique de ce débat. Ainsi, lorsque Perrine déclare à son mari : « Va, va, de par le diable ! Va-t'en au vin, tandis que je mangeray mon potage » et ailleurs : « Tu te plains aussi de moy, et si je ne m'en soucie guères, car il y a plus d'apparence à luy faire manger du pain bis, qu'à moy de [te] faire boire de l'eau », elle insiste sur la nature antithétique du couple, l'ivrognerie de Gaultier étant mise en opposition avec les nourritures (potage, pain bis) et boissons (eau) de pénitence. La pièce reprend ainsi la structure classique des jeux opposant Carnaval et dame Carême : aux joutes verbales dramatisées

---

16  Jean-Claude Aubailly « Jeux de carnaval. Structure et thèmes carnavalesques dans le théâtre populaire français des XVᵉ et XVIᵉ siècles », dans *Le Carnaval, la fête et la communication*, Nice, Serre, 1985, p. 311.

17  Arnold Van Gennep, *op. cit.*, p. 790-804 ; Julio Caro Baroja, *op. cit.*, p. 224 ; Yves-Marie Bercé, *Fête et révolte*, Paris, Hachette, 1976, p. 47.

18  *La Farce de la querelle de Gaultier-Garguille et de Perrine sa femme*, Vaugirard, AIEOU [adresse fictive], s.d [c. 1618], reproduit dans Édouard Fournier, *Chansons de Gaultier Garguille*, Paris, Pierre Jannet, 1858, p. 119-127.

entre les deux antagonistes succède un jugement burlesque qui voit la destitution du bonhomme Carnaval[19]. *La Farce de la querelle* se conclut de même par une narration de la façon dont Perrine fait authentifier par la justice son autorité sur son mari Gaultier. La vieille de carême met ainsi un terme symbolique au carnaval et à ses excès.

Dans les saynètes, ce couple tapageur est fréquemment accompagné par leur serviteur, interprété par le chef de troupe Robert Guérin sous le pseudonyme évocateur de Gros-Guillaume. Son apparence a été précisément analysée par Bakhtine : « Il portait une ceinture en deux endroits : sous la poitrine et sous le ventre, si bien que son corps prenait la forme d'un *tonnelet de vin* ; son visage était abondamment poudré de *farine* qui s'envolait de toutes parts dès qu'il se déplaçait ou gesticulait. De la sorte, sa silhouette était l'*incarnation corporelle du pain et du vin*[20] ». Ainsi, les proportions hors-normes du comédien, soulignées par le costume qui faisait saillir son abdomen, de même que les connotations symboliques de son maquillage font de lui la parfaite allégorie de l'abondance, auquel répond le caractère de son personnage, homme-enfant jovial dont les seules préoccupations sont d'ordre alimentaire. Les estampes nous le présentent en outre sous l'aspect paradoxal du « vieux poupon » très fréquent dans les déguisements de carnaval : un homme barbu de stature imposante coiffé d'un béguin de nourrisson. Si son maître le vieillard incarne l'année passée qui va mourir, Guillaume représente le *puer aeternus* gros de tous les espoirs de prospérité pour l'an à venir. Les successeurs de Guérin dans ce genre de rôle reprendront une apparence et une caractérologie similaire comme le prouvent les noms explicites de leurs personnages : Jean Farine, Goguelu [« glouton »], Gros-René... Le succès de tels personnages tient à leur nature ambivalente : ils suscitent la moquerie par la lourdeur d'esprit associée à leur « pesanteur » physique, mais attirent une fascination par leur physique synonyme d'abondance[21]. Obtus mais pragmatiques, leur simplicité naturelle et leur bonhommie provoquent la sympathie du public.

À cette première strate de figures à dimension allégorique viendront par la suite s'ajouter dans l'effectif des farceurs des personnages davantage issus de la caricature sociale. Ainsi, la troupe de l'Hôtel

---

19   Jean-Claude Aubailly, art. cité, p. 318-319.
20   Mikhaïl Bakhtine, *op. cit.*, p. 291. Italiques dans le texte original.
21   Georges Vigarello, *Les Métamorphoses du gras. Histoire de l'obésité, du Moyen Âge au XX* siècle, Paris, Seuil, 2010, p. 65-70.

s'enrichit d'un second rôle récurrent de valet portant le nom de Turlupin (c'est-à-dire « miséreux[22] »). Serviteur sans attache fixe, aussi rusé que Gros-Guillaume est niais, il met toute son industrie à gagner quelque argent. Si Gros-Guillaume représente le foisonnement des jours gras, Turlupin est une vivante incarnation des jours de disette, un modèle dans lequel se couleront d'autres interprètes de valets rusés aux noms éloquents de Gringalet ou Grattelard.

Au groupe des personnages « maigres » appartient également le « docteur ». Type inspiré du *dottore* universitaire et juriste de la *commedia dell'arte*, il est réinterprété en France sous l'aspect d'un « pédant », professeur de collège piteux dont la tenue sale et déchirée dit assez le dénuement. Un prologue de Jean Gracieux dit Bruscambille, l'interprète de ce rôle à l'Hôtel de Bourgogne, nous le montre tentant de négocier avec une harengère une « misérable oreille de morue » censée le nourrir lui et ses élèves[23]. Enfin, un autre personnage de farce alors très populaire, également emprunté au théâtre italien, le capitan, illustre lui aussi les jours de pénurie : soldat fanfaron se vantant d'exploits imaginaires, il ne peut camoufler longtemps au public son statut peu enviable de militaire sans solde, obligé de ruser pour emprunter de quoi subsister au cabaret voisin[24]. Ce rôle semble en particulier avoir marqué l'imaginaire carnavalesque des années 1630. On voit ainsi le personnage du Capitaine Fracasse, créé à l'Hôtel de Bourgogne, ou le Capitaine Matamore, du théâtre du Marais, figurer en bonne place au sein des ballets de carnaval[25], tandis que dans sa comédie *Le Railleur*, André Maréchal fait l'inventaire des capitans de farce des différentes troupes parisiennes en ces termes :

> Est-ce un de ceux qu'on doit jouer à ces jours gras ?
> Rodomont, Scanderberg, Fracasse, ou Taillebras[26] ?

22 *Französisches etymologisches Wörterbuch*, éd. Walther von Wartburg et Hans-Erich Keller, vol. XIII-2, Bâle, R. G. Zbinden, 1967, s.v. « Turlupin ».

23 Bruscambille [Jean Gracieux dit], « Prologue d'un pédant et d'une harangère » [1615] dans *Œuvres complètes*, éd. Hugh Roberts et Annette Tomarken, Paris, Honoré Champion, 2012, p. 210-211.

24 Alexandre Hardy [attribué à], *Les Ramoneurs*, acte I, scène 1.

25 *Entrée magnifique de Bacchus avec Madame Dimanche-Grasse sa femme*, Lyon, 1627 ; *Vers du ballet des mousquetaires du Roi, représentant le Carnaval mort et ressuscité par Bacchus*, Paris, Mathieu Colombel, 1635 ; *Mascarade pour le Mardy Gras*, Paris, s.n., 1642.

26 André Maréchal, *Le Railleur*, acte II, scène 3.

Lors de la guerre franco-espagnole de 1635, ce rôle se verra réinvesti d'un sens politique. L'origine ibérique de ce type sera soulignée afin de livrer aux rires du public la figure honnie de l'étranger affamé venu manger le pain des Français, reprenant la tradition carnavalesque d'une raillerie collective de la communauté en fête contre un bouc émissaire, l'ennemi politique du moment[27].

Les interactions de la farce mettent ainsi en scène en scène la confrontation des physiques, qui sont aussi celles des valeurs antinomiques : à la maigreur du savant ou du capitan qui ne se nourrissent que « de vent », d'intellectualité creuse ou de vaine gloire, répond le bon sens terrien un peu lourd du valet gras. Dans le courant des années 1630, les saynètes de fin de spectacle tendront à intégrer aussi la figure des jeunes gens à la mode, qui tiennent un rôle dans les intrigues amoureuses à l'arrière-plan de la farce. L'apparition de ces gentilshommes et gentes dames au corps délié au milieu des physiques grotesques témoigne d'une nouvelle conception élitaire du régime du corps qui valorise l'équilibre, juste milieu entre le « gras » et « maigre[28] ».

Si, comme on l'a dit, la farce ne se limite pas à une simple réécriture des rites de carnaval, il semble néanmoins clair qu'en sélectionnant ses personnages selon le critère du gras et du maigre, et en mettant en scène leurs affrontements répétés[29], celle-ci réactive sous forme de satire sociale la thématique traditionnelle de la confrontation entre « Carnaval » et « Carême ». Le motif de la compétition alimentaire est en effet souvent au centre de l'intrigue de saynètes comme le note Loys Guyon qui décrit ainsi le genre farcesque : « communément il ne se traicte sinon des bons tours, que font des frippons, pour la mangeaille[30] ». Mais le plus fréquemment ce thème est mis en relation avec d'autres fonctions du « bas corporel » : à l'ingestion répond l'excrétion, son prolongement logique, marque tangible du bon fonctionnement de l'appareil organique[31]. Le docteur Bruscambille fait ainsi l'éloge « de la félicité chiatique[32] »

27  Yves-Marie Bercé, *op. cit.*, p. 50-53.
28  Georges Vigarello, *op. cit.*, p. 72-75.
29  Sur l'affrontement comme moteur dramaturgique de la farce, voir : Bernard Faivre, *Répertoire des farces françaises*, Paris, Imprimerie nationale, 1993, p. 480-520.
30  Loys Guyon, *Les Diverses Leçons*, Lyon, Claude Morillon, 1603, p. 872.
31  Florent Quellier (dir.), *Histoire de l'alimentation de la préhistoire à nos jours*, Paris, Belin, 2021, p. 606.
32  Bruscambille [Jean Gracieux dit], « En faveur de la felicité chiatique » [1617] dans *op. cit.*, p. 541-543.

et disserte en théologien de la nature du pet[33]. La défécation est aussi mise en scène lorsqu'un incident de la farce amène les valets puérils à se conchier de terreur. L'un déclare « la frayeur a fait de la galimafrée dans mes chausses[34] », tandis que l'autre confie au public « Hélas! Mes amis, il m'a fait faire une omelette sans beurre[35] ». Ces comparaisons alimentaires sollicitent un imaginaire coprophagique construit en opposition avec la nourriture joyeuse du carnaval : la galimafrée est une « espèce de fricassée composée de plusieurs restes de viande[36] », ou, si l'on veut une « post-viande », tandis que l'omelette, a fortiori, sans beurre est un plat de carême par excellence. Cette transition de la nourriture valorisée de carnaval à l'anti-nourriture de carême illustre donc la nécessaire évacuation qui conclut les excès de bouche des jours gras, voire de l'année entière. Toutefois, si c'est l'effet de la peur qui déclenche cette purgation salutaire chez les personnages, elle peut être pour le spectateur l'effet d'une cause contraire comme l'annonce Bruscambille qui promet aux spectateurs une *catharsis* facétieuse libératoire et roborative, en leur présentant « une farce qui vous face tellement rire, que vous en puissiez tous chier en vos chausses, afin d'avoir chacun dequoy porter à colationner chez vous[37] ». Acte inverse et complémentaire de l'ingestion, l'expulsion par le rire, le crachat, la défécation, la parole « grasse », illustre la continuité joyeuse et fertilisante du processus de nutrition. On perçoit ainsi toute la richesse symbolique du rite de salissure carnavalesque de Gros-Guillaume qui projetait ainsi la farine de son maquillage sur ses camarades de jeu : « J'ay vû souvent feu gros Guillaume, de plaisante et de ridicule mémoire, *rire de la farine*, et en couvrir tout le casaquin de Gautier[38] ».

De même, dans la farce, la consommation alimentaire se trouve très liée avec la consommation amoureuse[39]. Les pièces donnent volontiers aux personnages une libido effrénée. Toutefois, dans son passage de la rue

---

33 Bruscambille [Jean Gracieux dit], « Paradoxe IIII. Qu'un Pet est quelque chose de corporel », « Paradoxe V. Qu'un Pet est Spirituel », « Paradoxe VI. Qu'un pet est une chose bonne » [1612] dans *op. cit.*, p. 225-236.
34 Dorimond [Nicolas Drouin dit], *La Femme industrieuse*, scène 20.
35 Tabarin [Antoine Girard dit], *Première farce* [1622], scène 5.
36 *Le Dictionnaire de l'Académie françoise*, Paris, Jean-Baptiste Coignard, 1694, s.v. « galimafrée ».
37 Bruscambille [Jean Gracieux dit], « En faveur du galimathias » [1617] dans *op. cit.*, p. 571.
38 Pierre Costar, « À Monsieur de Balzac » in *Lettres de Monsieur Costar*, Paris, Augustin Courbé, 1658, p. 643. Nous soulignons.
39 Bernard Faivre, *op. cit.*, p. 475-479.

à la scène, la sexualité carnavalesque change de nature et se voit davantage représentée par la saturation du dialogue de sous-entendus grivois et d'expressions à double sens que par l'exhibition de scènes explicites mimées. Amené par la polysémie du terme de « chair », le discours des personnages de farce parcourt ainsi l'étendue du champ métaphorique de la préparation culinaire grasse : il n'y est question que de jeunes femmes friandes de cervelas et d'andouille[40], et d'amoureux désireux de tremper leur « lardon » dans la « lèchefrite » de leur bien-aimée[41]. Il est à noter que ces débauches fictionnelles font écho à l'intensité de rencontres amoureuses et sexuelles qui se déroulaient dans la réalité à la période du carnaval, par anticipation de l'interdit religieux autour des relations charnelles en carême[42].

En somme, la farce avec ses « impudicités, vilenies et gourmandises » (Loys Guyon) met en scène, avec les masques traditionnels, le combat carnavalesque d'une liesse débridée et d'une permissivité gastronomique et sexuelle contre la nécessaire abstinence qui se profile à l'horizon. Dans une ville encore régulièrement touchée par l'insécurité alimentaire[43], l'exhibition publique régulière de personnages représentant l'abondance et le manque de nourriture dépasse nettement le simple motif dramatique, mais fait écho à de réelles préoccupations bien présentes à l'esprit du spectateur. On peut même postuler que la particulière récurrence de farces à l'époque des jours gras, où l'on formule des souhaits de prospérité alimentaire pour la saison prochaine, leur donnait une valeur conjuratoire, permettant d'exorciser la peur du manque. On ne s'étonne donc pas que certains personnages de farce célèbres, tels Gros-Guillaume ou Gaultier-Garguille, se soient vus réemployés, longtemps après la mort de leur interprète, comme symboles de l'abondance alimentaire dans la littérature populaire[44]. « Déritualisés » par les acteurs professionnels qui les avaient tirés de la place publique pour les transformer en caricatures sociales, ces archétypes réintègrent ainsi la mythologie populaire.

---

40  Tabarin [Antoine Girard dit], *Première farce* [1624], scène 5.
41  Jean Auvray, « Les Gaultier-Garguilles » dans *Le Banquet des muses*, Rouen, David Ferrand, 1628, p. 247-255.
42  Peter Burke, *Popular Culture in Early Modern Europe*, Londres, Routledge, 2009, p. 265.
43  René Pillorget, *Nouvelle Histoire de Paris : Paris sous les premiers Bourbon (1594-1661)*, Paris, Hachette, 1988, p. 189-190.
44  *Le Grand Courrier, ou le célèbre défenseur du mardi gras*, Paris, Denis Pelé, 1650 ; David Ferrand, « Lettre missive de Gautier Garguille » [1664], dans *La Muse normande*, éd. A. Héron, Rouen, Espérance Cagniard, 1893, t. 4, p. 110.

## UN PLAT POUR LA BONNE BOUCHE

Durant le carnaval 1634, Bertrand Hardouin de Saint-Jacques, qui, sous le nom de Guillot-Gorju, avait succédé à Hugues Quéru dans le rôle du barbon comique, fait publier une *Apologie*, dans laquelle il se livre à une défense de la fonction de la farce au sein de la représentation théâtrale. On prétend, écrit-il, que « si la Comédie n'était suivie d'une farce, elle serait plus tolérable. Mais au contraire si la Comédie n'était assaisonnée de cet accessoire, ce serait une viande sans sauce, et un Gros-Guillaume sans farine étant plutôt une étude qu'un divertissement[45] ». Cette reprise de l'opposition entre « nourriture joyeuse » et « nourriture triste » est une métaphore fréquente pour décrire la structure même de la représentation théâtrale de l'époque baroque, où la pièce « sérieuse » (tragédie, tragicomédie…) constitue le « plat de résistance » et où la farce est présentée comme le succulent dessert de la représentation. On retrouve ainsi tout au long du XVIIe siècle des références à la farce comme épilogue incontournable de tout spectacle théâtral, comme « après une ample collation, une boëte de dragées ou de confitures[46] » ainsi que l'écrit Hardouin. La métaphore alimentaire de la farce est déclinée par de nombreux auteurs à l'aide de termes choisis : les comédiens Gracieux et Hardouin, frottés de culture classique, l'évoquent sous le nom de « saugrenée[47] » et de « sauce[48] », mets tous deux dérivés du latin *salsus* « salé », terme signifiant également « spirituel, piquant et vif[49] ». Les détracteurs du théâtre ne sont pas en reste, comme le pasteur André Rivet, qui déplore la présence au sein de la représentation de ces « entremets de bouffonneries[50] », tandis que le magistrat Jean Bodin compare la farce à un « poison » glissé dans une nourriture saine, susceptible de

---

45  [Bertrand Hardouin de Saint-Jacques], *Apologie de Guillot-Gorju adressée à tous les beaux esprits*, Paris, Michel Blageart, 1634, p. 14.
46  [Bertrand Hardouin de Saint-Jacques], *op. cit.*, p. 23.
47  Bruscambille [Jean Gracieux dit], « En faveur du nombre de quatre » [1615] dans *op. cit.*, p. 562.
48  [Bertrand Hardouin de Saint-Jacques], *op. cit.*, p. 14.
49  On notera encore le pseudonyme du farceur « Saupiquet », littéralement « piqué de sel », terme désignant une sauce qui excite l'appétit. (Affiche du théâtre du Marais, c. 1634, Paris, Arch. Nat., MC/PA//49 (1)).
50  André Rivet, *Instruction chrestienne*, La Haye, Théodore Maire, 1639, p. 24.

corrompre « les bonnes mœurs, et la simplicité, et la bonté naturelle d'un peuple[51] ». « Entremet », « sauce », « saugrenée », la métaphore de l'assaisonnement alimentaire, amené par le nom même de « farce », est omniprésente dans les références au petit divertissement final chargé de relever le goût de la représentation. On insiste alors sur le contraste entre la partie principale du spectacle, substantielle, sérieuse et salutaire, et sa conclusion frivole, compensant par son outrance comique le déploiement émotionnel de la « grande pièce », et permettant de « renvoyer les spectateurs en bonne humeur[52] ». Cette métaphore est utilisée de manière particulièrement explicite dans les prologues de Bruscambille. Chargé d'annoncer la saynète de fin de spectacle, il introduisait ainsi le « chef de la farce » au surnom significatif de Jean Farine.

> [Je vous parlerais davantage] si je n'entendois murmurer Jean Farine qui brusle d'impatience qu'il ne vous vient aporter un plat de son mestier[53].

> Mais de peur de vous attiédir, je suis d'advis de m'en aller là-derrière, faire en sorte que Jean Farine vous aporte tous ses ingrédients[54]

> Jean Farine vous prépare une petite saugrenée facecieuse, qui vous servira de curedent[55].

À grand renfort de métaphores culinaires, Bruscambille désigne donc Jean Farine comme le concepteur de la saynète, faisant écho à l'organisation qui semble avoir été de rigueur dans les troupes parisiennes du début du siècle. La compagnie compte alors pour fournir la saynète de fin de représentation sur un « chef de la farce », explicitement comparé à un maître queux qui concocte l'intrigue burlesque. La salle de spectacle se fait salle à manger, tandis que les coulisses deviennent la cuisine où se cachent les secrets du comédien-farceur occupé à « préparer cet aliment récréatif[56] ».

Si la farce permet donc de rassasier les spectateurs en leur offrant « ce plat à la fin pour la bonne bouche[57] », elle permet aussi de les sustenter

---

51    Jean Bodin, *Les Six Livres de la République*, Paris, Jacques du Puys, 1576, p. 612.
52    André Rivet, *id.*
53    Bruscambille [Jean Gracieux dit], « En faveur du crachart » [1615], dans *op. cit.*, p. 587.
54    Bruscambille [Jean Gracieux dit], « En faveur du galimatias » [1615], dans *op. cit.*, p. 571.
55    Bruscambille [Jean Gracieux dit], « En faveur du nombre de quatre » [1615], dans *op. cit.*, p. 562.
56    Bruscambille [Jean Gracieux dit], « Des chastrez », [1615], dans *op. cit.*, p. 406.
57    [Bertrand Hardouin de Saint-Jacques], *op. cit.*, p. 14.

de joie carnavalesque en prévision des périodes de manque. Ainsi, une affiche des « Comédiens de la troupe choisie » annonçant la farce de leur prochain spectacle déclare : « *Gilet savetier* [s]e promet de vous donner de ris pour plus de deux Caresmes[58] ». Par le biais d'un jeu de mots, usage fréquent dans la communication publicitaire des troupes de l'époque[59], le texte de l'affiche fusionne le « ris », c'est-à-dire le « rire » occasionné par le numéro burlesque, et le « ris », autrement dit le « riz », nourriture maigre des temps de carême[60]. Ainsi donc, par comparaison à la suralimentation temporaire qui permet de survivre aux privations des jours maigres, la farce fournit des réserves pour le temps de pénitence de rire. Et comme dans l'annonce scatologique de Bruscambille citée plus haut, le spectateur est invité à remporter chez lui cette gaîté qui l'accompagnera « pour plus de deux carêmes », lui permettant de jeter un pont entre les périodes fastes de l'année. Inscrivant la consommation théâtrale dans la périodicité cyclique de l'année, ces textes font écho à la conception particulière du temps des civilisations préindustrielles, vivant, comme l'a bien remarqué Roger Caillois, « dans le souvenir de la fête passée ou dans l'attente de la fête prochaine[61] ».

## LE TRIOMPHE DU CARÊME

Cette opposition paradigmatique « gras/maigre », « joyeux/grave », « court/long », mettant en parallèle la farce, bref moment de folie inséré au sein d'un spectacle sérieux, avec le temps du carnaval au sein du cours

---

58 Affiche, c. 1631, Paris, Arsenal EST-4 (A).
59 François Rémond, « *Le plus agréable théâtre…* Rhétorique de l'affiche de théâtre au XVIIe siècle », *European Drama and Performance Studies*, n° 18, 1, 2022, p. 299-300.
60 Le même jeu de mots se retrouve chez Saint-Amant, à propos de la pénurie alimentaire du carême 1649, lors du siège de Paris : « Du ris, hélas ! Il n'en est plus, / Soit avec, ou sans equivoque ; » (Marc-Antoine Girard de Saint-Amant, *Les Nobles Triolets* dans *Les Œuvres du sieur de St Amant, troisième partie*, Paris, Toussaint Quinet, 1649, p. 87). Sur la consommation de riz en carême, *cf.* Gui Patin, « Lettre 523 à Charles Spon », 9 avril 1658, dans *Correspondance complète de Guy Patin et autres écrits* [en ligne], éd. Loïc Capron, Paris, Bibliothèque interuniversitaire de santé, 2018 ; Nicolas de la Mare, *Traité de la Police*, Amsterdam, s.n., 1722, t. 2, p. 452.
61 Roger Caillois, *L'Homme et le sacré*, Paris, NRF-Gallimard, 1950, p. 225.

de l'année offre aussi un modèle de structure aux saisons théâtrales, en opposant la période d'intense consommation de divertissements du carnaval avec la diète de spectacle requise pendant le carême. En effet, depuis les débuts du christianisme, les pères de l'Église avaient insisté sur la nécessité pour le chrétien de s'abstenir de plaisirs, dont celui des spectacles, durant cette période majeure de dévotion et de pénitence[62]. Lors de la professionnalisation du théâtre, devenu à Paris un divertissement régulier tout au long de l'année, le début du carême fut instauré comme moment de relâche : les salles ferment et les troupes se débandent, temporairement ou définitivement. Au début du siècle, les lieux de spectacles observent strictement l'interruption quadragésimale, fermant généralement leurs portes du Mercredi des Cendres jusqu'après Pâques[63]. Cette pause forcée donna cours à l'expression « affamé comme un comédien de carême[64] », doublement affamé donc, car, privé temporairement de son gagne-pain, il devait en outre observer les restrictions alimentaires requises. Toutefois, si l'arrêt complet des représentations tout au long du carême continua d'être observé de manière relativement stricte en province[65], l'appétit de spectacle à Paris amena dès les années 1620 à repousser de plus en plus tard la fermeture des théâtres, la retardant jusqu'à la Mi-Carême, puis jusqu'au dimanche de la Passion, deux semaines avant Pâques (avec une reprise une semaine après le dimanche de Pâques).

Cette coupure se voyait précédée par une consommation accrue de divertissements, et notamment de spectacles comiques. Comme le note l'auteur anonyme de *L'Ouverture des jours gras*, tableau promotionnel des attractions proposées au public lors du carnaval de 1634 : « il semble que par une antiperistase des jours maigres qui approchent, les jours gras se renforcent et rassemblent toute la joye qui est esparse tout le long et le large de l'année[66] ». Au début du siècle, le Mardi-Gras, veille du premier jour de carême, est en particulier un jour d'affluence à l'Hôtel

---

62   Pierre Coustel, *Sentiments de l'Église et des SS. Pères pour servir de décision sur la comédie et les comédiens*, Paris, veuve de Charles Coignard, 1694, p. 47-51.

63   Voir les baux publiés par Alan Howe, *op. cit.* : n° 20, 63, 82, 108, 124.

64   *Cf.* Bruscambille [Jean Gracieux dit], *op. cit.*, p. 185, 500, 577.

65   Samuel Chappuzeau, *Le Théâtre françois* [1674], éd. Georges Monval, Paris, Jules Bonnassies, 1876, p. 134.

66   *L'Ouverture des jours gras ou l'entretien du carnaval*, éd. John Lough, *French Studies*, n°XI, 3, 1957, p. 261.

de Bourgogne, qui, comme on l'a vu, portait l'héritage des traditions carnavalesques urbaines. Il abrite ce jour-là la rencontre annuelle des deux « sociétés joyeuses » parisiennes, la Basoche et la Sottie de Paris, événement comportant une collation, suivie d'une représentation donnée gratis, à laquelle se pressent les Parisiens[67]. Cette communion culinaire et théâtrale n'allait toutefois pas résister à la montée de l'absolutisme. La désagrégation, au milieu du siècle, de ces confréries qui avaient accompagné la naissance du théâtre professionnel parisien est le signe d'une mutation plus large des pratiques festives urbaines sous la pression de l'autorité : en 1629, le dernier « Prince » de la Sottie de Paris, abandonne ses fonctions[68] et en janvier 1641, un arrêt du Conseil d'État interdit les représentations du Mardi-Gras en faveur de la Basoche de Paris[69]. Ce mouvement généralisé de suppression des corporations carnavalesques, amorcé par le gouvernement de Richelieu, et prolongé sous Louis XIV dans le cadre de leur politique de démantèlement des pouvoirs urbains autonomes[70], établissait de fait des comédiens professionnels comme uniques légataires de ce folklore dramatique des jours gras.

Cette transition avait amené un profond changement des valeurs originelles de la fête populaire : comme l'a bien remarqué Bakhtine[71], le carnaval est un spectacle que la communauté se donne à elle-même. Or la professionnalisation introduisait une séparation entre spectateurs payants et acteurs rémunérés. Une nouvelle économie se mit en place, marquant une marchandisation des pratiques culturelles, la mascarade-quête des carnavals primitifs fonctionnant sur une logique de don/contre-don (les déguisés apportent bénévolement le divertissement chez les particuliers qui leur offrent bénévolement de la nourriture). L'urbanisation a ensuite changé le spectacle de carnaval en « service public » offert à la communauté locale par les sociétés joyeuses. Enfin, le théâtre des farceurs de l'âge baroque a marchandisé les formes et pratiques du carnaval. De plus, en s'appropriant les types carnavalesques, et en s'en faisant leurs « identités professionnelles », les comédiens détachaient ces figures de

---

67  *Boutade, ou Les folies de Caresme-Prenant*, slnd [Paris, 1640] ; Collection de La Mare, t. 81, BnF ms. fr. 21625, f° 304 r-v.
68  Alan Howe, *op. cit.*, p. 91.
69  Louis Moreri, *Le Grand Dictionnaire historique*, Paris, Jean-Baptiste Coignard, 1718, t. 1, s.v. « Bazoche ».
70  Yves-Marie Bercé, *op. cit.*, p. 112-113.
71  Mikhaïl Bakhtine, *op. cit.*, p. 15.

leur contexte calendaire et limitaient ainsi leur signification profonde. En les faisant revenir dans les farces concluant chaque représentation, ils dévaluaient la portée rituelle de l'apparition de ces figures, les changeant en simple éléments esthétiques.

L'activité théâtrale parisienne se distanciait ainsi de la culture tradi-tionnelle unitaire, s'alignant avec une conception politique d'inspiration absolutiste désireuse de limiter les débordements carnavalesques en les cantonnant à l'univers de la fiction. Cette logique sera poussée à son paroxysme dans la seconde partie du siècle : les rues sont privées de parades, le carnaval confisqué par les élites[72], et le théâtre lui-même devient un spectacle élitaire, où les différences entre les statuts sociaux sont marquées par la disposition même des places. Et cette farce qui, bien malgré elle, avait concouru à cet éclatement de la « culture commune » en faisant des traditions du peuple un spectacle commercial tout au long de l'année, allait disparaitre elle-même derrière d'autres formes de divertissement désireuses de gommer les traits populaires. En effet, les démarches de légitimation de l'activité théâtrale entreprises par Richelieu, qui aboutirent à la déclaration royale de 1641, réhabilitant la condition des comédiens sous réserve « de représenter aucunes actions malhonnêtes, ni d'user d'aucunes paroles lascives ou à double entente qui puisse bles-ser l'honnêteté publique[73] », ont acté une progressive décroissance des thématiques farcesques dans les représentations publiques. La saynète de fin de spectacle se régularise sous la forme d'une « petite comédie », où les types traditionnels tendent à disparaître. Les interprètes comiques délaissent l'incarnation d'un personnage-type fixe fortement caractérisé pour se fondre dans ce que l'on nommera plus tard un « emploi », caté-gorisation plus généraliste répartissant les personnages suivant diverses caractéristiques dépareillées : fonctionnalité dans l'intrigue (premier comique, grande coquette…), costume (rôles à manteaux, grandes livrées…) ou caricature sociale (financiers, gascons…).

Enfin, la fondation de la Comédie-Française, théâtre sous le contrôle direct de l'État, poursuivit cette démarche d'isolation des spectacles de leurs bases populaires : postulant comme principe fondamental que chaque pièce du répertoire devait pouvoir être montée à n'importe

---

72    Sur cette appropriation du carnaval par les élites, voir : Pascal Dibie, « Jeux de masques, momons et jeux de nobles », *Gavroche*, n° 19, janvier-février 1985, p. 11-14.
73    *Déclaration du Roy Louis XIII au sujet des comédiens du 16 avril*, Paris, Sevestre, 1641.

quelle période, elle tendait à promouvoir la substitution d'un « temps du roi » au calendrier populaire et religieux. Toutefois, les anciennes structures calendaires montraient leur résistance. Les registres de la Comédie-Française des années 1680-1700 confirment encore un afflux de spectateurs aux « jours gras », les mois au cours duquel tombe le carnaval étant régulièrement ceux qui affichent les plus hautes recettes annuelles[74]. De même, la fermeture du théâtre pour les deux dernières semaines du carême (qui perdurera jusqu'à la Révolution française) gardait témoignage de l'ancienne organisation temporelle de la société. Cette question de la périodicité des spectacles était un sujet sensible, comme le montre la controverse autour de cette question lors de la « querelle des théâtres » de 1694. Une dissertation, rédigée le père Caffaro à la demande du dramaturge Edme Boursault pour défendre la légitimité du théâtre, s'interrogeait sur la question du temps approprié aux divertissements théâtraux, et concluait que les représentations constituaient une « recréation modérée » qui pouvait être autorisée tout au long du carême[75]. La publication de cette analyse, parue, notons-le, au plein cœur de la grande famine de l'hiver 1693-1694, suscita la parution de réponses virulentes de nombreux théologiens, dont celle de Bossuet, outré de voir un religieux profaner ainsi un temps réservé à la pénitence et à l'affliction[76]. La vivacité de cette réaction témoigne de l'ambiance de rigorisme religieux caractéristique de la fin du règne de Louis XIV, participant d'une mutation générale des mœurs en Occident : les aspects les plus « pulsionnels » de la culture populaire ont été mis au pas, tandis qu'émergeait une culture officielle valorisant un ordre hiérarchique régissant l'ordre naturel, et un contrôle strict des affects, amenant certains chercheurs à qualifier cette période historique de « triomphe du carême » (Burke[77]).

---

74  Voir les outils statistiques élaborés par Christopher York sur le site *Registres de la Comédie-Française* (https://www.cfregisters.org) (consulté le 21/06/2024).

75  [Francisco Caffaro], *Lettre d'un théologien illustre par sa qualité & par son mérite, consulté par l'auteur pour sçavoir si la comédie peut être permise, ou doit être absolument deffendue*, dans *Pièces de théâtre de M. Boursault*, Paris, Jean Guignard, 1694, p. 54-55.

76  Clément Scotto di Clemente, *Autel contre Autel, la rivalité du théâtre et des Églises*, Paris, Classiques Garnier, 2023, p. 165-194.

77  Peter Burke, *op. cit.*, p. 289-334. Sur cette domestication des pulsions, voir notamment : Norbert Elias, *La Civilisation des mœurs*, Paris, Calmann-Lévy, 1994 ; Robert Muchembled, *L'Invention de l'homme moderne. Sensibilités, mœurs et comportements collectifs sous l'Ancien Régime*, Paris, Fayard, 1988.

Héritage d'une civilisation à base agropastorale et aux valeurs religieuses unifiées, le concept d'opposition entre un « temps gras » et un « temps maigre », a survécu aux transformations de grande ampleur de la première modernité de par sa prégnance dans l'imaginaire partagé des différentes classes sociales. C'est donc sans surprise qu'on en retrouve la trace dans les représentations dramatiques festives, agrégées *mutatis mutandis* au système émergent de divertissement commercial. Il est plus étonnant de constater la fortune de cette opposition comme support métaphorique opérant à plusieurs niveaux concaténés : au niveau de la saynète elle-même, elle fournit une structuration dramaturgique aux interactions semi-improvisées des comédiens de la troupe ; au niveau de la représentation, elle propose un ordonnancement aux différents « temps » de la séance théâtrale ; à l'échelle de l'année, elle régente les rythmes de l'économie des spectacles urbains. Au moment où les festivités populaires des villes dépérissent sous l'effet de diverses influences sociales et politiques, le théâtre baroque s'empare de certaines de ces thématiques, et les remodèle pour les mettre au service de son nouveau modèle économique. Si la fin de l'ère baroque marque aussi celle de l'imaginaire de la fête populaire sur les théâtres officiels[78] et son exil sur les tréteaux dissidents de la Foire, celui-ci aura fourni à la représentation et à la programmation un modèle structurel efficient qui, même au sein d'un cadre désormais commercial et déritualisé, perdurera tout au long du XVIIIe siècle.

François RÉMOND
Université de la Sorbonne-Nouvelle

---

78  Il est ainsi intéressant de constater qu'en dépit de leur titre, les petites comédies de Dancourt, *La Foire Saint-Germain* (1697), *Le Charivari* (1697) ou *Le Prix de l'arquebuse* (1717), s'intéressent fort peu à l'esprit de la fête populaire, mais emploient ces événements comme contexte d'une satire des classes sociales.

# ARCHETYPES OF THEATRE
# AND RELATIONSHIP WITH FOOD

# DES FESTINS DE PIERRE
# AVANT DON JUAN

## « L'endurcissement au péché »
## de Luís da Cruz à Molière

Il y a longtemps que Jean Rousset a souligné avec force la dualité du statut de Don Juan comme *mythe littéraire*[1]. À la différence des grands sujets qui circulent en Europe depuis le XVIᵉ siècle, tels que l'histoire de Sophonisbe ou celle d'Hippolyte, ou même l'histoire du Cid, Don Juan a cela de plus *mythique* qu'il n'est pas composé à partir d'une source historique ou mythologique que l'auteur aurait mise en forme de poème dramatique : son histoire émane d'un « fonds mythique enfoui », d'un « humus légendaire[2] », d'où son premier auteur a pu puiser des composantes aussi diffuses que le mort punisseur ou le repas des défunts[3]. Ce mythe est malgré tout *littéraire* parce qu'il n'existe en tant que tel que par des œuvres écrites, et ce dès son origine, le *Burlador de Sevilla* de Tirso de Molina[4]. Au XVIIᵉ siècle il est même un mythe théâtral car ce n'est qu'ultérieurement qu'il trouvera d'autres formes, à l'opéra, dans le conte, ou dans les genres poétiques mineurs.

Une telle approche, si l'on en accepte les prémisses, a une incidence sur l'étude de la comédie de Molière. Entre tous les sujets traités par le dramaturge français, celui-ci présenterait la singularité d'être assis sur

---

1     Jean Rousset, *Le Mythe de Don Juan*, Paris, Armand Colin, 2012 (première éd. : 1978), « Introduction » p. 15-22 et partie II, chapitre 1, p. 105-126.
2     *Ibid.*, p. 16.
3     Jean Rousset s'appuie notamment sur Leander Petzoldt, *Der Tote als Gast. Volkssage und Exempel*, Helsinki, Suomalainen Tiedeakatemia, 1968. Sur les traditions populaires dont émane Don Juan voir aussi Ann Livermore, « The Origins of Don Juan », *Music & Letters*, vol. 44, nᵒ 3, Juillet 1963, p. 257-265, et plus récemment Aurélia Gaillard, « Don Juan à table ou ce que le conte fait au mythe », *Bulletin Hispanique*, vol. 122-1, nᵒ 1, 2020, p. 115-128.
4     Nous renverrons systématiquement à l'édition de Pierre Guenoun : Tirso de Molina *L'Abuseur de Séville (Don Juan) El Burlador de Sevilla*, Paris, Aubier, « Domaine hispanique bilingue », 1991 (première édition : 1968).

une base folklorique récente et vive, qui en aurait fait naître le récit
trente ans plus tôt – plus vive, sans doute, que celle des vieux sujets
tragiques légués par l'Antiquité grecque. Ceci considéré, on est fondé
à penser que cet arrière-plan apporte à la compréhension de la pièce :
plus on en étudie base anthropologique, plus on dispose de moyens pour
cerner la particularité de son traitement par Molière de ce sujet. Parmi
ses composantes essentielles, Rousset engageait par exemple à distinguer
la tradition populaire du banquet funèbre et la tradition savante de la
statue – remontant à Aristote et Plutarque[5]. Ce point capital a suggéré à Patrick Dandrey les judicieuses analyses de son *Dom Juan ou la
critique de la raison comique*[6]. Prolongeant la remarque de Jean Rousset,
l'étude montre que les anecdotes de statues vengeresses dans la tradition
« savante » avaient toujours été la matière d'une discussion sceptique sur
le merveilleux. Ainsi, Molière, actualisant la charge sceptique contenue
dans le thème de la statue justicière, se réappropriait le sujet de Don Juan
en lui conférant une portée tout autre : tout en reprenant à la tradition
dramaturgique le dénouement inventé par Tirso, il lui imprimait cette
esthétique du paradoxe qui fait la propriété de sa version[7].

　　Ainsi, le dénouement de Don Juan peut se décomposer en deux
origines : que l'athée coure à sa perte en répondant à l'invitation d'un
mort serait une rémanence du patrimoine folklorique de l'humanité.
Que cette invitation provienne d'une statue peut être un apport de la
culture savante. Pour élucider le sens philosophique de ce mythe, il
était naturel de le chercher d'abord dans la tradition savante, qui avait
fait de la statue un sujet topique de controverse. Nous proposons ici de
revenir sur l'autre versant, « folklorique », de ce dénouement, qui n'est
pas réductible au récit que le structuralisme a désigné sous l'étiquette
de « conte-type 470A[8]. »

　　Autant, voire davantage que la statue, la séquence du dîner constitue
l'essence du mythe de Don Juan. Et ce jusqu'à Molière qui, comme on
sait, n'a jamais donné à sa pièce d'autre titre que *Le Festin de Pierre*. De

---

5　Aristote, *Poétique*, 1452a 8-9. Plutarque, *Sur les délais de la justice divine*, 553d, in *Moralia*,
　　t. VII, Cambridge, London, Harvard University Press, « Loeb classical library », 2000,
　　p. 212-213.
6　Par exemple Patrick Dandrey, *Dom Juan ou la critique de la raison comique*, Paris, Honoré
　　Champion, 1993, « Deuxième partie : le prisme de l'ironie » p. 83-142.
7　*Ibid.*, p. 97.
8　A. Gaillard, art. cité, p. 119.

version en version, l'évolution de *convidado de piedra* (« invité de pierre »)
en « Festin de Pierre » laisse penser que la scène du repas s'est imprimée
à la mémoire collective comme l'élément caractéristique du mythe : la
scène du châtiment a fini par supplanter l'auteur insolite de celui-ci,
peut-être parce que, plus que tout le reste, ce moment frappant retenait
l'attention du spectateur[9].

Ce motif du festin n'est sans doute pas sans rapport avec les traditions
populaires desquelles il a été rapproché. Mais il nous intéresse ici en tant
qu'il apparaît sous une forme littéraire, déjà passée dans une tradition
savante : le théâtre latin de collège. Encore ne s'agit-il pas strictement
du même motif. La légende à laquelle on ramène le repas de Don Juan
est celle de *l'invitation du mort* : un jeune homme offense une tête de
mort puis l'invite à souper, la tête de mort l'invite à son tour, le jour de
l'invitation le jeune homme meurt sous le coup de la terreur. Le motif
que nous voudrions mettre en avant peut être qualifié comme celui du
*repas du damné*. Le mythe de Don Juan se rapporte aussi bien à l'invitation
du mort qu'au repas du damné, il en opère même la synthèse.

Pour nous placer en amont de Tirso, ce sont essentiellement les *Tragicae
comicaeque actiones* du Jésuite Luís da Cruz (1543-1604) que nous évo-
querons[10]. Figure de proue du théâtre scolaire au Portugal – qui depuis
1580 est réuni à l'Espagne sous la couronne de Philippe II – il publie
en 1604 un recueil réunissant une comédie, une tragédie, trois tragi-
comédies et une pastorale, toutes jouées, affirme l'auteur dans sa préface,
trente ans plus tôt au collège de Coïmbre[11]. Le théâtre scolaire a toute
sa place dans l'activité fourmillante mue par la « passion du spectacle »
où la *comedia nueva* prend racine[12] : les *Actiones* du régent sont jouées par
ses élèves à l'époque où, dans les grandes villes du royaume d'Espagne,
le théâtre professionnel des *corrales*, dynamisé par les comédiens venus
d'Italie, est en plein essor. Loin d'être réservées aux doctes latinisants,
les représentations du collège attirent un public populaire, ainsi que

---

9   Georges Forestier et Claude Bourqui, « Notice » dans Molière, *Œuvres Complètes*, t. 2,
    Paris, Gallimard « Bibliothèque de la Pléiade », 2010, p. 1620-1621.
10  Luís da Cruz, *Tragicae Comicaeque Actiones a Regio artium collegio Societatis Iesu… auctore
    Ludouico Crucio*, Lugduni, Horatius Cardon, 1605.
11  Sur Luís da Cruz et son théâtre, on consultera avec profit Claude-Henri Freches, *Le théâtre
    néo-latin au Portugal (1550-1745)*, Paris, Lisbonne, Nizet, Bertrand, 1964, p. 240-423.
12  Christophe Couderc, *Le théâtre espagnol du Siècle d'Or (1580-1680)*, Paris, Presses Universitaires
    de France, « Quadrige », 2007, Première partie, chapitre 1 : « L'Espagne du XVIIe siècle
    et la passion du spectacle », p. 31-40.

des prélats, des Grands du royaume, parfois même le souverain. (Luís da Cruz se vante que son *Sedecias* ait été représentée devant le jeune roi Sébastien Ier et le futur Henri Ier de Portugal.)

La seule mention du contenu de son recueil fait voir l'importance du genre tragi-comique aux yeux de l'auteur. Cette catégorie, hybride et indéfinie, avait déjà en langue vulgaire un précédent fameux, *La Célestine.* Elle sera revendiquée plus tard pour légitimer l'esthétique de la *comedia nueva.* La préférence pour cette relative nouveauté n'est pas la moindre particularité de ce dramaturge de collège : l'invention d'une tragi-comédie biblique se trouve au cœur de son projet. Elle répondait à une demande des milieux doctes de Coïmbre et Lisbonne, insatisfaits des comédies de Plaute qui ne pouvaient convenir à l'instruction de la jeunesse : l'auteur invente la *tragicocomoedia* latine pour varier un réper-toire scolaire habituellement plus porté sur la tragédie sans recourir aux authentiques comédies romaines jugées indécentes[13]. C'est dans ce genre de prédilection que Luís da Cruz, acclimatant au Siècle d'Or le théâtre latin, développe le motif du repas du damné.

Le lecteur excusera la longueur des extraits reproduits et traduits ci-dessous. Pour contribuer à la connaissance du contexte d'apparition de Don Juan, nous avons jugé utile de porter à sa connaissance une portion significative de ces textes, édités peu avant la formation intellectuelle et l'activité littéraire de Tirso.

DES FESTINS DE PIERRE AVANT TIRSO

Tous les sujets bibliques retenus par Luís da Cruz pour renouveler le genre comique en latin – et du même coup le christianiser – pré-sentent un rapport à l'alimentation, thème que l'auteur exploite parfois bien au-delà de l'importance que ses sources lui accordaient. Dans la première *tragicocomoedia* du recueil (le *Prodigus*, tirée de la parabole de l'enfant prodigue), son développement pouvait encore se justifier : le fils débauché en est bientôt réduit à envier la nourriture des porcs

---

13    L. da Cruz, *Tragicae Comicaeque Actiones a Regio artium collegio Societatis Iesu, op. cit.,* « *Praefatio* ».

commis à sa garde[14]. Plus manifestement encore, la faim est au cœur de l'histoire de Joseph dans la Genèse, qui compose le sujet de la seconde tragicomédie biblique, *Iosephus* : c'est la prévision de la disette qui met Joseph en faveur auprès de Pharaon, et c'est cette même disette qui pousse Jacob à envoyer chercher de l'aide en Égypte, donnant lieu aux retrouvailles finales du fils favori avec ses frères et son père[15]. Mais on aurait plus de peine à voir ce qui, dans livre des *Chroniques*[16], rattache l'histoire de Manassé à ce thème commun, sinon que, jeté au cachot, il se trouve mis au pain et à l'eau : « *iubetur hordeo et aqua victitare*[17] ». L'expression d'ailleurs n'apparaît même pas dans la source : c'est Luís da Cruz qui glose ainsi, déduisant ce désagrément des circonstances du récit.

Ce détail est important, car l'auteur a vraisemblablement choisi ses sujets comiques en considération des épisodes culinaires qu'il pourrait glisser dans les interstices de leur trame narrative. Dans de tels épisodes il trouvait plus aisément une prise à la farce et au grotesque qu'il souhaitait promouvoir dans le théâtre de collège, intention revendiquée en préface des *Tragicae comicaeque actiones* : au sein de la Compagnie de Jésus, Luís da Cruz a eu à défendre l'intérêt, pour la pédagogie jésuite, du genre comique accusé d'indécence par ses confrères[18]. Les séquences de repas et leurs préparatifs occasionnent plus facilement échanges truculents, scènes de bastonnades et épisodes de gloutonnerie parasite. Cette dernière, pourrait-on dire, est le vice innocent : sa représentation est plus adaptée à une comédie qui ne saurait reprendre les débauches de l'*adulescens* romain ou les intrigues des contemporains italiens et espagnols. Dans la pratique, on constate que, selon le cas, le rapport de ces motifs farcesques avec l'histoire sélectionnée est plus ou moins lâche. Ainsi, dans *Iosephus*, le dramaturge n'a-t-il aucune peine à intégrer des intermèdes bouffons à l'action principale : le motif des retrouvailles conduit naturellement à conclure la pièce par un festin. En périphérie de l'action principale de l'acte V, qui rapporte les retrouvailles et réconciliations successives de Joseph avec sa famille, les préparatifs du banquet

14  Jean, xv, 15-16.
15  Genèse, xxxvii-l.
16  II Chroniques, xxxiii, 1-20.
17  *Ibid.* p. 643.
18  Voir la « *Praefatio ad lectorem* », dans L. da Cruz, *Tragicae Comicaeque Actiones a Regio artium collegio Societatis Iesu, op. cit.*, p. xv-xxx.

donnent lieu à une parenthèse comique : des domestiques s'activent, un intendant les rabroue[19], un *rusticus* parasite s'immisçant parmi les convives entonne une chanson à boire avant de se faire éconduire[20]... Plus encore que la relative gratuité de ces scènes, on est frappé par le décalage profond de leur ton avec l'enseignement théologique de la pièce, dont les chœurs glosent explicitement le sens préfiguratif de l'épisode vétéro-testamentaire[21].

Non moins surprenant le brusque basculement de *Manasses* dans le comique bouffon. Jusqu'alors, l'histoire de l'impie roi de Juda se présentait sous les aspects d'une tragédie biblique latine à la manière jésuite. Le personnel comique entre inopinément en scène dès le moment que la question de l'alimentation intervient, c'est-à-dire lorsque que Manassé est mis « au pain sec et à l'eau[22]. » La Bible indiquait seulement qu'il avait été mis aux fers par l'empereur assyrien, que Luís da Cruz nomme « *Merodachus.* » Le roi est escorté jusqu'au cachot où l'attend un facétieux geôlier dont le prosaïsme et l'irrévérence nonchalante tiennent du *gracioso* du théâtre vernaculaire :

LE GEÔLIER
Entre, ici on ne te fera pas bonne chère.

MANASSÉ
Il ne peut rien y avoir de bien, dans l'infâme Babylone.

LE GEÔLIER
Quelle entrée en matière, ô roi, pour saluer ton cachot !
La maison te retourne le compliment.

TRIBUN
Eh toi, ne lui enlève pas ses chaînes, ni de nuit,
ni de jour. Mais qu'il couche toujours enchaîné.

LE GEÔLIER
Qu'est-ce qu'il va bien pouvoir manger ?

TRIBUN
Pas grand-chose : du pain d'orge
Pour soulager sa faim, de l'eau pour étancher sa soif.

---

19  *Ibid.*, p. 1004-1006.
20  *Ibid.*, p. 1017-1020.
21  *Ibid.*, p. 1048-1050.
22  II Chroniques, XXXIII, 1-20.

LE GEÔLIER

Terrible supplice. Pour soulager l'obscurité du cachot,
ses odeurs fétides, l'irritation des boulets au pied,
l'exiguïté de la cage, bref,
le châtiment de ce misérable, tu lui tends de la nourriture pour cheval ?

TRIBUN

Il faut exécuter les ordres du grand Mérodach, tu penses bien.

LE GEÔLIER

C'est lui qui les exécutera. En quoi cela me regarde ? Il peut bien coucher
dans la crasse, les saletés, tiraillé par la faim[23].

Loin de se limiter à un intermède épisodique, l'alimentation du roi
captif devient rapidement un motif obsessionnel, que les personnages
comiques jouent en contrepoint de leurs propres pitreries, badinant
au sujet de leur propre gloutonnerie à côté d'un Manassé contraint au
jeûne. À la suite de cette même scène, en effet, à peine le tribun s'en
est-il retourné qu'entre un autre personnage, le vivandier, paresseux
et gourmand, ironiquement surnommé La Flèche (*Sagitta*). Il entame
aussitôt avec le Geôlier un échange de saynète.

GEÔLIER

Quel est ce boucan ? Un insolent là-dedans,
qui fait du remue-ménage ? Je le jure, si j'entre, il verra
sur ses flancs la dureté de mon bâton.
Sors de là, La Flèche. [...]
Si on ne compte pas celui que tu consacres au sommeil,
la voracité de ton estomac occupe le reste de ton temps.
Goinfre, pourquoi reprocher aux autres de boire et manger ?

LA FLÈCHE

Comme si ça lui faisait honte, ou que le vin était déshonorant !
On est plusieurs à être faits pour ce sport[24].

---

23   « *CVSTOS : Ingredere, non est hic bonum hospitium tibi.* | *MANASSES : Habere saeua nil potest Babylon*
     *boni.* | *CVSTOS : Hoc Rex salutas carcerem proaemio ?* | *Aequam hospitalis gratiam referet domus.* |
     *TRIBVNVS : Heus tu catenas nocte ne demas viro,* | *Dieve, semper at catenatus cubet.* | *CVSTOS :*
     *Quo victu aletur scilicet ? TR. Parco : hordeum* | *Famem leuabit, unda restringet sitim.* | *CVSTOS :*
     *Gravissimum supplicium. Ad umbram carceris,* | *Tetros odores, ad laborem compedum,* | *Caueaeque*
     *latebram, denique ad poenam viro* | *Misero leuandam, porrigis equorum cibum ?* | *TRIBVNVS :*
     *Implenda magni iussa Merodachi puta.* | *CVSTOS : Implebit ille. Quid mea ? Occumbat licet* | *Poedore,*
     *sordibus, malaque confectus fame.* » III, 5, dans L. da Cruz, *Tragicae Comicaeque Actiones a Regio*
     *artium collegio Societatis Iesu, op. cit.*, p. 737. (Nous traduisons toutes les citations de cet auteur).
24   III, 6, *ibid.*, p 738.

Après s'être ainsi rudoyés avec la camaraderie impitoyable qui caractérise, dans la *palliata*, les rapports du *servus* au *herus*[25], La Flèche et le Geôlier s'associent pour tirer profit de la situation qui met à leur merci le roi captif : ils comptent bien se faire graisser la patte en marchandant avec des juifs de la ville un meilleur traitement pour leur souverain. Dans ce qui se présentait initialement comme une intrigue tragique, l'hypertrophie de la farce ne rencontre alors plus de limite. Les situations comiques se multiplient avec gratuité, toujours en lien avec la bonne affaire qu'inspire aux deux compères l'approvisionnement clandestin du prisonnier. C'est en évoquant à nouveau le « terrible supplice » (le pain d'orge) que La Flèche se charge d'apitoyer le juif Metamorphus sur le sort de son roi[26]. La manigance pour approvisionner le roi donne lieu à une série sans fin de facéties : s'il mène à bien le plan prévu par son complice, l'espiègle vivandier s'octroie en sus une petite récréation : avant que le geôlier et le juif ne se retrouvent pour conclure leur affaire (le juif pourra nourrir son roi en corrompant le geôlier), La Flèche les instruit séparément, faisant accroire à chacun que l'autre est sourd. Il prescrit donc à chacun de parler fort dès qu'il sera face à son interlocuteur. Les deux hommes, en se rencontrant, se hurlent l'un sur l'autre, donnant à leur insu un spectacle privé qui n'a que La Flèche pour public[27]. C'est toujours ce complot qui fait entrer en jeu le jumeau de Metamorphus, dont l'arrivée à Babylone donne au dramaturge le prétexte de développer ses propres variations sur le motif plautinien du Sosie[28]. Le ridicule ne se déploie qu'à partir de ce trafic clandestin, du souci de manger ou de faire manger : voilà la meilleure prise qu'ait trouvée Luís da Cruz pour tirer ce théâtre austère du côté du comique. C'est par la cuisine que le personnel de la *palliata* fait irruption pour défiler sur la scène jésuite.

On en a la confirmation lorsque le même La Flèche se tourne vers le public pour se faire le porte-parole du dramaturge, parabase néo-latine

---

25  Dans le couple central de la *palliata*, le *servus*, adjuvant indéfectible de l'*adulescens* dans ses entreprises amoureuses, est aussi la victime favorite de sa mauvaise humeur. Pour une présentation synthétique des rôles de la comédie romaine, voir Florence Dupont et Pierre Letessier, *Le théâtre romain*, Paris, Armand Colin « Lettres Sup », 2012, p. 106-119.

26  « *MET. Tu Manassem conspicis ? | SAGITTA Illi ministro MET. Porgis illi quas dapes ? | SAGITTA Ne coge quod sit dicere MET Expone SAG Hordeum | METAMORPHVS | Heus te Manassem filium sanctissimi | Parentis olim, victitabis hordeo ?* » (L. da Cruz, *Tragicae Comicaeque Actiones a Regio artium collegio Societatis Iesu*, *op. cit.*, p. 744).

27  *Ibid.*, p. 746-747.

28  V, 5, *ibid.*, p. 801.

par laquelle le Jésuite théorise son « plautisme » raisonné. En effet notre vivandier, cette fois déguisé en garçon de commission, livre au lecteur ou au spectateur la définition du rôle emblématique de *servus* qu'il a lui-même endossé tout au long de la pièce :

> Aussi, moi qui étais La Flèche tout à l'heure,
> je suis le même, à présent, mais je porte un autre nom.
> Je m'appelle Cochonnet (*Verriculus*), je prends ce nom,
> bien sûr, pour que toute la ville m'invite à sa table,
> couverte de pain, de vin, de plat…
> et que je la laisse allégée par mes soins,
> à en donner l'impression qu'il n'y avait rien à manger dessus.
> Tout à l'heure, j'étais un vivandier, sous les ordres
> d'un geôlier avare ; maintenant je suis le client
> de ce Metamorphus qui me donnait de l'argent.
> Vous voulez savoir pourquoi les domestiques laissent tomber leurs employeurs
> et leurs maîtres ? À cause de la faim.
> La faim fait fuir le client comme le serviteur.
> Servir est misérable, avoir faim aussi.
> Un serviteur ne peut pas subir ces deux maux à la fois.
> Si tu en as un à la maison et ne veux pas qu'il fuie,
> Retiens-le par la nourriture et la boisson, ce sont les liens
> qu'aucun serviteur ni aucun client ne rompt[29].

Que la faim soit la puissance motrice du personnage central de la *palliata* est une autre manière de dire que le comique scolaire selon Luís da Cruz trouve son principe dans les préoccupations alimentaires et les scènes de ripailles.

Néanmoins, on ne peut réduire la persistance de ce thème à cette seule fonction, aussi capitale qu'elle soit dans le projet des *Tragicae comicaeque actiones*. Sa raison d'être plus profonde est sans doute à chercher dans le sens spirituel que l'auteur a voulu imprimer à la comédie latine. Pris par un certain côté, rien de plus grave et édifiant, par exemple, que l'allusion à l'animalité du mangeur. Si sa trivialité la rend facilement adaptable au contexte comique, elle provient d'abord de la parabole dont le *Prodigus* est l'adaptation : au plus profond de sa misère – matérielle comme spirituelle – le fils prodigue envisage de partager la mangeoire des porcs. On retrouve l'idée dans *Iosephus*. L'avilissement du bâfreur manifeste et symbolise l'indifférence au Ciel de l'impie : c'est l'explication que donne

---

29   *Ibid.*, p. 799-800.

Jacob de la famine interprétée en châtiment divin ; « la race ingrate des mortels se repaît de glands comme des porcs, sans jamais lever les yeux[30]. »

On comprend la prédilection de Luís da Cruz pour ce thème, ajustable aux deux registres qu'il cultive dans une dramaturgie où l'exégèse biblique s'articule aux pitreries. Le festin de retrouvailles, aboutissement naturel de l'intrigue tragi-comique, est aussi le motif narratif des récits bibliques de *Iosephus* et du *Prodigus*. L'auteur invite à en méditer la signification anagogique : les agapes du père et du fils représentent le retour à Dieu de l'âme chrétienne, permis par la miséricorde divine. C'est dans *Iosephus* que les deux registres sont le plus harmonieusement assemblés : le rire gras que doivent causer les scènes de préparatifs accompagne la joie plus éthérée des patriarches réconciliés[31].

*Manasses* retient particulièrement notre attention : si le festin reçoit là aussi un sens religieux, il ne s'agit plus de réconciliation. Le motif insiste cette fois-ci sur l'impénitence du pécheur. Comme pour ne laisser aucune ambiguïté d'interprétation, le repas réunit d'abord des entités allégoriques : la Conscience fait – littéralement – avaler au Péché des couleuvres, ironisant quant au menu qu'elle a prévu pour lui :

LA CONSCIENCE
Ô péché,
tu vas enfin subir d'abominables supplices.
Apprends le premier coup que je vais te porter :
regarde-moi cette bête.

LE PÉCHÉ
Enlève-moi cette couleuvre
ignoble, je ne la mangerai pas !

LA CONSCIENCE
Avale cette couleuvre,
qu'elle pénètre dans tes entrailles.

LE PÉCHÉ
Tu me forces ?

LA CONSCIENCE
Je t'ai trouvé un festin
où tu puisses faire la fine bouche. Arrête-toi. Où cours-tu tête baissée ?

---

30 « *ingrata gens mortalium tanquam sues / Querceta pascit, et oculos nunquam leuat* » (*Iosephus*, acte IV, *ibid.*, p. 959-960).

31 *Iosephus*, acte V, *passim*, *ibid.*, p. 1001-1002.

LE PÉCHÉ
Je m'enfuis vers les marais aux flammes sempiternelles,
vers les marais figés par le gel perpétuel,
je préfère ces supplices-là[32].

La signification spirituelle de ce repas d'un tout autre genre sera, dans les vers suivants, si explicite, qu'elle se passe de toute explication supplémentaire. La scène qui vient de se jouer entre les allégories va aussitôt se reproduire à l'étage inférieur, dans le monde humain, lorsque la conscience se tourne vers Manassé :

LA CONSCIENCE
Je commence, tremble,
assieds-toi, prends à manger, mâche.

MANASSÉ
Quel genre de pain
tu me donnes à manger ?

LA CONSCIENCE
Pourquoi cette question ? C'est de l'orge.

MANASSÉ
Pouah !

LA CONSCIENCE
Tu te plains ?

MANASSÉ
Les chiens recrachent ce genre de pain !

LA CONSCIENCE
C'est pour cela que je te le sers : mange. Et que je trinque : bois.

MANASSÉ
Enlève ça, furie !

LA CONSCIENCE
Tu fuis ? Tu dois déglutir
ce serpent.

MANASSÉ
Les dieux l'empêchent ! Je ne l'avalerai pas.

---

32  « *O scelus,* | *Abominata supplicia tandem feres.* | *Tu disce primam sub mea pugnam manu,* | *Hanc intuere belluam SCE Teterrimum* | *Auerte colubrum. Non edam. CON Colubrum vora* | *In viscera intret SCE Cogis ? CONS Inuenio dapes* | *Quas ore fugeres. Siste. Quo praeceps ruis ? SCELVS Ad stagna flammae sempiternae torrida,* | *Ad stagna fugio vincta perpetuo gelu,* | *Ibi cruciari malo.* », *ibid.,* p. 759.

LA CONSCIENCE
Aucun des dieux n'interdit que tu avales ce serpent.
Ta première faute est de croire qu'il y a plusieurs dieux.
Allez, fais un passage de ta bouche vers ton estomac,
même si tu ne veux pas.

MANASSÉ
Quelle est cette violente amertume, cette saveur malheureuse,
cette peste qui agite ma moëlle ? Ah, misérable !
Ah reflux d'un cœur malade ! Je suis balloté sans savoir où !
Quel venin pestilentiel ai-je avalé ?

LA CONSCIENCE
Qu'est-ce que tu as avalé ? Le souvenir de tes péchés. Vomis,
vomis le poison. Allez, divague. C'est nécessaire.
Sois transi de froid. C'est le fruit de mon travail.
Ton visage a changé, il vaut la peine de voir de plus près
les couleurs qu'il a.

MANASSÉ
Cruelle conscience.

LA CONSCIENCE
Enfin, le serpent creuse en toi, enfin une première douleur
laisse échapper des paroles.

MANASSÉ
[…] Je ne te demande que cela. Dis-moi, ô Conscience,
quel est ce poids au fond de mes entrailles ?

LA CONSCIENCE
Je vais te le dire, Manassé, tes péchés t'alourdissent.
Lorsque tu perpétrais, grisé par le désir,
tous les méfaits que t'inspiraient tes accès de folie,
alors la semence en descendait au fond de ton cœur.

MANASSÉ
Suis-je vraiment emporté dans la demeure infernale ?
Hélas ! Terre, tu restes immobile[33] ?

---

33 « Incipio, treme, | Sede, cape cibum, mande M. Quem panem mihi | Porrigis edendum ! CON Quid
rogas ? Ex hordeo est. | MANASSES : Heu ! CON Ingemiscis ? MAN Respuunt talem canes. |
CONSCIENTIA : Ideo ministro, comede, propino, bibe. | MANASSES : Hei tolle furia. CON
Refugis ? Hic anguis tibi | Est ebibendus. MAN Dij vetate. Non bibam | CONSCIENTIA :
Nulli deorum ne bibas anguem, vetant. | Haec prima multos culpa quod credis deos. | Age pande
nolens oris in stomachum viam. | MANASSES : Acerba feritas, gustus infelix, lues | Quaenam
medullas agitat ? Hei miserum caput ! | Hei cordis aegri fluctus ! Incertus feror | Age quid veneni
pestilentis ebibi ? | CONSCIENTIA : Quid ebibisti ? Memoriam scelerum, vome | Vome virus. Eia

Le dramaturge a complètement changé de registre ; on est maintenant bien loin des joutes entre le geôlier et La Flèche : la terre qui se déchire, les couleuvres, et bientôt l'allusion aux Erinyes sont tout droit issues de la tragédie romaine que les Jésuites, comme d'autres avant eux, ont christianisée. Si le ridicule semble avoir laissé toute la place à un rire grinçant, la comédie n'est jamais très loin (de même que dans les parties résolument bouffonnes, le contenu dogmatique n'est pas non plus oublié) : il faut garder à l'esprit la fonction récréative que remplissait ce théâtre pour les élèves qui l'interprétaient. Les jeux de scènes, que les didascalies internes suggèrent ici, laissent imaginer l'atmosphère ludique dans laquelle la leçon de catéchisme était délivrée.

## DE LUÍS DA CRUZ À TIRSO

Ce dernier point nous semble déterminant pour apprécier le sens et l'esthétique d'un théâtre religieux qui précède – parfois de peu – les plus importantes réalisations de la *Comedia Nueva*, et en particulier la composition du *Burlador*. On imagine parfois la scène jésuite comme un théâtre dogmatique, peut-être guindé, en tout cas composé de personnages exemplaires de la sainteté ou du péché et dont l'intrigue conduit à un dénouement édifiant ; les extraits proposés *supra* ne le démentent d'ailleurs pas. Mais l'on est souvent moins sensible à la dimension ludique des représentations de collège, dont les didascalies internes, même pour les tragédies, portent la trace. Le symptôme le plus tangible de cet aspect récréatif est le succès populaire d'un théâtre latin dont on peut être sûr que l'essentiel du texte échappait aux non-initiés : les moyens matériels du spectacle et l'expressivité du jeu d'acteur ne devaient pas en constituer le moindre attrait[34].

_____

*fluctua. Sic est opus :* | *Gelidus rigesce. Fructus hic operis mei est.* | *Videre propius ore mutato libet* | *Quos dat colores M. Saeua Conscientia* | CONSCIENTIA : *Iam rodit anguis, verba iam primus dolor* | *Effundit.* | *MAN [...] Hoc oro solum. Fare Conscientia,* | *Quod pondus hoc est intimis fibris situm ?* | CONSCIENTIA : *Dicam Manasse. Scelera te grauant tua.* | *Cum perpetrabas laetus ob libidinem,* | *Quaecumque demens afferebat impetus,* | *Tunc semen ibat intimum in cordi sinum.* [...] | *MANAS. Num ad inferam domum* | *Abripior ! Heu me ! Terra stas immobilis ?* », *ibid.*, p. 760.
34  Si l'on s'en tient à Luís da Cruz, voir la « *Praefatio* » de l'ouvrage cité.

Cette double fonction, instructive et eutrapélique, a une conséquence d'ordre esthétique. Ce théâtre invite à porter sur le monde un regard à la fois grave et enjoué. De même que le comique trop bas et gratuit de Plaute n'aurait pas convenu au projet pédagogique des Jésuites, ce dernier ne s'accommoderait pas non plus d'un tragique trop uniforme. Au collège, les comédies sont édifiantes et les tragédies sont ludiques, la représentation d'une punition divine occasionne des amusements de tréteaux. Et les scènes de repas sont le motif privilégié de cette compréhension bien particulière, presque littérale, du mot *tragi-comique* : dans un théâtre chrétien qui se veut à la fois tragique *et* comique, jouer la comédie ne retranche rien à la gravité du propos. Ainsi chez Luís da Cruz, « tragi-comédie » ne désigne pas seulement les propriétés d'action et de caractères habituellement avancées dans la définition du genre : ce n'est pas seulement le statut des personnages et la nature du dénouement (heureux, c'est-à-dire « comique ») qui qualifie ses *tragicocomoediae*. Le tragi-comique est aussi, et peut-être avant tout, une propriété de *ton* : le ridicule et le pathétique sont *simultanés*, et le repas du damné est le lieu privilégié de cette association.

Pour montrer à quel point damnation, festin, et jeux de scène composent le registre de la dramaturgie jésuite, nous proposons un dernier texte à la lecture, cette fois moins à titre d'influence probable que de comparaison. Il s'agit du *Theodoricus* de Nicolas Caussin (1620), dont la fin met en scène la démence et la mort de l'empereur Goth dans un tragique résolument outré[35]. Après avoir mis à mort les martyrs de la pièce, celui-ci se fait apporter dans un plat un poisson gigantesque, où, pris de délire, il croit reconnaître la tête de sa victime :

THÉODORIC
Vergile, mélange le vin, pour ma fille et pour moi.
Qui a mis cette tête ensanglantée sur un plateau ?

AMALASONTE
Tu divagues, père ? C'est la tête d'un turbot.

THÉODORIC
Tu te trompes : c'est la tête ensanglantée de Symmaque que tu vois.
Comme il feule contre moi, sa gueule avide grande ouverte !
Enlevez-moi ce monstre, soldats.

---

35  *Theodoricus tragoedia*, dans les *Tragoediae sacrae authore Nicolae Caussino Trecensi Societatis Iesu Presbytero*, Paris, Sébastien Chappelet, 1620, p. 241-310.

AMALASONTE
C'est un poisson
que tu vois, tout frais de tes élevages.

THÉODORIC
Insensée, les poissons n'ont pas de tête humaine.
Aux armes ! Aux armes, les miens me livrent, moi leur parent,
à un funeste trépas. Au moins je serai vengé.
Insensé, dément, bâtard, sauvage, impie,
viens me trouver, viens ; le champ est libre,
l'adversaire est prêt, je te poursuis, je te tiens, je t'assaille[36].

Quoique plus divertissant que le banquet de Thyeste, celui de Théodoric n'en reprend pas moins les éléments du tragique sénéquien que sont l'invocation des furies et le déchirement de la terre. Avec la leçon chrétienne s'y ajoutent les larmes du pécheur, qui, arrivé devant les tourments de l'Enfer, se repent trop tard. Il y a là plus qu'une ressemblance : la scène de Caussin s'inscrit dans la continuité de *Manasses* par sa teneur spirituelle. De manière particulièrement spectaculaire, la fin de *Theodoricus* représente l'obstination du tyran dans l'illusion de ses sens, qui continue de vociférer contre le turbot en dépit des démentis réitérés de sa fille Amalasonte. Le repas de Manassé symbolise sans équivoque la reconnaissance des péchés dont le roi impie n'a jusqu'alors qu'une conscience confuse, et à la confession desquels l'allégorie le pousse avec volontarisme. Dans les deux cas, le sujet que le passage propose à la méditation est celui de l'aveuglement du pécheur. Cette thématique sous-jacente dans ces scènes de repas intéresse doublement l'histoire littéraire du mythe de Don Juan. D'une part parce que le motif dramatique du festin est le lieu où se manifeste un aspect qui caractérise Don Juan : l'obstination dans le mal finit par aveugler le pécheur, incapable de discerner sa propre condition. D'autre part, parce que ce motif dramatique porte en lui un registre hybride qui lui est propre.

C'est à Luís da Cruz que revient le mérite, pour le théâtre scolaire, d'avoir mis en évidence la compatibilité de deux registres qui n'étaient pas faits *a priori* pour s'associer. Le programme poétique des *Tragicae*

---

36   « *Misce Falernum Virgili, et gnatae et mihi.* | *Quis hoc cruentum ferculo inseruit caput ?* | AMA. : *Quid fluctuaris genitor ? Est rhombi caput.* | THEOD. : *Erras, cruentum Symmachi cernis caput.* | *Vt in me avaris faucibus frendens hiat ?* | *Auferre monstrum milites.* | AMA. *Piscem vides* | *Quem tua tulerunt nuperum viuaria.* | THEOD. : *Insana, pisces non habent hominis caput.* | *Ad arma, ad arma quippe me produnt mei,* | *At non inultum, funeri, saltem improbo,* | *Sanguine parentem ? Perge bacchari furor.* | *Væsane, vecors, degener, crude, impie,* | *Congredere mecum, congredere; campus patet,* | *Paratus hostis, persequor, teneo, impeto.* » IV, 3, *ibid.*, p. 191-192.

*comicaeque actiones*, compris dans leur titre même, fait écho au phénomène d'une toute autre ampleur qui émerge dans le théâtre vernaculaire à l'époque de leur publication. Cet assemblage des genres, la créativité d'un Tirso et d'un Calderón le réalisera sous une autre forme lorsqu'ils devront satisfaire autant aux besoins de la Monarchie catholique qu'aux attentes exigeantes du public des *corrales*. Au moment où Lope de Vega, redynamisant l'esprit tragi-comique en Espagne, revendique un genre qui réunisse Sénèque et Térence, Luís da Cruz par la publication tardive de son œuvre livre le legs des collèges jésuites au vaste mouvement européen de la tragi-comédie. Dans ce legs, le repas du damné constitue un motif, un thème et un registre qui ne font qu'un. Un motif : le festin. Un thème : l'aveuglement. Un registre : cette forme toute particulière et même unique de « tragi-comique », comme ton simultanément tragique *et* comique (sans rapport par conséquent avec le *genre* tragicomique prospérera en France au début du XVIIᵉ siècle[37].) Or c'est ce motif, devenu indissociable de ce thème et de ce registre, qui se trouve repris par le mythe de Don Juan dans sa séquence finale.

Dès la pièce de Tirso, il y a deux invitations à dîner réciproques : d'abord Don Juan, raillant le sépulcre de sa victime, invite Don Gonzale dans son auberge. Dans cette première scène, Tirso juxtapose les registres, distribuant le ridicule et le sérieux entre le *galán* et le *gracioso* : les valets s'affairent en cuisine, le poltron Catherinón multiplie les maladresses et les tentatives de dérobade, tandis que le noble traite d'honneur avec un mort[38]. L'épisode procède d'un mélange des genres et d'une juxtaposition des tons typiques du couple *galán-gracioso*[39]. Le second et dernier festin a lieu dans la chapelle où est enterré Don Gonzale : cette fois-ci c'est le *burlador* qui honore l'invitation de la statue[40]. Le valet y tient toujours son rôle burlesque, souvent *a parte*, qui fait contrepoint au sérieux des deux aristocrates.

---

37 La tentative la plus aboutie de définition du genre est certainement celle d'Hélène Baby dans *La tragi-comédie de Corneille à Quinault*, Paris, Klincksieck, 2000. Voir également l'ouvrage fondamental de Roger Guichemerre, *La tragi-comédie*, Paris, Presses Universitaires de France, 1981.

38 Tirso de Molina, *L'Abuseur de Séville (Don Juan), El Burlador de Sevilla*, P. Guénoun (éd.), *op. cit.*, IIᵉ journée, v. 472-661, p. 156-171.

39 On trouve une bonne synthèse des traits constitutifs du *gracioso* dans Catherine Dumas, *Du* Gracioso *au valet comique*, Paris, Honoré Champion, « Bibliothèque de littérature générale et comparée », 2005, p. 53-96.

40 T. de Molina, *L'Abuseur de Séville (Don Juan), El Burlador de Sevilla*, P. Guénoun (éd.), *op. cit.*, v. 835-980, *ibid.*, p. 180-191.

D. GONZALE

Assieds-toi.

CATHERINON

Moi, Monsieur ? J'ai bien cassé la croûte cet après-midi.

D. GONZALE

Ne réplique pas.

CATHERINON

Je ne réplique pas. Que Dieu me tire en paix de toute cette affaire !… Quel est ce plat, monsieur ?

D. GONZALE

Ce plat est composé de scorpions et de vipères.

CATHERINON

Gentil plat[41] !

Catherinón ne quitte pas sa fonction traditionnelle. Mais il se surajoute dans cette scène une nuance de comique toute différente, celle-là même que l'on a rencontrée chez nos précédents auteurs. L'apport de la *comedia* à ce motif est d'avoir réparti la réaction de l'invité entre les deux caractères du couple comique par excellence. Après avoir attablé le valet avec rudesse, le « *señor muerto* » s'adresse au séducteur, orchestrant un jeu à trois dont il tient le milieu entre le badinage permanent de l'un et la fierté imperturbable de l'autre.

D. GONZALE

Tels sont nos aliments. Toi, ne manges-tu pas ?

D. JUAN

Je mangerai, même si tu dois me donner un aspic, et tous les aspics que renferme l'enfer.

D. GONZALE

Je veux également que l'on chante pour toi.

CATHERINON

Quel vin boit-on chez vous ?

D. GONZALE

Goûte-le.

CATHERINON

Fiel et vinaigre que ce vin-là !

---

41  *Ibid.*

D. GONZALE

Tel est le vin de nos pressoirs.

CATHERINON

Qu'est-ce qu'il y a dans ce petit ragoût ?

D. GONZALE

Des griffes.

CATHERINON

Il doit se composer de griffes de tailleur, si c'est un ragoût d'ongles.

D. JUAN

J'ai fini de souper. Dis-leur de desservir[42].

Le motif n'en est pas moins le même, et Don Gonzale tient un rôle qui n'a presque pas changé depuis ses prototypes que nous avons rencontrés chez Luís da Cruz. Comme dans nos scènes jésuites, l'incongruité de ce repas de serpents et d'ongles n'a pas pour seul effet un ridicule fondé sur l'absurdité du jeu auquel Don Juan accepte de se soumettre sans sourciller. Que la déglutition soit associée au tourment infernal ou au péché qui y conduit, la réplique de Don Juan nous le confirme qui se dit prêt à avaler « tous les aspics que renferme l'enfer. » À lire cette scène en regard de sa tradition, on ne peut s'empêcher de penser que le rire du spectateur est ici mêlé d'effroi. Il y a une noire obstination dans la constance de Don Juan à la table de Don Gonzale, contre laquelle le public est averti. Et en même temps, Tirso ne cache pas son intention de faire rire. Par son badinage continu, Catharinón est sur la scène le traducteur de ce spectacle pour la langue comique du *corral.* Transposé dans le monde de la *comedia nueva*, le repas du damné est ici mis en scène dans une ambiance à la fois comique et tragique assez comparable à celle qu'on observait dans nos pièces précédentes.

---

42  *Ibid.*, p. 187-189.

## MOLIÈRE ET LE MYTHE DE DON JUAN

Ainsi, on trouve de Luís da Cruz à Tirso un motif dramatique bien précis, chargé d'un sens et d'un registre qui lui sont propres, et passé dans le mythe de Don Juan avec ce même sens et ce même registre. Sur cette base, nous proposons l'hypothèse suivante. En choisissant de traiter à son tour ce qui était déjà une longue tradition dramaturgique, Molière savait qu'il ne s'apprêtait pas à pétrir une matière non-marquée. On peut même supposer, et c'est ce que nous proposons de faire, que Molière a repris délibérément ce sujet, conscient du sens dont son dénouement était empreint, parce que celui-ci pouvait être mis au service de l'esthétique et de la pensée de ce que, à ce moment précis, son propre théâtre était en train de devenir.

La proposition peut surprendre, car on observe que le passage qui nous occupe, si emblématique du mythe, est considérablement épuré chez Molière : de Tirso à la *commedia dell'arte*, des Italiens à Dorimond, la scène s'était pourtant transmise, avec ses principales répliques[43]. Un vers de Dorimond est ainsi l'adaptation indirecte de la réplique du *burlador* sur les aspics de l'enfer[44]. Sur la scène parisienne des années 1650-1660, l'épisode tel que Tirso l'a conçu est encore d'actualité, au point même que l'engouement pour le sujet est sans doute dû aux effets de machinerie qu'occasionnait l'apparat de deuil de ce festin funèbre[45]. Mais s'il n'y a plus chez Molière, ni mention de serpents, de scorpions, ni d'aucun article du menu, encore moins de scène de déglutition forcée, cette économie n'est pas imputable à une intention de sens : le procédé qui avait fait le bonheur du public parisien pouvait être jugé trop grossier pour une pièce destinée à être jouée aussi devant le roi. Selon une autre hypothèse, les contraintes du décor à machine empêchaient de dédier à

---

43  Voir la scène chez Cicognini, dans Dorimon, Villiers, *Le Festin de pierre avant Molière*, G. Gendarme de Bévotte, Roger Guicherre (éd.), Paris, Société des Textes Français Modernes, 2000, p. 420-422.

44  « L'OMBRE | [...] Mange, cependant, mange, et contente ton corps. | Voilà les mets qu'on mange à la table des morts. | Ne te rebute pas, s'ils ne sont délectables, | Je donne ce que j'ai. | DOM JOUAN | *Quand ce serait des diables,* | *Tu me verrais manger.* » éd. citée p. 128. (nous soulignons).

45  G. Forestier et C. Bourqui, « Notice », éd. citée p. 1620-1622.

cette scène un lieu à part entière, qui dans les autres versions permettait à la statue d'accueillir son hôte avec tout l'appareil nécessaire[46]. En tout cas, l'épisode n'a pas été lissé par Molière pour ce que son contenu avait de catéchétique : celui, presque simultané, du foudroiement ne l'est pas moins. Au contraire, même, puisqu'après la querelle du *Tartuffe* il s'agissait pour l'auteur, au moins en apparence, de se défendre d'impiété en montrant que sa cible n'était pas la dévotion, mais l'hypocrisie[47]. Selon nous, l'auteur avait bien l'intention de traiter le sujet du « festin de pierre » tel que son époque le recevait et l'appréciait : il y avait intérêt. C'est-à-dire qu'il se proposait de réécrire les aventures du séducteur, dont la trame est toute tendue vers cette scène emblématique.

Il nous semble que les textes précédemment cités apportent un éclairage supplémentaire sur ce *finale*, qui est le véritable sujet de la pièce. Ils sont l'occasion de revenir sur les ambiguïtés d'une résolution qui a souvent – quoique pas toujours – laissé circonspecte la critique moliéresque[48]. Nous terminerons donc par deux remarques sur le *Dom Juan* de Molière.

La première porte sur le registre de cette scène, où la sentence fatale du Commandeur (« Dom Juan, l'endurcissement au péché traîne une mort funeste… ») paraît en décalage avec l'invraisemblance du châtiment de comédie. Quelle que soit l'interprétation pour laquelle on opte – que l'on penche *in fine* du côté de l'ambiguïté voulue ou de la dérision délibérée du « foudre en peinture[49] » – cet élément peut s'ajouter au dossier : la séquence repas-foudroiement a une saveur de tragédie de collège, et

46  *Ibid.*, p. 1628.
47  Voir sur ce point Antony McKenna, *Molière dramaturge libertin*, Paris, Honoré Champion, « Champions Classiques », 2005, « Chapitre 4 : Don Juan, le faux libertin », p. 45-72, et la « Notice » de G. Forestier et C. Bourqui, éd. citée, p. 1622-1625.
48  Georges Couton et Jacques Truchet concluaient tous deux à l'ambiguïté d'intention : celui-ci dans son important article « Molière théologien dans *Dom Juan* », *Revue d'Histoire littéraire de la France*, n° 5-6, 1972, p. 938 : « Et c'est bien aussi de ce côté que demeure le mystère de la pièce. L'étude théologique de *Dom Juan* permet d'établir que son auteur a tout fait pour qu'on prît au sérieux le châtiment du héros, faute de quoi sa comédie aurait d'ailleurs perdu toute efficacité contre la "cabale" ; mais il faut avouer qu'elle n'apporte pas de réponse à la question de savoir si, aux yeux de Molière, l'impiété de Dom Juan méritait déjà, avant toute hypocrisie, la damnation. » Celui-là dans sa notice de l'ancienne édition en Pléiade, reprise plus récemment en préface de Molière, *Dom Juan*, Paris, Gallimard, « folio classique », 2013, p. 24.
49  « Lettre sur les Observations », dans les *Œuvres complètes*, t. 2, éd. citée, p. 1235. Sur le foudroiement en particulier, voir Dandrey, *op. cit.*, p. 81-82.

pouvait encore être ainsi perçue par le public français de 1665. Ce point permet selon nous de mieux apprécier la matière du sujet telle qu'elle était disponible au moment où Molière l'a reprise. La damnation en direct, conséquence logique au repas du damné, est un trait récurrent du théâtre religieux des Jésuites, en France comme ailleurs[50]. Or en choisissant de représenter le foudroiement de l'impie, il reprenait un motif marqué d'emblée par un esprit à la fois dogmatique et comique. Que sa pièce s'achève comme la plus caricaturale des tragédies religieuses a pu rendre perplexe. Pourtant c'est cette proximité avec la tragédie religieuse, et notamment scolaire, qui fait de ce dénouement une matière *comique*. Initialement, sa nature comique ne retranchait d'ailleurs rien au sérieux du contenu dogmatique, bien intelligible pour les spectateurs d'un tel théâtre : ni pour le public de Tirso, ni pour ceux de Luís da Cruz et Caussin, la punition divine n'est incompatible avec les amusements de scène. Molière a pu être sensible d'une part à cette nuance de sérieux et de légèreté, d'autre part à la distance complice qu'induirait d'office ce relent de collège lorsqu'on présenterait un tel dénouement à un public distingué. Car assurément, il s'ajoute dans cette dernière version une couche supplémentaire de comique qui n'avait pas échappé au Sieur de Rochemont : en punissant son brillant libertin comme les dramaturges de collège font punir sur scène de grossiers pécheurs, Molière donne dans la parodie. Ne se contentant pas du comique édifiant déjà présent dans sa matière, il parodie cette même matière, adressant un clin d'œil au public cultivé qui aurait une connaissance, pratique ou livresque, du théâtre des pères.

Notre seconde remarque porte sur le sens de la pièce. Matérialisation marquante de la question théologique de l'aveuglement du pécheur, la séquence du repas était, dès avant Tirso, la représentation sur scène la plus éloquente de l'impénitence. La tradition des Don Juan n'a fait que confirmer le potentiel d'un thème qui, avant même qu'elle n'apparaisse, s'était déjà montré fécond. Consacrant une étude à ce thème précis, Jacques Truchet a depuis longtemps montré comment l'ensemble de la pièce chez Molière est ordonné au thème que finit par formuler le

---

50    Dans la pièce de Caussin citée *infra*, l'accès de folie est suivie d'une scène de damnation « en direct », qui remplit l'acte V (éd. citée p. 301-310) : Némésis, Atropos, puis l'allégorie de la Justice reprochent à Théodoric tous ses crimes. À l'instar du Don Juan de Tirso, Théodoric, mis face aux supplices éternels, prétend se repentir, mais son obstination est allée trop loin.

Commandeur : l'aveuglement au péché est la clé de lecture de l'itinéraire de Don Juan[51].

Est-ce à dire que chez Molière aussi le dernier mot revient au Commandeur, incarnation sans chair de la morale traditionnelle du sujet ? Il serait troublant que l'auteur ait choisi pour porte-parole la figure la plus péremptoire et dogmatique de la pièce. Ce n'est pourtant pas loin d'être le cas : l'énonciateur sur scène du contenu catéchétique devient dans le monde moliéresque le « raisonneur » d'un instant, aussi éphémère que suspect, le temps d'une sentence – mais d'une sentence qui couronne le tout[52]. Car si *Don Juan* est par excellence la pièce dépourvue de « raisonneur » en titre (ce témoin sensé des extravagances du personnage principal, qui sert de repère à la *doxa* morale[53]), on peut compter la statue au nombre des raisonneurs occasionnels du théâtre de Molière, avec toute la complexité et l'ambiguïté qu'implique ce rôle : ces personnages ne livrent jamais clé en main le message de l'auteur, en arrêtant ce que le spectateur doit penser de ce qu'il a vu (telle la morale dans l'apologue ésopique) ; mais ils ont tout de même pour fonction d'éclairer le sens moral des événements. C'est le cas de cette Statue mystérieuse et plaisante : dans le verdict condamnateur déduit de la tradition, non sans une dérision consentie, Molière fait malgré tout entrevoir sa propre vision du monde humain. C'était d'ailleurs un tour de force que d'avoir récupéré la figure dogmatique pour lui imprimer un sens personnel n'ayant nulle prétention moralisatrice. Dans le *Dom Juan* de 1665, le thème de l'aveuglement s'illustre dans le personnage du libertin à un degré qui dépasse le seul plan théologique : ne se résumant pas à sa seule posture de défi face au Ciel, l'aveuglement est en réalité la composante morale essentielle du personnage. Georges Forestier et Antony McKenna ont successivement montré que, de bout en bout de la comédie, Don Juan se fourvoie lui-même quant à son statut social

---

51   Art. cité, p. 928-938.

52   Même si la Statue, « *vox dei* tombant des cintres » (P. Dandrey) est en apparence tout le contraire de l'idée qu'on se fait de ce rôle : elle en constituerait le parfait contre-exemple si elle énonçait sans détour ce qu'il faut penser du sort de Don Juan. Mais tel ne peut être le cas que dans un théâtre à vocation résolument religieuse.

53   Pour une synthèse sur la question très vaste des « raisonneurs » chez Molière, voir Patrick Dandrey, *Molière ou l'esthétique du ridicule*, Paris, Klincksieck, 2002, p. 199-235. « Ariste dans *L'École des maris* et Chrysalde dans celle des *Femmes*, Cléante dans *Tartuffe*, Philinte dans *Le Misanthrope*, Ariste dans *Les Femmes savantes* et Béralde dans *Le Malade imaginaire* sont les plus couramment allégués. » (*ibid.*, p. 199.)

de libertin[54]. Ce que l'action de la pièce en se déployant met en évidence, c'est que sa virtuosité de *burlador*, qu'il vante constamment, est toute de parole, et ne résiste pas à l'épreuve des faits. Comme Orgon, M. Jourdain, Argan, et même encore davantage que ceux-ci, il fait de l'agitation à défaut de montrer qu'il est le brillant séducteur qu'il prétend. Les remarques de Georges Forestier dans cette même étude font d'ailleurs ressortir que les évocations du repas dans la pièce sont toujours au service de cet « activisme de surface » : que l'ensemble de l'acte IV soit ponctué d'injonctions à souper témoigne de cette absence d'initiative[55]. Surtout, la pièce de Molière est la seule version où le héros rencontre la Statue par hasard : même l'invitation outrageante est la boutade d'un personnage qui ne s'improvise libertin qu'au gré des circonstances[56].

Si Molière a déplacé vers le terrain de la morale la notion, initialement religieuse, d'aveuglement, il a retenu de la tradition donjuanesque que le repas en était la symbolisation privilégiée. À mesure que la perspective du dîner devient obsessionnelle, les scènes se multiplient qui confirment les intuitions de McKenna : comme Tartuffe était le faux dévot, Don Juan est le « faux libertin », dupe de sa propre imposture, prisonnier du masque qu'il a choisi de revêtir à ses propres yeux et à ceux de Sganarelle. Or c'est à partir de l'invitation décisive à la fin de l'acte IV que l'on voit Don Juan s'outrer plus que jamais dans son dogmatisme libertin. Contrairement à Cicognini et Dorimond, Molière intercale entre l'invitation (IV, 7) et le festin funèbre (V, 6), nombre d'interactions qui impliquent Don Juan, et dont celui-ci emploie l'occasion à redoubler de zèle dans l'imposture sociale : la conversion contrefaite (V, 1 et V, 3), les ultimes provocations au Ciel (V, 4 et 5[57]) et surtout la profession d'hypocrisie (V, 2). Cette dernière scène, pointe la plus avancée dans la réinvention moliéresque du sujet, révèle que l'imposture libertine

---

54  Georges Forestier, « Langage dramatique et langage symbolique dans le *Dom Juan* de Molière », dans Pierre Ronzeaud (dir.), *Molière / Dom Juan*, Paris, Klincksieck, « Parcours critique », 1993, p. 161-174.

55  G. Forestier, art. cité, p. 163-164.

56  « Ah tu as raison, je ne songeais pas que c'était de ce côté qu'il était, tout le monde m'a dit des merveilles de cet ouvrage, aussi bien que de la statue du Commandeur, et j'ai envie de l'aller voir. », III, 5, éd. citée, p. 882.

57  La dernière d'entre elles montre que ces bravades ne sont pas décorrélées du souci de réputation : « *Il ne sera pas dit* que quoi qu'il arrive je sois capable de me repentir », éd. citée p. 901 (nous soulignons.)

n'est que la réciproque de l'imposture dévote. En fait, à partir de la première invitation (III, 5), et dès lors que s'est mise en marche la machine implacable qui doit aboutir au festin funèbre, on ne perd plus des yeux l'échéance du repas fatal : et cette échéance encourage encore Don Juan dans le soin qu'il met à prouver au monde qu'il est libertin. Il y a de l'ostentation dans cette manière de proposer de partager son souper à chacun des importuns qui défilent à l'acte IV. À ce stade de l'intrigue, le héros de Molière est peut-être le seul de la tradition qu'on puisse soupçonner d'inquiétude. Et si tel est le cas, on peut gager qu'il ne s'agit d'une inquiétude spirituelle qu'en second lieu, et que le premier souci de Don Juan va à sa réputation : dans le cas où le surnaturel s'avérerait réel, il invaliderait la posture sociale que celui-ci a adoptée ; il perdrait alors la face devant son valet, et tous ceux qui, à l'acte IV, ont été témoins de ses dernières bravades. Tout au long de cet acte, les injonctions réitérées relatives au souper trahissent cette inquiétude. Ainsi, le thème qui chez ses prédécesseurs manifestait l'aveuglement spirituel de l'athée devient chez Molière l'illustration de son aveuglement moral.

Que l'idée chrétienne d'aveuglement ait été transposée sur un plan moral et social par un auteur lui-même peu soucieux de catéchisme n'est cependant pas une nouveauté dans la carrière de celui-ci. Patrick Dandrey a montré à quel point le dramaturge a placé au fondement de son anthropologie et son esthétique cette notion d'aveuglement moral[58]. Le commentateur propose de voir pour principe tacite de l'art moliéresque une rectification du *castigat ridendo mores* : parce qu'il n'espère pas que l'intéressé s'y reconnaîtra, Molière ne compte plus sur le grossissement caricatural des vices pour faire rire le spectateur et corriger ses mœurs. Se plaçant à un degré supérieur, l'auteur comique imite les vices de son temps « au naturel », qui aveuglent toujours leur propriétaire sur son propre compte ; il invite ainsi le spectateur, non pas à reconnaître le vice qui le touche particulièrement (il en est incapable, de même que les précieuses de la *Critique de L'École des femmes* sont incapables d'identifier leur portrait dans *Les Précieuses ridicules*), mais la condition universelle du vice : la « cécité inhérente à chacun[59]. »

---

58  Patrick Dandrey (2002), p. 22-37.
59  « Le théâtre de Molière ne ridiculise pas des travers de caractères ou de mœurs : il débusque le ridicule de l'égarement qui invariablement en constitue l'origine. », *op. cit.*, p. 29.

Depuis au moins 1659, lorsque Molière avait renouvelé sa dramaturgie avec les *Précieuses ridicules*, celle-ci reposait sur ce constat anthropologique dérivé de la morale chrétienne. Dans son application au monde social, c'est la bêtise qui devient le caractère essentiel de ces extravagants, évidente pour tous les personnages sur scène, sauf pour eux-mêmes. L'auteur avait dû prendre conscience de ce présupposé dans son art lorsqu'en 1663 la querelle de *L'École des femmes* le poussa à le faire valoir. Ainsi, en 1665, se rencontrent dans *Dom Juan* un dramaturge qui depuis plusieurs années médite l'idée d'aveuglement, transposée au domaine moral de la comédie, et un sujet qui propose une méditation chrétienne de cette même idée, mais dans son acception théologique d'origine. Dans le texte même des comédies, la notion apparaît plus ou moins explicitement : le thème de la jalousie dans *Don Garcie de Navarre* invitait l'auteur à y formuler le lieu commun de l'amour qui occulte la vue[60]. Mais le sujet de *Dom Juan*, issu d'un théâtre d'édification, à cause de sa leçon explicitement religieuse, le conduisait à formuler le principe d'aveuglement (« l'endurcissement au péché ») qui régit le comportement de son personnage. En investissant le sujet légué par la tradition, Molière réactive dans les paroles du Commandeur le sens religieux d'un point essentiel d'anthropologie chrétienne qui, depuis plusieurs années, fonde indirectement sa dramaturgie comique.

Tout éloignés qu'ils paraissent des préoccupations immédiates de la « troupe de Monsieur », le détour par ces textes donne un peu de hauteur de vue sur les raisons qui ont pu incliner Molière, en 1665, à traiter un sujet à la mode depuis plusieurs années. Le mythe théâtral de Don Juan et le sinistre banquet qui le couronne se trouvent en un point où convergent les plus profonds courants de l'imaginaire occidental. Avant même son apparition s'étaient fondus l'un dans l'autre la tradition savante du festin de Thyeste, l'invariant comique des ripailles et ce fonds folklorique immémorial où des repas faisaient se côtoyer les vivants et les morts[61]. Point d'arrivée de l'action léguée par Tirso, le motif était chargé d'une richesse et d'une diversité de sens et de tons dont la symbiose donnait à cette scène finale son atmosphère unique. Ce courant déjà gros de trois affluents venait se joindre au cours plus vaste encore de la pensée chrétienne : car le repas offrait l'une des situations

---

60  *Don Garcie de Navarre*, IV, 8, v. 1444-1445, dans Molière, *Œuvres Complètes*, G. Forestier et C. Bourqui (éd.), p. 802.
61  Ann Livermore, art. cité p. 264.

théâtrales les plus appropriées pour illustrer l'obstination du pécheur qui se rend lui-même incapable de percevoir le mal qu'il fait ; dès lors, des dramaturges dont la vocation était d'édifier avaient tout intérêt à y recourir, et nul ne l'a autant fait que Luís da Cruz. En coulant un enseignement moral issu de l'Ancien Testament dans le moule formé par les poètes comiques et tragiques de l'Antiquité païenne, l'humanisme jésuite remontait aux sources du théâtre conservé en y mêlant le souvenir de l'Atè, la force fatale qui aveugle (ἀᾶται[62]) – et que les tragiques grecs connaissaient eux-mêmes par Homère. En aval, à l'époque de Molière, ce même enseignement moral qui avait façonné son observation des mœurs, diffus depuis toujours dans la pensée judéo-chrétienne, se trouvait réélaboré dans les formes littéraires pratiquées par les moralistes et les prédicateurs. Au cours de cette même décennie où Pascal érige l'aveuglement comme l'un des principes de son exégèse biblique, où Bossuet donne ses plus célèbres sermons, où Mme de Sablé et La Rochefoucauld s'essayent au genre des maximes, Molière, se situant à un autre étage encore, exploite d'une manière radicalement neuve cette donnée anthropologique intemporelle.

Dans l'actualité parisienne, l'histoire de Don Juan avait une particularité : il s'agissait du seul sujet à la mode susceptible de donner ce qu'on pourrait appeler une « comédie chrétienne », au sens où *Polyeucte* est une « tragédie chrétienne. » Quelle meilleure réponse opposer alors au parti dévot qui s'en était pris à *Tartuffe* ? Un tel sujet invitait à méditer dans son sens spécifique d'origine le défaut universel dont le dramaturge avait depuis des années fait la question morale de son théâtre. Tout penseur anti-chrétien qu'il est, Molière pense à travers les catégories morales léguées par le christianisme. Dans le cas de *Dom Juan*, on peut dire qu'il emploie le propre pour signifier le figuré : la sentence du Commandeur formule avec les termes prêtés par la théologie ce que, partout ailleurs, la comédie exprime dans sa propre langue.

Théo GIBERT
Université Lyon 3

---

62 *Iliade*, XIX, v. 91.

# DINING WITH DOM JUAN
# AND THE DEAD

*"Voulez-vous souper avec moi?..."*

In a study of 'eating and starving'[1] on the European stage, it would be remiss not to examine Molière's fascinating five-act prose comedy (of 1665). Indeed, invitations to dine lead to two of the most significant and visually striking moments in the play; namely when the stone statue turns up to Dom Juan's house (IV. 6-7), and during the finale, in which the statue demands that Dom Juan accept his reciprocal invitation to dine with him, asks for his hand and then condemns him to death with a flash of thunder and flames (V. 6).[2] Furthermore, there is a coherent pattern in the invitations to dine exchanged between the statue and Dom Juan since they all fall in the last scene of acts III, IV and V. Based on the title of the play

---

1   In Molière, the subject of starving has received considerable attention in relation to *L'Avare* in which Harpagon tries to keep a tight control of the expenditure of food. See Richard Sörman, 'Pourquoi «vivre pour manger»? Conscience de mort et désir de jouis-sance dans *l'Avare*', in *Nourritures Actes du 40ᵉ congrés annuel de la North American Society for Seventeenth-Century French Literature*, ed. by Roxanne Lalande and Bertrand Landry (Tübingen: Gunter Narr, 2010), pp. 265–76.

2   That these were considered to be the most memorable scenes seems to be evidenced by the fact that, despite the statue being on stage in only three of the 27 scenes, he is portrayed in the frontispieces for the play for all the illustrated editions of Molière's work from the seventeenth to the eighteenth centuries. See Anne-Betty Weinshenker, 'Supernatural Confrontation: "Ancien Régime" Illustrations for Molière's "Dom Juan", *Mediterranean Studies*, 16 (2007), 179–180. Although the meal Dom Juan shares with Sganarelle and the Commander's statue definitely stands out for audiences, one should not forget that there are other feasts that feature in Molière's corpus. As the entry for 'food' in the *The Molière Encyclopedia* ed. by James F. Gaines (Wesport, Conn.: Greenwood Press, 2002) points out, these include Monsieur Jourdain's *collation* for Dorimène and Harpagon's dinner for Mariane. On the subject of food and drink and the range of metaphors on these topics throughout Molière's theatre, see Robin Tobin, *Tarte à la crème: Comedy and Gastronomy in Molière's Theater* (Columbus: Ohio State University Press, 1990). This work has a fascinating chapter on 'Comedy and Communion in *Dom Juan*' which has informed the present study.

alone (*Le Festin de Pierre*[3]), one would certainly expect a ceremonial feast to be central to the action of the play. But although it may seem, at first sight, that the title of the play alludes specifically to a banquet or feast, it is interesting to trace the evolution of the title and see that this was not always the case. The original version of the play by Tirso di Molina was subtitled *y convidado de Piedra* (*The stone guest*) and this was kept by the Italian adaptors who made the subject of the *Convitato di pietra* so famous throughout Europe. When the Italian actors of the Petit-Bourbon theatre performed their version, although the play itself was in Italian, they advertised their title in French and transformed it to *Le Festin de Pierre*. As Georges Forestier and Claude Bourqui have argued, this change from 'guest' to 'feast' in the title could be explained by the fact that the most startling moment in their play was not the appearance of the statue but rather the monstrous '*festin*' at the end of the play in which Dom Juan is offered scorpions and snakes in his tomb on a table made of black marble.[4] Alternatively, however, the title could be a mistranslation in which '*convito*' (banquet) is confused with the word '*convitato*' (guest). Equally, the more archaic word 'convive' (meaning meal or feast) could have led to the misunderstanding that the title was referring to the occasion of sitting down to eat, and not to the invited party. Molière certainly seems to place more importance on the significance of the invitation and on the figure of the guest than on the macabre feast itself.[5] The double invitations (firstly Dom Juan inviting the statue to dine and, secondly, the statue's request that Dom Juan come dine with him) are important structuring devices but they do not lead to a detailed evocation of the act of eating, the contents of the meal or a specific focus on the effects of consumption. In both episodes the invited party does not actually eat, so that the meal is symbolically '*un échange alimentaire faussé*'.[6] As Walter E. Rex has pointed out,

---

3    The play is commonly known as *Dom Juan* even if evidence suggests that Molière never gave it this title.

4    See their *notice* to Molière's *Le Festin de Pierre* in *Œuvres complètes*, vol. 2 (Paris: Gallimard, 2010), p. 1619.

5    Interestingly, as Forestier and Bourqui argue in their *notice*, p. 1621, Dorimond and Villiers kept this title but since it had lost all its meaning, they sought to give it a new coherence by giving the name "Pierre" to the Commander Dom Juan had killed.

6    Catherine Lieber, 'Molière et le mythe de Don Juan' in *Analyses et réflexions sur Molière Dom Juan*, ed. by Franck Evrard (Paris: Ellipses, 2003), pp. 7–14 (p. 12).

'in Molière's version no "*souper*" actually takes place in the statue's domain, though the scene, having roots in folklore,[7] had been pointedly dramatized in both previous French versions and had been promised in this one'.[8] As mentioned in the reference to the food of scorpions and snakes above, traditionally the Commander's '*souper*' was a key moment used to test Dom Juan by forcing him to eat disgusting and poisonous creatures. In the two French versions (by Dorimond and Villiers, both tragicomedies[9]), the feast is presented as a precursor to eternal torment.[10] Molière could certainly have made more of this moment, and I will examine the significance of this omission and his own twist on the ending.

## DINNER AT THE MASTER'S HOUSE

The choice to do away with more of the visual and material dimension of eating and dining is not just evidenced in the final act since Dom Juan and his valet's meal in the master's home is also stripped down and could certainly have been more elaborate. It is interesting to compare this with the comic routines (or *lazzi*) that are specified in this scene in the *Scénario des Italiéns* (a seventeenth-century French translation of the Italian notes to the *commedia dell'arte* performance of Cicognini's play). In these notes, we learn there is foolery around setting the table, with utensils, with the servant Arlequin wiping his hands on the napkin and his plate on his rear, in running from the kitchen back to the table to put out a fire, and through stealing, snatching and wolfing down of food. There is also explicit mention of the food Arelquin handles ('*une poularde*') and the ridiculous arming by Arlequin of a chicken in one

7   See Dorothy Epplen Mackay, *The Double Invitation in the Legend of Don Juan* (Stanford, CA: Stanford University Press, 1943).

8   Walter E. Rex, *Molière's Strategies: Timely Reflections on his Art of Comedy* (Oxford, New York: Peter Lang, 2013), p. 59.

9   Villiers' and Dorimond's versions (1660) in Gendarme de Bévotte, *Le Festin de Pierre avant Molière* (Paris: La Sociéte nouvelle de librairie et d'édition, Ed. Cornely, 1907).

10  For example, in Villiers' text, the stage directions specify '*La Sepulture s'ouvre, et l'on voit la table garnie de crapaux, de serpens, et tout le service noir*' and in Cicognini's *Il Convitato di Pietra* there is reference to a black table and snakes for food (Bévotte, op. cit., p. 350).

hand and a light in the other, to go answer the door when the statue arrives.[11] Molière does include some visual comedy in his scene (for example when he has the famished Sganarelle try and hide food in his cheek, only to be caught out by his master, along with the repeated exasperation of Sganarelle at finding his plate has been whisked away[12]). Overall, this is a very pared down version of the comic movements that were an integral part of the Italian performances.

This certainly gives the episode in Molière's text a less frenetic dimension and brings the focus more onto Dom Juan. Instead of simply running after his servant, Dom Juan takes to teasing Sganarelle for stuffing his face. He mockingly suggests Sganarelle has an abscess in his cheek and that he must lance it. The latter tries to deny this and distract Dom Juan by asking for pepper and salt. This scene, rather than solely aiming to provoke laughter through the slovenly table manners, the gluttony of the servant or his comings and goings, seems more focused on the power dynamic between the two characters. It also highlights the symbiosis that exists between the two of them. Dom Juan, relying on his side-kick, explicitly encourages him to dine: '*Allons mets-toi la, mange, j'ai affaire de toi quand j'aurai soupé*' (IV.7). Furthermore, the scene is significantly altered by having the statue as just one of many impromptu guests (Monsieur Dimanche, followed by Dom Juan's father, followed by Done Elvire). The stone statue, we should note, is in fact the only one who has actually been invited.

This episode is less focused on using the contents of the table as props for a comic display, and instead focuses more on the frustrated attempts of master and servant, who attempt to find a moment of peace to eat. This domestic moment of sitting at table is fractured by the outside world coming in. It is comically punctuated by Dom Juan's repetitive grumbling and growing frustration that his food has yet to be served. Dinner does not go according to plan but this is because Dom Juan's deceptive ways catch up with him and other characters chase him down. Notably then, Molière makes this more a spectacle of conflict with other characters (with the climax of the arrival of the

---

11　Bévotte, op. cit., pp. 348–50.

12　As Forestier and Bourqui note, 'le *lazzo* de frustration du valet affamé, clarifié par la didascalie de 1682 était un classique du repas de Don Juan dans le «Convitato di pietra»' (p. 1664).

statue) than simply an interlude of comic gluttony. In fact, the plates
snatched away from Sganarelle and the delays in waiting for supper to
be served show that satisfaction often eludes both characters, a recurrent
theme throughout the play.


APPETITES


Although food and the act of eating are not showcased on stage in
the same way as in the farcical productions, there is no doubt that the
theme of hunger does play an essential role throughout the play. But,
more than a literal hunger for food, it is Dom's Juan's insatiable sexual
appetite that provides the momentum for the action of the play.[13] However,
Sganarelle conflates the two, when, as Ronald Tobin has rightly noted,
the valet describes his master's conquests as 'cold or hot platters: '*Dame,
demoiselle, bourgeoisie, paysanne, il ne trouve rien de trop chaud ni de trop froid
pour lui*".[14] The cross-over of appetites for sex and food have long been
recognised, with lust and gluttony often viewed as overlapping vices.[15]

---

13   Of course, alongside these literal and metaphorical appetites, we should also add Dom
     Juan's 'soif insatiable pour la liberté' as described by J. H. Mazaheri, *Lecture socio-politique
     de l'epicurisme chez Molière et La Fontaine* (Tübingen: Gunter Narr, 2012), p. 69.

14   Tobin, (1990), op. cit., p. 48. We should also note other ways in which Dom Juan seems
     to treat the women who take his fancy as delectable morsels for him to eat (exemplified
     in the way in which in act II. 2, he praises the peasant Charlotte, comments that her
     lips are '*appétissantes*' and has her turn round for him to admire as if she is prize cattle
     for sale. He then ravenously kisses her hand).

15   Ronald Tobin, 'Booking the Cooks: Literature and Gastronomy in Molière', *Literary
     Imagination*, 5:1 (Winter: 2003), 125–136, makes the crucial point that 'the symbolic history
     of the Judaeo-Christian tradition opens with the episode of the tasting of the fruit in the
     Garden of Eden: eating precedes sexual shame; food comes, therefore, before eroticism. The
     two are linked by the mouth, and the connection is such that the same vocabulary is used
     for eating as well as for sexual satisfaction (hunger, desire, consumption, etc.)' (pp. 128–9).
     On the ways in which appetite and desire can intersect, see chapter 4 in Matt Williamson,
     *Hunger, Appetite and the Politics of the Renaissance Stage* (Cambridge: Cambridge University
     Press, 2021). Williamson notes how excessive consumption of alcohol and food was often
     aligned with sexual excess, how the production of sperm was seen as closely connected to
     the process of digestion and that gluttony was linked to an excessive degree of sexual desire
     (p. 100). He highlights how this results in what Robert Appelbaum, in *Aguecheek's Beef, Belch's
     Hiccup, and Other Gastronomic Interjections: Literature, Culture and Food among the Early Moderns*
     (Chicago: University of Chicago Press, 2006), has aptly described as a 'metonymy of body

Furthermore, as Maggie Kalgour has underlined, '[k]issing and eating are obviously both oral activities, and at an extreme level of intensity the erotic and aggressive sides of incorporation cannot be differentiated'.[16] Dom Juan is over-sexed and this manifests itself through a description of his predatory, animalistic appetite. He is described by his valet as *'un chien [...] qui passe cette vie en véritable bête brute, un pourceau d'Épicure'*.[17] As Luisa Fernanda Rosas suggests,[18] we might very well think of this pursuit as a kind of savage hunting of flesh, bringing to mind Freud's discussion of the link between cannibalism, cruelty and sexual drive, in which '[a]ccording to some authorities, this aggressive element of the sexual instinct is in reality a relic of cannibalistic desires—that is, it is a contribution derived from the apparatus for obtaining mastery'.[19] Arguably, however, this cannibalistic dimension in the play extends beyond anthropophagy and morphs into a form of ingestion by divine forces. Dom Juan becomes a form of human sacrifice, since the stone statue invites him to dinner and in the end, has him swallowed up into the bowels of the earth. In other words, the central character becomes the meal. We should note the symmetrical patterning in the play from its opening to its last scene, particularly in relation to the trajectory of the protagonist. This involves shifts in Dom Juan's position from host to guest, manipulator to victim, and predator of pleasures of the flesh to then himself becoming a roasting piece of flesh (consumer to consumed).[20]

---

parts' that connected 'hunger and desire, the cravings of the belly and the passions of the genitalia', (p. 225). This certainly brings to mind the lascivious figure of Tartuffe coupled with his excessive appetite for food, the latter remarked upon by Dorine, *'Et fort dévotement il mangea deux Perdrix, | Avec une moitié de Gigot en hachis'* (Le Tartuffe, I. 4 (239-240).

16    Maggie Kilgour, *From Communion to Cannibalism: An Anatomy of Metaphors of Consumption* (Princeton: Princeton University Press, 2014), p. 8. Indeed, Isabel Allende notes the 'nutritive' and 'erotic' functions of the mouth, but also adds the 'discursive' to this categorisation. Dom Juan is certainly a talker who seduces with words. In this respect, his activities encapsulate all three of these categories.

17    As Forestier and Bourqui underline, the latter referred to the reputation for *'goinfrerie du philosophe grec, qu'on associait à sa lubricité et à son impieté'*, p. 1652.

18    Luisa Fernanda Rosas, 'Geneaologies of Cruelty: Alternative Theaters in an Early Modern World' (unpublished doctoral thesis, Cornell University, 2016), p. 169.

19    Sigmund Freud, 'Three essays on the theory of sexuality' in *The Standard Edition of the Complete Psychological Works of Sigmund Freud*, ed. J. Strachey; trans. J. Strachey and A. Freud, with A. Strachey and A. Tyson (London: The Hogarth Press and the Institute of Psychoanalysis, 1953), 24 vols., vol. VII, p. 159.

20    In a twist in which life tries curiously to imitate art, the play, and its playwright, were then condemned to a similar fate to that which befalls Dom Juan (namely devoured as

What we are presented with, however, is not simply a reversal of fortune (the *trompeur trompé*) but rather a more complex ending. This chapter interrogates how the themes of eating, consuming and desiring do form the very basis of the comedic material (after all these acts are all distinctly corporeal and comedic material focuses considerably on the body). Yet it also examines the extent to which these also bring forth higher-stake explorations on the subjects of divine punishment, suffering and death and expose the fantasies of power and possession that haunt Dom Juan.

## SYMBOLIC VALUES OF FEASTING

It is important not to downplay the religious and mystical contexts related to the experience of consumption, particularly for the early modern audience. Dom Juan's 'last supper' (which in Molière's version can be seen to be the one he has in his home and where the statue turns up but refuses to sit with him), and his subsequent death, need to be read with this in mind, understood as a pointed reference to the Christian eucharistic tradition.[21] However, another reference that we should not ignore is that of the tragic tradition (where there are many meals that prove fatal for the partakers). As John Lyons, when writing about 'Home and Hearth' in tragedy, has emphasised, 'most viewers and readers understand that hunger, thirst, food and cannibalism are

---

punishment). When seventeenth-century critics took issue with the play, the likes of the Duc de Rochemont called for the work to be burnt, with others going as far as wanting Molière himself to be put on the stake. In a sonnet of the time, there was suggestion that the dramatist be eaten alive by vultures for all eternity on account of his impiety. On this condemnation of Molière, see Elizabeth Woodrough, 'Parodying the Pleasure Principle: *Dom Juan*: a Festival Play for Parisians', *Seventeenth-Century French Studies*, 22:1, 167–179. It should also be noted that in Villiers' text, the figure of L'Ombre that comes to damn D. Juan pronounces that, as a punishment in hell, he will be feasted on by *'les Loups devorans, Les Chiens, et les Corbeaux'* (De Bévotte, op. cit., p. 272).

21  On the link between the body and Christ's sacrifice and Molière's daring allusion to this in relation to the ingestion of tobacco (aligning it with the ingestion of the host at communion), see Joachim Wink, 'Parasite du Mormon: Molière et le corps du Christ: L'éloge du tabac comme critique dissimulée de la fréquente communion', *Papers on French Seventeenth-Century Literature*, 84 (June 2016), 83–105. Tobin, 1990, op. cit., pp. 46–66 is also attentive to this dimension of consumption linked to Christian communion.

themes that run through the generations, beginning with Tantalus' and scenes of punishment, revenge and violence often pivot around episodes of consumption.[22] This mythical and theatrical heritage obviously makes offering and partaking of meals even more loaded with symbolic value. We ought, therefore, to bear in mind that even though this is a comedy, it incorporates key themes of tragedy, namely the dead coming back to trouble the living, and also punishment through a perversion of the guest/host relationship.

Whilst acknowledging that the motif of the feast carries these mortiferous resonances, we should nonetheless remember that feasts and food on the stage are a constituent part of the comedic tradition (with the *commedia dell'arte* tradition invoking a series of *lazzi* centring around food).[23] Furthermore, wedding feasts mark a celebratory conclusion, constituting 'a symbol of rebirth and renewal that accompanies the establishment of the new and ideal order typical of a comic conclusion'.[24] The link between food and comedy has its origins in Greek and Roman theatre and we should not forget that the 'etymological root of "comedy" is the Greek word κῶμος, a term that describes such different, related concepts as a "winesoaked" Dionysian feast, "sleep" (which comes with much drinking), and "country village" (κώμη), where such feasts usually took place'.[25] Collective celebration, freedom and excess are all brought together through acts of eating and drinking. These foundational elements of comedy are strongly linked to the story of Dom Juan since we can see that 'wanderings and revels of Dom Juan are evocative of

---

22  John Lyons, *Tragedy and the Return of the Dead* (Illinois: Northwestern University Press, 2018), p. 29.

23  Even before the comic set-pieces around food, the traditional mask of the Arlecchino figure draws attention to hunger. As Robert Henke points out in *The Routledge Companion to Commedia dell'Arte* ed. by Judith Chaffee and Oliver Crick (London: Routledge, 2014), p. 25, 'the two cheeks make a frame of hungry sacks as if eternally empty and ready in any moment to eat, like a rodent, all the food in the world!'. In terms of different set routines, examples include 'the *lazzo* of the kissing hand', 'the *lazzo* of hunger' in which Arlecchino relates how hungry he is after a shipwreck and chews on his shoes or other material found on the stage and the '*lazzo* of the Royal taster' in which Arlecchino (as a sacrificial king) is provided with a huge banquet but before he can feast on any course the Dottore grabs each dish and explains it causes apoplexy. See Mel Gordon, *Lazzi: The Comic Routines of the Commedia dell'Arte* (New York: Performing Arts Journal Publications, 1983) pp. 21–24.

24  See Tobin, 2003, op. cit., pp. 126–7.

25  See chapter 5, Pierpaolo Polzonetti, *Feasting and Fasting in Opera: From Renaissance Banquets to the Callas Diet* (Chicago: The University of Chicago Press, 2021), p. 84.

Dionysos, god of wine and erotic ecstasy, the god of dispersal, passion, madness'.[26]

Molière can use the fact that the feast has an important function in both comedy but also in tragedy to play with conventions, blur the distinctions between the comedic and the tragic and render interpretation of the play particularly challenging. Are we presented with a twist on a staple comic device, presented as a perversion of comedy's joyous moments (which moves the play more into tragic terrain),[27] or rather does Molière provide a parody of tragedy? Or does the play defy categorization into one genre or the other? Dom Juan's own comparison with Alexander the conqueror ('*et comme Alexandre je souhaiterais qu'il y eût d'autres mondes*' I. 2) points to Dom Juan's distinct occupying of both spaces. The comparison goes beyond simply aligning him with the heroic warrior in a metaphorical battle of love[28] and proves to be multi-layered. As Tobin points out, 'the myth of Alexander was particularly influential in France during the 1660-1667 period [...]' where the literate public in France had come to associate Alexander with the demigod Hercules, from whom he claimed descendance.'[29] In this way, Molière has Dom Juan implicitly compare himself to a heroic figure who was a key character in ancient comedy (renowned for his appetite for food and for his lust) but who was also a protagonist of tragic drama.[30]

It has previously been recognized that this play toys with various expectations in relation to its generic specifications,[31] but the polyvalent function of the feast in relation to this seems to have been largely

---

26 Beryl Schlossman, 'Transports of Love: Desire, Image, and Object in Molière's Dom Juan', *MLN*, 111: 5 (Dec, 1996), 918–937 (p. 934).

27 With the 'spectre *en femme* voilée' there is an eerie evocation of the traditional wedding feast bride.

28 Of course, Dom Juan also follows in the footsteps of a long line of seducers depicted in French theatre.

29 Tobin, 1990, op. cit., p. 49.

30 Furthermore, the paralleling of Dom Juan with the figure of Christ who offers up his body for sacrifice prevents us from reading the character through a uniquely comic lens. On this linking of Dom Juan with Hercules, and by extension, Christ, Tobin, 1990, op. cit., p. 64, makes the fascinating argument that, owing to Ronsard's *Hymne de l'Hercule Chrétien*, Hercules had often become identified with Christ for early-modern readers.

31 Christian Braider, 'Talking like a Book: Exception and the State of Nature in Benjamin and Molière', *Comparative Literature*, 64:4 (2012), 382–406 and Noël Peacock, 'Molière's Parody of Tragedy', in *Coup de maître: Studies in Medieval and Early Modern Literature and Culture in Honour of John D. Lyons*, ed. by Kelly Fender McConnell and Michael Meere (Oxford: New York: Peter Lang, 2021) pp. 107–24.

overlooked. Moreover, this mode of game-playing by the playwright, of re-using, distorting or repurposing a particular feature from different genres can be seen to be in keeping with the slippery behaviour of the trickster figure Dom Juan. This slipperiness is most marked in relation to the parodic quality of speech. As I have emphasized in a previous discussion of the character, Dom Juan re-appropriates others' language and re-uses set tropes.[32] Fundamentally, he pretends to adopt certain codes but uses them as a mask for his own purposes. Therefore, we can see that just as Dom Juan seeks to discombobulate his interlocutors (in his case, on the real nature of what he greedily pursues and how he goes about this), Molière can be seen to confound his audience on the exact nature of how we should interpret what is being 'served up' to us on the stage.

## CONSUMPTION, ADDICTION AND ELIMINATION

Consumption is thus presented as both a playful and a potently serious matter. However, it is important to recognize that Dom's appetites are largely presented in a way that seems to strip them of any distinctly elevated standing, even if their consequences are shown to be substantial. At the heart of Dom Juan's perpetual masking is a continuous attempt through rhetorical flourish to legitimize or ennoble his fitful fancies and compulsive appetites. A significant prefiguring of this is presented, at the start of the play, through the depiction of his servant's corporeal instincts. It should be remembered that the standard trope of gluttony within the comedic theatrical tradition is more often than not relegated to the servant figure (Gros-René, Jodelet and Mascarille, for example),[33] and in this play we have seen how Sganarelle takes on the role of the

---

32  Emilia Wilton-Godberfforde, *Mendacity and the Figure of the Liar in Seventeenth-Century French Comedy* (London, New York: Routledge, 2017), pp. 98–129.

33  Jean Emelina, *Les Valets et les servantes dans le théâtre comique en France de 1610 à 1700* (Grenoble: Presses Universitaires de Grenoble, 1975). The servant figure is also, often a greedy parasite character. On this see, *Le Parasite au théâtre*, ed. by Isabelle Barberis and Florence Fix (Paris: Orizons, 2014). – See the article by François Rémond in this volume.

character who enjoys tucking into food. Dom Juan, on the other hand, is not shown to possess such explicitly greedy behaviour in terms of food or drink. As has already been noted, he is driven more by libido than a rumbling stomach.[34] To emphasise greed in a more prosaic way, it would then seem fitting for the play to begin with a depiction of Sganarelle's hunger. However, the opening lines subvert a more typical focus on gluttony, since in praising snuff, Sganarelle presents himself as existing on a rather different plane: '*Quoi que puisse dire Aristote et toute la Philosophie, il n'est rien d'égal au Tabac, c'est la passion des honnêtes gens, et qui vit sans tabac n'est pas digne de vivre*' (I.1). Sganarelle is referring to good taste, civilized behaviour and enjoyment and goes on to discuss virtues. Despite his elevated stance, he is still fundamentally talking about the ingestion of a substance and this is comically highlighted through his sniffing and snorting across the stage, leaving a trail of black powder around him. He puts on a show of philosophical posturing and tries to argue that sensual pleasure can be elevated to a virtue. Such an argument on the pleasurable (yet fundamentally addictive and intoxicating) substance can be seen as a more desperate need to impress his interlocutor Gusman and appear more refined and comparable in standing to his master. It is also a way to justify his own addiction. For all Sganarelle's grandiose talk of the therapeutic and social benefits of this activity (and his emphasis that it is edifying), as James F. Gaines bluntly puts it, Sganarelle is 'nothing but a tobacco junkie, as hooked on his appetites as Dom Juan'.[35] The valet presents taking snuff as a refined activity of sociability of the '*honnête homme*' but this is comically undermined if we are to imagine him squirrelling his stash in a selfish and unsociable fashion, looking all dirtied from what he has inhaled and subsequently subject, we could imagine, to a fit of sneezing from having consumed too much. This condensed picture of buffoonery prefigures Dom Juan's own incongruous presentation in which he sees himself as a sophisticated and successful seducer, and consumer, and repeatedly uses the language to justify it, but is, in many ways, shown to be unrefined in his attempts, ridiculous and ultimately thwarted in

---

34 "*l'appétit*" refers both to food but also to desire (as in *l'appétit concupiscible in Thomistic definitions*).

35 James Gaines, *Molière and Paradox: Skepticism and Theater in the Early Modern Age* (Tübingen: Narr, 2010), p. 57.

his pursuits. Like other monomaniacs in Molière's plays, the delusional aspect of the character is emphasised.

For all its proclaimed wonders, however, tobacco was also known as '*la fumée de l'enfer*'.[36] The reference to the diabolical at the start prefigures the fire and smoke that awaits Dom Juan in his final moments. It is as if the spectators are being presented with a teasing glimpse of the finale.[37] If we follow this trajectory, it would appear that the consequence of indulging in excessive pleasurable consumption, taking whatever piques one's fancy, taking advantage, and taking liberties with established rules of society, leads Dom Juan from active consumer to consumed. This is the trajectory of his hedonism. In this way, Dom Juan ends up swallowed up into the depths of hell. He objectifies others but is ultimately reified himself, transformed into blackened ash and smoke. It might all be a playful and pleasurable game to Dom Juan but the reckless attitude to consumption is shown to have fatal and frightening consequences.

There is another way to read this consequence of consumption. The action of the play, from start to finish, can be understood as process in which the body of Dom Juan is effectively eliminated from the stage. Such eradication has interesting parallels with the expunging or detox-ification which result from the ingestion of certain substances that are mentioned within the text. Sganarelle underlines the purgative qualities of tobacco to empty the mind. In Act III. 1, Sganarelle points to the therapeutic effects of medicines, '*au séné... à la casse... au vin émétique*' which are specifically remedies used to purge the body. Though not as explicit as the enemas of *Le malade imaginaire*, this procedure reminds us of the organic and crude qualities of the functioning human body, with a '*lavage*' speeding up the process of what goes in coming out as excreta. This strongly undercuts the more elevated posturing of appetites and cravings in which both Sganarelle and Dom Juan indulge.

---

36   See Woodrough, op. cit., pp. 2–4.
37   This prefiguring is also contained in Sganarelle's description of his master as 'un vrai Sardanapale', which goes beyond its reference to the infamous sexually debauched king of Assyria, since the latter burned on a pyre. This was a suicidal act, since he ordered himself to be burnt along with his servants and concubines. Although Dom Juan does not on the face of it take his own life, can his end not also be read as a suicidal act of rebellion since he was constantly given warnings of his future perdition?

## HUNGER, NEED AND MOCKERY

We have seen the way ingestion in the play can be tied to an unsophisticated and over-zealous emptying out, but we should remember that hunger is a basic cue that signals one is in a state of need and requires fuel in order to survive.[38] However, in Dom Juan's case, this is not about eating to stay alive (he is, after all, nobility, and in this respect is well nourished, in stark contrast with the beggar he encounters). Rather, Dom Juan's needs are predominantly in the form of obsessive metaphorical hunger. His problem (or, as he views it, his heroic condition) is that he never reaches a point in which this is satisfied.[39] This does not result from a lack of attempting to feed his desires but his quest can never reach an end point.

And yet there is a level of determination and a doggedness to pursue his appetites at all costs, despite its seeming impossibility, that could nonetheless be read, not simply as foolish stubbornness, but also as an impressive commitment and a refusal to let obstacles stand in his way. This restlessness can be interpreted in a way that makes him more than just a ridiculous victim of appetite. The fact that he is willing to die in the name of his specific form of hunger or lust, and in defiance of any God, could be read as evidence of him being endowed with a form of tragic hubris. In this line of thinking, the intensity and willingness to follow his hunger lends him a greater dignity.

Or does it? We cannot dismiss the fact that hunger, dining, and forms of longing are so often framed with instances of mockery throughout, at first predominantly by Dom Juan towards others (in the case of

---

38 Ralph Albanese, 'Crises de subsistance en France au XVII$^e$ siècle et insécurité alimentaire dans *Dom Juan* et *L'Avare*' in *Molière Re-envisioned: Twenty-First Century Retakes* ed by Mary Jo Muratore (Paris: Hernan, 2018), pp. 336–339, underlines how fears about accessing food and facing starvation were all too real in seventeenth-century France, particularly for peasants, where hunger and misery were the norm and where there was a huge dichotomy between 'le pain des princes et des grand maîtres' and that of the peasants. He notes that Molière is engaging with this issue specifically in *Dom Juan*, where '*la figure du Pauvre se présente en symbole des victimes de la famine du Grand Siècle, et s'insère par là dans les tréfonds du Tiers État*' (p. 340).

39 With his unlimited hunger, this presents him akin to Tantalus who is then met with the punishment of the gods.

his cocky invitation to the statue, his mockery to his servant, and the beggar who is starving) and also with Dom Juan himself as the target. Furthermore, episodes of teasing and the thwarting of satisfaction are repeated throughout the play, so that we are constantly presented with the agitated desperation of someone in a state of need, which replicates the oft-used routines concerning hunger in the *commedia dell'arte* tradition. The neediness of a character on display is a key part of the cruel game.

In act III. 2, Dom Juan comes across 'le Pauvre' who describes his (literal) starved state, telling Dom Juan and Sganarelle that most of the time he does not even have 'un morceau de pain à mettre sous les dents'. Dom Juan toys with him and provocatively proposes to provide for him. He offers money which would allow the beggar to get food, but only on the condition that he blaspheme. The beggar declares he would rather die of hunger than transgress in such a fashion. Righteousness for the beggar is equated with a choice to forgo physical nourishment in the name of a higher principle. Such abnegation stands in marked contrast to Dom Juan's (and by extension Sganarelle's) approach to life. Pointedly, Dom Juan disdainfully gives the beggar a coin '*pour l'amour de l'humanité*', which can be understood as a way of signaling that one can only truly be provided for in the human realm. Indeed, he notes sarcastically that the beggar's prayers have hitherto not even got him a scrap of bread. Dom Juan does not believe in any kind of spiritual nourishment since he sees rewards only within the mortal realm. Pious attempts to be nourished prove useless, in his assessment of things. Dom Juan vaunts getting one's needs met through a selfish pursuit in the here and now.

It is interesting to see how, as a counterpoint, a lack of neediness can nonetheless also be used as a source of mockery since the physical, desiring world of the flesh is envisaged as a plentiful, fertile world which is denied to the dead. This makes the invitation for the statue to dine one in which Dom Juan asserts not only his own superiority but also the supremacy of the tangible world. It is a way to mock and challenge the dead Commander to cross over to the threshold of the living and into his domain. Normally, an invitation to dine comes with an understanding that the guest would be welcome, and in dining would quench his or her thirst and satisfy hunger. Here, there is distinct ridiculing of this since not only does Dom Juan think the Commander will fail to appear, but he is also taunting the statue because he does not actually need to eat (or indeed would be incapable of ingesting human food). As Sganarelle bluntly declares, *'C'est une chose dont il n'a pas besoin je crois'* (III. 5). Sganarelle, in trying to soften his absurd request, describes it as a 'bizarrerie' and openly acknowledges the ridiculousness of it. Dom Juan simultaneously offers his guest the promise of food whilst believing it will be denied to him. Dom Juan is shown to be at pains to underscore the vanity and hollowness of others' attempts to satisfy their hunger. This was evidenced earlier in the play when he taunted the beggar's attempts to get food. But what Dom Juan enjoys doing to others is eventually turned back on him. The master who tries to control those around him, highlights the futility of others' attempts, and puts such great store on his own wants and desires is in the end mocked and outmanoeuvred by the statue.

## INVISIBILITY, LACK AND DELAYED DINING

As has been noted earlier, in previous versions at the end of the play, a threatening spread of monstrous items are laid out for Dom Juan to eat as a punishment. Molière does not opt for this kind of display but has Dom Juan strike at the air. He is presented with emptiness. Why not have the punishment fit the crime (specifically of greed) in the standard visually striking manner used in other versions? This choice seems highly significant for it underplays his punishment and, certainly, in stripping it down, denies Dom Juan the histrionic finale that would reinforce his villainous ways and the physical torment awaiting him. This apparent denial of a (fitting) or predictable ending, however, can be understood in two different ways. Firstly, his invisible punishment does, on closer inspection, seem an appropriate riposte that echoes Dom Juan's suggestion that the spiritual realm holds out and provides nothing. There truly is no supper for him. This 'nothing' is teasingly presented and contrasts with earthly materiality. Yet it ultimately strips him of everything. Dom Juan mocked the beggar for expecting to be provided for; Molière shows Heaven mocking Dom Juan for not trusting in a higher power and not believing anything could be provided (either assistance or, in this case, punishment). The 'nothing' or invisibility served up thus presents a taunting display of the hollowness of the spiritual world Dom Juan had actually envisaged. In this way, Heaven is shown to be more attentive in its response. This leads us to take Dom Juan's demise more seriously and see the tactical emptiness of the stage in a more haunting manner. The other way of reading this, however, is that Molière eschewed the more traditional ending as a way of subverting audience expectation and to undermine the character. This changes it from being Dom Juan the target of divine punishment, to being the playwright's target of fun. He denies the character the orchestrated climactic moment of dining.[40] He presents him more as a loser who is not even given the fitting ending of the legend. In this respect, although Dom Juan has cast himself as a heroic demigod transgressing all rules, Molière denies him the satisfaction of being offered up his standard torments.

This cutting short, or holding back of something anticipated, is, as I have stressed, a key theme throughout the play. The lack of food at a table is emphatically prefigured in act 4. Dom Juan tries to sit down to dinner but is constantly interrupted by a string of visitors. This is far from a picture of sybaritic enjoyment. In the first scene of act 4, he commands '*Allons, qu'on me fasse souper le plus tôt qu'on pourra*' and orders a chair to be pulled up. However, the arrival of Monsieur Dimanche is then announced, followed by Dom Juan's father (after which he again points to the fact that he is impatient to eat and has not yet been able to: '*Me fera t-on souper bientôt?*'). Ralph Albanese questions the significance of this ('*Quel sens faudrait-il accorder à cette préoccupation du souper qui est, après tout, perpétuellement interrompu par la parade des visites nocturnes de*

---

40  It is true that Molière does give a crowd-pleasing ending through the spectacular elements of the descent into hell, with the opening in the stage floor and flames of burning turpentine that emerged through them. On this see Phillippe Cornuaille, *Les Décors de Molière* (Paris: Presses de l'Université Paris-Sorbonne, 2015), p. 36 and p. 184. However, one could read this very theatricalized ending as a way of undermining the reality of the divine punishment and the process of retribution precisely by staging it in a very self-conscious, humorous and indeed clunky manner. This is certainly how Rochemont viewed the ending. Of the thunderbolt that strikes at Dom Juan, he notes 'Mais le Foudre, *Mais le Foudre* est un Foudre en peinture, qui n'offense point le Maître, et qui fait rire le Valet; et je ne crois pas qu'il fut à propos, pour l'édification de l'Auditeur'. See *Observations sur une comédie de Molière intitulée Le Festin de Pierre* (Paris: Nicolas Pépingué, 1665), p. 36.

*l'acte?*') and judges that this is a form of (albeit unwanted) preparation by Dom Juan for his own death (as if he is undergoing a kind of fast).[41] Tobin concurs with this view, stating 'it is almost as if he will be made to fast as a form of mortification that God is attempting to impose on him'.[42] More than this, however, such 'fasting' needs to be understood as a continuation of the way Dom Juan has repeatedly been shown to be thwarted in his attempts to get what he wants. He has sat down and thinks he will imminently be able to enjoy his food when different people he has tried to dodge confront him and invade his own personal space at an inopportune hour. For a play that famously features an invited statue, there is firstly a parade of uninvited guests adding to the suspense (the repetition comically emphasized by the announcement by La Violette each time a new character arrives, '*Monsieur, voilà…*' when Dom Juan is eager to hear the announcement that dinner is ready). Dom Juan tries to turn these frustrating interruptions around and both invites Monsieur Dimanche to dine with him ('*Monsieur Dimanche, voulez-vous souper avec moi?*') and then asks his father to join him by being seated. He also invites Elvire to stay at the house and insinuates that they can then do more than simply break bread together. Clearly, these obsequious gestures of hospitality are made in the knowledge that his interlocutors will refuse. They are therefore just a way for Dom Juan to try to choreograph the situation as best he can to his advantage, namely by ridding himself of their company. Overall, however, Dom Juan's frustration mounts, he has to wait and the scene of eating is afforded very little space or time.


## SIMULACRA AND FALSE EXCHANGES


In the same way that elsewhere Dom Juan offers a simulacrum of love and commitment, he offers a simulacrum of conviviality. He wants to eat on his terms, alone with his valet and invitations to join him in his meal simply mask his singular and selfish pursuit. Kilgour points out

---

41   Ralph Albanese, *Le Dynamisme de la peur chez Molière* (University, MS: Romance Monographs, 1976), p. 65.
42   Tobin, 1990, op. cit., p. 57.

that, '[t]he need for food exposes the vulnerability of individual identity, enacted at a wider social level in the need for exchanges, communion and commerce with others'[43] but Dom Juan, in his narcissism, rejects this process; he pays lip-service to the notion of reciprocity but rejects such bonds and the dynamic of sharing. As Michel Serres underlines, feasts are dramatic representations of gifts and remittances, dramatizations of the law of exchange.[44] Dom Juan does not abide by these rules.

We can see therefore that the invitations to dine and the act of dining itself are not what they purport to be. They are not about sharing but about fracturing. Dom Juan does not expect to be joined by his invited guests and he appears not to have anticipated that he will later need to oblige the statue by honouring the invitation. Any standard comedic ending of resolution and celebration is thus rejected. Dom Juan values self above any kind of collectivity.

Whilst Christ shared his last supper with his disciples and sacrificed himself (and his body) for others, Dom Juan shows his mocking disdain at the idea of doing anything *pour l'amour de l'humanité*. His body at the end, and his death, can be read as a provocative parody of Christian sacrifice. Dom Juan is driven by the love of self and the love of erotic adventures. His death is not about the spirit triumphing over flesh, but flesh elevated above all things; the body offered up as a sacrifice in the name of corporeal desires.

However, for all the emphasis on the corporeal throughout, it is, on closer inspection, more the idea of possessing, the voicing of it, the plotting,[45] and the inhabiting of a fantastical world that is the most characteristic feature of Dom Juan's escapades. The object of Dom Juan's fancy is rooted in fantasy, symbolised most powerfully at the end with the shape-shifting spectre of a veiled woman, out of his grasp. This is signalled even earlier on when, as M. J. Muratore rightly underscores, Dom Juan, 'the supposed champion of rationality [...] reveals a surprising

---

43   Kilgour, op. cit., p. 7.

44   Michel Serres, *Le Parasite* (Paris: Pluriel, 2014), pp. 75–6.

45   Several critics have indeed noticed that Molière's Dom Juan is interested in rhetorical conquest more than sexual gratification (in contrast to the models on which he was based). For example, see Francis Lawrence, 'Dom Juan and the Manifest God: Molière's Anti-Tragic Hero', *PMLA*, 93: 1 (1978), 86–93 (p. 86) and also Shoshana Felman, *Le Scandale du corps parlant: Don Juan avec Austin ou la séduction en deux langues* (Paris: Seuil, 1980), p. 35.

susceptibility to the lure of aesthetic illusion' and 'suspends his vaunted belief in physical realities to engage with a piece of sculpture'. The scene, set in the Commander's tomb, is 'cast as a phantasmagorical wonderland that distinguishes itself from the reality beyond its borders'[46] and this confounding of fantasy and reality is further emphasised through the special effects of moving trees and other atmospheric stage tricks (as indicated in historical sources about the production).

Dom Juan is captivated by the fantastical. Appetite and fantasy are fundamentally linked. Crucially, it is the anticipatory fulfilment of his desires within his world of fantasy that is the driving force behind Dom Juan's movements. The dream of something feeds desires and appetites. As Roland Barthes noted, '*L'appétit tient du rêve, car il est à la fois mémoire et hallucination, ce pour quoi, d'ailleurs, il vaudrait mieux dire, peut-être, qu'il s'apparente au fantasme.*' It holds within it the '*imagination prédictive*'[47] combined with memories of past pleasures. This simultaneous forward and backward-looking experience is characteristic of the appetite and desires of Dom Juan. The culmination of this process, however, is not a final attainment of what has long been remembered or imagined but a marked denial of what was coveted, in which everything (including his own desiring body) disappears. The lack of realisation is also staged through the ultimate corporeal absence of others. The concrete referents (the women, those he swindles, items of food) do appear on stage earlier but the follow-through of the encounters, such as eating with the statue or the anticipated expansive domination of lands through amorous conquests, are all shown to be chimerical concepts that Dom Juan does not ultimately experience. Even the fire that consumes him is 'invisible'.[48]

It could be argued that in some way the ending is nonetheless a curious form of wish-fulfilment, a fantastical playing out of something

---

46   M. J. Muratore, 'The Limits of Lucidity in Molière's Later Plays', in *Molière Re-envisioned: Twenty-First Century Retakes*, op. cit., pp. 353–76 (p. 370).

47   Roland Barthes, 'Lectures de Brillat-Savarin', preface to *La Physiologie du goût* (Paris: Hermann, 1975), pp. 25–6.

48   Although Tobin, 1990, op. cit., links Dom Juan's laments about burning with the speech of the Hercules in Seneca's tragedy, *Hercules Oetaeus* (p. 64), we should not ignore how this speech parallels the comedic exclamations of the delusional braggart figure (the Capitan Matamore) in *Les Boutades* (although in reference to burning with furious passion). On this, see Wilton-Godbertfforde, op. cit., p. 89. Thus, we can see that Dom Juan is paralleled with the braggart figure and his fantastical imaginings.

awaited – not, it should be emphasised, by Dom Juan, but by the audi-ence and those in the play who wanted to see him punished (*'chacun satisfait…'*). In this way, whilst it is a stripping of pleasure for Dom Juan, a confrontation with the insubstantiality of what he had hitherto tried to obtain, it is also an (anticipated) manifestation of the audience's desire to see some form of the famed finale and watch the cataclysmic end of the rogue. Significantly, however, this does not live up to the particular expectations fuelled by past productions with their macabre smorgasbord of suffering. In different ways, then, both Dom Juan and spectator are endowed with a form of longing in which awaited and fantasised pleasures do not fully materialise.[49] The audience is teasingly promised but then denied their feast.

Emilia WILTON-GODBERFFORDE
University of Cambridge
Faculty of Modern and Medieval
Languages and Linguistics

---

49  Sganarelle, it should be pointed out, laments his lack of wages, so he too will not have his supper.

# LA FAIM D'ARLEQUIN SUR LA SCÈNE
# DE LA COMÉDIE-ITALIENNE DE PARIS
# DANS LA SECONDE MOITIÉ
# DU XVIII<sup>e</sup> SIÈCLE

La faim, la gourmandise, la gloutonnerie sont des caractéristiques essentielles du *Zanni*, qui ont évolué avec le personnage depuis son apparition, probablement entre le XIV<sup>e</sup> et XV<sup>e</sup> siècles, pour devenir par la suite des traits distinctifs et universellement connus d'Arlequin, depuis les vallées de Bergame jusqu'à Paris, lorsque la tradition théâtrale de la *Commedia dell'Arte* a perdu son caractère itinérant pour s'installer à l'Hôtel de Bourgogne[1].

La nourriture a toujours été la marque d'Arlequin ; elle l'accompagne même lorsqu'elle n'est pas matériellement présente. Elle définit ses

---

1   La présence des compagnies italiennes à Paris est attestée dès le XIV<sup>e</sup> siècle, mais se stabilise définitivement entre le XVI<sup>e</sup> et le XVII<sup>e</sup> siècle, lorsque les troupes les plus connues, dont les *Gelosi*, les *Accesi* et les *Fedeli*, sont invitées à la Cour. C'est grâce à Marie de Médicis, en 1665, que les comédiens s'installent définitivement à Paris ; la Comédie-Italienne devient ainsi l'un des trois théâtres officiels de Paris jusqu'en 1697, date à laquelle la Troupe est expulsée pour cause de troubles. Une nouvelle troupe dirigée par Luigi Riccoboni rouvre les portes du théâtre en 1716 et y reste jusqu'en 1793, avec toutefois des changements profonds et structurels à partir des années 1760, d'abord en acquérant le répertoire de l'Opéra-Comique, puis en 1769 avec l'interdiction de jouer le genre français parlé ; enfin, l'année 1780, avec l'interdiction du genre italien, marque le déclin de la Comédie-Italienne, qui se constate en 1793, avec le changement de nom en Théâtre de l'Opéra-Comique National. Sur l'histoire et le répertoire de la Comédie-Italienne voir entre autres Émile Campardon, *Les Comédiens du Roi de la troupe italienne. Pendant les deux derniers siècles. Documents inédits aux Archives Nationales*, Paris, Berger-Levrault 1880 ; réimpression Genève, Slaktine reprints, 1970 ; Clarence D. Brenner, *The "Théâtre italien". Its repertory. 1716-1793*, Berkeley-Los Angeles, California UP, 1961 ; Emanuele De Luca, *Il repertorio della Comédie-Italienne di Parigi (1716-1762)*, Paris, IRPMF, 2008 ; Andrea Fabiano, *La Comédie-Italienne de Paris et Carlo Goldoni. De la commedia dell'arte à l'opéra-comique, une dramaturgie de l'hybridation au XVIII<sup>e</sup> siècle*, Paris, PUPS, 2018 ; Silvia Manciati, *Carlo Goldoni negli anni parigini. Tra autore e attore, testo e scena*, Rome, UniversItalia, 2019 et la thèse doctorale de Silvia Spanu Fremder, *Le Répertoire et la Dramaturgie de la Comédie-Italienne de Paris durant la seconde moitié du XVIII<sup>e</sup> siècle*, Université Paris-Sorbonne, 2010.

actions et ses relations personnelles, car Arlequin préfère satisfaire son estomac plutôt que son cœur. De plus, il oublie vite les reproches, les déceptions et les torts subis contre un peu de nourriture. Les situations les plus compliquées sont résolues par la satisfaction de la faim ou de la soif. Comme le souligne Maria Bobroff, son monde commence et finit avec lui-même[2], et dans cette conception simple de sa personnalité, il est évident que la nourriture nourrit sa joie de vivre. La gourmandise et la gloutonnerie caractérisent à la fois ce côté naïf et les aspects plus transgressifs de sa personnalité : pour se nourrir, Arlequin est prêt à tromper, à céder au chantage, à accomplir des actes audacieux – traits typiques de sa position de marginal dans la société qui en bouleverse les coutumes et transgresse ses limites[3].

Plusieurs études ont déjà mis en évidence comment, au cours du XVIIIe siècle, dans le contexte français l'évolution psychologique du masque s'accompagne d'un adoucissement de ses aspects les plus triviaux[4]. La rencontre avec une autre culture et l'évolution de la société, ainsi que du système théâtral, correspondent à l'apparition d'un Arlequin de plus en plus policé, qui apprend à connaître les sentiments et à maîtriser son appétit. Pourtant, la nourriture continue d'être présente dans la dramaturgie et la matérialité de la scène de la Comédie-Italienne de Paris tout au long du XVIIIe siècle, jusqu'à sa disparition définitive. On tentera donc de relever la présence et la fonction de la nourriture sur scène, en relation avec l'évolution parallèle d'Arlequin, en se focalisant particulièrement sur la seconde moitié du XVIIIe siècle, moment où s'achève le processus de « francisation » de la tradition de l'*Arte*[5].

---

2    Maria Park Bobroff, *Arlequin the Nouveau Théâtre Italien, and the Eighteen-Century French Stage*, dans *Food and Theatre on the World Stage*, Dorothy Chansky, Anne Folino White (dir.), New York and London, Routledge, 2015, p. 33-48. L'étude de Bobroff décrit la transition d'Arlequin de gardien gourmand de la tradition à le personnage plus sentimental du début du XVIIIe siècle.

3    À cet égard, Delia Gambelli parle à juste titre d'« anti-caractère ». « Obscénité, insipidité, cupidité bestiale, infantilisme, lâcheté : tous les éléments caractériels et négatifs qui convergent en Arlequin et en font un système » (Delia Gambelli, « "Quasi un recamo di concertate pezzette" : le composizioni sul comico dell'Arlecchino Biancolelli », *Biblioteca teatrale*, n° 1, 1971, p. 64, traduction de l'auteur).

4    M. P. Bobroff, *op. cit.*

5    En raison du caractère oral de la tradition de l'*Arte* et de la perte d'une grande partie des canevas de la Comédie-Italienne, les journaux, les sources anecdotiques contemporaines et les sources internes à la Comédie-Italienne ont été essentielles pour cette étude, en particulier le registre « Répertoire, rôles, costumes », un catalogue d'inventaire de la

## GOÛT DE L'ANCIEN AU NOUVEAU THÉÂTRE ITALIEN : QUELQUES PRÉALABLES

Sur scène, la nourriture et la faim d'Arlequin sont de puissants moteurs du comique, essentiels à la construction de *lazzi* universellement connus ; c'est souvent la gloutonnerie, en effet, qui pousse Arlequin à créer des situations ridicules. Ceux liés à la faim comptent parmi les plus anciens *lazzi* de la tradition et appartiennent presque exclusivement aux personnages de *Zanni*, qui les provoquent ou les subissent : ils peuvent en effet être des stratagèmes pour se procurer de la nourriture ou des expédients visant à se moquer du *Zanni* pour l'empêcher de manger[6].

Même dans le contexte de l'Ancien Théâtre Italien de Paris, la transmission du répertoire traditionnel conserve de nombreux scénarios mettant en scène des *lazzi* de faim, parce que, comme nous l'avons dit, il s'agit d'une composante essentielle du *Zanni* et d'un outil comique fondamental pour satisfaire les goûts d'un publique qui reconnaît en Arlequin le symbole de la tradition comique italienne. D'ailleurs, plus généralement, ce sont précisément les *lazzi* et la communication non verbale qui permettent au public francophone de comprendre l'intrigue des pièces, étant donné que le passage de la langue italienne au français s'est fait progressivement – et ce sont toujours les rôles comiques qui en seront les garants[7].

---

Troupe qui contient 155 fiches correspondant aux sujets du répertoire, organisées en trois sections (personnages, décors, et objets). Grâce à celui-ci, il est souvent possible non seulement de retracer les intrigues des scénarios perdus, mais aussi de se faire une idée de la matérialité de la scène. Dans notre cas, la section des *robbe* (les objets) nous permet de vérifier la présence effective de nourriture sur la scène. *Cf.* Registre Th. Oc. 178, Bibliothèque Nationale de France, Département de l'Opéra, Paris (ci-après : Registre Th. Oc. 178, BNF). Le registre est disponible sur Gallica : https.//gallica.bnf.fr/ark:/12148/btv1b531728028.r=Th%20Oc%20178?rk=85837;2 (consulté le 04/04/2024).

6    Voir en particulier Nicoletta Capozza, *Tutti i lazzi della Commedia dell'Arte*, Roma, Dino Audino, 2006. Capozza fait une liste et une classification des *lazzi* à partir de différentes collections de scénarios. De nombreux *lazzi* de faim proviennent de collections datant du XVIIe siècle, notamment celles de Flaminio Scala, Basilio Locatelli, de Corsini et d'Annibale Sersale. Parmi les collections du XVIIIe siècle, on note, outre celle de Placido Adriani, la traduction par Guellette du Scénario de Dominique Biancolelli.

7    En centrant fortement la communication sur les registres non verbaux, les rôles comiques ont été les premiers à commencer à incorporer le français dans leur jeu. La francisation

La faim persiste même lorsque Arlequin, pour répondre aux goûts du public français, commence à ajouter des éléments plus spectaculaires à la construction des scènes de l'*Arte*, liés à l'utilisation de machines scéniques et d'effets spéciaux. Le répertoire de Dominique Biancolelli[8] illustre bien comment des scénarios comme *La magie naturelle*, dans lesquels la nourriture se transforme grâce à des effets spéciaux, font leur apparition sur scène, parallèlement à des sujets plus traditionnels présentant les *lazzi* de faim (comme dans *Il servo padrone*, *L'Hospital de' pazzi*, *Arlequin hotte et masson*, par exemple)[9].

Plusieurs de ces canevas anciens liés à la faim sont repris lors de la réouverture du Nouveau Théâtre Italien en 1716. C'est le cas par exemple pour la pièce *Arlequin cru prince*, dont l'ancien canevas est conservé par Dominique et joué par la suite tout au long du XVIIIe siècle. On peut y voir le *Zanni* obsédé par une assiette de macaronis[10].

---

du répertoire, inhérente donc depuis l'*Ancienne Comédie*, se développera inévitablement même après la fermeture du Théâtre et le départ des Italiens, avec la dispersion du répertoire dans les théâtres de la Foire Saint-Germain et Saint-Laurent, pour aboutir à des développements dramaturgiques désormais bien distincts de leurs origines.

8    *Cf.* Thomas-Simon Guellette, *Traduction du Scénario de Joseph Dominique Biancolelli ; Dit Arlequin [...]*, dans Delia Gambelli, *Arlecchino a Parigi. Lo Scenario di Domenico Biancolelli*, 2 vols., Roma, Bulzoni, 1997.

9    Dans ce scénario, représenté en décembre 1678, grâce à la présence d'effets spéciaux, on entrevoit le ventre transparent d'un cuisinier et des plats qui se transforment : *ibid.*, t. 2, p. 796.

10   Le dévoilement du faux prince qui fait « *smorfie e lazzi da principe* » se produit précisément lorsque « *gli portano un piatto di maccheroni [...] e ci si lancia* ». Le scénario est présent dans les recueils d'Adriani et de Sersale (N. Capozza, *op. cit.*, p. 272-273, et p. 325). À la Comédie-Italienne, *Arlequin cru prince* fut représenté le 4 juin 1716, repris le 25 novembre 1740, puis régulièrement tout au long du XVIIIe siècle. Le registre d'inventaire confirme le besoin d'un « *tondo di terra con macheroni coperto con tovagliolo* » pour la mise en scène (Registre Th. Oc. 178, BNF, fiche n. 10 ; E. De Luca, *Il repertorio della Comédie-Italienne di Parigi (1716-1762)*, *op. cit.*, p. 75). Les *maccheroni*, tout comme le fromage, figurent parmi les aliments les plus représentatifs d'Arlequin, et sont parmi les plus récurrents dans les scénarios. Bien que leur origine exacte, même étymologique, soit sujette à débat, les macaronis étaient largement répandus dans la cuisine populaire italienne dès le Moyen Âge. Leur popularité était due à leur prix abordable, à leur facilité de conservation et à leur capacité à rassasier, ce qui en faisait un aliment idéal pour les personnes de condition sociale modeste. À la Renaissance, les pâtes se sont également diffusées parmi les classes aristocratiques, grâce à l'introduction de nouvelles recettes plus raffinées, et au XVIIe siècle, elles étaient largement consommées dans toute l'Italie. L'habitude d'Arlequin de manger des macaronis est probablement liée à son statut de personnage pauvre. L'association entre les macaronis et le fromage était également connue dès le Moyen Âge ; parmi les sources littéraires, souvent utilisées par les Comédiens de l'*Arte*, on peut citer le *Décaméron* de Boccace, dans lequel est décrite une « *montagna di formaggio*

Avec Luigi Riccoboni à la tête de la nouvelle troupe, on assiste à une forte augmentation des pièces françaises à côté du répertoire italien et à l'introduction d'une nouvelle profondeur psychologique des personnages[11]. Cependant, la faim d'Arlequin survit également à l'apport des dramaturges français ; il suffit de penser à *Arlequin Pluto* (1719) de Guellette ou à *Arlequin poli par l'amour* (1720) de Marivaux, entre autres. C'est précisément avec ce dernier qu'Arlequin aborde la « découverte des sentiments » qui, en quelques années, l'amène à pouvoir renoncer à ses instincts primordiaux en faveur de l'amour – c'est ce qui se passe, par exemple, dans *La double inconstance* (1723).

Dès les années 1730, marquées par l'arrivée d'une nouvelle génération d'acteurs (les fils des Riccoboni, Biancolelli et Romagnesi de la génération précédente), on continue à observer une rétractation des tendances ataviques d'Arlequin, parallèlement à l'émergence d'une nouvelle esthétique de la scène[12].

Les années 1740 voient émerger de nouveaux espaces d'expérimentation scénique et dramaturgique, grâce à l'entrée dans la Troupe de l'Arlequin Carlo Bertinazzi[13] en 1741 et, en 1744, de la famille Veronese (le père

---

*parmigiano grattugiato sopra la quale stavan genti che niuna altra cosa facevano che far macche-roni* » (Boccaccio, *Decameron*, VIII, 3). Pour la présence et la diffusion des macaronis en Italie, voir, entre autres, Emilio Sereni, *Note di storia dell'alimentazione nel Mezzogiorno : i Napoletani da "mangiafoglia" a "mangiamaccheroni"*, dans *Terra nuova e buoi rossi e altri saggi per una storia dell'agricoltura europea*, Torino, Einaudi, 1981, p. 292-371 ; Françoise Sabban, Silvano Serventi, *La pasta. Storia e cultura di un cibo universale*, Bari, Laterza, 2000 ; Laura Galoppini, « L'isola dei Maccheroni », *Medioevo*, vol. 7, 2003, p. 42-49 ; Alessandro Aresti, *I maccheroni fra lingua e palato*, dans *Peccati di lingua*, Massimo Arcangeli (dir.), Soveria Mannelli, Rubettino, p. 160-165. Dans les scénarios de la Comédie-Italienne et dans les registres de la Troupe, il y a une oscillation dans l'utilisation du terme (*maccheroni*, macaronis, macarons, maqueronis etc.) due au passage progressif de l'italien au français, ce qui sera conservé dans cette contribution.

11   Dans le sens de la francisation de la production, on peut également lire l'entrée de quatre acteurs français dans la Troupe en 1721, qui, aux côtés des Italiens, ont commencé à rendre possible la représentation d'un répertoire en langue française.

12   Après le retour de Luigi Riccoboni en Italie en 1729, la Troupe propose un répertoire caractérisé par une versatilité frénétique et la sclérose des éléments anciens : une course effrénée pour satisfaire le goût du public qui n'attend rien d'autre que la résurrection du bas comique de l'Ancienne Comédie.

13   Carlo Bertinazzi (1710-1783) a commencé sa carrière à Bologne dans les rôles de Docteur, avant de débuter comme Arlequin à la Comédie-Italienne le 10 avril 1741, où il reste jusqu'à sa mort. Les premières études sur cet acteur ont été réalisées par Léon Chancerel. Voir Paola Gianna Tomasina, *L'ultimo Arlecchino del re. Carlo Bertinazzi detto Carlino (1710-1783)*, Bologna, Pàtron, 2013. Pour des informations biographiques sur les acteurs de la

Carlo Antonio et ses deux filles Coraline et Camille)[14]. Carlo Antonio Veronese inaugure une nouvelle saison d'«écriture d'acteur», en introduisant de nouveaux motifs dramaturgiques et en plaçant de nouveaux personnages au centre des intrigues, à côté de l'Arlequin omniprésent. Du point de vue du jeu de l'acteur, on assiste à une «mobilité» progressive des rôles traditionnels : des comédiens comme Camilla Veronese, Carlo Bertinazzi et, plus tard, le Pantalon Antonio Collalto, sont désormais capables d'alterner différents registres de jeu, donnant ainsi une nouvelle profondeur psychologique aux personnages traditionnels et renforçant le mélange de sérieux et comique. La distinction rigide des rôles traditionnels est ainsi brisée : la Soubrette et l'Amoureuse se rejoignent dans l'interprétation de Camille, ainsi que Bertinazzi, grâce à ses compétences polyvalentes, mélange les caractéristiques du *Zanni* et de l'Amoureux. Combinant pathos et bouffonnerie, cela aboutira à un Arlequin loin des performances extrêmement acrobatiques de ses prédécesseurs, que se distinguant par une empreinte absolument personnelle. Tous ces éléments vont contribuer à un nouveau positionnement de la nourriture sur scène : celle-ci n'apparaît plus la seule prérogative d'Arlequin, le moteur du comique ou le fondement des *lazzi*, mais acquiert bientôt des fonctions plus diverses et élargies.

---

Comédie-Italienne reconstituées à partir de sources contemporaines, je me permets de renvoyer à mon travail : S. Manciati, *Carlo Goldoni...*, *op. cit.* et aux indispensables Luigi Rasi, *Comici italiani. Biografia, bibliografia, iconografia*, 2 vols., Firenze, F.lli Bocca, 1897 et Francesco Saverio Bartoli, *Notizie istoriche de' comici italiani* [...], Padova, Conzatti, 1782.

14   Après sa carrière italienne, Carlo Antonio Veronese (1702-1762) fait ses débuts à Paris dans le rôle de Pantalon en 1744. Cependant, il se distingue par ses compétences d'auteur, qui l'amènent à composer des pièces plus élaborées sur le plan dramaturgique que les autres comédiens de *l'Arte*, qui se livrent plus fréquemment à des réadaptations de sujets traditionnels. Sa production d'une trentaine des scénarios se caractérise par la présence d'éléments magiques et féeriques, ainsi que par la recherche d'un nouvel espace dramaturgique, et donc scénique, pour ses deux filles, la Soubrette Anna Maria Veronese (Coraline) et Camilla Giacoma Antonietta Veronese, citée par les sources contemporaines pour son talent pathétique. Elle développe cette qualité de jeu probablement dès les premières années de sa présence au sein de la Troupe, quand elle achève son apprentissage et son baptême sur scène comme danseuse et comme Amoureuse, avant d'accéder au rôle de Soubrette, après le retrait de la scène de sa sœur. Voir : Carlo Veronese, *Théâtre*, éd. par Giovanna Sparacello, Paris, IRPMF, 2006.

## NOURRITURE, RÊVE ET MAGIE :
## L'EMPREINTE DE CARLO VERONESE

Dans la dramaturgie de Veronese, on retrouve le *topos* traditionnel de la faim du *Zanni* mêlé à des éléments magiques et féeriques. C'est le cas, par exemple, de *Coraline fée* et *Coraline magicienne*, où les tables dressées apparaissent comme des mirages :

> Arlequin et Scapin, poursuivis par un ours, se désespèrent de ne pouvoir trouver la sortie du bois & de mourir de faim. Coraline arrive, [...] feignant d'avoir pitié de ces malheureux, lui [*sic*] offre à manger, & paroître une table chargée de mets, mais, les voyant y courir, elle les avertit que qui ne mange pas meurt, & que qui mange de ces mets ne sçaur oit vivre. Ces deux valets extrêmement pressés par la faim, réfléchissent sur la cruauté de leur sort, mais mourir par mourir, Arlequin se détermine à mourir le ventre plein. Ils s'approchent de la table, d'où il sort plusieurs monstres. Cette table enfin se change en un vaisseau, qui vogue au milieu de la mer, dans lequel on voit Arlequin & Scapin, qui par leurs cris terminent le premier acte[15].

*Coraline magicienne* témoigne également d'autres *topoi* liés à la faim « primordiale » du *Zanni*, celui de préférer la nourriture à l'amour : « Scapin lui dit que s'il veut céder Élize, il lui donnera un plat de macarons. Arlequin plus gourmand qu'amoureux, cède sa Maîtresse. Élize indignée de la préférence, embrasse Scapin & consent à devenir sa femme[16] ».

L'empreinte dramaturgique de Veronese, plus marquée par rapport à la manière traditionnelle d'arranger les canevas, permet également de donner à la nourriture un rôle qui dépasse celui habituel de vecteur du comique. C'est le cas, par exemple, d'*Arlequin et Scapin morts vivants*, où Arlequin est mis à l'épreuve par une « faim violente[17] » qu'il subit à cause de la magie ; il parvient à résister et à ne pas manger des oiseaux trouvés par Scapin, car il a pitié de ces derniers. Sa clémence est récompensée par une créature fantastique qui rend à Arlequin et Scapin le talisman qui les sauvera. Comme le remarque Giovanna Sparacello, dans ce cas, le thème de la faim ne se réduit pas seulement à provoquer le rire, ni

---

15  *Ibid.*, p. 23.
16  *Ibid.*, p. 27.
17  *Ibid.*, p. 69.

à la mise en scène spectaculaire de métamorphoses, mais elle « est au contraire indispensable au développement de l'intrigue[18] ».

Enfin, il est également possible de retrouver dans l'écriture de Veronese un autre *topos* traditionnel lié à la faim et à la nourriture, celui de la *beffa*. On peut prendre l'exemple de *Coraline esprit follet*, un canevas très ancien[19] que Veronese a repris sur la scène française le 21 mai 1744. Ici, un esprit se moque d'Arlequin et Scapin : profitant de jeux métamorphiques et multilingues, il leur promet de la nourriture et stimule leur appétit pour les laisser, à la fin, le ventre vide[20].


## ENTRE ANCIEN ET NOUVEAU


Comme *Coraline esprit follet*, *Les vingt-six infortunes d'Arlequin* et *Les métamorphoses d'Arlequin* conservent de fortes racines avec les anciens canevas et réécritures qui, sous la plume de Veronese, subissent d'autres transformations dans les années 1750 et 1760. Pour *Les métamorphoses d'Arlequin*, après une première interprétation en 1747, Carlo Bertinazzi signe une nouvelle version en 1763[21], dans laquelle les décors suggèrent une structure plus réaliste de l'intrigue : les déguisements d'Arlequin

---

18  *Ibid.*, p. 12.

19  *Coraline esprit follet* dérive probablement de *Exprit follet / Le lutin amoureux*, dernier scénario joué par les Italiens en 1697, repris en 1722 par Riccoboni puis, avec des modifications plus substantielles, par Veronese en 1744, où il servit, entre autres, aux débuts de Camille en tant que danseuse. Voir E. De Luca, *op. cit.*, p. 159 ; C. Veronese, *op. cit.*, p. 17-18.

20  « [L'Esprit] prenant la figure de plusieurs garçons d'Hôtelleries, de différentes nations, & parlant leurs langues, il leur offre les mets les plus délicats, & les vins les plus exquis. Il leur fait un récit qui leur donne un appétit dévorant. Mais lorsqu'il demande l'argent de tout ce qu'il leur promet, les valets lui répondent qu'ils n'en ont point, alors l'esprit leur dit mille injures, & se réjouit aux dépens de leur gourmandise » : *ibid.*, p. 18.

21  Adriani avait déjà écrit un sujet sur la métamorphose de *Zanni*, dans lequel figure un *lazzo* lié à la faim ; sans doute Romagnesi en porta-t-il une version sur la scène de la Comédie-Italienne en 1669. La contribution de Goldoni à la réécriture de Bertinazzi en 1763 est confirmée par les sources. Voir S. Spanu Fremder, *op. cit.*, p. 233-243 ; Paola Ranzini, « I Canovacci goldoniani per il Théâtre Italien secondo la testimonianza di un Catalogo delle robbe inedito », *Problemi di critica goldoniana*, n° 9, 2002, p. 24-27 ; Andrea Fabiano, *Commento*, dans Carlo Goldoni, *Scenari per la Comédie-Italienne*, Venezia, Marsilio, 2017, p. 358 ; E. De Luca, *op. cit.*, p. 259. Pour le *lazzo* de faim dans le scénario de Adriani voir N. Capozza, *op. cit.*, p. 276.

font en effet référence aux métiers de la société de l'époque et, parmi ceux-ci, à celui de pâtissier[22].

Parmi *Les vingt-six infortunes d'Arlequin*[23], il y a évidemment celle de ne pas voir sa faim satisfaite, à cause d'une série d'épreuves et de plaisanteries orchestrées par les autres personnages. La nourriture, qui lui est offerte à plusieurs reprises, comme en témoigne la présence d'une « *tavola con formaggio, maccheroni, pane, vino*[24] », s'échappe de sa bouche. Cependant, la faim d'Arlequin, plutôt que d'être le moteur du comique, suscite la pitié et la tendresse de certains personnages[25]. Déjà à cette période, il est possible de voir comment le style plus élégant de Bertinazzi relève d'une relation différente à la nourriture ; celle-ci, grâce aux éléments magiques introduits par Veronese, est rêvée, désirée ; la faim est omniprésente, mais elle a du mal à entrer dans l'estomac d'Arlequin. Dès l'ouverture des *Vingt-six infortunes d'Arlequin*, celui-ci démontre sa maturité en résistant à la nourriture pour assurer son avenir :

> Arlequin paroît, & expose à son tour, que depuis un temps infini qu'il parcourt le monde, & qu'il sert d'un côté & d'autre, il n'a pû amasser que vingt écus qu'il a dans une bourse, & que dût-il ne manger que de l'herbe, il est résolu de ne pas toucher à cette somme, qu'il réserve, pour se faire un petit établissement à Bergame sa patrie, & de demander sa vie en chemin[26].

Pour mieux comprendre le détournement vers un autre registre comique du thème traditionnel de la faim, il suffit d'observer la fin du deuxième acte :

> Mario le fait entrer, & lui demande s'il a besoin de rien ; Arlequin lui dit qu'il a une faim dévorante ; Mario s'en étonne, ayant payé pour lui comme s'il avoit mangé pour quatre, mais Arlequin lui raconte la dureté & la friponnerie de

---

22   Registre Th. Oc. 178, BNF, fiche n° 80, *Le metamorfosi di Arlecchino*. Dans la fiche, qui se réfère à deux sujets différents, en deux et cinq actes, il y a « *scodella con zuppa* [...] *pastizzo, e cestello* », sans qu'il soit possible d'établir quels *lazzi* liés à la nourriture ont été introduits.

23   Le canevas, dérivé de *Le trentadue disgrazie di Arlecchino*, écrit par Goldoni en 1740, retouché par Veronese, a été joué régulièrement dès sa création le 3 septembre 1751, notamment tout au long des années 1760 et 1770. Il existe un autre manuscrit, conservé au Fonds français de la Bibliothèque nationale de France, qui porte le titre *Les vingt-deux infortunes d'Arlequin* ; pour certains critiques, il s'agit du même sujet ; pour d'autres, il s'agit de deux sujets distincts. Voir : C. Veronese, *op. cit.*, p. 81-87 ; E. De Luca, *op. cit.*, p. 339 ; P. Ranzini, art. cité, p. 29-30 ; A. Fabiano (éd.), C. Goldoni, *op. cit.*, p. 369.

24   Registre Th. Oc. 178, BNF, fiche n° 69, *Les 26 infortunes d'Arlequin*.

25   Par exemple, à la fin du premier acte Mario Lélio « touché da son état » il ordonne à l'Aubergiste de nourrir Arlequin à ses dépens. *Cf.* C. Veronese, *op. cit.*, p. 82.

26   *Ibid.*

l'Aubergiste. Mario ordonne à Scapin de donner à manger à Arlequin, & s'en va. Scapin lui fait apporter un plat de macarons, & un morceau de fromage Parmesan, & le laisse seul ; Arlequin extasié de la vue de ces deux mets, ne sçait par lequel commencer ; cependant il se promet bien de n'en rien laisser, mais à l'instant qu'il veut avaler une fourchetée de macarons, des Archers conduit par l'Aubergiste, le saisissent, lui trouvent le pistolet qu'il a ramassé, & le conduisent en prison[27].

La juxtaposition d'un ancien *lazzo* de faim et de l'impossibilité de satisfaire son besoin est accentuée par une caractéristique du jeu de Bertinazzi, à savoir l'alternance du comique et du pathétique, qui sera amplifiée avec l'arrivée dans la Troupe de Carlo Goldoni.


## LA NOURRITURE
## ENTRE LE COMIQUE ET LE LARMOYANT
### Quelques exemples de la dramaturgie
### de Carlo Goldoni pour les Italiens


Comme nous l'avons dit, la capacité de Bertinazzi à jouer un Arlequin à la fois bête et larmoyant émerge avec force grâce à Carlo Goldoni qui intègre la Troupe à partir de 1762[28]. Dans la production du dramaturge

---

27  *Ibid.*, p. 83. La scène est pratiquement identique dans *Les vingt-deux infortunes d'Arlequin*. Les aliments énumérés dans les hardes pour la pièce, « une petite table couverte de maccaroni et de fromage », sont les mêmes que ceux qui figurent dans le Registre Th. Oc. 178, BNF, fiche n° 69. Voir : C. Goldoni, *op. cit.*, p. 264-267.

28  Carlo Goldoni a été lié par contrat à la Comédie-Italienne pendant trois saisons, de 1762 à 1765, produisant une comédie entièrement écrite, une pièce à spectacle et plus de vingt canevas. Bien que la plupart de ces pièces soient perdues, il est possible de reconstituer ce répertoire non seulement grâce aux sources contemporaines, mais aussi grâce à la « technique » d'écriture adoptée par Goldoni à l'époque : il tire de ces canevas sept comédies entièrement écrites en italien et destinées à la scène vénitienne et il utilise le matériel dramaturgique de ses œuvres antérieures pour la scène française. Presque tous les scénarios signés par Goldoni pour la Comédie-Italienne contiennent de la nourriture, comme le confirme le Registre Th. Oc. 178. Pour la période française de Goldoni, voir entre autres : Jessica Goodman, *Goldoni in Paris. La gloire et le malentendu*, Oxford, Oxford University Press, 2017 ; A. Fabiano, *La Comédie-Italienne de Paris et Carlo Goldoni. [...]*, *op. cit.* ; S. Manciati, *op. cit.* En ce qui concerne la production pour la Comédie-Italienne, voir l'édition du théâtre de Goldoni établie par Andrea Fabiano : *Scenari per la Comédie-Italienne, op. cit.*

pour les Italiens, la nourriture devient souvent le moteur dramaturgique, source de comique – sans jamais tomber dans la farce – et de pathétique. Goldoni a repris et adapté au contexte français certains de ses précédents succès vénitiens, notamment une pièce dans laquelle la nourriture joue un rôle central : *Il servitore di due padroni*, dans lequel le *Zanni* se retrouve à servir deux maîtres à la fois, générant un enchaînement de situations comiques.

Dans le scénario que Goldoni élabore pour les Comédiens lors de la saison 1762-1763, la longue séquence du repas, présente dans le deuxième acte de la pièce originale (scènes 10-15)[29], est conservée. Si l'on en juge par les *robbe* présents dans le registre d'inventaire des Comédiens, les *lazzi* d'Arlequin, même ceux liés à la nourriture, sont présents. Dans la pièce, l'ouverture de la longue séquence est précisément le motif de la faim du valet, inquiet qu'aucun de ses « deux maîtres n'ait encore dîné » et qui rappelle avec insistance que « dans ce Pays il faut manger, car, si on ne mange pas, on tombe malade[30] ».

Cette scène est suivie d'une longue séquence où les plats sont "pre-degoûtés" par Arlequin qui choisit le menu avec l'aubergiste Brighella. De la liste des six ou huit plats commandés par Arlequin dans la version originale (on note « une bonne soupe, une belle friture, un beau bouilli et un frincadeau [...] Le rôti, une salade, un pâté en croûte et un "poudingue"[31] »), on trouve sur la scène française une

---

29  Le sujet est le résultat d'une manipulation complexe de la part de Goldoni qui reprend *Arlequin valet de de deux maîtres*, scénario en trois actes de Mandajors, traduite par Riccoboni et représentée à la Comédie-Italienne le 31 juillet 1718, pour créer un canevas pour Antonio Sacchi en 1745 ; la pièce est ensuite écrite intégralement par Goldoni en 1753, afin de la préserver des mauvaises interprétations d'acteurs moins habiles que Sacchi. Au moment de la production pour la Comédie-Italienne, l'auteur revoie son texte pour l'édition Pasquali de ses œuvres. C'est l'une des raisons pour lesquelles on peut penser qu'il existe un lien étroit entre la pièce et le scénario parisien. Pour la reconstitution de cette opération dramaturgique et la correspondance entre les deux versions, voir P. Ranzini, art. cité ; S. Manciati, *op. cit.*

30  Carlo Goldoni *Il servitore di due padroni*, éd. par Valentina Gallo, Introduction de Siro Ferrone, Venezia, Marsilio, 2011.

31  Carlo Goldoni, *Arlequin valet de deux maitres*, adaptation française de Michel Arnaud, Paris, L'Arche, 1977, acte II, scène 12. Toutes les traductions sont tirées de cette édition. Dans la comédie de Goldoni, le célèbre *lazzo* de la lettre de change déchirée se trouve dans cette même scène, dans laquelle Truffaldino et Brighella discutent de la manière de disposer les plats sur la table. N'étant pas d'accord, Truffaldino explique comment faire en utilisant la lettre de change que lui a remise Béatrice, sa maîtresse, en la déchirant en plusieurs morceaux. L'abondance de nourriture est peu après réduite par Pantalon :

« tasse » et « soucoupe pour le café, un plat de salade ; 7 petit pâtés, [un] plat de macaronis ; les autres plats de carton[32] », soulignant la reprise du passage dans la version française et, en même temps, les changements dans les plats pour se rapprocher du "goût de la nation"[33]. Si les macaronis ne peuvent pas manquer, la richesse du repas est écourtée (comme en témoignent la présence en scène des « plats de carton ») pour donner plus d'importance, au contraire, au moment du café, en se rapprochent au goût français de l'époque[34]. Arlequin sert bientôt ses maîtres dans la scène du repas, construite et conclue par le mécanisme de duplication typique de la *Commedia dell'Arte* : « J'ai servi à table deux maîtres, et aucun des deux ne s'est douté qu'il y en avait un autre. Mais puisque j'ai servi pour deux, maintenant, je veux manger pour quatre[35] ».

Quelques années plus tard, Goldoni reprendra un autre motif comique traditionnel lié à la nourriture : celui de la *beffa*. Il s'agit des canevas *La dupe vengée* et *Le rendez-vous nocturne*[36], tous les deux créés lors de la saison 1764-1765 et constamment repris jusqu'à l'interdiction du genre italien en 1780. Après l'heureux intermède larmoyant de la trilogie des *Aventures d'Arlequin et Camille* (1763), construit sur les amours des deux protagonistes et qui sera analysé après, on revient à des canevas où les jeux de scène du couple Arlequin-Scapin occupent une position centrale – et donc aussi à une fonction plus traditionnelle de la nourriture comme vecteur comique.

On pourrait appeler *La dupe vengée* le canevas du « canular de repas », où Scapin organise un sompteux déjeuner et le fait payer par ruse à Arlequin qui, ayant découvert la triche, trouve le moyen de se venger

---

« Qu'est-ce que c'est cette histoire de services ? Qu'est-ce que c'est que cette histoire de cinq plats ? À la bonne franquette, à la bonne franquette ! Quatre grains des riz, deux petits plats, et c'est tout. Je suis un homme sans cérémonies ».

32    Registre Th. Oc. 178, BNF, fiche n° 127, *Le valet de deux maîtres*.

33    Ainsi Goldoni explique la nécessité de prendre en compte le nouveau contexte français, en remodelant ses comédies pour les adapter au "goût de la nation". *Cf. Prefazione dell'autore alla prima raccolta delle commedie*, Venezia, Bettinelli, 1750, p. 770 (traduction de l'auteur).

34    Sur le goût des Parisiens pour le café et sur sa fortune en tant que lieu de rencontre sociale et culturelle au XVIII⁰ siècle, voir, entre autres : Thierry Rigogne, « Readers and Reading in Cafés, 1660-1800 », *French Historical Studies*, vol. 41 (3), 2018, p. 473-494 ; Jonathan Morris, *Coffee. A global history*, London, Reaktion Books, 2018.

35    C. Goldoni, *Arlequin valet de deux maîtres*, éd. citée, acte II, scène 15.

36    C. Goldoni, *Scenari per la Comédie-Italienne*, *op. cit.*, p. 217-222 et 229-230.

en faisant payer à son tour un repas à Scapin[37]. Tout le premier acte se déroule à table, pendant que les convives mangent et boivent « à la santé d'Arlequin et de sa femme[38] ».

Quelques détails sur le repas peuvent être tirés de l'une des deux comédies dans lesquelles Goldoni a ensuite transformé le scénario : *La burla retrocessa nel contraccambio*[39]. En comparant ce texte avec les documents disponibles, il est possible de mettre en évidence le fait qu'un moment important du riche repas était le dessert et le café, utilisé, comme on l'a également supposé pour *Il Servitore*, pour se rapprocher des goûts des Français[40].

De même, dans *Le rendez-vous nocturne*, dans le dispositif habituel de l'*Arte* de la double rivalité amoureuse[41], la nourriture devient porteuse

---

37  C'est ce qui est rapporté dans *Les Spectacles de Paris* : « On fait qu'Arlequin est fort avare et qu'il ne donne jamais à dîner à ses amis. Scapin imagine de commander un grand repas chez le Traiteur voisin, de faire apporter ce diner chez Arlequin [...]. La compagnie est invitée chez Arlequin ; chacun s'y rend à l'heure indiquée, mange bien, et se retire. Le soir le Traiteur vient présenter le mémoire à Arlequin, qui est fort étonné d'apprendre qu'il a donné à dîner ce jour-là ; [...] Il apprend ensuite que ce tour lui a été joué par Scapin, et il trouve moyen de lui faire payer le diner » (« Les Spectacles de Paris, ou suit du calendrier historique et chronologique des théâtres », XIVème partie pour l'année 1765, Paris, Duchesne, 1765, p. 129-133). La *Correspondance littéraire* ajoute : « Tout cela produit un embrouillement très comique. Arlequin, après avoir éclairci le fait, non sans beaucoup de peine, trouve le secret, non seulement de faire payer à ses amis le dîner qu'ils ont fait chez lui à son insu, mais aussi de leur donner à souper à leur dépens » (*Correspondance littéraire, philosophique et critique par Grimm, Diderot, Raynal, Meister, etc.*, éd. par M. Tourneux, t. 6 [1764], Paris, Garnier frères, 1877-1888, p. 8-9). Ces sources, ainsi que le riche résumé de Cailhava de l'Estandoux, qui se réfère probablement à la reprise du scénario en 1769, sont rapportées dans C. Goldoni, *Scenari per la Comédie-Italienne*, *op. cit.*, p. 217-220.

38  *Ibid.*, p. 219.

39  Goldoni a tiré deux comédies de ce scénario : *Chi la fa l'aspetta, o sia la burla vendicata nel contraccambio fra' i chiassetti del Carneval*, jouée au théâtre San Luca pendant la saison 1764-1765, et *La burla retrocessa nel contraccambio*, écrite en 1764 pour le théâtre de société d'Albergati. C'est surtout ce dernier qui trouve une plus grande correspondance avec le scénario français, comme le montre une comparaison avec les documents disponibles. Voir P. Ranzini, art. cité, p. 97-104.

40  La fiche du registre d'inventaire confirme : « un buffet, une table et trois couverts, plusieurs plats de dessert, une bouteille de vin, quatre tasses de café » (Registre Th. Oc. 178, BNF, fiche n° 143, *La dupe vengée / Arlequin dupe vengé*. Le registre fait référence à deux fiches, ce qui confirme l'existence de deux réécritures du même sujet).

41  Dans ce cas également, il est facile de retracer l'intrigue à partir des documents disponibles : Goldoni a repris l'un de ses premiers canevas, *I cento e quattro accidenti in una notte o La notte critica*, composé vers 1740, et a ensuite adapté le sujet en version musicale dans *La notte critica*, représenté lors du carnaval de 1766 au théâtre San Cassiano. Voir Anna

de comique, grâce au déroulement nocturne de l'histoire. D'après les objets répertoriés dans le registre d'inventaire, il est possible de voir qu'outre le panier contenant « *pasticetti e vino*[42] » que Camilla prépare pour Arlequin, il y a également des objets qui ont pour seul but d'être utilisés pour l'exécution de certains *lazzi*. On remarque en effet « *un tondo di terra, ma non troppo forte* », qui pourrait faire allusion à un *lazzo* dans lequel Arlequin fait tomber (en le brisant) un plat, et à la « *pietra della grassezza d'un pasticcetto* », probablement utilisée par le *Zanni* pour un *lazzo* dans lequel il mange la pierre, en la prenant par une pâtisserie[43].

Plus l'écriture de Goldoni se rapproche de la tradition de l'*Arte*, plus la nourriture devient le moteur exclusif du comique, contrairement à la ligne larmoyante de sa production, dont les protagonistes principaux sont Arlequin et Camille, interprétés par Carlo Bertinazzi et Camilla Veronese, tous les deux promoteurs d'un jeu plus pathétique. Dans la Trilogie des *Aventures d'Arlequin et Camille*, le plus grand succès de Goldoni à la Comédie-Italienne[44], la nourriture met en évidence le changement d'Arlequin, désormais plus proche de l'Amoureux que du *Zanni* vorace de la tradition[45]. Dans la Trilogie, il n'y a plus de macaronis, de pain et de fromage, mais des fruits et des tasses de chocolat qui, au lieu de déclencher le rire, servent à exprimer des sentiments tels que la jalousie, la colère, l'inquiétude : la nourriture perd donc sa force comique.

---

Scannapieco, « Scrittoio, scena, torchio : per una mappa della produzione goldoniana », *Problemi di critica goldoniana*, n° 7, 2000, p. 139.

42  Registre Th. Oc. 178, BNF, fiche n° 121, *Le rendez-vous nocturne*.

43  *Ibid.* Ces objets seront éliminés par Goldoni dans *La notte critica*, confirmant l'invention par l'acteur des *lazzi* qui leur sont associés. La prise d'éléments non comestibles pour de la nourriture était un *lazzo* déjà présent sur la scène parisienne de l'Ancienne Comédie-Italienne dans *Le baron allemand* (1667), où Arlequin prend du savon pour du fromage et le mange. Le même *lazzo* est également présent dans *Pulcinella finto prencipe* d'Adriani. Voir : N. Capozza, *op. cit.*, p. 276 et François et Claude Parfaict, *Histoire de l'ancien Théâtre italien, depuis son origine en France, jusqu'à sa suppression en l'année 1697. Suivie des extraits ou canevas des meilleures pièces italiennes qui n'ont jamais été imprimées*, Paris, Lambert, 1753, p. 185.

44  Sur le succès de la Trilogie voir : S. Manciati, *op. cit.*, p. 77-108.

45  C'est le problème auquel Goldoni a été confronté lorsqu'il a utilisé ces scénarios comme base pour la composition des comédies vénitiennes. Les rôles joués par Camilla Veronese et Carlo Bertinazzi ne trouvent pas d'équivalent dans la Troupe vénitienne, où la Soubrette et Arlequin étaient clairement distingués des Amoureux. Sur l'adaptation entre les deux versions voir : Silvia Manciati, « Dal testo alla scena e viceversa : da Arlequin et Camille a Zelinda e Lindoro. Appunti per uno studio preliminare », *Studi goldoniani*, n° 8, 2019, p. 49-64.

Par exemple, dans les *Amours d'Arlequin et Camille* la « *chichera da cioccolata*[46] » du registre d'inventaire est renversé par Arlequin à la vue des effusions que Célio avance à sa Camille : un mélange de pathétique et de bouffonnerie qui deviendra la marque stylistique de Bertinazzi. Dans le deuxième épisode de la trilogie, la nourriture devient également le vecteur de la jalousie d'Arlequin :

> [Arlequin et Camille] sont fâchés des excès auxquels ils se sont portés ; mais ils renaissent bientôt à l'arrivée d'un paysan que Célio envoye exprès apporter des poires qu'il a ordonné de remettre à Camille. Arlequin rentre de nouveau en fureur ; après avoir jetté les poires, il en ramasse une, morde dedans avec rage, et dit qu'il voudrait tenir de même le cœur de Célio[47].

Ce passage, qui clôt le deuxième acte, démontre bien la tridimensionnalité que Bertinazzi donne à son Arlequin – d'ailleurs, le passage n'est pas présent dans la pièce de Goldoni, ce qui suggère une invention de Bertinazzi lui-même[48].

Dans la troisième partie de la trilogie, nous retrouvons également le mélange de pathétique et de bouffonnerie qui conserve le souvenir lointain des *lazzi* avec la nourriture. Camille s'est évanouie d'inquiétude : « Arlequin prie Célio de la soutenir tandis qu'il va chercher de quoi la faire revenir ; elle revient avant qu'il soit de retour, et voyant qu'il l'a laissée tranquillement dans les bras de Célio, elle sort au désespoir, et Arlequin ne la trouvant plus, boit à sa santé le verre de vin de Malaga qu'il lui apportait[49] ». Si dans les *lazzi* de la tradition l'odeur du fromage fait remettre d'un évanouissement le *Zanni*[50], ici la liqueur sert

---

46  Registre Th. Oc. 178, BNF, fiche n° 116, *Les amours d'Arlequin et de Camille*. C'est ainsi que la scène apparaît dans la pièce correspondante, *Gli amori di Zelinda e Lindoro* (acte II, scène 18). La comparaison de ces documents permet d'affirmer la forte correspondance entre la pièce française et la comédie italienne.

47  Pour le résumé de la pièce, par Desboulmiers, voir C. Goldoni, *Scenari per la Comédie-Italienne, op. cit.*, p. 191. Le registre d'inventaire confirme la présence d'un « *paniere di peri* » : Registre Th. Oc. 178, BNF, fiche n° 115, *La gelosia d'Arlechino*.

48  Dans la pièce de Goldoni, des poires sont jetées sur le fermier et risquent d'atterrir sur Don Roberto, qui entre à ce moment-là, créant ainsi un sketch comique (Carlo Goldoni, *La jalousie de Lindoro*, traduction de Ginette Herry, Paris, Imprimerie nationale, t. 2, 1993).

49  Pour le résumé de la pièce, par Desboulmiers, voir C. Goldoni, *Scenari per la Comédie-Italienne, op. cit.*, p. 205.

50  C'est ce qui se passe, par exemple, dans *La force de l'amitié* de Riccoboni. Voir : N. Capozza, *op. cit.*, p. 277.

à faire alterner le pathétique et le comique ; le passage se termine en effet avec Arlequin qui essaye d'offrir du vin à Camille pour qu'elle se sente mieux, mais celle-ci, au comble du désespoir, éclate en sanglots.

On observe ainsi que la nourriture n'est plus exclusivement le moteur du comique et donc une prérogative des *Zanni*. Elle sert aussi à d'autres personnages pour accentuer une tirade pathétique, comme ici, ou pour séduire, comme dans le cas de *Camille aubergiste*. Pour ce sujet, joué en 1764, Goldoni adapte l'un de ses grands succès vénitiens, *La locandiera*, dans lequel l'astucieuse aubergiste Mirandolina utilise la nourriture comme arme de séduction contre le misogyne Chevalier de Ripafratta. Bien que le canevas soit très simplifié par rapport à la construction malicieuse de la comédie vénitienne, la séquence du repas est conservée, comme le montre le « *bisognevole per l'apparecchio di tavola con zuppa e vari piatti, bicchieri e bottiglie* » dans le registre d'inventaire[51].

## LE RETOUR
## DU « CHER FROMAGE DE PARMESAN »

La fin des années 1760 voit une amplification de la composante spectaculaire dans le répertoire des Comédiens, ainsi que la reprise de sujets anciens – un choix dicté en partie par l'interdiction de jouer des pièces françaises à partir de 1769. Dans le volet spectaculaire, *Arlequin charbonnier*[52], qui a fait ses débuts le 5 mai 1769 et qui a été repris avec succès tout au long de la décennie[53], est particulièrement significatif pour ce qui concerne la nourriture. La proximité avec la tradition de l'*Arte* se retrouve dans la faim incessante de l'Arlequin, qui joue des « lazzis de gourmandise[54] »,

---

51 Registre Th. Oc. 178, BNF, fiche n° 31, *Camille aubergiste*. Dans le passage de la *Locandiera* au scénario français, la simplification de l'histoire va de pair avec celle du protagoniste. Voir : Carlo Goldoni, *La locandiera*, trad. de Gérard Luciani, éd. De Myriam Tanant, Paris, Gallimard, 2017.

52 Le scénario est repris de *La congiura de' carbonari* de Goldoni, composée pour Sacchi en 1746 et perdue. Voir C. Goldoni, *Scenari per la Comédie-Italienne, op. cit.*, p. 279-283 et p. 375-376.

53 Son succès est dû à une mise en scène extrêmement spectaculaire, enrichie de scènes de masse, de parties musicales et chorégraphiques.

54 C'est ce qui apparaît dans le résumé du *Mercure de France* (1769, I, p. 183-189 ; rapporté dans C. Goldoni, *Scenari per la Comédie-Italienne, op. cit.*, p. 279).

dans son incapacité de résister à la nourriture, qui à nouveau contrôle ses actions. Argentine, déjà promise à Scapin, est offerte par son frère Arlequin à Ergaste, en échange de nourriture :

> le riche Ergaste offre à Arlequin le sort le plus beau, s'il lui donne sa sœur
> [...]. *Tout ce que j'ai tu l'auras. Avrai. Comment ! Et si je veux manger un chapon.*
> *– Avrai – Et s'il me prend envie de gouter des macaroni – Avrai,* etc. Auprès une
> longue et très plaisante énumération des gouts d'Arlequin, toujours suivis
> d'*avrai* à la manière italienne, Arlequin est plus que jamais décidé à donner
> sa sœur à Ergaste [...][55].

De plus, la nourriture est toujours utilisée par Scapin comme stratagème pour tromper Arlequin : pour arrêter son armée de charbonniers, Scapin justifie l'enlèvement d'Argentine comme « une plaisanterie » pour organiser le banquet de mariage[56]. « Comme Arlequin doute un peu de la vérité du fait, on lui fait passer sous le nez une partie des plats qui doivent composer le festin. Cette vue et cette odeur achèvent de faire donner Arlequin dans le piège. Choisissez donc, mes amis, dit-il à ses gens, "ou le combat ou le repas[57]" ». Le choix de l'armée d'Arlequin est clair : l'histoire se termine par un banquet de mariage au lieu d'un combat. Il est donc évident que la nourriture et la faim redeviennent des moteurs du comique et des éléments distinctifs d'Arlequin.

La proximité avec les traits primordiaux des *Zanni* revient également dans *La bague magique*[58], représentée pour la première fois le 20 juillet 1770. Dans ce sujet, Arlequin, en proie aux soupçons de trahison de sa femme Argentine, décide de perdre la mémoire grâce à un anneau magique. Tout au long de la pièce, la nourriture accompagne les moments où Arlequin risque de perdre son identité, soit par la mort, soit par la perte de mémoire. La pièce s'ouvre d'ailleurs sur Arlequin qui, désespéré, décide de mettre fin à ses jours. Ses dernières pensées vont à ses *maqueroni* :

> Je n'en puis plus... trois jours sans manger, sans dormir. Mon partit est pris.
> J'y vais, je m'y jette, [...]. (*il pleure, et ôte sa besace*) [...] Du pain ! Non il n'est

---

55  *Ibid.*, p. 280.
56  *Ibid.*, p. 282. Dans le registre d'inventaire : « *vari piatti con robbe da mangiare* » (Registre Th. Oc. 178, BNF, fiche n° 138, *Arlequin charbonnier*).
57  C. Goldoni, *Scenari per la Comédie-Italienne, op. cit.*, p. 282.
58  Pour le manuscrit de *La bague magique* et les problèmes d'interprétation qui y sont liés, voir P. Ranzini, art. cité, p. 128-133 ; A. Fabiano, *Nota al testo*, dans C. Goldoni, *Scenari per la Comédie-Italienne, op. cit.*, p. 56-71.

pas possible que je puisse manger et toi mon cher fromage de parmesan, toi qui râpé sur les maqueroni faisois mes délices, étoit mon ragoût favori, adieu adieu pour toujours[59].

Une besace avec du pain, et fromage : c'est l'héritage qu'Arlequin laisse dans son testament[60]. L'importance de la nourriture est à nouveau soulignée lors de l'arrivée du magicien, à qui Arlequin avoue qu'il n'a d'autre choix que de mourir, puisqu'il a perdu l'appétit. Et après la proposition du magicien, ses pensées se tournent à nouveau vers le fromage et les macaronis :

> MAGICIEN
> Écoute, mon ami, si tu pouvois oublier ta femme [...] J'aurois le secret de te la faire oublier, mais en même tu perderois le souvenir de tout le passé, depuis ta naissance jusqu'à ce moment-ci. [...]

> ARLEQUIN
> Mais ! Oublierois-je aussi le fromage, les maqueroni, oublierois-je de manger, et de boire ?

> MAGICIEN
> Le manque de souvenir ne te rendra pas ni imbécille, ni stupide[61].

À la fin de la pièce, Arlequin retrouve la mémoire, « tombe aux pieds d'Argentine lui demande pardon[62] ». Cependant, il est évident que l'apprentissage de près de cent ans dans la découverte des sentiments et du goût français ne l'a pas beaucoup éloigné de cette caractéristique essentielle, pour qui tout se résout en satisfaisant sa faim.

Comme nous l'avons vu, il est possible d'observer à travers la nourriture le lent processus de francisation que la tradition italienne a subi, inévitablement, depuis le début de son aventure sur la scène parisienne. L'Arlequin vorace a appris les bonnes manières et à réfréner ses instincts vitaux ; les goûts s'affinent, comme le montre la scène, parallèlement au caractère davantage élégant du jeu et à une évolution plus générale

---

59  *Ibid.*, p. 291-292.
60  « Passants, [...] celui, qui a écrit ce billet n'existe plus. [...] Je vous abandonne par reconnaissance ma besace, mon petit argent, et mon fromage parmesan » : *ibid.*, p. 298. Une besace avec du pain, et fromage est aussi dans le Registre Th. Oc. 178, BNF, fiche n° 138, *Arlequin charbonnier.*
61  C. Goldoni, *Scenari per la Comédie-Italienne, op. cit.*, p. 295-296.
62  *Ibid.*, p. 331-332.

de l'esthétique, qui rejette en partie l'appétit bestial du *Zanni*. Ayant perdu son lien fort avec la tradition de l'*Arte*, la nourriture conquiert plus largement la scène des Italiens, devenant aussi l'instrument de scènes pathétiques et de séduction. Mais lorsque le processus de francisation s'amplifie et que l'on s'achemine vers le déclin de la tradition de l'*Arte* à Paris, il n'est pas étonnant qu'Arlequin s'accroche à sa besace, contenant du pain et du fromage – dernier repère de son identité et inhérente à sa nature – avant sa disparition définitive.

Silvia MANCIATI
Université de Rome « Tor Vergata »

# CULINARY CULTURE
# AND THEATRE PRODUCTION

# FOOD AND DRINK ON STAGE
# AND OFF (1660-1700)

This essay will examine payments related to food and drink recorded by Parisian theatre companies from 1660 to 1700. To this end, it will examine account books and other documents kept by three troupes: first, Molière's troupe, which occupied the Petit-Bourbon theatre (1658-1660) and then the Palais-Royal (1661-1672); second, the company formed by a fusion at the Hôtel Guénégaud of the late Molière's troupe with actors from the Marais theatre (1673-1680); and third, the Comédie-Française, created in 1680 by a union of the Guénégaud and Hôtel de Bourgogne companies, which occupied first the Guénégaud (1680-1689) and then a new, purpose-built theatre in the rue des Fossés Saint-Germain (now the rue de l'Ancienne-Comédie).[1] However, although the account books mention food and drink a good deal (for example, between 1677-1678 and 1681-1682, payments to the *cabaretier* or for the '*pain et vin des répétitions*' occur at almost every performance),[2] the majority of these entries do not provide much actual information. This is frustrating, because many payments clearly relate to rehearsals, and I had hoped to draw new conclusions as to the companies' production processes. But the play (or plays) rehearsed on a given day were not necessarily those given at that afternoon's performance (performances habitually began at 5pm), particularly if a new creation or major revival was being prepared. So, unless other information is available (as is sometimes the case), all we can say with any degree of certainty on the basis of our 'food evidence' is that the companies in question rehearsed a good deal, which is borne out by sources from the latter part of our period. For example, a rehearsal schedule drawn up by the Comédie-Française on

---

1    The account books of the Hôtel de Bourgogne and Marais companies are not extant.
2    Throughout the seventeenth century, theatrical seasons began and ended at Easter and spanned, therefore, two calendar years.

9 July 1685 shows that that it intended to rehearse five plays in total on all but two of the next fourteen days, sometimes rehearsing two plays in a single morning and, on one occasion, three.[3]

We must exercise caution, too, because it is frequently difficult to determine whether an item for which payment was made was required on or off the stage. For example, when 12 *sols* were paid '*pour du vin*' on 20 October 1675, when Molière's *Amour médecin* was given, was this intended as a refreshment for the participants or to be drunk as part of the performance? I have tried to resolve such problems by asking three questions. When was the reference made? Are food and drink mentioned in the play itself? And did the performance involve supernumerary performers for whom refreshments were frequently provided (e.g. dancers)? The first consideration derives from there being a change to the way in which information was entered into the account books over time. In the early years, the troupes were more likely to record everything (particularly during the Guénégaud period), whereas latterly they tended to omit items relating to their backstage activity. So, interrogating that performance of *L'Amour médecin* by means of my three questions: the entry dates from the Guénégaud period when the account book records are generally very full; there is no mention of wine in the play; and it did feature musical episodes requiring singers and dancers. On balance, therefore, I would conclude that the wine was taken off stage rather than on.

A final consideration concerns the decoding of references to meals and snacks. The terms most frequently employed are '*vin*', '*pain et vin*' and '*collation*', with '*déjeuner*', '*dîner*' and '*souper*' also present, albeit much more infrequently. Furetière, in his *Dictionnaire universel* of 1690, defines *déjeuner* as the '*repas qu'on fait le matin devant midi. La pièce de huit heures, les pâtés, les saucisses, c'est ce qu'on mange d'ordinaire à un déjeuner*'; while *dîner* is the '*repas qu'on prend vers le milieu du jour*';[4] and *souper*, according to the 1694 edition of the *Dictionnaire de l'Académie Française*, is simply '*le repas du soir*' (Furetière gives only the verb).[5] *Collation*, on the other hand, according to Furetière, has a multiplicity of meanings, making it frequently difficult to interpret:

---

3    BMCF, R52_0_1685, Feuilles d'assemblée (1685), 9 July.
4    Antoine Furetière, *Dictionnaire universel* (The Hague: A. et R. Leers, 1690). Quotations have been modernised in the interests of consistency and comprehensibility.
5    *Dictionnaire de l'Académie Française* (Paris: J.-B. Coignard, 1694).

*Collation est aussi le petit repas qu'on fait en hâte en passant, quand on n'a pas le loisir de s'arrêter. Voulez-vous prendre un doigt de vin, faire une petite collation? Collation est encore le repas qu'on fait entre le dîner et le souper, que les enfants appellent goûter. Collation est aussi ce qu'on prend en allant coucher, un doigt de vin, et des confitures. Collation est pareillement un ample repas qu'on fait au milieu de l'après-dîner, ou la nuit. Il y aura chez le roi bal, ballet, et collation. [...] Ce mot s'est depuis étendu à tous les autres repas qu'on fait depuis dîner.*

Bearing in mind that companies rehearsed or held meetings in the mornings (rehearsals began at 10am or 11am), then presumably had a break (and took their *dîner*) before the performance began at 5pm, we can see that most of the refreshments provided would, indeed, have been *collations*. What is more, there appears to be a clear distinction between snacks taken 'on the go' and the fuller meals that were occasionally provided, particularly during business and other trips, as we will see. We do, though, occasionally find *déjeuner* being used where we would normally expect *collation* (e.g. *'pour le déjeuner de la répétition d'hier'*),[6] which I understand as meaning something like a 'working breakfast'. The question remains, though, of whether the much-used term *'pain et vin'* would have been just that or whether this was a synonym for *collation*.

## FOOD OFFSTAGE

### DAILY EXPENSES

Companies provided refreshments for their members from the earliest days for which we have records. La Grange first listed the daily expenses per performance day for Molière's troupe in 1660, at which time it included 1 *livre* for *'collation de vin, tisane, pain'*. And two years later, the same sum was still being paid for a *'collation pour la troupe'*.[7] The presence of tisane in the first list (defined by Furetière as a *'potion rafraîchissante faite d'eau bouillie avec de l'orge et de la réglisse'*) might seem

6    Sylvie Chevalley, 'Le "Registre d'Hubert", 1672-1673', *Revue d'histoire du théâtre*, 25 (1973), 1-132, p. 30.
7    Charles Varlet dit La Grange, *Registre*, ed. by B. E. Young and G. P. Young, 2 vols (Paris: Droz, 1947), pp. 18, 47.

surprising, but no doubt the licorice it contained was thought to be good for the throat, since he also notes that the root was used to cure colds. What is more, tisane continued to be provided at the Comédie-Française after 1680, where it is mentioned in the daily expenses for 1683-1684, 1685-1686, 1686-1687, 1687-1688, and 1690-1691.[8] This tisane was supplied for the company by Jeanne Malgras, the wife (and later widow) of one of the Guénégaud *décorateurs*, Gilles Crosnier, at which time she was known as Mme Crosnier. See for example the payment to her of 5 *livres* 14 *sols* '*pour la tisane*' on 10 September 1680,[9] presumably in respect of several days' provision. In 1681, Mme Crosnier married the candlemaker Jean Raguenet,[10] but continued to work for the troupe and is mentioned by her married name in the lists of *frais ordinaires* of 1685-1686, 1686-1687 and 1687-1688. It is curious, then, to find the inclusion of 16 *sols* '*à la Crosnier pour la tisane*' in the *frais ordinaires* of 1690-1691.[11] However, we also find her under her married name shortly thereafter, since in November 1691, the company resolved that '*Mme Raguenet qui a 16 sols pour fournir la tisane n'aura plus rien et ne fournira plus de tisane*', but would be compensated with a post as *ouvreuse* for the

---

8    BMCF, R15, Registre 1683-1684; BMCF, R17, Registre 1685-1686; BMCF, R18, Registre 1686-1687; BMCF, R19, Registre 1687-1688; BMCF, R25, Petit Registre 1690-1691. Companies appear to have habitually first entered information in a draft account book, before tidying it up and correcting it for the official record. A number of these *petits registres* survive in the archives of the Comédie-Française and are interesting for the additional or complementary information they contain. They are generally not paginated, whereas official account books have often been paginated retrospectively. I have, therefore, in the present essay, identified entries by means of their dates, only giving page numbers when an account book has been subsequently published. The companies also frequently recorded information on the reverse of their account book pages. Sometimes, particularly towards the end of a season, this had to do with the annual settling of the accounts. Elsewhere, it relates to the performance for which the receipt and expenditure are shown on the facing page. Unless otherwise specified, I have identified such entries by giving the date of the preceding page followed by v (verso).

9    BMCF, R12, Registre 1680-1681.

10   Madeleine Jurgens and Marie-Antoinette Fleury, *Documents du Minutier central concernant l'histoire littéraire (1650-1700)* (Paris: Presses universitaires de France, 1960), p. 118.

11   Petit Registre, 1690-1691. Other mentions of Jeanne Malgras as 'la Crosnier' after her marriage to Raguenet occur in the *feuille d'assemblée* for 2 June 1687 (BMCF, R52_0_1687, Feuilles d'assemblée (1687)); in the *registre* entries for 1 June 1689 and 27 December 1689 verso 1689 (BMCF, R23, Petit Registre 1689-1690); and in the *feuilles d'assemblée* of 9 and 23 May 1707, when it was decided to terminate her employment (BMCF, R52_1 1706-1709, Feuilles d'assemblée (1706-1709)). On the website of the Comédie-Française Registers Project, the call number for this document is given incorrectly as R52_1 1706-1707.

first-row boxes and stage boxes with an annual salary to 100 *livres* per annum, to be paid monthly.[12]

## REHEARSALS

Even though, as previously noted, it is not always possible to determine precisely in what context the payments recorded were made, it would appear that, in the first part of our period at least, the majority were for rehearsals. Similarly, it is not always clear whether purely liquid refreshment was provided or something more substantial, since on occasions the payment is entered simply as '*cabaret*',[13] or '*au cabaretier*'.[14] Sometimes it is specified for which section of the company (including supernumerary performers) the refreshment was provided, and it is perhaps not surprising to find that the dancers were particularly thirsty, with wine being provided for them at both rehearsals and performances. For example, wine was supplied at rehearsals for the dancers on a number of occasions when *Le Sicilien* and *Monsieur de Pourceaugnac* were performed together.[15] Similarly, payments were made with regard to rehearsals for the dancers for *Le Malade imaginaire*,[16] and for *Le Bourgeois gentilhomme*.[17] We should also note a payment for the '*vin de la répétition des danseurs*' on 28 December 1681, the day before a performance of *L'Inconnu* by Thomas Corneille and Donneau de Visé.[18] Payments from earlier in our period remind us that the people who instructed or assisted the performers also required refreshment. Thus, 1 *livre* 10 *sols*

---

12  BMCF, R52_0_1691, Feuilles d'assemblée (1691), 5 November.

13  For example, BMCF, R10, Registre 1678-1679, 24 June 1678.

14  For example, BMCF, R8, Registre 1676-1677, 29 September 1676. Furetière's definition of *cabaret* is particularly interesting: 'Lieu où on vend du vin en détail. On confond aujourd'hui ce mot avec *taverne*: néanmoins ils sont fort différents, en ce que le *cabaret* est le lieu où on donne seulement du vin à pot par un trou pratiqué dans une treillis de bois qui y sert d'enseigne, sans qu'il soit permis d'asseoir, ni de mettre la nappe. On l'appelle pour cela *à huis coupé, et pot renversé*, parce que l'hôte est obligé de renverser le pot sitôt qu'il a vendu le vin. Au lieu qu'à la *taverne* on vend le vin par assiette, et on y apprête à manger.'

15  Registre 1680-1681, 10 June, 11 September, 28 December 1680; BMCF, R14, Registre 1682-1683, 11 June 1682.

16  Registre 1680-1681, 30 August, 2 and 6 September 1680; Registre 1682-1683, 28 October, 2 and 3 November 1682.

17  Registre 1680-1681, 29 September, 5 October 1680; BMCF, R13, Registre 1681-1682, 31 August 1681.

18  Registre 1681-1682.

were paid '*pour du vin au record des danseurs*' on 22 April 1663;[19] and 2 *livre* 10 *sols* for '*du vin pour les records*' on 15 February 1664.[20] On the other hand, the use of the formulation '*vin des danseurs*' on 1 July 1680, when *Les Fâcheux* and *Les Fourberies de Scapin* were performed together, and on 9 October 1681, when *Le Malade imaginaire* was given,[21] leaves it unclear as to whether these were for rehearsals or performances. We should also note the payment of 1 *livre* 6 *sols* on 1 September 1685 '*pour un déjeuner aux musiciens*' (i.e. the singers) in connection with the preparation of Dancourt's *Angélique et Médor*, and of 3 *livres* 8 *sols* 6 *deniers* on 22 October 1685, for expenses including a *déjeuner* for the '*violons*' (i.e. the orchestra).[22]

There are too many payments in respect of rehearsals where the recipients of the refreshments are not specified to make it worthwhile to list them here. However, the following may be of interest, not least for of the use of terms other than the more usual '*pain*' and '*vin*': 2 *livres* 9 *sols* to Crosnier [the *décorateur*] '*pour la collation en repassant*' on 22 May 1663;[23] 1 *livre* 10 *sols* on 27 October 1664, '*pour une collation*';[24] 11 *livres* 2 *sols* on 8 July 1672, '*pour le déjeuner de la répétition*';[25] various payments for '*collation*' or '*feu et collation*' on 29 November, 6, 9 and 11 December 1672;[26] 2 *lives* on 21 January 1674 '*pour collation à une répétition*';[27] 1 *livre* 18 *sols* on 30 May 1679 for a '*collation*', and 1 *livre* 8 *sols* for another on 2 June 1679.[28] Further examples of these types of payment will be examined shortly when we turn to consider a number of 'case study' productions.

19   Georges Monval, *Le Premier Registre de La Thorillière (1663-1664)* (Paris: Librairie des bibliophiles, 1890), p. 10.
20   BMCF, R3, Le Second Registre de La Thorillière (1664-1665).
21   Registre 1680-1681; Registre 1681-1682.
22   Registre, 1685-1686.
23   Monval, *Le Premier Registre de La Thorillière*, p. 22.
24   Le Second Registre de La Thorillière.
25   Chevalley, 'Registre d'Hubert', p. 31.
26   Ibid., pp. 87, 90-92. These payments almost certainly relate to the revival of *Psyché* by Molière, Pierre Corneille and Philippe Quinault.
27   BMCF, R5, Registre 1673-1674.
28   BMCF, R11, Registre 1679-1680.

WORKERS

When a production was being prepared and performed, refreshments also had to be provided for members of the backstage crew, particularly if it involved a degree of spectacle. Thus, in 1682, during the preparation of the revival of Pierre Corneille's *Andromède*, the following sums were paid: 2 *livres* 18 *sols* on 24 June for the '*vin de la répétition pour la machine*', 8 *livres* 8 *sols* on 24 July for '*menus frais et cabaret pour la machine*', and 3 *livres* 10 *sols* on 26 July for the '*vin des ouvriers pour la machine*'.[29] Since the revival only opened on 19 July, the first payment reveals that the machines were already operational almost a month beforehand. Another payment made with regard to the preparation of a production was the 14 *livres* paid for '*deux repas au peintre chez Sorel*' on 23 January 1696,[30] which was four days after the premiere of Dancourt's *Foire Saint-Germain*. This would have been the specialist scene painter brought in to create the decors.

As with rehearsals, we find numerous references to the provision of refreshments for backstage employees and workers of different kinds, without it always being clear whether this was in connection with a specific production. Although, on other occasions, the men for whom refreshments were provided were clearly involved in construction or maintenance work on the theatre building. Here, though, we have the added complication of not always knowing whether the wine mentioned was '*pour boire*' or a *pourboire*, i.e. we do not know whether the money given was actually to buy drink or not. For, although the word *pourboire* only enters the Académie-Française dictionary in 1798, this does not mean that the phenomenon it describes did not exist prior to that date. Payments that probably have to do with the preparation of productions include the following: 4 *livres* 10 *sols* '*au nommé Antoine Charpentier pour boire et à ses confrères*', during the payment of the extraordinary expenses for *Circé* by Thomas Corneille and Donneau de Visé;[31] and 6 *livres* for the '*chandelle et vin des ouvriers pour la Pierre philosophale*' on 27 March 1681.[32] This was Thomas Corneille's disastrous final machine play, which was taken off after just two performances, for reasons still

---

29   Registre 1682-1683.
30   BMCF, R36, Petit Registre 1695-1696.
31   BMCF, R6, Registre 1674-1675, 5 April 1675 v.
32   Registre 1680-1681.

unknown.[33] The 3 *livres* paid '*pour boire aux ouvriers*' on 28 November 1679 after a performance of *La Devineresse* by Thomas Corneille and Donneau de Visé may also fall into this category,[34] as may the 3 *livres* 12 *sols* paid '*aux ouvriers pour boire*' on 10 July 1697, after the first performance of Donneau de Visé's *Lotterie*.[35]

On 29 August 1684, 11 *livres* were given '*pour boire aux décorateurs*'.[36] These were the individuals who oversaw the preparation (and repair) of decors and the running of the performance, although, as we have just seen, specialist scene painters were also brought in when required. The chief *décorateur* with Molière's troupe was Jean Crosnier, who received small sums for wine in 1663 and 1664.[37] However, the Hôtel Guénégaud *décorateur* was most probably Gilles Crosnier (who may have been Jean's brother), and it was no doubt he who received 27 *sols* 6 *deniers* '*pour du vin*' on 3 June 1674.[38] The Guénégaud Crosnier was assisted by a certain Dubreuil. Thus, on 1 January 1677, 1 *livre* 10 *sols* were paid '*aux Crosniers et Dubreuil pour boire*', which would suggest that Crosnier senior was also present, and Dubreuil and Crosnier received a further 5 *livres* 5 *sols* for bread and wine two days later.[39] One of the Comédie-Française *décorateurs* was Michel Laurent, known as Champagne, who came to the Hôtel Guénégaud with the Hôtel de Bourgogne actors at the time of the union of the troupes, and who is famous for having continued the list of scenic requirements known as the '*mémoire de Mahelot*'.[40] He died

---

33   See Jan Clarke, 'When enchantment doesn't work: the case of *La Pierre philosophale*', in *Enchantement et désillusion en France au XVII<sup>e</sup> siècle*, ed. by Michael Call (Tübingen: Narr, 2021), pp. 103–15.

34   Registre 1679-1680.

35   BMCF, R40, Petit Registre 1697-1698.

36   BMCF, R16, Registre 1684-1685.

37   For example, Monval, *Le Premier Registre de La Thorillière*, 29 April 1663, p. 13; Le Second Registre de La Thorillière, 29 February 1664. Companies usually employed two *décorateurs*, and Jean may have begun by working with his father, since La Grange's second list of the daily expenses for Molière's troupe of 1662 gives '*décorateurs Crosniers*' in the plural (the first has a single *décorateur* named Matthieu) (La Grange, *Registre*, I, 18, 47). Crosnier père continued to be employed by the Guénégaud company on a casual basis as an *assistant* (supernumerary performer) and labourer; see Jan Clarke, 'The Function of the *décorateur* and the Association of the Crosnier Family with Molière's Troupe and the Guénégaud Theatre', *French Studies*, 48 (1994), 1–16.

38   Registre 1674-1675.

39   Registre 1676-1677.

40   Pierre Pasquier, *Le Mémoire de Mahelot: mémoire pour la décoration des pièces qui se représentent par les Comédiens du Roi* (Paris: Champion, 2005).

in 1688 and was succeeded by his son Charles, known as Charlot or '*le petit Champagne*'. It was he, then, who, along with another employee, Subtil, received 3 *livres* '*pour boire*' on 21 September 1698.[41]

On the other hand, payments that probably had more to do with work on the theatre buildings and their immediate environs include 4 *livres* 10 *sols* '*pour le vin des ouvriers*' when the Palais-Royal was being fitted out in 1660,[42] 3 *livres* '*pour boire aux couvreurs*' on 6 May 1672 and again on 18 October,[43] and 8 *sols* '*pour boire à des paveurs*' on 5 July 1692.[44] We should also note the payment of 1 *livre* 10 *sols* in May 1674 '*pour faire boire les ouvriers et crocheteurs*', immediately after a delivery of wood.[45] The companies regularly employed woodworkers of different kinds, both to work on productions and on their premises. Thus, we find payments of an indeterminate sum '*aux menuisiers pour boire*' on 24 January 1673,[46] and 1 *livre* 10 *sols* '*pour boire aux charpentiers*' on 28 October 1682.[47]

Another important category of employee for whom refreshments were provided or to whom payments were made '*pour boire*' is that of the guards, or *soldats* as they were sometimes termed in the early years. For example, on 27 April and 25 May 1664, sums were paid '*aux soldats* [...] *pour leur vin*';[48] and payments were made '*pour boire aux gardes de la porte*' or '*aux gardes pour boire*' at various times at the Hôtel Guénégaud.[49] In this context, the payment of 1 *livre* 10 *sols* '*aux Suisses pour boire*', at the time of the settling of accounts for *Circé*, is interesting, since this term was on its way to becoming a synonym for *portier*.[50] We should also note the payment on 15 March 1687 of 2 *livres* 17 *sols* '*pour du vin à des laquais*',[51] since the actors' servants regularly assisted the companies of which their employers were members, both onstage and off.

---

41  BMCF, R42, Petit Registre 1698-1699.
42  La Grange, *Registre*, I, 29.
43  Chevalley, 'Registre d'Hubert', pp. 4, 70.
44  BMCF, R29, Petit Registre 1692-1693.
45  Registre 1674-1675, 29 May 16/4 v.
46  Chevalley, 'Registre d'Hubert', p. 110.
47  Registre 1682-1683.
48  Le Second Registre de La Thorillière.
49  See, for example, Registre 1678-1679, 12 June 1678; Registre 1681-1682, 28 December 1681, 3 January, 8 February 1682; Registre 1687-1688, 3 January 1688.
50  *Suisse*: 'Nom donné au domestique à qui est confiée la garde de la porte d'une maison, parce qu'autrefois ce domestique était pris ordinairement parmi les Suisses' (*Dictionnaire de l'Académie-Française* (Paris: Firmin Didot, 1835)).
51  Registre 1686-1687.

Finally, having noted that it is frequently impossible to determine whether payments made to workers were actually tips, I would suggest that this is far more likely to have been the case where mention is made of payments to employees external to the company, as in the following cases: 8 *livres* '*aux cochers pour boire*' on 20 January 1664,[52] 1 *livre* 10 *sols* '*donné à un charetier pour boire*' on 30 September 1672,[53] 4 *livres* 10 *sols* '*donné à trois cochers pour la visite pour boire*',[54] and '*donné à un cocher pour son vin*' at the time of the search for new premises in 1688.[55]

CABARETIERS

Payments made in connection with productions enable us to identify those *cabaretiers* and other *fournisseurs* who supplied foodstuffs to the companies we are discussing. These include, for the creation of *Le Malade imaginaire* at the Palais-Royal in 1672-1673 (of which more later), Boyvin, who provided '*le pain et le vin des répétitions*'; Mme Boury, who supplied the '*petit pain des répétitions des danseurs*'; and La Forest who furnished wine, bread and biscuits '*pour les demoiselles*'.[56] The Hôtel Guénégaud company was supplied first by M. and Mme Ourlies, in 1674-1675,[57] with a further payment the following season for an outstanding bill.[58] Between 1675-1676 and 1677-1678, we find regular payments to M. and Mme Massé or (more rarely) Macé and M. Doquin – far more than can be comfortably listed here. And we should also note a payment of 12 *sols* to M. Docquin over a decade later, on 21 May 1688.[59] Before undertaking this research, I had assumed that M. Massé and M. Docquin were two different individuals.[60] However, I have recently discovered that, in October 1676, a certain Macé Docquin,

---

52  Le Second Registre de La Thorillière.
53  Chevalley, 'Registre d'Hubert', p. 63.
54  Registre 1679-1680, 15 September 1679.
55  BMCF, R19¹, La Grange, État des premières dépenses du nouvel établissement des comédiens ordinaires du roi.
56  Edouard Thierry, *Documents sur le Malade imaginaire: estat de la recette et despence* (Paris: Berger-Levrault, 1880), pp. 171-74, 183, 193.
57  Registre 1674-1675, 22 May, 19 June, 3 and 31 August, 11 September, 21 October, 30 November 1674.
58  BMCF, R7, Registre 1675-1676, 17 May 1675.
59  BMCF, R22, Petit Registre 1688-1689.
60  See, for example, Jan Clarke, *The Guénégaud Theatre in Paris (1673-1680). Volume Two: the Accounts Season by Season* (Lewiston-Queenston-Lampeter: Edwin Mellen, 2001).

a *marchand de vins* resident in the rue Guénégaud, married Catherine Ouvrard, who was herself resident in the rue de Seine.[61] There can be little doubt, then, that M. Massé and M. Docquin were one and the same, and that he was the chief supplier of wine to the Hôtel Guénégaud, which was situated between the rue de Seine and the rue Mazarine, facing the rue Guénégaud, from which it took its name. This is also excellent evidence of the way in which the presence of a theatre in a neighbourhood benefitted the local tradespeople.

The Guénégaud company and the Comédie-Française had, in fact, their own purveyor of refreshments on the premises in the person of Mlle Michel, the proprietor of what was known as the *loge à limonade*, in which enterprise she was assisted by Mlle La Villette,[62] and an individual known as the '*garçon de la limonade*'.[63] Mlle Michel initially rented her premises at a rate of 50 *livres* per month,[64] which had risen to 66 *livres* by April 1680,[65] and one of the features of the annual settling of accounts that occurred each Easter was a statement of what had been received from her during the course of the season. It is not my intention to enter here into a detailed discussion of the lemonade booth; a full description of what was on offer is provided by Samuel Chappuzeau in his *Théâtre français*.[66] It is, however, interesting to see that Mlle Michel occasionally provided beverages – most frequently '*du chocolat*' – for the troupes she served. For the most part, these seem to have been consumed on stage (see below), but there is evidence that members of the Comédie-Française also enjoyed her products privately, since on 10 January 1695, Le Comte recorded that '*j'ai commence à prendre le jeton de Mlle Dancourt pour ce qu'elle doit à Mlle Michel jusqu'à la fin de ce paiement*', which was in fact achieved some nine months later, on 30 October.[67]

61  Archives nationales, Châtelet de Paris. Y//231-Y//234. Insinuations (11 janvier 1675 – 29 janvier 1678), fol. 261, Contrat de mariage de Macé Docquin et Catherine Ouvrard.
62  Registre 1676-1677, 2 March 1677 ff.
63  Registre 1673-1674, 14 January 1674.
64  For example, ibid., 26 November 1673.
65  La Grange, *Registre*, I, 232.
66  Samuel Chappuzeau, *Le Théâtre français*, ed. by Christopher J. Gossip (Lyon, Michel Mayer, 1674) (Tübingen: Gunter Narr, 2009), pp. 233–4.
67  BMCF, R52_0_1695, Feuilles d'assemblée. The *jeton* was the token received by company members as a reward for attending company meetings and which had a monetary value (see Sylvie Chevalley, 'Les Premières Assemblées des Comédiens Français', in *Mélanges*

The lemonade booth, or café as we should probably more properly call it, caused the Comédie-Française company some anxiety at various points. On 24 September 1685, following disturbances '*à la recette de l'argent*', it was thought necessary to post the employee (and former actor) M. Dupin in a position where he could '*prendre garde à l'amphithéâtre et à la loge de limonade et aux billets écrits a la main*'.[68] Then, twelve years later, when it became clear that some customers from the *parterre* were cutting through the café in order to access the more expensive seats, the company resolved as follows:

> *Que la porte de la loge de la limonade du côté de l'escalier des premières loges sera murée pour empêcher que l'on ne passe du parterre a l'amphithéâtre et aux loges et qu'il y sera seulement laissé une ouverture à la hauteur qui sera jugée à propos pour donner à Mlle Michel la facilité de faire porter des liqueurs aux loges, théâtre et amphithéâtre.*[69]

Also, Mlle Michel was instructed that she should bring with her '*que des personnes qui lui seront absolument nécessaires pour son commerce et qu'elle déclarera pour être examiné par la compagnie et l'on donnera ordre à la porte de ne laisser entrer personne de plus*'.[70] Unsurprisingly, Mlle Michel was less than thrilled at having her access door closed up and complained about it to the troupe,[71] although there is no evidence as to the ultimate outcome.

Moving briefly outside of our period, in 1716, the lemonade booth was taken over by a gentleman who continues to enjoy a certain degree of renown. Thus, on 7 December of that year, the company recorded that '*On a réglé de louer la loge de la limonade douze cents livres par an et on l'a accordée à M. Procope pour ladite somme payable de quartier en quartier*'.[72] This considerable rent hike evidently did not go down well, and two

---

*de littérature et d'histoire offerts à Georges Couton*, ed. by Jean Jehasse et al (Lyon: Presses Universitaires de Lyon, 1981), pp. 443–51).

68  Feuilles d'assemblée (1685). The *amphithéâtre* was a raked seating area facing the stage. In the new Comédie-Française theatre of 1689, the café was situated below the *amphithéâtre*, and I have suggested that this may also have been the case at the Guénégaud (Jan Clarke, 'L'Hôtel Guénégaud selon un croquis inédit', *Papers on French Seventeenth-Century Literature*, 45 (2018), 159–182).

69  BMCF, R52_0_1697, Feuilles d'assemblée (1697), 17 April.

70  Ibid., 23 April.

71  Ibid., 6 May.

72  BMCF, R52_5 1716-19, Feuilles d'assemblée (1716-1719)

years later the rent was reduced to *'neuf cents livres toutes déductions faites, à commencer du 25ᵉ avril 1718'*.[73] This is not, though, the first reference to Procope in the account books. On 27 December 1692, when the Comédie-Française performed the Dancourt double bill *Le Chevalier à la mode* and *Le Bon soldat*, 1 *livre* was paid *'pour de l'eau d'anis chez Procope'*;[74] in 1694, the Comédie-Française borrowed money from him in order to repay a sum to the actress Mlle Raisin;[75] and in 1696, he received 19 *sols* in connection with *'le Médecin maréchal'*.[76] This would appear to be the title of a play, but there is no record of a work of that name having been given. It may be, therefore, that Procope provided the refreshments for a reading of the play, which was subsequently rejected. (For more information on the provision of refreshments for company meetings, see below.)

FOODSTUFFS AND DRINKS

As we have seen, the greater part of the time, the foodstuffs provided are described as bread and wine. However, we do occasionally find references to other items. The most popular alternative drink was *limonade*,[77] but we also find chocolate (as previously noted),[78] and even, on one occasion each, beer and tea.[79] Again, it is often difficult to determine whether these beverages were consumed onstage or off. For example, while coffee is mentioned quite frequently in the 1690s, this is most often in connection with given productions – notably, *L'Inconnu* by Thomas Corneille and Donneau de Visé, Boursault's *Fables d'Ésope*, and, inevitably, *Le Café* by Jean-Baptiste Rousseau, which will be discussed in more detail below. Coffee was also provided on two occasions in connection with Baron's *Homme à bonne fortune*,[80] which leads me to

---

73   Ibid., 7 April 1718 ff.
74   Petit Registre 1692-1693. The *Dictionnaire de l'Académie Française* of 1798 defines *anisette* as a *'liqueur composée avec de l'anis'* (Paris. J. J. Smits, 1798).
75   BMCF, R52_0_1694, Feuilles d'assemblée (1694), 1 February.
76   BMCF, R38, Petit Registre 1696-1697, 14 June 1696.
77   For example, Registre 1673-1674, 10 December 1673.
78   For example, BMCF, R21, Registre 1688-1689, 22 November 1688.
79   Registre, 1685-1686, 18 March 1686; BMCF, R27, Petit Registre 1691-1692, 18 October 1691.
80   Petit Registre, 1690-1691, 6 January 1691; and BMCF, R26, Registre 1690-1691, 6 January 1691. This is an instance where the same reference occurs in both the *petit registre* and the main account book.

think that it may have formed part of Moncade's morning ritual that is such a feature of Act I.

As for comestibles, we find occasional references to meat products. For example, a *mémoire* submitted by M. Doquin on 2 January 1677 in connection with the preparation of Pradon's *Phèdre et Hippolyte* includes *'quatre langues de mouton'* and *'une douzaine de saucisses'*; and more *'langues'* were provided just over two weeks later.[81] More common, though, are references to fruit, with oranges appearing to have been particularly popular. For example, M. Docquin supplied eight at a cost of 1 *livre* 4 *sols* on 5 May 1675.[82] But we also find cherries,[83] *groseilles*,[84] and, on one occasion, strawberries.[85]

As far as baked goods are concerned, in addition to the ubiquitous *'pain'*, we find frequent references to *'biscuits'*. For example, these were supplied to the female singers in *Le Malade imaginaire* in 1673, as we will discuss in more detail shortly. I have previously noted that biscuits were often purchased when a production involved children.[86] Thus, we find the payment of 16 *sols* *'pour des biscuits pour la petite'* on 1 December 1676, in connection with Thomas Corneille's *Triomphe des dames*,[87] and of 9 *sols* *'pour trois biscuits au petit enfant'* on 16 December 1682 for Robbe's *Rapinière*.[88] Other sums paid for baked goods include 15 *sols* *'pour des gâteaux et du bois'* on 2 October 1684,[89] and 1 *livre* 10 *sols* *'pour trois brioches'* on 27 December 1682.[90]

CASE STUDIES

I would now like to consider the preparation of productions in more detail by means of a number of case studies, which I will examine in production order. These have been selected as instances where more information is available than is the norm.

---

81    Registre 1676-1677, 2 and 19 January 1677.
82    Ibid.
83    For example, ibid., 5 and 7 July 1676.
84    For example, BMCF, R9, Registre 1677-1678, 11 July 1677.
85    Petit Registre 1692-1693, 24 June 1692.
86    Jan Clarke, 'De Louison à Fanchon: des enfants acteurs et leurs costumes chez Molière et à l'Hôtel Guénégaud', *Le Nouveau Moliériste*, 4-5 (1998-1999), 171–190.
87    Registre 1676-1677.
88    Registre 1682-1683.
89    Registre 1684-1685.
90    Registre 1682-1683.

## Le Malade imaginaire

Our first cast study is *Le Malade imaginaire*, which was premiered at the Palais-Royal in 1673, revived at the Guénégaud in 1674, then performed regularly both there and at the Comédie-Française. We have considerable information relating to the creation of this work thanks to the publication by Édouard Thierry of his *Documents sur le Malade imaginaire* in 1880. I have already mentioned the *mémoire* of M. Boyvin for *'le pain et le vin des répétitions'*, which came to a total of 186 *livres*, and was agreed by the actor Beauval on 23 February 1673;[91] and that of Mme Boury for *'le petit pain fourni aux répétitions des danseurs'* for a total of 22 *livres*, which she received from Hubert on 22 April 1673.[92] Of potentially more interest, however, is the *mémoire* for the bread, wine and biscuits provided *'pour les demoiselles'* by La Forest.[93] According to Thierry, these *'demoiselles'* were the three female singers required for the *intermèdes*, and La Forest was Molière's domestic servant.[94] Some doubt is thrown onto this last assertion, however, by the fact that over twenty years later, 5 *sols* were paid on behalf of the Comédie-Française *'pour du vin chez Mme La Forest'*.[95] In any event, La Forest's *mémoire* indicates not only what the young ladies consumed during their rehearsals, but also when these took place. Thus, they rehearsed fifteen times between 22 December 1672 and 2 February 1673, and on each occasion consumed three *chopines* of wine, between four and six loaves of bread, and between six and eight biscuits.[96] Another payment on food for *Le Malade imaginaire* was the 5 *livres* 11 *sols* reimbursed to Beauval *'pour des petits pâtés des répétitions'* on 17 March 1673, when the play was brought back at the Palais-Royal following Molière's death.[97]

*Le Malade imaginaire* was revived at the Guénégaud on 4 May 1674, and enjoyed a long and successful run, during which payments were made to the *cabaretier* with such frequency as to suggest that this was a

---

91  Thierry, *Documents sur le Malade imaginaire*, pp. 57, 183.
92  Ibid., pp. 58, 193.
93  Ibid., pp. 171–4.
94  Ibid., pp. 175–82.
95  BMCF, R34, Petit Registre 1694-1695, 22 April 1694.
96  La Forest's mémoire also includes the provision of candles, which I have omitted. A *chopine* was half a *pinte*, at a time when a *pinte* was 0.93 of a litre. Each of the women consumed, therefore, almost half a litre of wine during their morning's rehearsal.
97  Chevalley, 'Registre d'Hubert', p. 129.

feature of the daily expenses for that production.[98] On 19 and 24 June, it is specified that the *cabaretier* in question was Mme Ourlies.[99] And when *Le Malade imaginaire* was brought back in 1679 and 1680, wine was again provided for rehearsals for the dancers.[100]

## Circé

Turning now to the machine play *Circé* by Thomas Corneille and Donneau de Visé, which was premiered at the Hôtel Guénégaud on 17 March 1675, we find references to the provision of refreshments from 8 February onwards. On this date, it was specified that 2 *livres* 2 *sols* had been paid for '*le pain et le vin de la répétition de mercredi de la musique*'.[101] Then, two days later, the additional expenses included '*le pain et le vin de la première répétition à M. Ourlies*'.[102] Among the payments for refreshments over the following days, of particular note are 7 *livres* for '*feu et pour la répétition et un déjeuner*', plus 2 *livres* 18 *sols* to '*M. Massé pour du vin à plusieurs fois*' on 17 February;[103] a *mémoire* for '*pain et vin fourni par M. Docquin*' (bearing in mind that we now know M. Massé and M. Docquin to have been the same person);[104] and the payment, on 22 February, of the not inconsiderable sum of 134 *livres* 6 *sols* 6 *deniers* to the '*cabaretier pour des répétitions*'.[105] Two days later, it was recorded that '*pain et vin*' costing 13 *livres* 11 *sols* had been provided for '*les répétitions de Circé pour la musique, violons, marcheurs* [dancers] *et sauteurs*'.[106] And M. Massé received a further 36 *livres* when the final expenses for the production were settled in March 1675.[107] *Circé* continued to be performed

---

98  See, for example, Registre 1674-1675, 8, 10, 12, 15 June 1674. On days where the *cabaretier* is not explicitly mentioned, these expenses were no doubt subsumed into the general category '*frais*'.

99  Ibid.

100 Registre 1679-1680, 25 August 1679; Registre 1680-1681, 2 July 1680.

101 Registre 1674-1675.

102 Ibid., 10 February 1675.

103 Ibid.

104 Ibid., 19 February 1675 v.

105 Ibid.

106 Ibid., 24 February 1675. The term *marcheur* was frequently used in the account books to avoid mentioning dancers, since these were forbidden to theatrical companies by the terms of the *ordonnances* issued to favour the Académie royale de musique, then under the direction of Jean-Baptiste Lully (see Jan Clarke, 'Music at the Guénégaud Theatre, 1673-1680', *Seventeenth-Century French Studies*, 12 (1990), 89–110).

107 Registre 1674-1675, 22 March 1675 v.

during the following season, 1675-1676, when frequent payments to the *'cabaretier'* are also to be found, plus 1 *livre 'pour Ourlies de vieux'*, 2 *livres* 5 *sols* to M. Massé *'pour une collation'*, and two payments to M. Docquin.[108]

## L'Inconnu

Following swiftly on from the success of *Circé*, the Guénégaud company produced *L'Inconnu*, a second machine play by Thomas Corneille and Donneau de Visé, during the latter part of 1675-1676. Although this was on a somewhat reduced scale, it still required significant rehearsal, as the payments for refreshments attest. Thus, during the settling of the production accounts, 42 *livres* were paid *'au sieur Massé cabaretier, suivant et pour le contenu en son mémoire'*, plus 22 *livres 'pour le pain et le vin des répétitions qui ont été faites chez M. Aubry'*.[109] Jean-Baptiste Aubry was the brother-in-law of Armande Béjart (Molière's widow), who had lived with him and his wife, Geneviève following her bereavement.[110] This payment suggests, however, that she continued to reside there even after the death of her sister in July 1675, since she played the lead role in *L'Inconnu*, and any rehearsals held in Aubry's house would presumably have been for her benefit.

*L'Inconnu* opened on 17 November 1675, and again we find payments for refreshments during its first run – although far more infrequently than for *Circé*. We should also note payments for biscuits on two occasions,[111] which is in accordance with what we have noted above, since two young actors played a succession of roles and others appeared as *figurants*.[112] *L'Inconnu* was revived at the Comédie-Française in 1681, when payments were made for the *'vin des répétitions des danseurs'*,[113] and again in 1683, when we find a reference to the *'vin des danseurs'*.[114] And at a further revival in 1691, 10 *sols* were again paid *'pour des biscuits'*.[115]

108  Ibid., 17 May, 12 July, 8 and 18 October 1675.
109  Registre 1675-1676, 19 November 1675 v, 26 November 1675 v.
110  Madeleine Jurgens and Elizabeth Maxfield-Miller, *Cent ans de recherches sur Molière, sur sa famille et sur les comédiens de sa troupe* (Paris: SEVPEN, 1963), p. 193.
111  Registre 1675-1676, 17 and 20 December 1675.
112  See Thomas Corneille, *L'Inconnu*, ed. by Jan Clarke and Matthieu Franchin, in *Théâtre complet*, ed. by Christopher J. Gossip (Paris: Classiques Garnier, 2024), vol. VII, pp. 716–1056.
113  Registre 1681-1682, 27 and 28 December 1681.
114  Registre 1682-1683, 29 March 1683.
115  Petit Registre, 1690-1691, 30 March 1691.

*L'Inconnu* also involved the consumption of food and drink on stage, and we will, therefore, return to it in the second section of this article.

## Le Triomphe des dames

The final work I will consider as a production 'case history' is Thomas Corneille's *Triomphe des dames*. This was premiered on 7 August 1676 and given eleven performances, up to 4 September, then withdrawn and brought back in a slightly modified form on 20 November. The first reference to its preparation occurs in the account books on 19 June 1676, when 12 *sols* were paid '*pour du vin de lundi matin pour la pièce nouvelle*'.[116] *Le Triomphe des dames* was the first of the Guénégaud machine plays where the company was obliged fully to adhere to the restrictions on the use of stage music imposed in order to favour Lully's Académie royale de musique (i.e. only two singers who had to be members of the company rather than professionals external to it, six instrumentalists and no dancers).[117] It is, therefore, somewhat surprising to find the payment of 6 *livres* 10 *sols* on 28 June, '*pour les répétitions des danseurs et violons*'.[118] However, several of the *divertissements* that featured in *Le Triomphe des dames* included stately processions of characters, and it was no doubt the performers in these who were described as dancers. Payments to the *cabaretier* are recorded throughout the remainder of June and July, and a bill submitted by M. Docquin is pasted to the reverse of the page for 24 July 1676. This includes: '*Du samedi 25 juillet 1676 pour les danseurs 30 sols; plus pour les [Messieurs] 3 pintes et chopine à 8 sols valant 28 sols; plus pour la musique 2 pintes à 8 sols valant 16 sols; du dimanche 26ᵉ juillet pour les danseurs, 30 sols*'.[119] Sums continued to be paid to M. Docquin / Massé / the *cabaretier* even after the play had opened, with it being specified on 4 September that among the items supplied there was a '*biscuit*', which was no doubt for the benefit of '*la petite Mlle Dupin*' who, having enjoyed considerable success in *L'Inconnu*, also appeared in this production.[120] And another, largely illegible bill submitted by Docquin is pasted to the reverse of the page for 6 September.[121]

---

116  Registre 1676-1677.
117  See Clarke, 'Music at the Guénégaud Theatre'.
118  Registre 1676-1677.
119  Ibid.
120  See Clarke, 'De Louison à Fanchon'.
121  Registre 1676-1677.

A second wave of rehearsals occurred in October and early November, as the company prepared to bring back the revised version of the play. Biscuits were provided on 22 November and 1 December (when it was specified that they were '*pour la petite*'), as well as on other dates in December.[122] And when the final accounts for the production were settled during the course of this same month, it was agreed to pay 52 *livres* 10 *sols* '*à M. Docquin cabaretier pour les buvettes des répétitions jusques au 17 du présent mois d'août suivant son mémoire*'.[123]

MEALS

Not all payments for food and drink relate to productions. The companies would also provide meals for their members, either singly or as a group, particularly when they were engaged on company business. These could be *collations*, *déjeuners*, *dîners*, *soupers*, or sometimes just *repas*.[124] Particularly noteworthy is the payment on 28 December 1663 of 38 *livres* 8 *sols* '*pour la collation chez M. Molière*', closely followed on the same day by 3 *livres* '*pour du muscat*'.[125] On two occasions in November 1664, the concierge Chrestien was paid for a *déjeuner*,[126] and La Grange was reimbursed 5 *livres* 14 *sols* for a *collation* on 29 August 1673, just over seven weeks after the opening of the Hôtel Guénégaud.[127] Similarly, Guérin d'Estriché received 6 *livres* 3 *sols* for a *déjeuner* on 28 October 1674, at a time when the Guénégaud company was embroiled in difficulties surrounding the contested production of *Circé*.[128] It may also have been in connection with these events that 20 *livres* 15 *sols* were paid for '*un dîner d'hier pour la compagnie*' on 2 December 1674.[129]

---

122 Ibid., 6, 15 and 18 December.
123 Ibid., 1 December 1676 v.
124 For example, Registre 1673-1674, 11 February 1674.
125 Monval, *Le Premier Registre de La Thorillière*, p. 97.
126 Le Second Registre de La Thorillière, 14 and 16 November 1664.
127 Registre 1673-1674. On the negotiations involved in the leasing of the Guénégaud and the creation of the new company, see Jan Clarke, *The Guénégaud Theatre in Paris (1673-1680). Volume One: Founding, Design and Production* (Lewiston-Queenston-Lampeter: Edwin Mellen, 1998).
128 Registre 1674-1675. On the circumstances surrounding the production of *Circé*, see Jan Clarke, *The Guénégaud Theatre in Paris (1673-1680). Volume Three: the Demise of the Machine Play* (Lewiston-Queenston-Lampeter: Edwin Mellen, 2007), pp. 102-13.
129 Registre 1674-1675. The *cabaretière* Mme Ourlies had received 2 *livres* 5 *sols* for a *déjeuner* on 30 November, but this is less likely to have been related to the *Circé* affair.

Other payments for meals include 3 *livres* 18 *sols* on 1 January 1677 for a *déjeuner* accompanied by '*vin de mascon*' (presumably Mâcon),[130] and Champmeslé received 15 *livres* 10 *sols* '*pour un dîner*' on 29 March 1680.[131] In the latter part of our period we find the following: 13 *livres* 12 *sols* on 10 November 1691 for '*une buvette et dîner quand on fut chez M. de La Reynie* [the Lieutenant of Police] *où étaient MM. Rose, La Th, Pois et Dup*';[132] 10 *livres* on 24 July 1696 for '*d'hier un déjeuner pour MM. Dancourt, Du Périer et autres chez Mme Sorel*';[133] and 25 *livres* on 22 February 1700, '*pour un dîner à l'Alliance pour MM. Poisson, Du Périer, Baron, et Dufey*'.[134] The Alliance appears, in fact, to have been a favoured destination, as we will see.

Sometimes meals were provided to people external to the troupe. Thus, when Mme Mécard submitted her accounts on 2 December 1678, they included '*un souper donné à M. Deschamps le 13ᵉ dudit mois*';[135] and on 21 January 1680, 7 *livres* 10 *sols* were paid '*pour un dîner fait avec M. Fontaine*'.[136] Of perhaps more significance is '*un dîner avec MM. de I. et de V.*' for which 17 *livres* 2 *sols* were paid on 2 May 1679.[137] The gentlemen in question were Thomas Corneille (known as M. de l'Isle) and Donneau de Visé, and it may well have been at this dinner that the actors encouraged them to write the play based on the '*affaire des poisons*' that would become *La Devineresse*.[138] And another dinner was given for the same authors after the creation of the Comédie-Française, for which La Thuillerie was reimbursed 20 *livres* on 3 January 1681,[139] shortly before their shortlived *Pierre philosophale* opened on 23 February.

A number of meals are also mentioned in documents related to the actors' increasingly desperate search for new premises when the Comédie-Française was ordered to quit the Hôtel Guénégaud in 1687. Thus it was

---

130 Registre 1676-1677.
131 Registre 1679-1680.
132 Petit Registre 1691-1692. The actors in question were MM. Rosélis, La Thorillière fils, Paul Poisson, and Du Périer.
133 Petit Registre 1696-1697.
134 BMCF, R43, Registre 1699-1700.
135 Registre 1678-1679.
136 Registre 1679-1680.
137 Ibid.
138 This is not mere conjecture, since Thomas recorded in his preface to the play that he and de Visé had worked at the actors' request.
139 Registre 1680-1681.

recorded on 22 April 1688 that '*M. de Vigarani, M. D'Orbay, Le Moine, Bricart se sont assemblés avec nous pour examiner les plans de notre salle et bâtiments nouveaux* [...]. *On leur a donné à dîner à l'Alliance*'. A subsequent note records that '*quatre bouteilles de vin* [...] *ont été portées à l'Alliance pour le dîner que l'on a donné à M. Vigarani*'. The first two gentlemen mentioned are Lully's collaborator, Carlo Vigarani, whose presence is particularly interesting given the supposed rivalry that existed between the Comédie-Française and the Académie royale de musique, and the architect François d'Orbay, who designed the new theatre. Then, two days later, when the carpenter Guerrier came to provide them with an estimate for wood, the actors took him afterwards for '*une collation à l'Alliance*' with '*deux bouteilles et du pain*', which he does not seem to have appreciated, '*étant sorti brusquement*'. Other carpenters came to give their estimates on 25 April, one of whom, '*le sieur Petit*', was also taken to dinner at the Alliance, where those present consumed '*trois bouteilles, du jambon, des raves et du pain*', the bill for which was only paid on 25 December.[140]

Unsurprisingly, refreshments were provided more frequently when members of the company were away from home. When the troupes travelled to entertain the court or other members of the aristocracy, their subsistence was taken into account. For example, La Grange noted with regard to a trip to Villers Cotterêts in September 1664 that '*la troupe a été nourrie*'.[141] From roughly 1670 onwards, members of the troupe received a per diem of 6 *livres* per day while they were at court, with a total sum being paid subsequent to the trip and divided amongst those that had been there.[142] Thus, on 23 March 1670, La Grange noted the receipt of 468 *livres* '*pour 81 journées de nourritures*'; and on 3 October of the same year, recorded that they had received 600 *livres* 10 *sols* '*pour nourritures et gratifications*' following a trip to Chambord.[143] Such payments and divisions of the resulting revenue were also recorded in

---

140 La Grange, État des premières dépenses, pp. 42–3, 63.
141 La Grange, *Registre*, I, 69.
142 See Jan Clarke, 'The Consequences for Molière's Troupe of its Trips to Court, 1667-1673', in *Molière Re-Envisioned: Twenty-First Century Retakes; Renouveau et Renouvellement Moliéresques: reprises contemporaines*, ed. by Mary Jo Muratore (Paris: Hermann, 2018), pp. 31–63, pp. 52–55.
143 La Grange, *Registre*, I, 112, 118. See also 8 and 27 November 1670; 9 February 1672; 31 March 1680; 22 May, 25 September, 26 December 1681; 5 February, 27 June, 12 October, 29 December 1682; 2 March 1683; 31 December 1684, 26 November 1685 (I, 118, 131, 260, 263, 273, 280, 283, 295, 302, 307, 311, 344, 350).

the Comédie-Française account books, where the company was also careful to note how many actors had been present at court during each visit.[144] And on 18 September 1681, it was further clarified that each actor received, in fact, 7 *livres* 10 *sols*: '*savoir 6 livres pour ladite nourriture et 1 livre 10 sols pour la chambre*'.[145] That the receipt of such sums was considered a perk is indicated by the minute of the company meeting of 18 November 1689, where it was agreed that, when actors who were due to go to Versailles were replaced by other people (usually because they had to stay in Paris to perform another role), '[*ils*] *auront les deux écus comme s'ils avaient été à la cour et les prendront sur les revenants bons et frais extraordinaires lorsqu'on recevra les nourritures de MM. les Trésoriers de l'Argenterie*'.[146] And that such income was necessary to the members of the troupe is suggested by the fact that, on 15 March 1694, they stated that they had been obliged to borrow money because they had not received anything from the King for their food and lodgings while at Fontainebleau.[147]

Other references to meals at court are indicated in the following table:

| Date | Location | Meal/reason | Recipient | Sum |
|---|---|---|---|---|
| 11 Feb 1673 | Saint-Germain | *repas* | La Grange[148] | |
| | Saint-Germain | *dîner 'par la compagnie'* | La Grange | 12 *livres* 5 *sols*[149] |
| 25 Feb 1673 | Saint-Germain | *dîner 'par la compagnie'* | La Grange | 17 *livres* 7 *sols*[150] |
| ??? Apr 1673 | Saint-Germain | *dîner* | La Grange, Du Croisy, Hubert[151] | |
| 17 Oct 1673 | Saint-Germain | *dîner* | Hubert[152] | |
| [1675] | Saint-Germain | *dîner* | Hubert[153] | |
| 7 Jul 1676 | Saint-Germain | *dîner '[pour] voir le roi'* | | 4 *livres* 10 *sols*[154] |

144 See, for example Registre 1680-1681, 19 October 1680 v, 22 October 1680 v, 25 October 1680 v.
145 Registre 1681-1682, 28 July 1681 v.
146 BMCF, R52_0_1686, Feuilles d'assemblée (1686).
147 Feuilles d'Assemblée (1694).
148 Thierry, *Documents sur le Malade imaginaire*, p. 315.
149 Ibid., p. 56.
150 Ibid., p. 291.
151 Ibid., p. 301.
152 Registre 1673-1674.
153 Registre 1674-1675, 26 March 1675 v.
154 Registre 1676-1677.

| Date | Location | Meal/reason | Recipient | Sum |
|------|----------|-------------|-----------|-----|
| 4 Jun 1679 | Saint-Germain | *dîner*[155] | | |
| 18 Jun 1679 | Saint-Cloud | *collation* | | 2 *livres* 9 *sols*[156] |
| 9 Jun 1681 | Versailles | *'pour achever de payer le dîner'* | Poisson | 4 *livres* 18 *sols*[157] |
| 23 Nov 1681 | Versailles | *dîner* | Dauvilliers, La Grange, Du Croisy | 11 *livres* 7 *sols*[158] |
| 14 Dec 1681 | Saint-Germain | *'dîner le samedi 6 décembre'* | | 4 *livres* 10 *sols*[159] |
| 23 Dec 1685 | Versailles | *repas* | | 21 *livres*[160] |
| 15 Jan 1687 | 'à la cour' | *souper* | | 2 *livres* 13 *sols*[161] |

Of particular poignancy in the above list is the payment of 4 *livres* 10 *sols* on 7 July 1676, *'pour un dîner d'aujourd'hui à Saint-Germain [pour] voir le roi'*. The Guénégaud company had earlier sent two of its members to Compiègne, where the King was engaged on a military campaign, to request his permission to use professional singers in *Le Triomphe des dames*, and it may well have been at this trip to court that they received his refusal.[162] The payment of 3 *livres* 16 *sols* on 9 August 1687 *'pour un déjeuner du jour du voyage à Versailles'* would seem to suggest that refreshments were sometimes provided before setting off.[163] It is, though, perhaps possible to sense a certain degree of annoyance in the record of the 3 *livres* paid on 23 February 1694 for a *'déjeuner de M. Champmeslé avant son départ pour le voyage de Versailles assisté de [Beaucasset?] décorateur de la troupe'*.[164] And more revealing than usual is the 3 *livres* 12 *sols* *'rendu à M. Desmares […] qu'il avait payé pour M. de La Thorillière à un dîner à Essonne'*.[165]

---

155 Registre 1679-1680.
156 Ibid.
157 Registre 1681-1682.
158 Ibid.
159 Ibid.
160 Registre, 1685-1686. The size of the payment on this occasion suggests that the *repas* in question may have been for the whole troupe.
161 This payment includes *'la bouteille'* required for the performance of Baron's *Coquette*, which was given on that occasion.
162 On this episode, see Clarke, *Guénégaud III*, p. 326.
163 Registre 1687-1688.
164 BMCF, R31, Petit Registre 1693-1694.
165 BMCF, R33, Registre 1694-1695, 20 December 1694.

We also find occasional references relating to the distribution of food and drink at court. For example, at the company meeting of 31 January 1689 it was agreed that:

> *Pour éviter la confusion que les laquais apportent dans la distribution des bouteilles à la cour il a été réglé que l'on fera un mémoire des acteurs à qui lesdites bouteilles seront distribuées en même temps que l'on fera le mémoire des carrosses et qu'on aura égard au nombre des acteurs pour la distribution des bouteilles. Et que [illisible] ne les donnera point aux laquais mais aux maîtres.*[166]

Other payments include 2 *livres* 2 *sols* '*pour une bouteille de vin du jour de la cour et trois assistants*';[167] 24 *sols* '*pour deux bouteilles de vin à la cour*';[168] and 1 *livre* 12 *sols* for '*deux bouteilles de vin à Versailles et au postillon dû de Lavoy*'.[169] And we should also note the 4 *sols* paid on 4 February 1699, '*à Champagne pour du pain d'hier à la cour*';[170] and the 2 *livres* 11 *sols* 6 *deniers* paid on 9 December of the same year for items including '*deux pains du jour de la Noce interrompue à Versailles*'.[171]

PLAY READINGS AND COMPANY MEETINGS

The company also provided refreshments for its members at play selection and other meetings. For example, the not inconsiderable sum of 42 *livres* 5 *sols* was paid to Dauvilliers on 7 July 1675, '*pour un repas fait avec la compagnie après la lecture de la pièce de M. Abeille*'.[172] Other payments related to play readings were made on 1 October 1682 and 2 January 1683;[173] 8 October 1691, when tea was provided at a reading of Dancourt's *Bon soldat*;[174] on 16 November 1692, when those present were treated to a *déjeuner*;[175] on 10 April 1693, when '*pain et vin*' were served '*à la lecture de la pièce de M. Brueys*'; and on

---

166  BMCF, R52_0_1689, Feuilles d'assemblée (1689)

167  Petit Registre 1696-1697, 18 December 1696.

168  Petit Registre 1697-1698, 21 November 1697.

169  Ibid., 1 December 1697.

170  Petit Registre 1698-1699.

171  Registre 1699-1700. Dufresny's *Noce interrompue* had been given at Versailles on 7 December (ibid., 6 December 1699 v).

172  Registre 1675-1676. Abeille's *Coriolan* was premiered at the Hôtel Guénégaud on 24 January 1676.

173  Registre 1682-1683.

174  Petit Registre 1691-1692.

175  Petit Registre 1692-1693.

18 April 1693.[176] And I have already had occasion to note the payment on 14 June 1696 of 19 *sols* '*pour Procope pour le Médecin maréchal*', and suggested that this might have been for a play reading.

Payments for refreshments (usually wine) at other company meetings, known as *assemblées*, occurred on 12 September 1680 and 29 March 1681,[177] and 24 June 1687, when a *déjeuner* was served.[178] On 4 July 1680, we find the payment of 6 *sols* for '*le vin du compte*',[179] which presumably refers to the balancing of the books at the end of that day's performance. A final note with regard to company meetings concerns a food related joke inscribed in the account book on the reverse of the page for 27 December 1689, where the scribe puns egregiously on the homophones '*amende*' (fine) and '*amande*' (almond): '*Défenses à ceux qui font le compte d'oublier M. et Mlle Rosélis sur peine d'amende à la praline ou lisse au choix de la Crosnier*'.[180]

CELEBRATIONS

As we have seen, it was sometimes decided to treat the whole troupe to a meal, and such occasions often give the impression of having been veritable celebrations. For example, on 13 January 1673, 44 *livres* were paid '*pour un dîner aux Bons Enfants*'.[181] According to Albert de La Fizelière, this was one of the best '*cabarets littéraires*' of the period, patronised by Boileau and Racine amongst others;[182] although, as we have seen, such an establishment should no doubt more properly be described as a *taverne*. Similarly, on 20 April 1684, it was recorded that '*on a résolu de souper tous ensemble aux dépens de la compagnie mercredi au soir à l'Alliance et de dépenser 90 livres*'. But at the same time, evidently not wanting to get carried away, it was added that: '*Les buvettes tant des repetitions que des représentations seraient retranchées*'.[183] The Guénégaud and Comédie-Française companies also shared a *galette des rois* on at least two occasions.

---

176 Petit Registre 1693-1694. I have, thus far, been unable to identify the play in question by Brueys, which may, of course, have been rejected.
177 Registre 1680-1681.
178 Registre 1687-1688.
179 Registre 1680-1681.
180 Petit Registre 1689-1690.
181 Chevalley, 'Registre d'Hubert', p. 105.
182 Albert de La Fizelière, *Vins à la mode et cabarets au* XVIIe *siècle*, pp. 54, 64.
183 BMCF, R52_0_1684, Feuilles d'Assemblée (1684).

Thus, on 9 January 1678, 22 *livres* were paid *'pour le gâteau'*;[184] and on 5 January 1699, when a *'gâteau des rois'* was shared out at the *assemblée*, the *fève* went to Mlle Godefroy and it was decided that they would all have a meal together on 2 February, where the King and Queen would go free and everyone else would contribute 6 *livres*.[185] Finally, as regards celebrations, on 11 November 1697, the company decided to spend 500 *livres* on public fireworks, wine and music in honour of the peace of Ryswick.[186] We might also include in this category, the purchase of wine *'du jour de la visite du roi'*, when Louis XIV honoured the Palais-Royal actors with his presence in July 1663.[187] Similarly, when a group of Turkish dignitaries visited the Comédie-Française in October 1685, 8 *livres* 3 *sols* 6 *deniers* were paid for *'menus frais et collation des Turcs'*.[188]

*PAIN BÉNIT*

A final, perhaps somewhat oblique note with regard to the provision of comestibles by the troupe is that on at least two occasions, the actors presented the *pain bénit* to their local parish. This is defined by Furetière in his *Dictionnaire universel* as follows: *'Pain bénit, est un pain qu'on offre à l'Église pour le bénir, le partager entre les fidèles, et le manger avec dévotion'*. In March 1678, a number of items listed in the final settling of accounts for that season related to this action: 3 *livres* on 20 March 1678, *'aux décorateurs qui ont porté le pain bénit'*; 9 *livres* on 22 March 1678, *'à payer pour les pains bénits'*, plus 3 *livres* 4 *sols* *'pour achever de payer les pains bénits'*; and on 27 March 1678, 14 *livres* 9 *sols* *'pour les cierges des pains bénits'*.[189] Similarly, the Comédie-Française, at a meeting on 21 December 1682, recorded its intention to:

> [...] *faire la dépense ci-dessus pour le pain bénit que la compagnie rend à la paroisse à la messe de minuit, le pain bénit de 9 livres, à l'offrande 22 livres 16 sols, à l'œuvre*

---

184 Registre 1677-1678.
185 Feuilles d'assemblée (1699).
186 BMCF, R52_0_1697, Feuilles d'assemblée (1697).
187 Monval, *Le Premier Registre de La Thorillière*, p. 43. The King had attended a performance of Molière's *École des femmes* and its *Critique* on 9 July 1663 (La Grange, *Registre*, I, 58).
188 Registre, 1685-1686, 22 October 1685. I have not as yet been able to identify these gentlemen, but they were clearly distinguished visitors, since 3 *livres* were paid the following day *'au carosse qui mena hier les Turcs'*.
189 Registre 1677-1678.

*un louis d'or ou 1 livre 8 sols, six cierges de demi-livre chacun, et une cierge d'une livre à la main, aux bedeaux un écu.*

adding that *'Mademoiselle De Brie rendra ledit pain bénit'*.[190] And on 19 March 1682, the accounts submitted by Mme Maincar, who kept the company's petty cash and liaised with tradespeople, included 42 *livres* *'pour les frais du pain bénit'*.[191]

## FOOD ONSTAGE

When considering the presence of food and drink onstage, we have similarly to be cautious with regard to our interpretation of the evidence, because here too we cannot always be certain as to how what was purchased was actually used. It is also important to bear in mind that I am discussing here evidence from the account books and other archival documents, rather than basing my analyses on the plays themselves – although these will obviously be brought in as necessary. This can cause some oddities, such as the almost total absence of Robbe's *Rapinière* (1682), which according to the *Mémoire de Mahelot*, required the display of more foodstuffs than any other work listed.[192] I have broken the topic down into sections, and in each case have selected a number of plays that best illustrate the phenomenon described, with the dates of their first production being given in brackets.[193]

---

190  Feuilles d'assemblée (1699).
191  Registre 1681-1682.
192  Specified items include *'une collation dedans une boîte ou moutardier où il y a six bouteilles de rossolis garnies de rubans'* and *'une bandoulière garnie de toutes sortes de gibier et un cochon de lait'* (Pasquier, *Le Mémoire de Mahelot*, p. 338).
193  Unless otherwise specified, these dates are taken from A. Joannidès, *La Comédie-Française de 1680 à 1900: dictionnaire général des pièces et des auteurs* (New York: Burt Franklin, 1971).

DRINKS

*Wine*

I will begin by considering drinks. Here again, the beverage most frequently provided was wine. It is perhaps not surprising that wine should have been purchased for the performance of Dancourt's *Vendanges* (1694),[194] where, in scene 5, Margot appears *'avec un pot et des verres'* so that Éraste can try their product. However, although *'une bouteille de vin'* was purchased for his *Vendanges de Suresne* (1695) when it was performed in 1696,[195] and there is necessarily much discussion of wine in the play, there is no sign in the text of the consumption of wine onstage. According to Henry Carrington Lancaster, wine was, in fact, the motivating force behind the creation of each of these works, since he believes them to have been devised to celebrate the grape harvest.[196] Although in my view it is more likely to have been the arrival in the capital of the new wine. Further evidence to support this hypothesis is provided by Dancourt's *Eaux de Bourbon* (1696), for which wine was also provided,[197] and where an actress appears in the concluding *divertissement* *'avec une robe rouge de médecin, une bouteille à la main'* and sings in praise of the restorative properties of *'un petit doigt de vin nouveau'*.

Wine forms part of the final entertainment, too, in Dancourt's *Opéra de village* (1692), for which *'vin'* and *'deux bouteilles et deux verres'* were provided.[198] This work concludes with Pierrot and Thibaut singing *'la bonne chose que le vin'* (sc. 16), in an episode that would have made far more sense if each were holding a glass and bottle. Of particular interest, though, with regard to this production is the provision on two occasions of *'un verre de limonade'*,[199] with it being specified on the first of these occasions that this was for 'M. de Sévigny'. Similarly, in Dancourt's

---

194  Registre 1694-1695, 27 November 1694.
195  Petit Registre 1696-1697, 23 September 1696.
196  Henry Carrington Lancaster, *A History of French Dramatic Literature in the Seventeenth Century*, 9 vols (Baltimore: Johns Hopkins, 1929-1942), Part IV, p. 790.
197  Petit Registre 1696-1697, 13 November 1696.
198  Petit Registre 1692-1693, 20 and 22 June, 2 July 1692. See also the payment of 10 *sols* on 15 September 1693 *'pour du vin'* in connection with this production (Petit Registre 1693-1694).
199  Petit Registre 1692-1693, 2 November 1692; Petit Registre 1693-1694, 3 December 1693.

*Foire de Besons* (1695), when M. Griffard orders '*qu'on apporte du vin et des sièges, et qu'on fasse comme il faut les honneurs de la Foire et de la noce*' (sc. 26), what the company provided for the celebration on 18 September was '*deux carafes d'eau de groseille*' costing 10 *sols*, and '*limonade d'hier et d'aujourd'hui*' was paid for two days later.[200] Might it have been that some actors preferred not to drink wine on stage? The potential dangers of doing so are admirably spelled out in a note of 31 May 1687, which records that 1 *livre* 15 *sols* had been paid '*pour deux bouteilles d'hypocras* [spiced wine] *que l'on n'a point employées au Petit Homme parce que M. De Villiers était trop échauffé à les boire*'.[201] This was Raisin's lost play *Le Petit homme de la foire* (1687); and when it was given again two years later, a presumably more manageable '*bouteille de vin*' was purchased for 1 *livre*.[202] It is, however, striking that, in general, there appears to have been little substitution of one substance for another, for reasons of either economy or prudence, which is a topic to which I will return.

While wine features episodically in the above plays, it is more fundamental to the plot in two others: *La Coupe enchantée* by Champmeslé (1688),[203] and *Le Secret révélé* by Brueys and Palaprat (1690). In scene 6 of the former, Josselin tells Thibaut of a magic cup that is in the possession of the local lord: '*Quand elle est pleine de vin, si la femme de celui qui y boit lui est fidèle, il n'en perd pas une goutte; mais si elle est infidèle, tout le vin répand à terre*'. Later, when Tobie and Griffon try the cup, '*le vin se répand*' (sc. 17). Thibaut, on the other hand, refuses to drink, much to his wife's satisfaction, and the play concludes with the assurance that the cup will be broken so as not to put more women to the test. It is, then, hardly surprising that 2 *sols* were paid '*pour un demi septier de vin*' when the play was given on 4 November 1690,[204] and more wine was purchased for a performance on 10 September 1691.[205]

Spilled wine features too in *Le Secret révélé*, where the secret in question concerns the location of Angélique, who has been kidnapped. According to Lancaster, this play was inspired by and written for the comic actor

---

200 Petit Registre 1695-1696.
201 BMCF, R 20, Petit Registre 1687-1688.
202 Petit Registre 1689-1690, 23 June 1689.
203 This work is frequently attributed to La Fontaine; see Lancaster, *History*, Part IV, pp. 488–90 on how this came about.
204 Petit Registre, 1690-1691. A *septier* was eight *pintes* or almost seven and a half litres.
205 Petit Registre 1691-1692.

Jean-Baptiste Raisin, who played the gardener Thibault.[206] In scene 19, Thibault and Colin are transporting a '*quartaut*' [small barrel] of wine in a wheelbarrow, when they notice that it is leaking. Colin licks his fingers, then both drink, first from their hands and then their hats, before upending the barrel to get at the very last drops. They become so drunk that Angélique's lover, Léandre, and his valet, La Rose, who drinks with them, have no difficulty in discovering that Angélique is, in fact, in Thibault's garden; while the drunken gardener discusses a hypothetical battle strategy against the Bavarians, using '*le vin répandu*' to represent the Rhine and the '*quartaut*' his artillery (sc. 21). It is not surprising, therefore, that the daily expenses for this work included rather more wine than usual – ranging from 18 *sols* 6 *deniers* on 19 and 23 September 1690 (when a '*cruche*' was also purchased), to 16 *livres* 6 *sols* on 27 and 29 September 1690.[207] We should also note the provision on 29 September of a '*biscuit*', even though there does not appear to have been a child in the company.

Finally, in *La Dragonne ou Merlin dragon* by Desmares (1686), Merlin, in order to bring about a marriage between Pimandre and Isabelle, arrives with a company of dragoons at the home of the young man's father, M. de La Serre, who plans to marry her himself. They wreak such havoc that the father is persuaded to agree to the marriage, on condition that the dragoons depart. Much of their misbehaviour has to do with food:

> Ils jettent les sacs d'avoine par la fenêtre du grenier; ils dépendent les andouilles de la cheminée; ils emportent le lard; ils ont coupé la gorge à notre grand coq d'Inde. Ils disent qu'ils vont mettre les poules, et Monsieur, toutes en vie à la broche, si on ne leur trouve de la viande. (sc. 17)

But all this occurs off stage and is reported, and what the audience actually sees is, in fact, an elaborate drinking ritual, which Merlin describes as their '*exercice*', and during which the dragoons perform in unison in response to his orders:

> Prenez garde à vous, dragons, on va faire l'exercice. | À droite et à gauche, rangez-vous sur deux files. | À droite et à gauche, portez la main droite au broc. | Haut le broc. | Portez la main gauche au broc. | Posez vos brocs à terre. | Remettez-vous. | Portez la main

---

206 Lancaster, *History*, Part IV, p. 713.
207 Petit Registre, 1690-1691 and Registre 1690-1691.

*gauche au bonnet.* | *Tirez vos verres.* | *Portez la main droite au verre.* | *Portez le verre à la bouche.* | *Soufflez les verres.* | *Reprenez vos brocs.* | *Haut le broc.* | *Joignez les verres au broc.* | *Chargez.* | *Remettez vos brocs.* | *Haut le verre.* | *Ouvrez la bouche.* | *Portez-y. le verre.* | *Tirez.* | *Retirez vos verres.* | *Prenez haleine.* | *Halte-là.* | *Les hautbois, préparez-vous.* | *Joignez les verres au broc.* (sc. 21)

And when M. de La Serre protests that they are drinking all his wine, they simply recommence.

Inevitably, a large number of payments for wine are to be found in connection with this play: '*trois demi-septiers*' on 15 November 1688 and 10 February 1689;[208] '*un dragon extraordinaire avec chopine de vin*' on 20 June 1689;[209] '*une chopine de vin et un dragon de plus*' on 9 January 1691;[210] and '*trois pintes de vin à 12 sols*' in April 1693.[211] However, by far the most striking thing about this production is the number of glasses that were furnished: twenty on 21 May 1686, and twelve on 1 July 1686;[212] sixteen on 26 April 1689 (when it is specified that they were '*verres de fougère*');[213] twelve on 9 January 1691;[214] twelve more on 15 January 1692;[215] and eighteen on 23 November 1697;[216] plus unspecified numbers on many other occasions. Not only does this suggest that there must have been breakages – and probably deliberate ones given that glasses were provided for successive performances (e.g. on 30 August 1690, '*pour des verres pour deux fois*'),[217] it also reminds us that companies not only had to provide food and drink but also the wherewithal to serve it, which is another topic to which I will return.

---

208  Petit Registre 1688-1689; Petit Registre 1689-1690.
209  Petit Registre 1689-1690.
210  Petit Registre, 1690-1691 and Registre 1690 1691.
211  Petit Registre 1693-1694, 26 April 1693 v.
212  Registre 1686-1687.
213  Petit Registre 1689-1690. Furetière notes in his *Dictionnaire universel* à propos of *fougère* that '*elle sert principalement à faire du verre, après qu'on l'a réduite en cendre, à cause de la quantité du sel alkali qu'elle contient*'.
214  Registre 1690-1691.
215  Petit Registre 1691-1692.
216  Petit Registre 1697-1698.
217  Registre 1690-1691.

## Soft drinks and coffee

Having noted the purchase of soft drinks for plays where we would normally have expected to see wine, we turn now to consider a number of plays where soft drinks were *de rigueur*. The first of these is Molière's *Comtesse d'Escarbagnas* (1672), where, in scene 2, the comtesse asks for a drink of water and, following some discussion with her *suivante* about that new-fangled invention the *soucoupe*, the glass containing the water gets broken. In fact, what seems to have been served is lemonade, for, when the play was given by the Hôtel Guénégaud company, sums were paid for *'linge, verre et limonade'*.[218] Similarly, in April 1689, the play's daily expenses included *'un verre de limonade et le verre, 8 sols; linge et paniers, 10 sols'*;[219] and such payments continued (e.g. *'un verre et la limonade pour la Comtesse d'Escarbagnas'*).[220] All of which makes me wonder whether Parisian water of the time would actually have been drinkable.

Other plays featured the increasingly fashionable drink, coffee.[221] The first of these was Boursault's *Fables d'Ésope* (1690), in Act I, scene 2 of which, Léarque offers Ésope a choice of two breakfast drinks, one old and one new: *'Peut-être le matin prenez-vous quelque chose: | Un bouillon, du café. Que vous plait-il des deux?'*. Ésope is cautious: *'Avez-vous du café qui soit bon?'*, to which Léarque responds that his coffee is *'Merveilleux'* and *'meilleur qu'à la cour'*. Ésope agrees to have some, saying that he likes coffee for its medicinal and invigorating properties: *'Il n'est rien de si bon contre le mal de tête. | Quand j'en prends le matin, je suis gai tout le jour'*; but is surprised when Léarque goes off to make it himself. Léarque's daughter, Euphrosine, on the other hand, says that she rarely drinks coffee (I, 4) and Ésope has to persuade her to join him. According to Lancaster, this was the first occasion when coffee was drunk on stage.[222] When we look at the account book entries related this play, it may seem surprising that the company (to begin with at least) does not appear to have substituted any other liquid for what must have been an expensive and specialist commodity – even for rehearsals. Thus, on the day

---

218  Registre 1680-1681, 2 August 1680.
219  Petit Registre 1689-1690, 19 April 1689 v.
220  Registre 1694-1695 and Petit Registre 1694-1695, 29 April 1694.
221  On the history of coffee in France, see Ina McCabe Baghdiantz, *Orientalism in Early Modern France: Eurasian Trade, Exoticism and the Ancien Régime* (London: Bloomsbury, 2008).
222  Lancaster, *History*, Part IV, p. 834, n. 3.

of the first performance, we find the payment of 5 *livres* 10 *sols* '*pour tout le café des répétitions et celui de la représentation d'aujourd'hui*',[223] and payments for coffee, generally of 10 *sols* 6 *deniers*, occur at the majority of the subsequent performances.[224]

Having said that the company frequently displayed a certain literal-mindedness (if the script specifies coffee, then coffee will be served),[225] we do find occasional substitutions or supplements with regard to *Ésope*. Thus, on 31 January 1690, 8 *sols* were paid '*pour une tasse de chocolat*';[226] and 10 March 1690, it was explicitly stated that 1 *livres* 13 *sols* had been paid '*pour extraordinaire d'orzate au lieu de café jusques et compris demain*'.[227] This is probably a deformation of '*orgeat*', which is defined by the Académie-Française dictionary of 1762 as a '*sorte de boisson rafraîchissante, faite avec de l'eau, du sucre, des amandes, et de la graine pilée des quatre semences froides*'.[228] However, the 19 *sols* paid to Mme Cavreau '*pour sorbet glacé à Ésope les 25 et 27 août*',[229] probably refers to refreshments for the company, rather than items required for the play. This may also be the case for the 10 *sols* 6 *deniers* paid '*pour la glace des liqueurs*' on 13 August 1691,[230] which was evidently so unusual that it was felt necessary to add in the margin: '*X bon article*'. And in November 1697, we find evidence that at least some of these drinks were provided by the in-house *limonadière*, when 10 *sols* were paid '*à Mlle Michel du jour d'Ésope*'.[231] Finally, we should note the provision of '*deux biscuits aux deux enfants*'.[232] These would have played '*Agaton, petit garçon fort beau, fils de Léarque*' and '*Cléonice, petite fille fort laide, sœur d'Agaton*'.

---

223 Petit Registre 1689-1690 and BMCF, R24, Registre 1689-1690, 18 January 1690.
224 For example, Petit Registre, 1690-1691 and Registre 1690-1691, 25 and 27 August 1690.
225 We find this same literal mindedness in relation to Baron's *Homme à bonne fortune* (1686), where first Moncade and then his valet, Pasquin, perfume themselves with *eau de fleur d'oranger*; causing the company regularly to purchase quantities of the product. See, for example, 3 March 1686 (Registre, 1685-1686); 26 July 1691, when 16 *sols* 6 *deniers* were paid '*pour une chopine d'eau de fleur d'oranger*' (Petit Registre 1691-1692); and 14 February 1699 (Petit Registre 1698-1699).
226 Petit Registre 1689-1690.
227 Ibid.
228 *Dictionnaire de l'Académie Française* (Paris: veuve de B. Brunet, 1762).
229 Petit Registre, 1690-1691 and Registre 1690-1691, 15 September 1690.
230 Petit Registre 1691-1692.
231 Petit Registre 1697-1698, 12 November 1697.
232 Petit Registre 1698-1699, 14 February 1699.

Jean-Baptiste Rousseau's short play, *Le Café* (1694), on the other hand, is actually set in '*une salle de café, meublée de plusieurs tables*', where the clients include a poet, '*rêvant d'un côté auprès de deux joueurs de dames*'; a sleeping *abbé*; and, on the other side of the stage, Coronis and La Sourdière, who '*disputent ensemble assis, en prenant leur café*'. It is, therefore, perhaps surprising that payments for the beverage are to be found in connection with only one performance: on 12 August 1694, when 10 *sols* were paid '*pour deux tasses de café extraordinaires*'.[233] Presumably a coffee allowance was normally included in the production's daily expenses, which is why this payment was '*extraordinaire*'. And we should also note the payment of 1 *livre* 19 *sols* for '*faïence rompue le premier jour à la petite pièce*'.[234]

CROCKERY, LINEN AND GLASSWARE

We have already seen the large number of glasses required for *Merlin dragon*. Glasses were, in fact, purchased with great regularity – no doubt because they were so fragile. Among the earliest such entries are those in what is known as La Thorillière's first account book, dated 26 and 29 June and 7 December 1663.[235] We also find a large number of references to '*flacons*', which were bought,[236] exchanged,[237] and repaired;[238] and '*carafes*',[239] although again it is usually impossible to know how and why these were used. Montfleury's *Fille capitaine* (1671) even required *callebasses*, which unfortunately were broken and had to be replaced.[240] We should also note the purchase on 28 November 1689 of '*12 assiettes, 6 cuillères, 6 fourchettes et 6 couteaux*',[241] and of the payment of 15 *sols* on 6 March 1693 for '*blanchissage de nappes et serviettes*'.[242]

With regard to specific plays, when Rosimond's *Volontaire* (1676) was performed, sums were regularly paid '*pour la vaisselle et le linge*'.[243] This

---

233  Registre 1694-1695 and Petit Registre 1694-1695.
234  Registre 1694-1695, 4 August 1694.
235  Monval, *Le Premier Registre de La Thorillière*, pp. 37, 38, 90.
236  For example, Registre 1684-1685, 27 and 28 November 1684.
237  For example, Registre, 1685-1686, 3 October and 14 December 1685.
238  For example, Registre 1687-1688, 28 August 1687.
239  For example, Petit Registre, 1690-1691, 5 February 1691.
240  Registre 1689-1690, 9 July 1689. This work entered the Comédie-Française repertoire after having been created at the Hôtel de Bourgogne.
241  Feuilles d'assemblée (1689).
242  Petit Registre 1692-1693.
243  For example, Registre 1675-1676, 10, 13 and 15 March 1676.

must relate to scene 9, where a *traiteur* and his employees appear '*chargé* [sic] *de viandes et de bouteilles*' that will compose a *souper*, although there is no reference in the text to the food being actually consumed. We should also note the payment on 8 March 1676 of 28 *sols* '*au cabaretier*' in connection with this work,[244] although again we cannot be sure whether this was for rehearsals or the performance. However, probably the most interesting serving item relates to Pierre Corneille's *Rodogune*, where, in Act V, scene 4, Cléopâtre commits suicide by drinking poisoned wine that is brought to her in a '*coupe*'. When *Rodogune* was performed at the Comédie-Française in the late 1680s and 1690s, we find regular payments for the '*louage de la coupe*',[245] and even on one occasion for the '*louage de la coupe et soucoupe*'.[246] And on 19 September 1690, it was specified that the *coupe* in question was '*de vermeil*'.[247] During the earlier seasons, the amount paid is 2 *livres* but, curiously, from 1698 onwards, this drops to 1 *livre*.[248] Given that *Rodogune* was performed between two and seven times per season between 1680 and 1700, it might seem strange that the Comédie-Française should have preferred to hire a cup rather than buy one of its own. And when Mme Maincar reported to the Guénégaud company, at Easter 1680, that she had spent 90 *livres* for a '*tasse de vermeil doré*', this might have been for *Rodogune*.[249] On the other hand, companies did sometimes offer costly gifts, such as the two '*gobelets de vermeil dorés*' the Comédie-Française gave M. Dionis, '*premier chirugien de Mme la Dauphine*', who had taken care of Raisin when he had been injured on his way to Versailles.[250] There is, therefore, no guarantee that Mme Mécard's cup was, indeed, that of Cléopâtre. And even if it had been, it was clearly either lost or rendered unserviceable at some point, and the Comédie-Française opted not to replace it.

A final note on the question of crockery and glasses: the *petit registre* for 1689-1690 includes on the page for the first performance of Aubry's *Démétrius* (1689), a curious little doodle that resembles a carafe

---

244 Ibid.

245 For example, Petit Registre, 1690-1691, 5 July 1690.

246 Registre 1689-1690, 3 February 1690.

247 Registre 1690-1691.

248 For example, Petit Registre 1698-1699, 25 July 1698. On 15 May 1699, this sum is paid for the 'soucoupe' (Registre 1699-1700), which is presumably an error or omission.

249 Registre 1679-1680, 7 April 1680 v.

250 BMCF, R52_0_1688, Feuilles d'assemblée (1688), 5 April.

plus twelve circles in three rows that could very well represent glasses, adjacent to the description '*frais extraordinaires*'.[251] However, since the play is lost, we have no way of determining whether such items would, indeed, have been required for its performance.

## CHEESE IN MOLIÈRE

Turning now to consider food onstage, I will begin with a section I have classified as 'cheese in Molière', and which would appear to enjoy the status of a standalone category, given that there is no mention of cheese in connection with any other author. The first such example occurs on 10 May 1676, when 5 *sols* were paid '*pour fromage*' for *Le Dépit amoureux*.[252] This presumably relates to Act IV, scene 4, where Gros-Jean and Marinette return the gifts each has given the other, culminating in the following declaration from Gros-Jean:

> *J'oubliais d'avant-hier ton morceau de fromage;*
> *Tiens: je voudrais pouvoir rejeter le potage*
> *Que tu me fis manger, pour n'avoir rien à toi.*

*Le Médecin malgré lui* constitutes another instance, for when it was performed on 28 November 1690, 2 *sols* were paid '*pour du fromage*';[253] and we also find payments for cheese at performances on 8 February 1692 and 24 November 1699.[254] This would no doubt have been required for Act III, scene 2, where Sganarelle gives some very special cheese to Perrin:

> SGANARELLE
> *Tenez, voilà un morceau de fromage, qu'il faut que vous lui fassiez prendre.*

> PERRIN
> *Du fromage, Monsieu?*

> SGANARELLE
> *Oui, c'est un formage préparé, où il entre de l'or, du coral, et des perles, et quantité d'autres choses précieuses.*

> PERRIN
> *Monsieu, je vous sommes bien obligés: et j'allons li faire prendre ça tout à l'heure.*

---

251  Petit Registre 1689-1690, 10 June 1689.
252  Registre 1676-1677.
253  Petit Registre, 1690-1691 and Registre 1690-1691.
254  Petit Registre 1691-1692; Registre 1699-1700.

More curious, though, is the payment of 1 *livre* 2 *sols* for '*papier, paille, fromage, etc.*' on 4 November 1698,[255] when Molière's *Sganarelle ou le Cocu imaginaire* was given with Dancourt's *Chevalier à la mode*, since I have not been able to identify a need for cheese in either of these works. And again, I would suggest that such payments stem from a certain literal-mindedness – particularly since there is no evidence that the cheese in question was actually eaten, so that it could, presumably, have been represented by some kind of prop.

FEASTS AND SNACKS

## Le Festin de pierre

There are, of course, a number of plays where food plays a fundamental role, perhaps chief among which is *Le Festin de pierre* – Thomas Corneille's verse adaptation of Molière's prose play, which entered the Guénégaud repertoire in 1677. A number of entries in the account book relate to the provision of food in connection this work. These include payments to the *cabaretier*, M. Massé/Docquin,[256] including some where it is explicitly stated that he had supplied refreshments for the rehearsals.[257] Bread and wine were also provided on performance days,[258] and probably constituted refreshments for the workers who must have been employed on the production, given that it involved six different decors. The food for the feast, on the other hand, is referred to as the '*repas*',[259] or, later, as the '*festin*',[260] or the '*collation*'.[261] Thus, we find in the statement of the daily *frais extraordinaires* at the time of the play's first production: '*repas, 3 livres*', and '*pain et vin, 15 sols*'.[262] Of particular interest, then, is the payment during the play's preparation of 25 *livres* '*au nommé M. Jumel pour les viandes contrefaites du Festin*'.[263] And when when Mme Mécard submitted her accounts on 21 August 1677, they

---

255  Petit Registre 1698-1699.
256  For example, Registre 1677-1678, 11 May 1677.
257  For example, Registre 1676-1677, 17 January 1677.
258  Ibid., 12 and 16 February 1677.
259  For example, ibid., 11 May 1677.
260  For example, Petit Registre, 1690-1691, 23 June 1690 v.
261  For example, Petit Registre 1693-1694, 3 July 1693 v.
262  Registre 1676-1677, 28 February 1677 v.
263  Ibid., 12 February 1677 v.

included 25 *livres 'pour les viandes feintes du Festin de pierre'*.[264] It is clear, then, that some of the feast was designed to be eaten – necessarily, since a stage direction describes how Sganarelle *'prend un morceau dans un des plats qu'on apporte, et le met dans sa bouche'* (Act IV, scene 7) – but that the remainder was just for show. This demonstrates that, if the company may have been literal-minded in its use of cheese, it was capable of more theatrical (and presumably cost-saving) solutions in other areas.

From 1685, the daily expenses of *Le Festin de pierre* also included 5 *sols* *'au maître d'hôtel'*,[265] which presumably refers to the person who served the feast.[266] This person is also mentioned in the daily expenses of *Le Festin de pierre* in 1690, which were as follows: *'pour le festin, fleurs, pain et vin'*, 3 *livres* 5 *sols*;[267] and in 1694, these had risen to 4 *livres*.[268] The 1682 Brissart engraving of the feast shows a roast chicken in prime position; it is interesting then to see that, on 12 October 1692, 1 *livre* 5 *sols* were paid *'pour une poularde'*.[269] A final thing to note in connection with *Le Festin de pierre* is the large number of glasses that were purchased from 1690 onwards, sometimes to replace ones that had been broken,[270] but otherwise as part of the regular expenses of the production.[271] This leads me to surmise that it was part of the stage business incorporated into the play that one of the characters – almost certainly Sganarelle – broke his glass in fright at the appearance of the statue.

---

264 Registre 1677-1678.

265 Registre, 1685-1686, 16 January 1686.

266 A *maître d'hôtel* is also listed in the document published by Henry Carrington Lancaster as *Actors' Roles at the Comédie Française according to the Répertoire des comédies françaises qui se peuvent jouer en 1685* (Baltimore: Johns Hopkins, 1953), where he conjectures (wrongly) (p. 52) that this term may describe Sganarelle, who is unaccountably missing from the cast list. It is, though, unlikely to refer the *'laquais'* La Villette, since that was a speaking role and the *maître d'hôtel* received only 5 *sols* per performance, which was the going rate for a simple *figurant*.

267 Petit Registre, 1690-1691, 23 June 1690 v.

268 Petit Registre 1693-1694, 9 February 1694 v.

269 Petit Registre 1692-1693. The *Dictionnaire de l'Académie Française* of 1694 defines *poularde* as *'une jeune poule engraissée'*.

270 For example, Registre 1690-1691, 5 September 1690.

271 For example, Petit Registre 1693-1694, 30 August 1693.

## Le Bourgeois gentilhomme

Another play to which a *festin* is integral is, of course, Molière's *Bourgeois gentilhomme* (1670). In 1672, the daily expenses for '*bougie, chandelle et collation*' ranged between 7 *livres* 12 *sols* and 10 *livres* 10 *sols*,[272] although sometimes these were paid weekly, in which case they ranged between 13 *livres* and 14 *livres* 5 *sols*.[273] We should also note the payment on 21 August 1672 of 1 *livre* 10 *sols* for '*le linge de la collation*'; on 16 August 1672, it was specified that the '*vaisselle et linge*' on that occasion had been provided by the box-office manager, Mme Provost,[274] and similar payments continued throughout the remainder of that season. Payments of note at the Hôtel Guénégaud in connection with *Le Bourgeois gentilhomme* include 4 *livres* 4 *sols* to the *cabaretière* Mme Ourlies on 11 September 1674.[275] And on 21 June 1676, it was recorded that the '*frais de la collation*' were 1 *livre* 2 *sols* 6 *deniers*.[276] This proved, however, to be a little low, for, on 26 July 1676, 2 *livres* 6 *sols* were paid for the '*surplus de la collation*',[277] and the cost of the '*collation*' was listed at 2 *livres* 10 *sols*, plus 10 *sols* for the '*linge de la collation*' in the statement of the production's *frais extraordinaires*.[278] The cost of the *collation* in the latter years of our period settled at between 3 *livres* 5 *sols* and 3 *livres* 10 *sol*,[279] which interestingly does not represent a major reduction since the Palais-Royal and Guénégaud days.

In September 1677, it was specified that the *collation* for the play was provided by the company's concierge (and later *décorateur-machiniste*'), Dufors, at which time the cost was 3 *livres* 10 *sols*.[280] And twenty years later, Dufors was paid on 23 February 1697 for organizing the '*blanchissage du festin du Bourgeois*'.[281] Returning to 1677, we also find a payment on 17 September of 4 *livres* 8 *sols* to M. Massé,[282] which

---

272  Chevalley, 'Registre d'Hubert', 24 May 1672 (p. 12), 16 August 1672 (p. 45).
273  Ibid., 29 May 1672 (p. 14), 21 August 1672, p. 47.
274  Ibid., pp. 45, 47.
275  Registre 1674-1675.
276  Registre 1676-1677.
277  Ibid., 16 October 1676 v.
278  Ibid.
279  Petit Registre, 1690-1691, 23 September 1690 v; Petit Registre 1689-1690, 30 June 1689.
280  Registre 1677-1678, 14 September 1677 v.
281  Petit Registre 1696-1697.
282  Registre 1677-1678.

may have been for the rehearsals of the dancers, since these are listed prominently in the account of the daily expenses given at that time by La Grange: *'Frais ordinaires de surcroît nécessaires pour la représentation de chaque jour, en danseurs, musique, assistants, festin, etc., 34 livres'*.[283] And on 16 October 1682, it was specifically stated that the wine provided had been for the *'répétition des marcheurs'*.[284] And finally, we must not forget the intriguing payment of 4 *livres* 18 *sols* 6 *deniers* on 10 May 1698 for *'deux mains de papier, de la paille, et six œufs payés aux frais d'hier'*,[285] on which day *Le Bourgeois gentilhomme* had been given.

While on the subject of Molière, we should note that *L'Avare* may also have included a collation, since the expenditure on 3 June 1672 included 4 *livres* 15 *sols* *'pour les nourritures'*;[286] and on 16 July 1693, 7 *sols* were paid *'pour pain et vin'*,[287] although again this latter payment may have been for refreshments. But if food were provided, it would no doubt have been required for Act III, scenes 7 and 8, where Harpagon apologises to Mariane for not having provided *'un peu de collation'*, and Cléante responds that, supposedly acting on his father's behalf, he has *'fait apporter ici quelques bassins d'oranges de la Chine, de citrons doux et de confitures'*, which will be served in the garden.

## L'Inconnu

An outdoor *collation* features too in *L'Inconnu* by Thomas Corneille and Donneau de Visé, which was premiered at the Hôtel Guénégaud in November 1675. This occurs in Act II, scene 7, when an elaborate tableau of pastoral and mythological characters is a means of presenting a *collation*, largely composed of fruit, to the heroine and her guests, and I have suggested that this was intended to be reminiscent of the various *collations* that featured as part of the *Divertissement de Versailles* of 1674 as described by Félibien.[288] It is curious, then, that there is no

---

283  La Grange, *Registre*, I, 197.
284  Registre 1682-1683.
285  Petit Registre 1698-1699.
286  Chevalley, 'Registre d'Hubert', p. 16.
287  Petit Registre 1693-1694.
288  André Félibien, *Les Divertissements de Versailles donnés par le roi au retour de la conquête de la Franche-Comté en l'année 1674* (Paris, J.-B. Coignard, 1674), in *Les Fêtes de Versailles: chroniques de 1668 et 1674*, ed. by Martin Meade (Aubenas: Dédale, Maisonneuse et Larose, 1994); see Jan Clarke and Matthieu Franchin, 'Introduction', in Corneille, *L'Inconnu*, pp. 732–3.

reference to food in the list of the daily expenses for *L'Inconnu* at the time of its creation or in the following seasons, although we do find payments for refreshments on 29 May 1676 and 27 January 1679,[289] which were probably for rehearsals for revivals. We know, though, that there must have been a *collation*, how much it cost, and also that at one point it featured chocolate (the drink), because the Comédie-Française decided on 22 November 1688 *'de retrancher la collation de l'Inconnu et de payer les 3 livres 5 sols qui ont été dépensés la dernière fois qu'on a joué la pièce à la charge qu'on ne dépensera plus en chocolat ni autres choses à l'avenir'*.[290] This was at a time when the company was desperately economising to put aside sufficient money to build a new theatre, and chocolate was clearly considered an unnecessary luxury. Nevertheless, when *L'Inconnu* was given on 25 March 1691 (two years after the new theatre had opened), it was recorded that *'sept verres de limonade et quatre tasses de café'* had been provided.[291] And coffee was provided at least twice more, on 3 and 27 October 1691,[292] plus, on the last of these occasions, *'rosade'*, which was a rose flavoured beverage. We also know that, in accordance with the text, the *collation* included fruit, since payments for *'fleurs et fruits'* were recorded several times, such as on 21 December 1691,[293] when it was again accompanied by chocolate, since 2 *livres* for *'du chocolat pour l'Inconnu'* were paid to the the *limonadière*, Mlle Michel, the following day.

## A flurry of comedies

In fact, many more comedies required *collations* than is generally supposed. These included Rosimond's one-act comedy, *La Dupe amoureuse* (1670), which had been premiered at the Marais theatre and brought to the Guénégaud by actors from that troupe when the Guénégaud company was founded. This work is largely organized around a *souper* that the elderly Polidore offers to Isabelle. It is prepared for in scene 6, when Polidore sends his valet, Gusman, to order the meal from the *traiteur*. In scene 12, he orders that it be served and, in the following scene, is

---

289 Registre 1676-1677; Registre 1678-1679.
290 Feuilles d'assemblée (1688).
291 Petit Registre, 1690-1691.
292 Petit Registre 1691-1692.
293 Ibid.

assured by a '*garçon de cabaret*' that all is ready. A veritable *coup de théâtre* occurs in scene 14 when, by means of a scene change, '*la chambre paraît, et le souper est servi*'. Polidore, Gusman and the '*garçon*' discuss the quality of the wine, which they all taste. The meal is, though, interrupted by the arrival of Isabelle's lover, Lidamant, disguised as a jealous cousin, causing Polidore to rise from the table. Carrille (Lidamant's valet) claims to find the *souper* suspicious, and Isabelle protects Polidore and Gusman by pretending they are her servants. Lidamant and Carrille then proceed to eat all the food and drink all the wine, leaving nothing for Polidore and Gusman, with the former being ordered to serve them and the latter having wine thrown in his face (sc. 16). In the Guénégaud account books, we find in connection with this production, payments for the '*collation de la petite pièce*' on 11 and 14 April 1679,[294] plus, on the second of these occasions, a reference to the '*vin des répétitions*'.

Unfortunately, we have no textual information regarding the next play I will consider: the anonymous *Gentilhomme meunier*, which was premiered at the Hôtel Guénégaud on 9 January 1679, and which does not appear to be extant. It is clear, though, that it also featured a *collation*, since 1 *livre* 1 *sol* were paid on 4 June 1679 for the '*collation de la petite pièce*', and 2 *livres* 4 *sols* on 1 September 1679 for the '*collation de la petite pièce pour deux fois*'.[295] The account books do, in fact, tell us rather more than this for, on 13 June 1679, 4 *livres* were paid '*pour une boîte de sapin pour enfermer le bassin de fruits*', and Mme Mécard's accounts included 45 *livres* for '*le bassin de fruit du Gentilhomme meunier*'.[296] This would seem to suggest that, like the '*viandes contrefaites*' supplied for *Le Festin de pierre*, this fruit too was '*feinte*', although it may well have been supplemented with genuine fruit that could have been eaten during the performance.

The next play I will consider rejoices in three titles; it is Poisson's *Pipeurs ou les femmes coquettes*, which is also referred to in the account books as *Fructus belli*. It was premiered at the Hôtel de Bourgogne in 1670 and entered the Comédie-Française repertoire in 1680 at the time of the union of the troupes. Flavio, an Italian living in Paris, thinks his wife, Flavie, is wasting his money, and a *collation* she offers to her friends

---

294 Registre 1679-1680.
295 Ibid.
296 Ibid.

constitutes a major feature of the work's dénouement. In Act V, scene 4, Flavie's servant, Aymée, describes to her mistress what she has prepared:

> *un vin de Bar-sur-Aube.*
> *Et du vrai Saint Thierry; d'un dindon à la daube*
> *Avec des pieds de porc à la sainte Menehou,*
> *Un saucisson.*

Flavie gives precise instructions as to how the meal is to be served: '*vous ferez en sorte qu'on ne fasse qu'un plat, et que l'on nous apporte, | La table toute prête, et verre, et vin dessus.*' Then, '*Quand je t'appellerai; tu viendras le servir; | Avec l'hypocras, les eaux, la limonade*'. However, when her friends arrive, all they want to eat and drink is '*des cornets* [wafers] [...] *avec de l'hypocras*', because, according to Sainte-Hermine, '*la viande me fuit*' (sc. 5); at which news, Aymée is not best pleased: '*Il est jeudi, voilà de la viande perdue*' (sc. 6) (because since the Middle Ages, Catholics had not been permitted to eat meat on Fridays). In the following scene, the table is brought in with the refreshments as requested, and the women discuss the wine:

> FLAVIE
> *Aimes-tu l'hypocras, ma bonne!*
>
> AMINTE
> *Hé, qui le hait?*
>
> FLAVIE
> *Ce n'est pas moi.*
>
> SAINTE-HÉLÈNE
> *Ni moi.*
>
> SAINTE-HERMINE
> *J'en bois comme du lait.*

This must, presumably, be a comic exaggeration, given that this was the beverage that caused problems for De Villiers when he had to drink it on stage. Flavie issues the order: '*Servez les abricots, et le mets suprenant*', which turns out to be a dish full of her husband's money, which fortunately, he manages to seize, just as the women are about to help themselves to its contents, thereby regaining control of his household. Entries in the account books relating to *Les Femmes coquettes* include an unspecified sum for the '*vin de la répétition* [*et*] *collation de la grande pièce*' on 17 October

1680;[297] 2 *livres* 5 *sols* '*donné pour les liqueurs*' on 1 October 1692, and
8 *livres* 3 *sols* for '*deux soucoupes et* [*pour*] *blanchir les bassins*', plus 9 *sols*
'*pour deux bouteilles et des plumes*' on 5 October 1692.[298]

Poisson's *Fous divertissants* (1680) also included a *collation*; and a
'*festin*' is one of the requirements specified in the *Mémoire de Mahelot*.[299]
Payments in this respect include 1 *livre* 18 *sols* on 15 November 1680
for the '*vin de la collation*'.[300] This scene was clearly popular because
Dancourt later used it as the key episode of his one-act comedy *Le Bon
soldat*, which we will consider in a moment. A collation featured too
in Brécourt's *Noce de village*, which had been premiered at the Hôtel de
Bourgogne in 1666, and which entered the Comédie-Française repertoire
in 1682. This was not, though, as significant as in some of the other
works we have considered, with it merely being stated in the text that
'*on fait paraître une table servi rustiquement*' (sc. 6). Nonetheless, payments
of 2 *livres* 5 *sols* or 2 *livres* 10 *sols* were made for the '*collation*', '*le festin
de la noce*' or '*un déjeuner*' at several performances in 1682 and 1689.[301]

Dancourt's *Bon soldat*, adapted from Poisson's *Fous divertissants*, was
premiered at the Comédie-Française in 1691. As in the source text,
Angélique is about to marry the old and jealous M. Grognard, despite
being in love with and loved by Léandre. M. Grognard departs on business, and Angélique is alone in his house with her servant, Jacinte, when
a soldier arrives, who has apparently been billeted on them. He asks for
his *souper*, but has to go to bed hungry, because, as Jacinte tells him:
'*Nous n'avons pain ni vin.*' (sc. 12). Shortly afterwards, a *rôtisseur* arrives
with wine and meat that have been sent by Léandre, and Jacinte tells
him to take it all ('*deux oiseaux de rivière, | Un levraut, deux faisans, trois
perdrix*') into the kitchen (sc. 14). Léandre arrives, and he and Angélique
are about to eat when they hear a knock at the door and the latter orders
that the whole table, complete with food, be put into a '*grande armoire*'.
Grognard enters and wants to eat but is told that they have nothing.
Upon which, the soldier re-appears and claims to be able to order the
devil to bring him food:

297 Registre 1680-1681.
298 Petit Registre 1692-1693.
299 Pasquier, *Le Mémoire de Mahelot*, p. 336.
300 Registre 1680-1681.
301 Registre 1682-1683, 24 October 1682; Petit Registre 1689-1690 and Registre 1689-1690,
    13, 15 and 17 October 1689.

*Démon, qu'en cet instant se trouve en cette armoire,*
*Deux oiseaux de rivière, un levraut, trois perdrix,*
*Et que ce rôt là soit le meilleur de Paris,*
*Qu'on ajoute à cela deux faisans, je te prie. (sc. 17)*

The servants bring the table and food from the *armoire*, plus wine and glasses, and they all tuck in, after which the table is removed and the love plot is resolved, thanks to further intervention by the soldier. Given the significance of food here, it is not surprising that the information in the account books is more detailed than is often the case. Thus, among the items for which payment was made on 10 October 1691 were a *'poulet, 15 sols'*; a *'tourte, 20 sols'*; and *'fleurs pain et salade, 9 sols 6 deniers'*.[302] Subsequently, though, there is only mention of the *'collation'*.[303] We might also mention that here, as in *Les Femme coquettes*, the table is brought on and taken off stage already laden, whereas in *La Dupe amoureuse* it is revealed by means of a scene change. These are clearly different responses to the problem of how best to serve a meal on stage and then clear it away, which *Le Bourgeois gentilhomme* solves so brilliantly.

Another one-act play to feature food is Regnard's *Bourgeois de Falaise* (1696). It is, though, slightly different, since the episode is primarily decorative and is not directly related to the plot of the play. In scene 2, a rôtisseur and a wine merchant arrive to deliver goods for a wedding feast: *'M. Grasset, tenant un plat de rôt; M. La Montagne, tenant un panier de bouteilles'*. The *rôtisseur* expresses his pride in his wares:

*Voilà douze poulets à la pâte nourris;*
*Autant de pigeons gras, dont les culs sont farcis;*
*Poules de Cùx, pluviers, une demi-douzaine*
*De râles de genet, six lapins de garenne;*
*Deux jeunes marcassins, avec quatre faisans:*
*Le tout est couronné de soixante ortolans;*
*Et des perdrix, morbleu! d'un fumet admirable.*
*Sentez plutôt. Quel baume!*

Merlin is unimpressed, responding that all his meat comes from the *'plaine Saint-Denis'* and that he keeps rabbits in his cellar. This does

302 Petit Registre 1691-1692.
303 Ibid., 12 and 14 October 1691.

not, though, stop him from helping himself to a couple of partridges. He next accuses the wine merchant of covering his bottles excessively thickly and proceeds to demonstrate his point: '*Il défait une bouteille couverte de trois ou quatre osiers, en sorte qu'il n'en demeure qu'un fort petit*', before slipping three bottles into his pockets. Payments related to this production include 6 *livres* 10 *sols* '*pour du ruban et des bouteilles*', 2 *livres* '*pour du vin et augmentation des robes et poulets*', and 1 *livre* '*pour des poulets*'.[304] The payment on ribbon is unusual in this context and causes me to wonder whether it might not have been used to simulate the 'osier' with which the bottle Merlin undoes was covered.

SWEETMEATS

Having examined plays that required the provision of meals, I would now like to consider two plays that required not meals but sweets. The first is Baron's *La Coquette ou la fausse prude* (1686), where, in Act IV, scene 17, Cidalise tries to bribe the Petit Chevalier (played at the creation by Baron's own son) by the offer of: '*des confitures tout plein vos poches, et un louis d'or, pour aller jouer à la paume*'. In January and February 1687, these '*confitures*' seem to have consisted of candied chestnuts, for we find payments of 11 *livres* 15 *sols* for '*frais extraordinaires de la pièce et marrons*', and of 4 *livres* 10 *sols* '*pour une livre de marrons et un carosse*'.[305] Elsewhere, though, they are simply referred to as '*confitures*'.[306]

*La Coquette* also featured wine when, in Act V, scene 8, Pasquin helps himself to a bottle, which is identified in the following scene as being '*de Champagne*'. And when, in scene 11, Céphise faints, he offers her '*un peu de vin de Champagne*'. Payments in this respect include 3 *livres* 9 *sols* '*pour trois bouteilles de vin pour les trois jours*' on 31 December 1686,[307] and the expenses for the play listed in April 1689 also included '*une bouteille de vin*'.[308] That the wine the company purchased was (at least some of the time) Champagne, is indicated by the list of the play's expenses in August 1690, which includes 1 *livre* 3 *sols* for '*une bouteille de vin de Champagne et un verre*'.[309] However, on 3 August 1696, we find a payment

304 Petit Registre 1696-1697, 14 and 19 June, 16 July 1696.
305 Registre 1686-1687, 22 January, 5 February 1687.
306 Registre, 1688-1689, 7 September 1688.
307 Registre 1686-1687.
308 Petit Registre 1689-1690, 26 April 1689 v.
309 Petit Registre, 1690-1691, 12 August 1690 v.

of 5 *sols* for '*une carafe de limonade*',[310] which may have been a substitute, although this would seem unlikely given the context of the scene.

In Act V, scene 1 of *La Coquette*, Marton instructs Pasquin to help her lay the table: '*Va prendre le couvert qui est dans cette armoire*'. He responds, '*Combien apporterai-je de couverts?*', to which the answer is five. These '*couverts*' were hired by the company, which paid 3 *livres* '*pour quatre fois de couvert*' on 1 January 1687.[311] *La Coquette* was given at court in 1689, at which time 15 *sols* were paid '*pour le couvert de* La Coquette *à la cour*'; and it was also found necessary to pay 19 *sols* 6 *deniers* '*pour une manne et un panier pour mettre le couvert*'.[312] Finally, having said that the Petit Chevalier was originally played by Baron fils, it is interesting to see the conjunction of two payments in April 1693, when the frais included 2 *sols* for a '*biscuit*' and 3 *livres* for Lolotte.[313] This was Charlotte Desmares, the niece of and later successor to Marie Desmares (Mlle Champmeslé), who began her career as a child actor, and who presumably played the role of the Petit Chevalier '*en travesti*'.[314]

The final play I will consider is Hauteroche's *Dame invisible ou l'esprit folet* (1684), in which Angélique and Lisette play tricks on Scapin and Pontignan by means of a secret door. During one of these episodes (Act II, scene 7), they take Scapin's money and fill his purse with sweets, of which Lisette has a convenient supply: '*J'ai d'anis bien musqués une boîte remplie*', causing Scapin to exclaim when he discovers the substitution: '*On a tout nettoyé, | Mon argent et le vôtre en dragée employée*' (sc. 9). The Académie-Française dictionary of 1694 reminds us that *anis* '*se dit aussi, d'une dragée où il y a de la graine d'anis. Anis de Verdun. anis commun. anis musqué*', and we repeatedly find payments for '*dragées*' in connection with of this work,[315] and, more rarely, to '*confiture*', and '*confiserie*'.[316]

So, what conclusions can we draw from this survey of the presence of food and drink in the lives of those companies for which we have records?

---

310  Petit Registre 1696 1697.
311  Registre 1686-1687.
312  Petit Registre 1688-1689, 16 and 30 January 1689.
313  Petit Registre 1693-1694, 14 April 1693 v.
314  We also find Mlle Lolotte's name in the account book for this season in connection with Pradon's's *Régulus* (ibid., 30 June 1693), which suggests that she may also have taken over from Baron *fils* the role of '*le jeune Attilius*' in that work.
315  For example, Petit Registre 1689-1690, 6 May 1689 v; Petit Registre, 1690-1691, 17 August 1690.
316  Petit Registre 1693-1694, 1 July 1693 v, 21 July 1693 v.

To my mind, a number of things stand out. The first of these is what I have deemed a kind of literal-mindedness in the provision of items to be consumed on stage, so that only occasionally do we find the use of artificial food as a prop, or even the substitution of other substances. Second, it seems to me that drinks in particular (both on stage and off) became increasingly sophisticated as the period progressed, with the introduction of chocolate and coffee (and even Champagne), which no doubt reflected the society within which the Comédie-Française was embedded. Third, and perhaps related to this, is the fact that the consumption of food and drink seems to have become a feature of many plays (and *petites pièces* in particular) during the 1690s, which suggests that such scenes were popular with audiences, and Dancourt seems to have led the way in giving them what they wanted. However, far more striking than all this as far as I am concerned is the extent to which the companies 'looked after their own' and showed consideration for the working conditions of their employees (both members of the acting company and backstage staff), in ways of which workers in many modern enterprises (including universities) can only dream.[317] Perhaps there was also something cynical (and again not unfamiliar) in the provision of refreshments at meetings as a way of encouraging people to attend, but I am above all heartened to see our actors' willingness to eat, drink and socialize together, and even share jokes, around the all-important matter of food and drink.

Jan CLARKE
Durham University

---

317 I have previously commented on the 'social provision' aspect of theatre companies' activity when considering pensions and the availability of employment opportunities in old age (see Jan Clarke, 'Gender Equality and the Role of Women Theatre Professionals in Late Seventeenth-Century and Early Eighteenth-Century France', in *Towards and Equality of the Sexes in Early Modern France*, ed. by Derval Conroy (London: Routledge, 2021), pp. 152–830).

# « BOMBANCE DEMEUREZ, ET VOUS RIPAILLE AUSSI[1] »

## La Comédie-Française et l'inventivité culinaire au XVIII<sup>e</sup> siècle

Dans la comédie *Le Roi Cocagne* d'Antoine Legrand représentée pour la première fois le 13 décembre 1718, le décor, un palais orné de friandises, illustre la douceur de vivre d'un pays enchanté lointain que découvrent Philandre (chevalier errant), Lucelle (Infante de Trébizonde) et ses valets :

> BOMBANCE
> Mais le meilleur de tout, c'est qu'il est excellent,
> Il est bâti de sucre, orné de confitures.

> GUILLOT
> Morguenne, que j'allons manger d'Architectures.

> BOMBANCE
> Le blanc que vous voyez, c'est du sucre candi.

> ZACORIN
> Allons, mon cher Guillot, au plutôt goûtons y.

> BOMBANCE
> Et ces Colonnes sont faites de sucre d'orge.

> GUILLOT
> Morgué ça me vient bien, car j'ai mal à la gorge.

> BOMBANCE
> Tout doux, dans ce Palais n'allez rien ravager,
> Ce n'est qu'en le quittant qu'on le pourra manger.

> GUILLOT
> Moquons-nous de cela, morgue vaille qui vaille.

---

1    Antoine Legrand, *Le Roi de Cocagne*, Paris, Pierre et Jacques Ribou, 1719, I, 3.

BOMBANCE
Arrêtez, vous ferez fondre notre muraille,
Peste soit des coquins, ils vont tout écorner.

ZACORIN
Hélas à notre faim vous devez pardonner[2]…

S'il est aisé d'imaginer qu'un tel environnement fut factice, comme le montre la commande passée par la troupe au décorateur Brunetti, lors de la remise de la pièce en 1781 qui mentionne « Un grand rideau de 36 pieds de haut sur 8 aunes de large représentant un riche palais en sucrerie[3] », qu'en est-il des biens de consommation eux-mêmes qui peuvent être servis ou dégustés dans une pièce ? Comment sont-ils matérialisés sur scène et que nous apprend la mise en scène en matière de production des spectacles, de réception et même d'histoire des mentalités ?

La nourriture et les boissons au théâtre, dès lors qu'elles sont un élément de l'action ou font partie d'un jeu de scène sont problématiques, car elles sont périssables et peuvent donc entraîner des frais répétitifs dont le montant dépend du type de produits censés être transportés, exposés simplement sur une table ou utilisés à des fins comiques au cours d'une scène, ou même consommés. À chaque nouvelle représentation, la troupe doit selon toute vraisemblance passer commande, ce qui suppose donc une bonne organisation afin d'être livré à temps, mais également des fournisseurs attitrés, de bonnes relations commerciales permettant de négocier au rabais le prix des marchandises régulièrement commandées. Par ailleurs, mettre en scène un banquet ou une tablée, comme il apparaît déjà dans les Cènes des Passions ou les scènes d'auberge à portée morale du Moyen Âge[4], demande du mobilier et suppose donc des frais supplémentaires (location, transport, et manutention). Au-delà de l'aspect purement économique – qui a de multiples facettes à explorer comme les dépenses de la troupe, le réseau des fournisseurs et leur emplacement géographique[5] –, l'achat de

---

2    *Ibid.*, I, 2.
3    Bibliothèque-Musée de la Comédie-Française (BMCF), Dossier Brunetti, « Mémoire des décorations peintes à la Comédie-Française pour le Roi de Cocagne au commencement de l'année 1781 par Brunetti ».
4    Jean-Paul Debax, « De la cène à la scène : le banquet du Moyen Âge à Shakespeare », Actes des congrès de la Société française Shakespeare, n° 19, 2002, en ligne : http://journals.openedition.org/shakespeare/902 (consulté le 18/04/2024).
5    Sabine Chaouche, « The Trade Relations of the Comédie-Française. Economic Networks and the Consumption of Goods before the Revolution », dans *Aspects of the Theatrical*

vivres témoigne de choix, qu'ils soient d'ordre esthétique (quelle finalité ?) ou qualitatif (quelles victuailles ?), qui doivent être reliés au contexte social et culturel, de même qu'à la consommation en général afin de mieux comprendre la présence, ou non, de nourriture réelle sur scène.

Comme l'a montré Ronald Tobin[6], la nourriture, longtemps oubliée par la critique qui a, semble-t-il, pris au pied de la lettre la remarque de Baudelaire dans ses *Salons* de 1846 (« Avez-vous jamais vu boire ou manger des personnages tragiques[7] ? ») est bien présente dans la littérature de la première modernité, notamment chez Molière[8]. N'en déplaise à Baudelaire, il se peut que l'on boive dans une scène tragique, mais au péril de sa vie. Ainsi de la coupe empoisonnée dans *Rodogune* de Pierre Corneille – mais bien avant aussi chez Shakespeare, de deux réjouissances dans *Roméo et Juliette* ; du banquet[9] de *Anthony and Cleopatra*

---

Enterprise, Sabine Chaouche et Jan Clarke (dir.), *European Drama and Performance Studies*, n° 18, 1, 2022, p. 105-164. DOI : 10.48611/isbn.978-2-406-12918-9.p. 0105 (consulté le 24/06/2024).

6    Ronald Tobin, *Tarte à la crème : Comedy and Gastronomy in Molière's Theater*, Columbus, Ohio State University Press, 1990.

7    Œuvres complètes de Charles Baudelaire, II, *Curiosités esthétiques*, Paris, Michel Lévy frères, 1868, p. 175, cité dans Sophie Mentzel, « Le souper royal sur la scène romantique », dans *Le souper*, Françoise Le Borgne et Alain Montandon (dir.), Clermont-Ferrand, Presses universitaires Blaise-Pascal, 2020 (https://doi.org/10.4000/books.pubp.2563) (consulté le 24/06/2024).

8    Ronald W. Tobin, « Qu'est-ce que la gastrocritique ? », *Dix-septième siècle*, vol. 217, n° 4, 2002, p. 621-630, en ligne : https://www.cairn.info/revue-dix-septieme-siecle-2002-4-page-621.htm (consulté en ligne le 19/04/1973). (« Le romancier Sorel semble raffoler des scènes d'excès alimentaire, comme, par exemple, dans *Francion* avec ses orgies paysannes ou dans *Le Berger extravagant* (livre III) où Montenor relate "Le Banquet des dieux" dans lequel l'avaricieuse Junon se plaint du coût des mets et le chef Vulcain prépare, en troisième service, les animaux descendus du ciel exprès pour le banquet. Si, dans *Le Page disgracié*, Tristan l'Hermite ne s'intéresse pas énormément à la représentation de moments gastronomiques – bien qu'il y décrive des mets empoisonnés –, l'œuvre de La Fontaine, les *Contes* aussi bien que les *Fables*, n'en manque point. » Il ajoute : « Les contes de fées de Mme d'Aulnoy se réfèrent souvent à des actes de consommation symbolique, comme dans "La Princesse printanière" où une certaine avidité orale est opposée au partage du pain généreux. Parmi les écrivains épistolaires et les mémorialistes, Tallemant des Réaux, Herault de Gourville, la princesse Palatine, Mme de Maintenon et, surtout, Saint-Simon et Mme de Sévigné retiennent notre attention par leurs réminiscences gastronomiques »).

9    J.-P. Debax, « De la cène à la scène : le banquet du Moyen Âge à Shakespeare », art. cité, p. 43-44. Selon J.-P. Debax, le terme banquet fait référence, à la fin du Moyen Âge en Europe, un lieu où sont pris les repas festifs, « un repas séparé constitué de sucreries, de compotes, de fruits confits et autres pâtisseries à base de sucre, pris en général dans le courant de l'après-midi » et « la phase terminale du repas » (p. 41). Il renvoie donc à des produits onéreux et un cadre luxueux. Le terme est par la suite à la mode dans le milieu

qui se termine en beuverie ; du banquet de *Titus Andronicus* ou de ceux de *Macbeth*, l'un invisible, l'autre bien réel censé célébrer l'accession au trône du roi perfide et diabolique[10]. Le genre tragique n'est donc pas en reste – quoiqu'il faille se tourner, il est vrai, presque systématiquement du côté de la comédie et de ses mondanités pour étudier la relation entre nourriture et théâtre.

Le motif perdure et traverse les siècles. Il convient ainsi de rappeler que la nourriture fait partie d'un imaginaire qui donne la part belle au mythe de l'âge d'or, quand bien elle symboliserait le « bas », le monde et ses plaisirs. Celui-ci est souvent symbolisé par un idéal, voire une utopie, celle du pays de cocagne[11] atemporel – ou du Chinonais – où tout n'est que réjouissances comme il apparaît dans un fabliau du Moyen Âge[12] (lequel relève cependant d'une tradition pluriséculaire). La douceur de vivre induite par un monde de l'abondance est d'ailleurs encore retracée au XVIIIe siècle dans la comédie d'Antoine Legrand. Ainsi, décrit-on cette éternelle profusion caractéristique d'une existence paisible, sans soucis : « Veut-on manger ? les mets sont éparts dans nos plaines, |

---

théâtral et désigne « toute consommation de nourriture sur scène et nécessitant l'emploi de tables » (p. 41-42). Voir également : Joan Fitzpatrick, *Food in Shakespeare, Early Modern Dieteries and the Plays*, Aldershot, England/Burlington, USA, Ashgate Publishing, 2007.

10  Selon Athéna-Hélène Stourna, durant l'Antiquité, « Quelques exceptions se trouvent dans deux pièces d'Euripide : un festin (deipnon et symposion) a lieu hors scène dans Ion, alors que dans *Électre*, on offre du fromage et du vin à Oreste. Les poètes tragiques réservaient les scènes de nutrition pour la quatrième pièce de leur tétralogie, le drame satirique » (Athéna-Hélène Stourna, *La cuisine à la scène : boire et manger au théâtre du XXe siècle*, Tours, Presses universitaires François-Rabelais, 2011, introduction, https:// books.openedition.org/pufr/22062#anchor-toc-1-1 (consulté le 17/04/2024)).

11  « L'étymologie de "Cocagne" est discutée. Le terme serait apparu en français à partir du latin et reçoit rapidement des traductions anglaise, italienne, espagnole et allemande avec l'écriture des versions correspondantes. La majeure partie des interprétations étymologiques lient le terme à l'alimentation : Cocagne pourrait provenir du latin *coquere*, "cuisiner", ou d'un terme provençal évoquant une friandise. » (Lucie Blanchard, « Le Pays de Cocagne », https://une-histoire-de-lutopie.edel.univ-poitiers.fr/exhibits/show/sources/ sources-medievales/cocagne.html, consulté le 19/04/2024). De nos jours, on parlerait plutôt de l'univers de Barbie.

12  « Les murs des maisons sont faits de poissons "bars, saumons et aloses", les toits de lard, les planches de saucisses, les champs de blé sont clos de viandes rôties et de jambons. Une ondée de flans chauds pleut trois jours par semaine. Des oies rôtissent dans les rues où des tables sont dressées avec des nappes blanches. Des verres d'or se remplissent d'eux-mêmes dans une rivière de vin, faite pour moitié du meilleur vin rouge comme celui de Beaune ou d'outre-mer, et pour moitié de blanc excellent comme celui d'Auxerre, de La Rochelle (rocele) ou de Tonnerre. Tout le monde peut se servir librement car tout y est gratuit ». (*ibid.*).

Les vins les plus exquis coulent de nos fontaines, | Les fruits naissent confits dans toutes les saisons[13] ». L'univers culinaire et son importance transparaissent également à travers une figure qui traverse les nouvelles, celle du moine aimant la bonne chère, gros, gras[14], et licencieux, et que l'on retrouve chez François Rabelais dont le roman *Gargantua* – outre *Le Quart Livre* – met en scène de façon vertigineuse et éblouissante la façon dont les géants passent leur temps à avaler de grandes quantités de nourriture, bref à s'empiffrer sans pour autant goûter et savourer les mets. Aussi, selon Michel Hansen, « la gourmandise est-elle absente [...] et à plus forte raison ce qui constitue l'art de la cuisine : la composition, la préparation et la présentation qui transforment la nourriture en œuvre d'art et en spectacle[15] ».

En quoi, la nourriture est-elle un spectacle au théâtre, notamment au cours de la première modernité – c'est-à-dire à une période où certaines traditions culinaires relatives à la religion rythment le quotidien des Français, et où la culture populaire héritée de la Renaissance persiste comme la paillardise et la goinfrerie, le banquet[16] et la ripaille. Comment traduit-elle un art gastronomique ? Quelle est la quantité de nourriture mise en scène (privilégie-t-on des repas copieux par exemple); quels sont les plats servis sur scène et sont-ils des produits de luxe fournis par des traiteurs ? Correspondent-ils au texte de l'auteur ou observe-t-on une certaine liberté qui traduit certaines valeurs associées à certains plats préparés à l'époque ? Relèvent-ils de rituels sociaux ou doivent-ils être vus comme de simples « accessoires » ? Par ailleurs, quelle est l'alimentation des acteurs et que traduit-elle en termes de statut social, de signes culturels ou de goût, voire même de corporalité et de corpulence ? (L'on sait par exemple qu'au XVIIᵉ siècle Montfleury et la

---

13    A. Legrand, *Le Roi de Cocagne, op. cit.*, I, 2.
14    Isabelle Rosé, « Le moine glouton et son corps dans les discours cénobitiques réformateurs (début du IXᵉ siècle-début du XIIIᵉ siècle) », dans *Le corps du gourmand : D'Héraclès à Alexandre le Bienheureux*, Florent Quellier et Karine Karila-Cohen (dir.), Tours, Presses universitaires François-Rabelais, 2012, http://books.openedition.org/pufr/28765 (consulté le 19/04/2024).
15    Michel Hansen, « Viandes et nourriture dans le *Gargantua* ou les métamorphoses du banquet », *Réforme, Humanisme, Renaissance*, n° 26, 1988, p. 5-22, p. 6.
16    Sur le banquet, les bienséances à table et l'idée de convivialité, voir Michel Jeanneret, *Des mets et des mots, banquets et propos de table à la Renaissance*, Paris, Corti, 1987 ; Jean-Claude Margolin et Robert Sautet (dir.), *Pratiques et discours alimentaires à la Renaissance*, Paris, Maisonneuve & Larose, 1982.

Dennebaut furent moqués, car jugés trop énormes[17].) Comme l'affirme Ronald Tobin, « L'histoire de la gastronomie – le choix des aliments, sa préparation et sa cuisine, le service et le spectacle, le goût, les tabous, et le plaisir –» se veut un « témoin précieux des us et des mœurs d'une société[18] ». Il ajoute que « L'alimentation constitue enfin l'archive où est déposé le dossier d'une époque[19]. » Il paraît donc important d'explorer non pas uniquement la nourriture au théâtre à partir des documents comptables ou des œuvres, mais également le mode d'alimentation à laquelle elle est liée à l'époque, et les aspects sociologiques et sociétaux dont elle témoigne (manière de dresser la table, de servir les mets, de parler à table ; fonctionnalité du et types de repas).

Ainsi l'imaginaire, les savoirs, les expériences et pratiques culinaires du spectateur bourgeois ou aristocrate allant voir une pièce de théâtre modèlent sa propre perception de ce qu'est une alimentation ordinaire (les victuailles du quotidien en fonction de ses rentes ou de ses propres revenus ; jours gras et jours maigres exigeant des menus différents[20]). Car celle-ci diffère d'un repas de fête extraordinaire regorgeant de plats sophistiqués, inhabituels – et, de fait, onéreux – voire de célébrations spécifiques rythmant la production agricole et les saisons ; ainsi des vendanges, par exemple, et son vin nouveau. Certains repas, comme le souper du roi sont publics et relèvent du cérémonial[21]. Les pratiques épu-

---

17  Voir Savinien Cyrano de Bergerac, *Contre un gros homme*, Paris, Charles de Sercy, 1676, t. 1, p. 129-135 et Gédéon Tallemant des Réaux, *Manuscrit 673*, Vincenette Magne (éd.), Paris, Klincksieck, 1994, sur la querelle des sonnets (« Une grosse Aricie au cuir rouge, aux crins blonds », https://ncd17.unil.ch/index.php?extractCode=1058 (consulté le 19/04/2024)).

18  Ronald W. Tobin, « Qu'est-ce que la gastrocritique ? », art. cité.

19  *Ibid.*

20  Marie-Claire Grassi, « Le souper à la cour de Versailles sous Louis XIV » dans *Le souper*, Françoise Le Borgne et Alain Montandon (dir.), Clermont-Ferrand, Presses universitaires Blaise-Pascal, 2020, en ligne : https://books.openedition.org/pubp/2468 (consulté le 19/04/2024), https://doi.org/10.4000/books.pubp.2468 (consulté le 24/06/2024). « Fort heureusement, les jours maigres sont très nombreux pour reposer les estomacs. C'est le temps béni pour apprécier les légumes. Comme ses prédécesseurs, et selon une tradition chrétienne bien ancrée, le roi jeûne trois jours par semaine : mercredi, vendredi et samedi. Soit environ cent cinquante jours par an. Les manuels culinaires précisent souvent repas pour jours gras ou pour jours maigres. Le menu des jours maigres, nous l'avons vu, est loin d'être frugal. À chaque service, la viande est tout simplement remplacée par des œufs ou du poisson. [...] en carême, le repas ne comporte que des légumes cuits à l'eau, un peu de beurre est toléré ».

21  *Ibid.* « Cette distinction est établie selon plusieurs critères : nombre de plats, présence ou non du public, cérémonial, lieu du repas. Au petit couvert, le roi mange dans sa chambre, seul ou sans grand public, sans cérémonial, avec trois services de plusieurs plats chacun. Le petit couvert est aussi lié à des situations particulières, deuil, maladie,

laires comme les heures des repas, différentes selon les groupes sociaux, ponctuent les journées : de deux à trois repas à la cour[22] ; de trois à cinq repas pour les ouvriers et marchands, en fonction des saisons, et donc de la longueur des jours[23]. Le service « à la française », les « servants », le couvert et les matériaux dont ils sont faits, la manière de manger et de se tenir à table en fonction de l'étiquette ou du rang, les vivres et types de produits préparés et consommés évoluent du XVIIᵉ au XVIIIᵉ siècle, en particulier à la cour – à Versailles et son grand couvert, ou à Marly avec ses soupers plus « intimes » comme le montre Marie-Claire Grassi[24]. Que donne donc à voir le théâtre ?

## CHÈRE-LIE ET BONNE CHÈRE :
## MISE EN SCÈNE DE L'APPÉTENCE ET REPAS RÉALISTE

Avant d'étudier ce que les archives d'un théâtre ont à dire sur son passé, il faut également revenir sur la notion de goinfrerie et de gourmandise sous l'Ancien Régime afin d'en rappeler les connotations et de mieux comprendre ce qu'elles évoquent pour le spectateur. D'ailleurs, la comédie plus particulièrement tourne en ridicule ces deux travers, raillant notamment certaines obsessions et tourments, comme ceux des valets, très souvent obnubilés par l'idée de se repaître la panse ou de

---

jours maigres. C'est une formule qu'il adoptera de plus en plus avec l'âge, où deuils et maladies se cumulent en fin de règne, et souvent, ce sera "au tout petit couvert" ». Par ailleurs, « Au grand couvert, temps du souper, le roi mange dans l'antichambre, lieu public, située entre sa chambre à coucher et la salle des gardes, et réservée à cet effet. La salle à manger n'apparaîtra à Versailles qu'en 1735. [...] Le grand couvert comprend cinq services de plusieurs plats chacun, sauf "le Fruit" toujours à part. Il existe aussi des soupers "extraordinaires", festins, banquets, en l'honneur de mariages ou de grandes fêtes, comme celle des Rois par exemple. On parlera alors de "festin royal" ».

22   *Ibid.* Sous Henri III : déjeuner « à 9h de mai à août ; à 10h en septembre, octobre, mars et avril ; à 11 h en janvier, février, novembre et décembre » ; souper « à 17h, 18h ou 19h » (pas de petit déjeuner ni de goûter). Sous Louis XIV : collation le matin, déjeuner en fin de matinée et souper à 22 h.

23   Jean-Louis Flandrin, « Les heures des repas en France avant le XIXᵉ siècle », dans *Le temps de manger*, Maurice Aymard, Claude Grignon, et Françoise Sabban (dir.), Paris, Éditions de la Maison des sciences de l'homme, 1993, https://books.openedition.org/editionsmsh/8147?lang=en (consulté le 17/04/2024).

24   M.-C. Grassi, « Le souper à la cour de Versailles sous Louis XIV » dans *Le souper, op. cit.*

s'enivrer, ou pressés par des besoins biologiques irrépressibles dignes de Tantale (la faim, le manque) qui ressortissent, par leurs excès et démesure, à l'esthétique du grotesque et à une forme d'animalité des désirs liés à la nourriture[25]. À peine arrivés au Pays de Cocagne, les valets sont empressés d'avaler un repas : « allons vite manger, | Dans quelque bon endroit cherchons à nous loger. » s'écrie Zacorin. « Oui morgue, c'est bien dit, cherchons notre pitance, | Je crevons tous de faim. » lui répond Guillot. Sur quoi Zacorin ajoute : « Depuis près de deux jours je n'ai mangé ni bu, | Mon estomac en gronde, et veut être repu[26] ». Ce court extrait n'est qu'un exemple parmi une multitude d'autres que l'on peut trouver dans la comédie sous l'Ancien Régime ; il rappelle cependant que certains attributs des types comiques témoignent de l'importance de la nourriture, mais également de peurs individuelles ou collectives : la fringale, hantise du miséreux puisqu'il peut « crever » de faim, ou la famine qui symbolise le manque (à gagner, à manger) et les privations.

Le rire sert à exorciser ces angoisses collectives ; il est un exutoire où s'épanche l'appréhension du futur. Ainsi, un personnage aviné en scène est du meilleur effet puisqu'il a un comportement déréglé ; ses multiples bizarreries, facéties et sottises amusent facilement le public qui se divertit agréablement d'une scène de beuverie ou d'ivrognerie. On peut citer quelques exemples à titre indicatif comme Pierrot dans *Atys* et *Olivette juge des enfers* d'Alexis Piron (1726), ou Lucas dans *Les Amours de Nanterre* de Jacques Autreau, Alain-René Le Sage et Jean-Philippe d'Orneval (1718), ivres sur les scènes des Théâtre des foires[27]. Les auteurs exploitent le filon au début du XVIIIe siècle avec « plus de 60 [pièces qui] mentionnent le bon "jus de la treille" » comme le rappelle Fanny Prou qui par ailleurs affirme : « En règle générale, les personnages ivres sont des valets, parfois des bourgeois ou des paysans. L'enivrement, le goût du vin, semblent surtout servir le rire et la moquerie, et ce sont ces personnages de basse extraction qui en font les frais[28] ». De tels procédés

---

25 Voir à ce sujet l'article de Silvia Manciati dans ce volume et l'ouvrage ancien de Jean Emelina, *Les valets et les servantes dans le théâtre comique en France de 1610 à 1700*, Paris, Grenoble, Presses Universitaires de Grenoble, 1975.

26 A. Legrand, *Le Roi de Cocagne, op. cit.*, I, 1.

27 Par exemple dans *Olivette juge des Enfers* et *Atys* de Piron.

28 Fanny Prou, « La représentation de l'ivresse sur les scènes foraines : "le vilain sac à vin !" », *Littératures*, n° 83, 2020, en ligne : http://journals.openedition.org/litteratures/3176 (consulté le 02/05/2024).

comiques permettent ainsi de caractériser ces personnages qui étanchent leur soif excessivement et de manière cocasse (les danses d'ivrognes ne sont d'ailleurs pas étrangères au succès des forains) : Arlequin « se jette à corps perdu sur les plats, mange à toutes mains et boit de même » à la scène 6 de l'acte II d'*Arlequin barbet, pagode et médecin* de Lesage et d'Orneval (1723). Ces valets aux lazzi époustouflants aiment faire carousse : ils sont de petits fripons, car improbes et dissolus.

À la fin du XVIIᵉ siècle cela dit, ces excès ne sont déjà plus de l'apanage de domestiques aux désirs insatiables ou inassouvis, seuls : les petits marquis ou les chevaliers d'industrie courant les brelans ou les alcôves font ribote, contant gaillardement leurs soirées de débauche avec leurs commensaux. Par exemple dans *Le Distrait* de Jean-François Regnard, Le Chevalier décrit ses bacchanales nocturnes : « De là je pars sans bruit | Quand le Jour diminue et fait place à la nuit, | Avec quelques amis, et nombre de bouteilles | Que nous faisons porter pour adoucir nos veilles | Chez des femmes de bien, dont l'honneur est entier[29] ». La modération et la frugalité, et même souvent l'abstinence marquée par le jeûne, sont pourtant exigés du parfait chrétien : « Manger une fois par jour est angélique ; manger deux fois par jour est humain ; mais manger trois, quatre fois ou plus est bestial et indigne de l'homme[30] » lit-on dans un ouvrage anonyme datant du Moyen Âge. D'où la singulière pertinence de l'adage socratique « Il faut manger pour vivre et non pas vivre pour manger » remis au goût du jour par Molière dans *L'Avare*, rappelant les principes d'une vie vertueuse, c'est-à-dire sobre et bien réglée. Ces préceptes s'opposent d'ailleurs à une philosophie de l'existence hédoniste ou épicurienne où le bon-vivant mange bien et bon. Harpagon symbolise peut-être le personnage qui tente de mettre en pratique de façon excessive, voire même spartiate, un mode de vie abstinent puisque tout est contrôlé, comptabilisé et économisé – il aurait pu être une figure positive mais l'avarice est également un péché aussi le rationnement exagéré, chronique et maladif des victuailles ne peut servir de modèle en matière d'alimentation et de conduite à tenir.

La nourriture a du goût, mais elle a aussi un coût. Selon Marlène Delsouiller, « La gloutonnerie, en latin *gula*, nommée aussi *ventris ingluvies*

---

29    Jean-François Regnard, *Le Distrait*, dans *Théâtre Français de Jean-François Regnard*, éd. Sylvie Requémora et Sabine Chaouche, Paris, Classiques Garnier, 2015, t. 1, v. 295-299.

30    *Mesnagier de Paris*, éd. par Georgina E. Brereton et Janet M. Ferrier, Paris, Librairie Générale Française, 1994 (Lettres gothiques 4540). (cité par M. Delsouiller).

(la voracité du ventre) ou *gastrimargia* (la voracité), désigne l'excès de nourriture et de boisson[31] ». Tout comme la gourmandise, péché capital, elle
suscite des inquiétudes étant un vice aussi ne s'étonnera-t-on pas qu'elle
soit porteuse de maux, que le corps devienne difforme, bedonnant, ou que
l'âme faillisse, ne résistant pas à la tentation. Le corps du gourmand, scruté
et stigmatisé dans les traités de civilité, est divisé en deux catégories : le
goinfre, souvent associé au pourceau, ou symboliquement à un estomac
irrassasiable, dévore, s'empiffre goulûment, bruyamment et salement ; en
revanche, le friand goûte les aliments, les déguste, se montre fin connaisseur
et se distingue par la délicatesse de son palais[32], par la sensibilité exquise de
ses papilles[33], comme il apparaît dans une comédie de Claude Deschamps,
sieur de Villiers, intitulée *Les costeaux ou Les marquis frians* :

> Ce sont gens délicats aimant les bons morceaux,
> Et qui les connaissans, ont par experiance,
> Le goust le plu certain et le meilleur de France
> Des friands d'aujourd'huy, c'est l'eslite et la fleur
> En voyant du gibier, ils disent à l'odeur,
> De quel païs il vient. Ces hommes admirables ;
> Ces palets délicats ; ces vrais amis des Tables ;
> Et qu'on en peut nommer les dignes souverains,
> Sçavent tous les Costeaux ou croissent les bons vins [...][34] (sc. 13)

Ce portrait flatteur s'inscrit dans une volonté de réhabiliter l'amateur de
bonne chère, c'est-à-dire celui qui maîtrise son appétit et discipline son
corps – par conséquent, svelte et élancé au contraire du glouton marqué
par sa rotondité et son adiposité – ; celui qui fait montre d'exigences, car
il s'attache à la qualité des mets. La construction de la figure du friand

---

31   Marlène Delsouiller, « Trop boire et trop manger : l'iconographie de la gloutonnerie dans
     l'enluminure des XIVe et XVe siècles », dans *Représentations et alimentation : arts et pratiques
     alimentaires. Actes du Congrès national des sociétés historiques et scientifiques*, « *Se nourrir : pratiques
     et stratégies alimentaires* », Rennes, 2013, Paris, Éditions du CTHS, 2015, p. 9-23, p. 9.

32   Florent Quellier, « Du ventre au palais. Le corps du gourmand dans les traités de
     civilité (XVIe-début XIXe siècle) », dans *Le corps du gourmand*, Florent Quellier et Karine
     Karila-Cohen (dir.), Tours, Presses universitaires François-Rabelais, 2012, https://books.
     openedition.org/pufr/28715 (consulté le 16/04/2024).

33   Alexandre Balthazar Laurent Grimod de La Reynière, *Almanach des Gourmands servant
     de guide dans les moyens de faire excellente chère ; par un vieil amateur*, Paris, J. Chaumerot,
     1810, réédition Paris, Valmer Bibliophilie, 1984, Sixième année, p. 196.

34   Voir Florent Quellier, « Le discours sur la richesse des terroirs au XVIIe siècle et les prémices
     de la gastronomie française », *Dix-septième siècle*, vol. 254, no 1, 2012, p. 141-154, p. 141.

idéal qui prend racine dans les traités de civilité comme celui d'Antoine Courtin[35], aboutit à la formulation par Alexandre Grimod de la Reynière, d'une « politesse gourmande » dans son *Almanach des Gourmands* publié au début du XIXe siècle. Cependant, celle-ci reste tardive et le terme « gourmand » ne peut s'imposer en tant que qualificatif mélioratif. « Le XIXe siècle utilisera "gourmet" et imposera les néologismes "gastronome/gastronomie"[36] ». L'image du glouton prédomine encore sous l'Ancien Régime et persiste par la suite. Il est dépeint comme suit :

> Ces hommes, qui ont ordinairement un gros ventre, une face rebondie, et une voix de tonnerre, sont aux Gens de lettres et aux artistes dont nous avons parlé tout à l'heure, ce que les tréteaux sont au théâtre et la farce à la comédie. [...] ils ont en général mauvais ton, ils manquent presque toujours d'éducation, et leur conversation est à peu près nulle [...] Ils sont très gros mangeurs, mais rarement Gourmands [...] On les reconnoît à leur cou apoplectique, à leurs épaisses moustaches et à leur visage bouffi et enviné[37].

On peut donc se demander s'il est attendu de l'acteur jouant le valet glouton, de même que le financier ventru de la comédie du XVIIIe siècle, une telle morphologie, d'autant plus que l'on sait que l'obésité est déjà mal tolérée socialement à cette époque (nous reviendrons sur cet aspect)[38]. *Les Souhaits* de Regnard, pièce posthume, évoque l'embonpoint du goinfre qui, s'il n'est pas nécessairement un fin gourmet, déguste à loisir moult « mets succulents » et « vin de Champagne[39] ». Il se présente à Mercure (aussi on peut penser que l'acteur était assez gros ou rembourrait son costume). Son vœu le plus cher n'est pas d'étancher sa soif ou d'être rassasié ; au contraire, bien loin de rechercher la satiété et la réplétion, il rêve d'une voracité infinie et enjoint donc le dieu Mercure de lui permettre d'atteindre la béatitude en ayant des capacités d'ingurgitation accrues, voire immodérées et démesurées : « Je viens vous demander, pour vivre heureusement, | Un meilleur estomac, un ventre plus capable,

---

35   Antoine de Courtin, *Nouveau traité de la civilité qui se pratique en France parmi les honnêtes gens*, Paris, H. Josset, 1671.

36   Florent Quellier, « Du ventre au palais. Le corps du gourmand dans les traités de civilité (XVIe-début XIXe siècle) », dans *Le corps du gourmand, op. cit.*

37   A.B.L. Grimod de la Reynière, *Almanach des Gourmands, op. cit.*, Cinquième année, p. 51-52.

38   Georges Vigarello, *Les métamorphoses du gras. Histoire de l'obésité*, Paris, Le Seuil, 2010.

39   Jean-François Regnard, *Les Souhaits*, dans *Théâtre Français de Jean-François Regnard*, éd. Sabine Chaouche, Paris, Classiques Garnier, 2018, t. 3, v. 130-131.

| Une faim qui s'irrite à table | Et qui puisse porter l'effroi dans tous les plats ; | Et surtout une soif que rien ne puisse éteindre[40] ». Si la figure du goulu[41] qui dévore, tel un ogre, force denrées alimentaires prête à la satire, la leçon comique rappelle cependant que la gourmandise porte à conséquence, car elle dérègle le bon fonctionnement du corps :

> Mon plaisir unique est la table ;
> Je m'y plais à passer les nuits ;
> Mais, lorsque trop longtemps j'y suis,
> Un désir de dormir m'accable.
> En vain, pour le chasser, je fais ce que je puis.
> Quand j'ai seulement bu mes neuf ou dix bouteilles,
> Certain mal de tête me prend ;
> Sous moi mon pied est chancelant,
> Et j'ai des vapeurs sans pareilles.
> Il me prend un dégoût pour tout ce qu'on me sert :
> Plus de faim, plus de soif, plus d'appétit ouvert.
> Dans cette affreuse maladie,
> Je me traîne à mon lit sans me déshabiller.
> Là, je dors sans donner aucun signe de vie,
> Et je demeure en cette léthargie
> Jusques au lendemain, sans pouvoir m'éveiller[42].

L'intempérance indispose, métamorphose les jeunes gens en des épaves égrotantes ; les mauvais régimes alimentaires liés à un train de vie « libertin » débilitent les fonctions vitales et dérèglent l'humeur. Ainsi l'ivresse est suivie de vertiges et d'étourdissements, d'épuisement et de torpeur. La gourmandise n'a donc théoriquement pas sa place dans une société qui pourtant s'ouvre et pousse à la consommation, et qui se laisse séduire de plus en plus par les produits importés du Nouveau Monde et par de nouvelles saveurs.

En ce sens, la gastronomie sous l'Ancien Régime mérite d'être abordée tant pour ses formes scéniques et spectaculaires qui pourraient préfigurer les représentations « naturalistes » du XIXe siècle, que pour sa diététique symbolique et pour son économie[43].

---

40  *Ibid.*, v. 158-162.
41  Sur la figure inquiétante de l'ogre dans la littérature, voir Arlette Bouloumié. « Représentations des ogres dans la littérature », *Sens-Dessous*, vol. 12, n° 2, 2013, p. 105-120.
42  J.-F. Regnard, *Les Souhaits, op. cit.*, v. 139-153.
43  Cet article se fonde sur des documents d'archives du XVIIIe siècle, conservés à la Bibliothèque-Musée de la Comédie-Française (BMCF), notamment les archives comptables, sous la

Évoquant la magnificence des repas princiers au XVe siècle, Vasari compare la table royale à une mise en scène : « Le goût de l'artifice est tel que l'on pousse le plus loin possible la recherche des effets de surprise, propres à l'art théâtral[44] ». La vie aulique à Versailles semble s'inscrire dans une tradition qui vise à éblouir les convives, suggérant l'importance de l'aspect visuel et non pas uniquement gustatif. À l'occasion d'un bal donné en 1677 par Louis XIV, il est rapporté que « la table de la collation étalait, dans son pourtour, beaucoup de fruits crus et de confitures sèches, des porcelaines remplies de compotes, des soucoupes en cristal garnies de liqueurs glacées ; mais tout le milieu était occupé par trois grands quarrés à deux gradins chacun. Chaque premier gradin portait huit grandes corbeilles de fruit cru ; chaque second, quatre ; et le tout était couronné par une pyramide de fruits, haute de deux pieds[45] ». Ce faste perdure jusqu'à la mode des petits soupers au siècle suivant, notamment durant la Régence où l'on recherche le raffinement et où les plaisirs de la table sont mêlés aux plaisirs sensuels[46]. Ces sortes de spectacles fondés sur une mise en scène de la nourriture sont alors données dans les petites maisons.

Quel est donc cet effet visant à surprendre le public faisant écho à cette spectacularité culinaire des tables princières lorsque la nourriture devient elle-même un accessoire au théâtre à cette époque, ou un élément dramaturgique ou théâtral ? On peut se demander, d'ailleurs, à quoi correspond le rôle des biens de consommation lorsqu'ils sont eux-mêmes un artifice – sans pourtant être nécessairement entièrement artificiels. Où se situe donc la « modernité » d'une troupe ?

La naissance de la mise en scène, notamment l'émergence du metteur en scène, serait à l'origine d'une rupture dans l'art théâtral. Selon Athéna-Hélène Stourna, à ce moment-là, « la matière alimentaire entre en scène de manière calculée et précise, puisque désormais tout choix

---

cote 2 AC 15. Toutes les factures n'ont pas été conservées, mais elles donnent une idée du type de produits achetés et consommés des années 1710 à 1780.

44    Corinne Lucas, « Le paraître et l'art de la table », dans *Dictionnaire raisonné de la politesse et du savoir vivre*, Alain Montandon (dir.), Paris, Seuil, 1995, p. 667.

45    Cité par Alain Montandon, « Introduction Partie II », dans *Le souper*, Françoise Le Borgne et Alain Montandon (dir.), Clermont-Ferrand, Presses universitaires Blaise-Pascal, 2020. https://doi.org/10.4000/books.pubp.2463 (consulté en ligne le 18/04/2024).

46    Jean-Claude Bonnet, « La "nouvelle cuisine" et les "petits soupers" », dans *Le souper*, *op. cit.*, https://doi.org/10.4000/books.pubp.2508 (consulté le 18/04/2024).

lié à la représentation est effectué par une personne spécifique[47] ». Cette affirmation est à nuancer. Notre étude sur la mise en scène au XVIIIᵉ siècle montre que des décisions collectives *et* réfléchies sont prises, en particulier lorsqu'il s'agit de remises visant à proposer une mise en espace, en jeu et en place, autre[48]. Il s'agira donc de réévaluer la place de la nourriture à la Comédie-Française et les visées de la troupe : les denrées alimentaires sont-elles consommées « en vrai » ? Y a-t-il un véritable souci de réalisme (de « petit fait vrai » selon la formule stendhalienne) et, si cela est le cas, à quelle fin ? Ou ne doit-on voir à travers la présence de victuailles réelles qu'un simple fait ordinaire, une convention, ou peut-être une nécessité – car se pose implicitement la question du substitut factice et de son coût, ainsi que des techniques requises pour le créer ? Une troupe pourrait par exemple être forcée d'utiliser de la vraie nourriture. Le décor présente-t-il déjà les mêmes caractéristiques, annonçant la campagne riante mise en scène dans *L'Ami Fritz* d'Émile Erckmann et Alexandre Chatrian représentée pour la première fois le 4 décembre 1876 à la Comédie-Française[49] ?

La critique considère souvent que le théâtre naturaliste a marqué son époque en donnant à voir de la nourriture réelle sur scène qui pouvait choquer le spectateur et en montrant la vie quotidienne du prolétariat. Selon Corinne Flicker,

> dans les faits, c'est du côté de la mise en scène, et non du texte proprement dit, que le matériau brut est intégré par Antoine au Théâtre Libre : dans *Les Bouchers* (1888) de Fernand Icres, des quartiers de viande pendus sur scène sont restés célèbres ; on lit dans *Le Gaulois* : « le bœuf est en vrai, les moutons aussi. C'est de la viande authentique, de la viande prise sur le vif, de la viande libre ! En somme, ces futurs rôtis m'ont paru être les principaux personnages de la pièce car ils ne quittent pas la scène un seul instant[50] ».

---

47  A.-H. Stourna, *La cuisine à la scène, op. cit.*, introduction.

48  Sabine Chaouche, *La Mise en scène du répertoire à la Comédie-Française (1680-1815)*, Paris, Honoré Champion, coll. Les 18ᵉ siècles, 2013, nᵒ 166, 2 vols., 2ᵉ partie.

49  A.-H. Stourna, *La cuisine à la scène, op. cit.*, chapitre « Nourriture réelle et fabriquée à partir du XVIIIᵉ siècle » (« Des détails réalistes de la vie quotidienne ont proliféré dans cette production, où le décor présentait une ferme avec de l'eau coulant d'une pompe, un cerisier avec de vraies cerises que les protagonistes ramassaient. Toutefois, ce qui intéresse le plus est la première scène, où de vraies victuailles et boissons sont servies et consommées par les acteurs. »).

50  Corinne Flicker, « Théâtre et document (1870-1945) », dans *Ce que le document fait à la littérature (1860-1940)*, colloques Fabula en ligne, 2012, https://www.fabula.org/

Les naturalistes souhaitent sensibiliser le public aux problèmes sociétaux de la façon la plus objective, quand bien même elle serait brute ou même crue. Pour Émile Zola, écrire pour la scène demande à l'auteur de ne pas se laisser entraîner par son « imagination[51] ». Ainsi la mise en scène pourrait être vue comme une présentation scénique (et non une représentation). Comme le suggère Corinne Flicker, la nourriture sur la scène dans le théâtre naturaliste ne semble pas conçue comme un accessoire, mais plutôt, de par sa valeur documentaire, comme un « matériau » ethnographique et culturel, non romanesque, puisqu'est rejeté tout « théâtre du faux et du simulacre[52] ».

Une question demeure cependant : s'il est compréhensible que le repas confère à la représentation théâtrale un caractère prosaïque avec ses choses banales, sa propre matière et matérialité, pourquoi devient-il, en somme, au XIXᵉ siècle, une curiosité ? Pourquoi est-il conçu comme un clou scénique surprenant, « une nouvelle image scénique[53] » pour la critique, quand bien même il s'inscrirait dans l'esthétique naturaliste qui englobe le décor, les personnages et le sujet dramatique ? L'un des critiques ayant assisté à *L'Ami Fritz* présente la pièce comme étonnamment centrée sur, voire obsédée par la nourriture : « On mange presque tout le temps ; lorsque les personnages ne mangent plus, ils parlent de ce qu'ils ont mangé ou de ce qu'ils mangeront[54] ». Par ailleurs, si l'idée d'une scène triviale caractérisant un milieu prévaut chez les naturalistes, *L'Écossaise*, comédie de Voltaire représentée pour la première fois le 26 juillet 1760 tente déjà de mettre en scène un lieu original, proche de la vie ordinaire. En effet, « *La scène représente un café et des chambres sur les ailes, de façon qu'on peut entrer de plain-pied des appartements dans le café*[55] ». Si, le décor est constitué d'« *Un rideau représentant un café anglais*

---

colloques/document1734.php (consulté le 03/05/2024), DOI : https://doi.org/10.58282/colloques.1734. (consulté le 24/06/2024).

51 Émile Zola, « Le Naturalisme au théâtre », dans *Le Roman expérimental*, Paris, Garnier-Flammarion, 1971, p. 139-173 (« L'imagination n'a plus d'emploi. […] on prend simplement dans la vie l'histoire d'un être ou d'un groupe d'êtres, dont on enregistre les actes fidèlement. L'œuvre devient un procès-verbal, rien de plus »).

52 A.-H. Stourna, *La cuisine à la scène, op. cit.*, section « Le naturalisme organique en France : Émile Zola et André Antoine ».

53 *Ibid.*

54 « Un Monsieur de l'orchestre », « L'Ami Fritz », *Le Figaro*, 5 décembre 1876.

55 Voltaire (sous le pseudonyme de M. Hume), *Le Caffé ou L'Écossaise*, Londres, s.n., 1760, I, 1.

*avec tous les meubles et ustensiles*[56] », la troupe de la Comédie-Française donne pourtant à la scène un semblant de touche réaliste. Dès le début de la pièce, le personnage Frélon est assis « *dans un coin, auprès d'une table sur laquelle il y a une écritoire et du café, lisant la gazette*[57] ». Bien que la comédie de Voltaire ne s'intéresse pas nécessairement au tableau social, le décor inhabituel et pittoresque, de même que la boisson contribuent à créer une atmosphère authentique, à même d'intéresser le public[58].

Selon Athéna-Hélène Stourna,

> À cette époque, la présence scénique de la nourriture et de la boisson réelles a été réalisée de manière réfléchie. Jusqu'à ce moment, les différents choix pour la représentation de la matière alimentaire sur scène étaient faits de façon hasardeuse. Par exemple, de la vraie nourriture était utilisée dans une représentation soit pour nourrir les acteurs à la fin du spectacle, soit pour montrer les richesses d'un théâtre en exposant un vrai repas somptueux, soit parce que c'était une matière bon marché que l'on pouvait se procurer à proximité, plus facile donc à trouver qu'à fabriquer[59].

Cependant, une fois de plus, l'histoire du théâtre ne va pas forcément dans ce sens : les traces de la mise en scène ou les factures des marchands amènent dans certains cas à relativiser les savoirs établis. Ainsi, contrairement ce qu'affirme A.-H. Stourna, la nourriture réelle sur scène semble avoir traversé les époques, ne se limitant pas à l'Ancien Régime[60]. Selon Jean-Paul Debax, « la fréquence du dispositif scénique consistant à consommer publiquement des nourritures sur des tables ne [...] paraît pas être le fruit du hasard ou d'une mode ». En effet, son étude montre qu'entre le Moyen Âge et la Renaissance, en particulier la période Tudor, « il y a permanence du dispositif[61] ». Des exemples sont donnés, tirés de manuscrits relevant les aliments fournis aux troupes, par exemple celui de la Passion de Mons, les noces de Cana s'étant accompagnées

---

56  BMCF, Archives Comptables, Dossier Brunetti, « Mémoire des décorations peintes à la Comédie-Française depuis la clôture du Théâtre au 1er avril 1759 jusque à celle du 22 mars 1760 par Brunetti ».

57  Voltaire, *Le Caffé ou L'Écossaise, op. cit.*

58  Vingt-et-une représentations furent données au moment de la première et la pièce fut reprise chaque année de la saison 1761-1762 à la saison 1785-1786 (https://ui.cfregisters.org/play/5075 ; consulté le 08/05/2024).

59  A.-H. Stourna, *La cuisine à la scène, op. cit.*, Introduction.

60  A.-H. Stourna, *ibid.*

61  J.-P. Debax, « De la cène à la scène : le banquet du Moyen Âge à Shakespeare », art. cité, p. 45.

« d'épaule d'agneau, poitrine de veau, pâtés de poulet, des gâteaux et des poissons[62] ». J.-P. Debax ajoute enfin que la nourriture est perçue comme étant « propre à solenniser pour l'œil et pour l'imagination les sommets dramatiques d'un spectacle[63]. » Elle aurait un rôle majeur dans la réception de l'œuvre et la transmission d'une émotion, mais également dans la dramaturgie en tant qu'élément essentiel de l'intrigue. Le théâtre de l'âge classique fera honneur au « festin » comme il apparaît dans ce volume, poursuivant un dialogue entre nourritures spirituelles et nourritures terrestres.

De plus, l'idée d'une mise en scène « non réfléchie » ou « hasardeuse » des produits de consommation avant Antoine paraît abusive. Le spectaculaire décor des *Bouchers* – pourtant utilisé ponctuellement – serait, selon le témoignage du fils d'Antoine comme le rapporte A-H. Stourna, le résultat d'un choix pratique, voire un choix de substitution à un décor peint[64] (« plus facile [...] à trouver qu'à fabriquer », en somme). Cette nourriture périssable puisque la viande ne peut se conserver indéfiniment sur scène n'étant pas consommée par l'un des protagonistes fait sensation, peut-être moins par son vérisme ou une décision mûrement « réfléchie » esthétiquement, que par l'imaginaire culturel auquel il appartient : le sang, tabou sur scène, et le sanguinolent renvoient à l'idée de cruauté et au sentiment d'épouvante ; le métier infamant de boucher à celui de « méchantes gens[65] ». Faut-il donc voir dans les « Moutons écorchés [qui] pendaient aux murs ; [les] escalopes, côtelettes, mous, [qui] ornaient les tables » et peut-être la « pestilence » qui se dégageait de la scène[66], une rupture réelle en matière de convention, ou une réception différente née du type inhabituel, inusuel, de nourriture présente sur scène ? Il convient donc de mieux prendre en compte la continuité de

---

62  *Ibid.*, p. 34.
63  *Ibid.*, p. 45.
64  Voir A.-H. Stourna, *La cuisine à la scène, op. cit.* : « le fils d'Antoine, André-Paul Antoine, prétend que son père lui a confié qu'il n'a pas pu trouver un peintre capable de dessiner des quartiers de viande et pour cette raison, il a demandé à un boucher du voisinage qu'il lui prête de vrais quartiers ».
65  Fleur Vigneron, « Les bouchers, "méchantes gens" : l'image d'un métier déprécié dans la littérature médiévale », dans *Métiers et marginalité dans la littérature*, Arlette Bouloumié (dir.), Rennes, Presses universitaires de Rennes, 2004, https://doi.org/10.4000/books. pur.11813 (consulté le 06/05/2024).
66  Noël Arnaud, *Alfred Jarry d'Ubu roi au Docteur Faustroll*, Paris, Éditions de la table ronde, 1974, p. 14.

la nourriture sur la scène et la remettre en contexte afin de dépasser l'aspect purement économique (« bon marché »), voluptuaire (« un vrai repas somptueux ») ou pragmatique (« se procurer à proximité »), pour déterminer si les comédiens ont tenté de créer, à leur manière, une atmosphère sur scène ou se sont servis de biens de consommation de manière « réfléchie » afin de créer un effet scénique et une forme de théâtre expérientiel. Faut-il donc voir un naturalisme avant l'heure en matière de productions théâtrales et une certaine esthétique se dégageant de la mise en scène ?

Les factures du second XVIII\ siècle – lequel représente une époque où la troupe de la Comédie-Française possède un répertoire conséquent et tente d'attirer le public par de nouvelles mises en scène ou pièces[67] – font référence à différentes commandes passées régulièrement ou non à des commerçants. La troupe, se situant dans le quartier Saint-Germain, a un réseau de fournisseurs installés à proximité du théâtre et près de la foire[68]. Lorsqu'elle emménage le théâtre des Tuileries (rive droite) au début des années 1770 et celui de l'Odéon (rive gauche) en 1782, elle se sert de l'ancien théâtre pour créer des ateliers permettant de fabriquer des décors[69]. Cela dit, les acteurs ne semblent pas saisir l'occasion pour fabriquer de « faux » accessoires reproduisant la nourriture ou les couverts etc. En outre, très peu de critiques mentionnent l'utilisation de produits alimentaires réels comme incongrus, ce qui suggère que la présence de ces derniers paraît commune, ou tout du moins ne pose pas problème en soi. Un certain nombre de dépenses figurent dans le dossier « Victuailles » faisant allusion aux mets choisis et préparés pour les représentations de certaines pièces.

*Le Bourgeois gentilhomme*, comédie ballet de Molière (1670), comporte un repas à la scène 1 de l'acte IV, offert gracieusement par Monsieur Jourdain à Dorimène. À la fin de l'acte III, « *Six cuisiniers, qui ont pré-paré le festin, dansent ensemble, et font le troisième intermède ; après quoi, ils apportent une table couverte de plusieurs mets*[70] ». Le répertoire établi par Jean-Baptiste Colson relatif au théâtre de Bordeaux indique que des « cuisiniers apportent une table magnifiquement garnie », qu'il faut

---

67   Voir S. Chaouche, *La Mise en scène du répertoire, op. cit.*
68   S. Chaouche, « The Trade Relations of the Comédie-Française Economic Networks and the Consumption of Goods before the Revolution », art. cité.
69   *Ibid.*, p. 125.
70   Molière, *Le Bourgeois gentilhomme*, Paris, P. Le Monnier, 1671, III, 16, p. 118.

« six couverts » et des « serviettes pour les cuisiniers[71] ». Un tel repas suppose de nombreux plats comme le laisse entendre François Massialot, auteur du *Nouveau Cuisinier royal et bourgeois*, paru pour la première fois en 1705 et enrichi en 1746. En effet, selon lui, un repas gras requiert un grand plat, deux moyens et quatre petits pour un repas de six à huit couverts[72]. Le premier service compte quatre entrées, le second trois plats de rôt, et le troisième un plat du milieu et légumes, ainsi que quatre moyens entremets[73]. Les plats sont disposés en cercle sur la table et on sert la nourriture aux convives. Le repas maigre s'avère plus léger avec un potage, deux entrées, un deuxième service composé d'un plat de rôt, de quatre entremets et d'une salade. Madame Jourdain, qui abruptement interrompt le repas à peine entamé, le qualifie de « banquet à faire noces ». Les comédiens suivent les informations données dans les didascalies, qui, très probablement renvoient au service à la française très précisément décrit par F. Massialot. Ce service n'est pas l'apanage des cercles nobiliaires parisiens, mais est également bien connu en province comme le souligne Michel Figeac : « Le repas s'organisait en services : le premier comprenait les hors-d'œuvre, les terrines et les potages, dans la composition desquels entraient des légumes, mais aussi des volailles ou du jarret de veau ; le second, les viandes et les poissons en sauce ; le troisième, les entremets, les rôtis et les salades ; le quatrième, les entremets chauds et les tourtes[74] ». Un cinquième service, « celui des fromages et des desserts[75] » couronne le tout.

Le repas est facturé 18 livres par représentation en octobre 1753 par Landelle, comprenant notamment « Une jatte de pêches, 4 bouteilles

---

71    Jean-Baptiste Colson, *Répertoire du Théâtre français ou Détails essentiels sur trois cent soixante tragédies et comédies*, Bordeaux, chez l'auteur, s.d. [1820], section « comédies en 4 et 5 actes », p. 34. Ce répertoire rejoint celui qui avait été établi en 1775 par le souffleur Delaporte comme je l'ai montré dans *La Mise en scène du répertoire*.

72    François Massialot, *Le nouveau cuisinier royal et bourgeois qui apprend à ordonner toutes sortes de repas en gras & en maigre, & la meilleure manière des ragoûts les plus delicats & les plus à la mode... Par M. Massialot. Ouvrage très-utile dans les familles, aux maîtres d'hôtels & officiers de cuisine. Augmenté de nouveaux ragoûts par le sieur Vincent de La Chapelle, chef de cuisine de S. A. S. monseigneur le Prince d'Orange & de Nassau*, Paris, Veuve Prud'homme, 1746, t. 1-3, t. 1, p. 10.

73    *Ibid.*, p. 10-11.

74    Michel Figeac, « Les pratiques alimentaires de la noblesse provinciale à la fin du règne de Louis XIV : l'exemple de la Guyenne », *Dix-septième siècle*, vol. 217, n° 4, 2002, p. 643-654, https://www.cairn.info/revue-dix-septieme-siecle-2002-4-page-643.htm (consulté en ligne le 17/04/2024).

75    *Ibid.*

de vin de Bourgogne à 25 sols la bouteille ; les couverts, le tout vaisselle d'or jaune, 3 livres », ainsi que d'autres mets non spécifiés par le traiteur. En mars 1757, il s'élève à 50 livres, mais diffère de façon significative combinant « 4 [plats] gras et deux maigres » – symboliquement une table « riche » majoritairement composée de viande et une table « maigre » avec du poisson[76]. Quelques années plus tard, le festin passe à 55 livres et change de menu, chaque item se révélant fort coûteux (ils semblent beaucoup plus élevés que de nos jours). Le service, les couverts et le surtout de table sont facturés, suggérant que les traiteurs non contents de fournir les mets et breuvages à un prix exorbitant se chargent également des aspects pratiques et matériels du service. La quantité de nourriture, impressionnante, laisse entendre que les sociétaires commandent un repas pour la compagnie plutôt que pour le nombre exact de personnages dînant sur scène :

Un surtout[77] garni de 6 bougies, 7 livres.
Une fricassée de poulet garnie de rond de veau[78], 4 livres 10 sols.
Pigeons aux noix et lardons, 4 livres.
Une poularde, 5 livres.
Deux poulets gras, 5 livres.
Deux salades, 2 livres.
Une [salade] croquante, 5 livres.
Beignets à la fleur d'aubergine, 3 livres.
24 ramequins, 3 livres.
24 gaufres, 3 livres.
2 jattes de fraises, 3 livres 10 sols.
2 jattes de biscuits de Savoie, 2 livres
Pain de table, 1 livre.
Les couverts, le tout vaisselle d'or jaune, 4 livres.
De plus 4 flambeaux garnis de bougies, 2 livres.
Une jatte de perdue ou cassée, 1 livre[79].

Les acteurs privilégient, du point de vue de la mise en scène, l'ostentatoire grâce à l'utilisation d'une vaisselle dorée à même de scintiller sous les

---

76   BMCF, 2 AC 15, « Victuailles ».
77   « Plateau richement décoré, destiné à orner le centre de la table, où l'on plaçait les salières, boîtes à épices, sucriers, etc. et auquel on pouvait adapter des lumières » (*Trésor de la Langue Française*, désormais *TLF*).
78   Viande tendre et maigre rôtie.
79   BMCF, 2 AC 15, « Victuailles », facture de quatre repas, arrêtée à la somme de 160 livres le 2 juin 1761.

bougies des flambeaux et donc de donner au souper un aspect royal et enchanteur. Mais les frais occasionnés n'en finissent pas d'augmenter, atteignant 60 livres entre 1769 et le début des années 1780 – somme astronomique à l'époque. Le repas a plus que triplé depuis le début des années 1750.

Il ne peut s'agir ici d'une augmentation des prix seule. Le terme « collation » utilisé par le marchand au début des années 1750 semble faire référence à un léger repas. En effet, selon le *Dictionnaire de l'Académie*, cette dernière se « fait au lieu du souper, particulièrement les jours de jeûne[80] ». Le terme ne correspond pourtant pas aux dires de Madame Jourdain, ce qui pourrait suggérer que la troupe, dont les difficultés financières sont connues à cette époque, commandait un nombre limité de mets. Il se peut que la troupe ait choisi, une fois celle-ci sauvée de la banqueroute par le roi en 1757, de mettre l'accent sur l'extravagance et les largesses de Monsieur Jourdain par une pléthore de nourriture apportée sur scène – ce qui pourrait alors traduire un changement de mise en scène qui par la suite ferait tradition. Il se peut aussi que cette prodigalité soit le résultat de changements spatiaux. Biens visibles des spectateurs les plus nantis siégeant sur le théâtre jusqu'en 1759, les plats amenés sur la table ont pu sembler en nombre insuffisants une fois les banquettes supprimées. Ces hypothèses n'expliquent cependant pas pourquoi la troupe préfère engager régulièrement des frais très élevés pour cette scène seule : amener des bouteilles déjà ouvertes ou bues, ou faire fabriquer de faux mets semblerait une option plus rentable sur le long terme, d'autant que le repas est écourté à la scène 2 de l'acte IV, alors que les personnages dégustent les plats.

La didascalie suivante donne une meilleure idée du temps écoulé entre la fin de l'acte III, et la fin de la scène 1 de l'acte IV : « *les Musiciens et la Musicienne prennent des verres, chantent deux chansons à boire, et sont soutenus de toute la symphonie* ». La venue des musiciens et les chansons qui agrémentent la pièce de divertissements sont un subterfuge pour permettre aux acteurs de jouer avec la nourriture (« Mais vous ne voyez pas que Monsieur Jourdain, Madame, mange tous les morceaux que vous touchez » glisse Dorante à Dorimène). On peut imaginer qu'il existe un jeu de scène essentiel, destiné au public bourgeois et royal, amateur de

---

80    *Dictionnaire de l'Académie française*, 3ᵉ édition, 1740, https://www.dictionnaire-academie. fr/article/A3C1221 (consulté le 20/04/2024).

bonne chère et de comique : par exemple, les personnages peuvent se lever et s'assoir puisqu'il s'agit d'un buffet, manger, se parler en aparté etc. La nourriture et la boisson doivent dès lors être consommées et non pas uniquement être présentées aux convives. On ouvre sans doute des bouteilles de champagne sur scène.

Les tarifs appliqués par le traiteur Landelle en 1749 attestent qu'un « couvert », c'est-à-dire un « menu », coûte 5 ou 10 livres[81]. On peut imaginer que la troupe commande des mets pour cinq à six personnes, ou pour dix à douze personnes selon le menu choisi. Une facture indique pourtant certains changements : « Sur lequel il y a diminué 4 bouteilles de champagne et une bouteille de bourgogne » (facture du 6 mars 1769). Le traiteur ne prend malheureusement pas la peine de détailler les différents plats fournis à la troupe, mais un menu payé 60 livres le 23 avril 1753 (le montant total s'élève tout d'abord à 77 livres 9 sols) révèle la variété des mets pouvant être dégustés à l'époque pour une telle somme. Ce menu dépourvu de mets giboyeux, typiques des repas seigneuriaux, est vraisemblablement réalisé pour six personnes, ou plus ; les animaux servis comme les poulets peuvent avoir été reconstitués[82] :

> 1 soupe et bouillie, 4 livres.
> 1 soupe maigre, 1 livre 5 sols.
> Beurre de Vendée [venvres] et raves, 1 livre 4 sols.
> Raie, 4 livres.
> 1 fricandeau à l'oseille[83], 3 livres.
> 2 poulets en fricassées, 6 livres.
> 1 aloyau[84], 10 livres.
> 4 limandes, 4 livres.
> Un 9e d'agneau, 2 livres 10 sols.
> 1 salade et œufs, 2 livres.
> 1 d'olive, 2 livres.
> Des asperges et œufs, 3 livres 15 sols.
> Des épinards, 2 livres 10 sols.
> 1 ragoût mêlé, 3 livres.

---

81  BMCF, 2 AC 15, facture du 10 janvier 1749 par Landelle.
82  Philippe Ariès et Georges Duby (dir.), *Histoire de la vie privée de la Renaissance aux Lumières*, Paris, Le Seuil, 1986, p. 285.
83  « Morceau de veau (rouelle, noix) piqué de lardons, braisé ou poêlé, servi seul ou avec de l'oseille, des épinards » (*TLF*). Les définitions sont consultables en ligne (https://www.cnrtl.fr/, consulté le 05/04/2024).
84  « Pièce de bœuf coupée le long du dos entre la dernière côte et le sacrum, et comprenant le filet, le faux-filet et le romsteck » (*TLF*).

6 oranges, 2 livres 10 sols.
3 citrons, 1 livre 10 sols.
Des mendiants[85], 1 livre.
Une compote, 2 livres 10 sols.
Rocquefort, 15 sols.
6 bouteilles de vin, 9 livres.
1 bouteille d'Espagne, 4 livres.
4 pièces de bois[86], 1 livre.
4 pains, 1 livre.
Café, 1 livre 16 sols.
Pain et vin aux domestiques, 5 livres[87].

D'après Marie-Claire Grassi, à Versailles,

> Les entrées consistent en charcuteries ou viandes en ragoût, très pimentées.
> Viennent ensuite les viandes bouillies puis les viandes rôties à la broche. Les
> entremets apportent des pâtés, des viandes en gelée, des légumes variés, surtout
> salades et petits pois dont raffolait le roi. Le Fruit se compose de fruits frais :
> oranges, figues, fraises, pommes, poires, ananas, melons. Ils s'accompagnent
> de confitures « sèches » ou « liquides », compotes, fruits confits, de gâteaux,
> massepains, tourtes sucrées. En matière de fromage, il semblerait que le
> Brie et le Parmesan soient utilisés pour les entremets. Durant les services,
> les gentilshommes servants font la navette entre la table du roi et les tables
> de la salle des gardes. Ils sont cinq ou six et servent serviette à l'épaule[88].

Le repas fourni aux acteurs semble se rapprocher de celui-ci, à une exception près : il se caractérise par une combinaison de plats gras *et* de plats
maigres. Il appert que le « banquet de noces » de Monsieur Jourdain,
par sa splendeur et son réalisme, reflète l'incongruité entre le repas royal
(constitué de rôts au contraire de la viande bouillie de la nourriture
bourgeoise[89]) et l'avidité du bourgeois. Il semble métaphoriquement
évoquer l'appétit concupiscible de Jourdain et son désir de conquérir la
jeune aristocrate, et même sa convoitise d'obtenir un statut social qu'il

---

85    « Dessert composé d'un mélange de quatre sortes de fruits secs : amandes, figues, noi-
      settes, raisins de Malaga. » (*TLF*).
86    Il semble que le traiteur apportait du bois pour faire chauffer les plats. Il est aussi possible
      que les Comédiens eussent à payer le bois pour chauffer la pièce où ils dînaient, lorsqu'ils
      allaient dans un restaurant.
87    BMCF, 2 AC 15, facture arrêtée le 23 avril 1753.
88    M.-C. Grassi, « Le souper à la cour de Versailles sous Louis XIV », dans *Le Souper*, *op. cit.*
89    « La logique du rôt », *L'Histoire*, novembre 1980, https://www.lhistoire.fr/la-logique-du-
      r%C3%B4t (consulté le 11/04/2024). Certaines parties comme les abats, ou « grosses
      viandes » étaient jugées « trop vulgaires pour constituer des plats de rôt ».

n'a pas ; comme si, au fond, le paiement du festin servait à légitimer ceux-ci. La démarche semble, par certains aspects, similaire à celle du naturalisme, mais de façon inversée. Il ne s'agit pas évidemment de présenter le prolétariat et ses difficultés quotidiennes. La troupe cherche sans doute moins à exhiber sa propre aisance financière (qu'elle n'a pas forcément d'ailleurs dans les années 1750, étant fortement endettée) comme le soutient A.-H. Stourna, qu'à souligner l'opulence irrévéren-cieuse et l'excès alimentaire incongru – et pourquoi pas le gaspillage dû à un comportement saugrenu[90]. Dans ce contexte, la remarque de M.-C. Grassi sur le repas sous l'Ancien Régime prend alors tout son sens : « Manger ce qui plaît, selon son goût, son envie, son penchant, devient le propre d'une table riche qui propose des mets variés donc des choix. C'est toute la différence avec la table du pauvre[91] ». Monsieur Jourdain donne un diner d'apparat visant à impressionner Dorimène. Sa démarche apparaît subversive et rejoint le commentaire de François Marin, maître d'hôtel du maréchal de Soubise, qui rappelle, dans les années 1740, l'ordre sur lequel se fonde la société et la nourriture qui y est rattachée : « Je recommande ici le simple, parce que sans vouloir offenser personne, je remarque aujourd'hui nombre de Bourgeois qui, pour vouloir imiter les Grands, sortent des bornes de leur état, en cou-ronnant leur table par des mets qui leur coûtent beaucoup sans leur faire honneur, faute d'être apprêtés d'une main habile[92] ». Il enjoint les roturiers de ne pas tenter de vivre au-dessus de leurs moyens : « C'est donc pour ces particuliers dont la figure n'est point toujours conforme à leur condition, ni à leur fortune que la cuisine devrait revenir à la simplicité de nos pères[93]… ». Le changement d'état voulu par Jourdain transgresse les normes. Le repas mis en scène dans la seconde moitié du

---

90  Très souvent, les restes des repas de familles aisées étaient revendus (regrats). M.-C. Grassi montre que Versailles tentait de lutter contre le gaspillage : « Plats et assiettes sont ramenés aux cuisines dans la salle du serdeau. Le serdeau est un service à part entière qui répartit les reliefs des repas dans une stricte hiérarchie. Il existe à Versailles toute une hiérarchie de la récupération. Sur ces reliefs se nourrissent d'abord les officiers, puis les valets, puis les garçons, et il en reste encore. Les garçons du serdeau vendent ce qui reste aux habitants de la ville dans des baraques destinées à cet effet, situées dans une contre-allée à l'extérieur du château, véritable marché des plats préparés. Et lors des grandes collations, les reliefs aussi retournent au serdeau. Rien ne se perd, ou très peu ». (M.-C. Grassi, « Le souper à la cour de Versailles sous Louis XIV », dans *Le Souper, op. cit.*)

91  *Ibid.*

92  François Marin, *Suite des Dons de Cornus*, 1742 (B.M. Lyon, 346 902), p. 597-598.

93  *Ibid.*

XVIIIᵉ siècle révèle les tensions sous-jacentes entre la bourgeoise et la noblesse, ainsi que les processus décrits au siècle suivant par Thorstein Veblen relatifs à la consommation ostentatoire qui a deux versants : le désir de s'élever socialement à travers son mode de consommation et ses dépenses (la distinction) et le besoin d'imiter les mœurs et le style de vie des classes supérieures (l'émulation). Ainsi ce phénomène est rendu visible à travers la mise en scène même du repas dont s'acquitte Jourdain, mais il ne peut l'être qu'en tournant en ridicule ce dernier, car il s'agit aussi de préserver l'ordre social, quand bien même ses fondations ne paraîtraient plus dans les années 1770 et 1780 aussi fluides qu'auparavant. La leçon (*docere*) de la comédie passe par un jeu sur les codes et la nourriture qui fait du festin, un événement scéniquement grotesque. En un sens, comme le souligne Florent Quellier, « Face à l'implacable progression de l'imitation bourgeoise, et à la concurrence entre les grandes maisons, il faut constamment veiller à avoir le "bon goût" de respecter des codes alimentaires et comportementaux stricts tout en surprenant ses invités, bref d'être à la mode en évitant soigneusement les écueils d'un *Repas ridicule* (Boileau, 1666)[94]. » *Le Bourgeois gentilhomme*, bien avant la naissance de la nouvelle cuisine au XVIIIᵉ siècle, illustre les dynamiques entre classes sociales, questionnant la notion de bon ou de mauvais « goût[95] ».

En effet, la troupe met en scène l'association entre nourriture et statut social de façon drolatique. Car Dorante s'empresse de laisser entendre que la surabondance de plats et le menu lui-même ne sont pas conformes à un « grand couvert », digne d'un aristocrate[96] : « Vous n'avez pas ici un

---

94   Florent Quellier, « L'alimentation des élites françaises et la naissance d'une nouvelle cuisine », dans *La table des Français*, Tours, Presses universitaires François-Rabelais, 2013, en ligne https://books.openedition.org/pufr/22852 (consulté le 14/04/2024).

95   Sur la notion de mauvais goût, on se référera aux travaux de Carine Barbafiéri et Jean-Claude Abramovici, *L'invention du mauvais goût à l'âge classique*, Louvain, Peeters, 2012.

96   M.-C. Grassi, « Le souper à la cour de Versailles sous Louis XIV », dans *Le Souper, op. cit.* Celle-ci donne une idée de ce que peut être le menu d'un souper au « grand couvert ». Celui-ci est tiré des registres de la Bouche pour l'année 1683 : « Potages – Deux grands potages : deux chapons vieux et douze pigeons de volière ; deux petits potages : une perdrix au parmesan, quatre pigeons de volière. Entrées – Deux grandes entrées : quatre perdrix à la sauce espagnole, deux poulets gras en pâtés grillés ; deux petites entrées : six poulets et six livres de veau ; quatre petites entrées hors d'œuvre : trois poulets gras, un faisan, trois perdrix et huit livres de veau. Viandes bouillies ; un chapon, une pièce de veau, trois pigeons. Rôt – Deux poulardes grosses, quatre étourneaux, neuf poulets, huit pigeons, six perdrix et quatre tourtes. Entremets – Six livres de saucisses, quatre

repas fort savant, et vous y trouverez des incongruités de bonne chère et des barbarismes de bon goût. Si Damis s'en était mêlé, tout serait dans les règles » (IV, 1)[97]. Selon M.-C. Grassi, à la cour, « Un souper ordinaire au grand couvert dure à Versailles environ une heure et les plats, qui ne sont pas tous ôtés après chaque service, ne restent sur la table qu'une dizaine de minutes[98] ». Les différents groupes de plats successivement apportés à chaque service le sont sans doute tous en même temps, permettant, de fait, un jeu de scène d'un quart d'heure tout au plus. Le mélange de viandes et de poisson, comme le montrent les factures de Landrelle (« 4 gras et deux maigres fournis pour le Bourgeois gentilhomme », 26 mars 1757), illustre très vraisemblablement une faute de bienséance, à laquelle s'ajoute une faute de goût. Il pourrait s'agir d'un fatras (d'une salade) de mets à la fois bourgeois et royaux – de fait, un assemblage ridiculement éclectique et disproportionné. La vraie nourriture sur scène paraît, par conséquent, pleinement nécessaire puisqu'elle est le substrat de l'effet comique voulu par Molière – et mûrement pensé par la Comédie-Française en matière de mise en scène. Cette scène peut avoir été conçue comme l'un des meilleurs « morceaux[99] » de la pièce (un temps fort) et être devenue un

---

livres de boudin blanc, quatre livres de "salpricon" (mélange haché de gibier, poisson, truffes, foie gras et champignons) ».

97  Il se peut que Molière se soit inspiré de la satire de Boileau : « J'enrageois. Cependant on apporte un potage. | Un coq paroissoit en pompeux équipage, | Qui, changeant sur ce plat et d'état et de nom, | Par tous les conviés s'est appelé chapon. | Deux assiettes suivoient, dont l'une étoit ornée | D'une langue en ragoût, de persil couronnée ; | L'autre, d'un godiveau tout brûlé par dehors, | Dont un beurre gluant inondoit tous les bords. | [...] J'allois sortir enfin quand le rôt a paru. | Sur un lièvre flanqué de six poulets étiques | S'élevoient trois lapins, animaux domestiques. | Qui, dès leurs tendres ans, élevés dans Paris, | Sentoient encor le chou dont ils furent nourris, | autour de cet amas de viandes entassées | Régnoit un long cordon d'alouettes pressées, | Et sur les bords du plat six pigeons étalés | Présentoient pour renfort leurs squelettes brûlés. | À côté de ce plat paroissoient deux salades, | L'une de pourpier jaune, et l'autre d'herbes fades, | Dont l'huile de fort loin saisissoit l'odorat, | Et nageoit dans des flots de vinaigre rosat. | [...] Sur ce point, un jambon d'assez maigre apparence, | Arrive sous le nom de jambon de Mayence. | Un valet le portoit, marchant à pas comptés, | Comme un recteur suivi des quatre facultés. | Deux marmitons crasseux, revêtus de serviettes, | Lui servoient de massiers, et portoient deux assiettes, | L'une de champignons avec des ris de veau, | Et l'autre de pois verts qui se noyoient dans l'eau ». (Nicolas Boileau, Satires, III, Paris, Imprimerie générale, 1872, volumes 1 et 2, p. 89-98).

98  M.-C. Grassi, « Le souper à la cour de Versailles sous Louis XIV », dans Le Souper, op. cit.

99  Voir Sabine Chaouche, « Mécanismes de coalescence et de synergie auctoriales sous l'Ancien Régime », European Drama and Performance Studies, n° 13, 2020, p. 91-113. Selon nous, les troupes ne considéraient pas les pièces dans leur ensemble mais s'occupaient principalement

« morceau » d'anthologie pour le spectateur, du fait même de la mise en scène grandiose et cocasse du souper. Le spectacle alimentaire paraît, au même titre que le repas des cérémonies auliques, central et, à l'image du politique, utilisé non seulement par le personnage, mais aussi de façon subreptice par la troupe, étant une opération de prestige.

La venue inopinée de Madame Jourdain met fin aux réjouissances et l'on « *ôte la table* » : « Je ne sais qui me tient, maudite, que je ne vous fende la tête avec les pièces du repas que vous êtes venue troubler » (IV, 2) crie Jourdain. Cette réplique suggère que Molière avait eu recours à l'image seule pour traduire de façon amusante la frustration du personnage, la nourriture devenant une arme et servant de défouloir au bourgeois furibond. On peut imaginer que l'acteur faisait un geste menaçant, mais se retenait. Or en 1778, un spectateur choqué par le jeu de Préville, écrit : « pourquoi, au quatrième acte, il présente un morceau de viande sur un morceau de pain, à Madame Jourdain qui le surprend à table avec le Comte et la Marquise[100] ? ». Un jeu similaire avec la nourriture est aussi rapporté en 1788. Levacher de Charnois s'offusque d'un effet comique qu'il juge vulgaire : « quelle platitude et quelle indécence de donner à sa femme une cuisse de poulet sur du pain pour la faire sortir[101] ! » Certains acteurs se sont servis de la nourriture de manière bouffonne pour divertir le public, rompant avec les traditions établies par leurs prédécesseurs. En ce sens, la nourriture n'a pas pour

---

des meilleurs morceaux de celles-ci (scènes les plus importantes scéniquement) : « Le processus de création de la pièce n'était dès lors pas envisagé de façon chronologique (la succession des scènes), semble-t-il, mais plutôt conçu de façon descendante : de la scène la plus émotionnellement forte aux scènes secondaires, voire insignifiantes (par exemple une scène servant de transition où il ne se passe rien du point de vue de l'action). » De fait, « La construction scénique requerrait alors une hiérarchisation des scènes en fonction du travail devant être accompli par le ou les comédiens, en fonction de l'effet sur le spectateur, et en fonction du temps requis pour qu'une scène soit considérée comme aboutie – ou tout du moins acceptable pour une première ou une remise. On peut penser que l'étude individuelle commençât par les scènes majeures, ces dernières devant être les plus travaillées. La troupe pouvait alors assurer une certaine tenue de la représentation théâtrale – manque d'ensemble qui n'a d'ailleurs jamais globalement été reproché à la Comédie-Française. Les scènes mineures, "meubles" en quelque sorte, quand bien même elles pourraient demeurer imparfaites, nécessitaient probablement moins de temps de préparation et donc moins de répétitions. » (p. 103-104).

100  *Journal des théâtres ou Le Nouveau Spectateur*, Paris, Esprit, 15 janvier 1778, n° 20, p. 174.
101  Jean-Charles Levacher de Charnois, *Conseils à une jeune actrice*, s.l.s.n., 1788, p. 41, dans Sabine Chaouche (éd.), *Écrits sur l'art théâtral, Spectateurs*, vol. 1, Paris, Honoré Champion, 2005, p. 642.

seul rôle d'être décorative ou fonctionnelle. Au contraire, dans ce cas précis, elle témoigne de la créativité de la troupe et de certains acteurs qui s'écartent du texte afin d'innover, que ces changements soient ou non perçus comme populaciers et déplacés : « Molière était un grand philosophe qui connaissait les vices et les ridicules qu'il saisissait, et les bornes dans lesquelles il devait se renfermer pour en composer des tableaux vrais et naturels. Vouloir y substituer des bambochades, c'est déshonorer le peintre ; et en s'écartant de sa manière, on ne peut que s'égarer. Des lazzis font rire ; mais un comédien tel que Préville avait-il besoin de ces misérables ressources pour plaire aux spectateurs éclairés et attentifs[102] ? » Finalement, puisque, comme Florent Quellier le montre, « Les grosses pièces sont découpées devant les convives et non en cuisine[103] » et si la mastication d'aliments trop durs est perçue comme grossière à l'époque, on peut supposer que la troupe jouait avec ces codes pour créer des effets comiques. On imagine par exemple Monsieur Jourdain grimaçant abondamment en mangeant de la viande, ou tentant lui-même de couper les morceaux de viande avec beaucoup de maladresse et de précipitation.

Ce genre de charge est également rapporté dans le *Journal des théâtres*, mais dans un tout autre registre, au sujet de Dugazon dans *Le Légataire universel* de Jean-François Regnard : « Que ne parliez-vous au moins de la manière dont il fait sa toilette au quatrième acte ? que ne lui demandiez-vous pas pourquoi perché il se fait chausser, perché sur les deux bras du fauteuil ? pourquoi ensuite, quand il veut s'asseoir, il saute par-dessus le dos du même fauteuil au risque de se casser le cou[104] ? ». En effet, cet exemple, qui n'est pourtant pas lié à la nourriture, mais au décor, montre comment la troupe de la Comédie-Française prépare des effets comiques étourdissants, grâce à une mise en scène faisant état de jeux de scène qui ne sont pas inscrits dans le texte.

La comédie du *Festin de pierre* de Molière mérite aussi d'être examinée puisque le titre même de la pièce fait référence à la nourriture. Alain

---

102 *Ibid.*
103 F. Quellier, « L'alimentation des élites françaises et la naissance d'une nouvelle cuisine », dans *La table des Français, op. cit.* (« Dans les garnitures, les convives retrouvent, cuisinés ensemble, des légumes, des abats, des poissons. Elles permettent de multiplier les plats et d'éviter la mastication grossière en proposant un aliment haché, parfois même réduit en hachis, ancêtre de la quenelle »).
104 *Journal des théâtres ou Le Nouveau Spectateur*, 15 juin 1777, n°6, p. 260.

Montandon qui a examiné la tradition du souper au fil du temps ne s'est pas particulièrement penché sur la matérialité de la nourriture[105]. Le registre des tapissiers datant du XVIIIe siècle conservé à la Comédie-Française donne des informations sur la plantation nécessaire pour quelques scènes de la fin de l'acte IV, Don Juan ordonnant qu'on lui prépare son souper : « deux fauteuils, un tabouret, une table garnie de tout ce qu'il faut pour boire et manger ; mais l'on [ne] met la table qu'avec les couverts et le repas se fait quand on appelle ; il faut le buffet dans le fond du théâtre[106] ». Les plats sont disposés à part, ce qui permet aux serviteurs de faire des allées et venues (« vertubleu petit compère que vous êtes habile à donner des assiettes, et vous petit La Violette que vous savez présenter à boire à propos » s'exclame Sganarelle à la scène 7 de l'acte III) et de rendre la scène vivante. La mise en scène de la nourriture à la fin de l'acte IV ne paraît pas, au fond, si dissemblable de celle d'un repas bourgeois sous le Second Empire.

Le registre de Jean-Baptiste Colson relatif au théâtre de Bordeaux se veut beaucoup plus concis :

> Le théâtre représente un superbe salon : portes de fond et latérales ; un tabouret, deux chaises, un fauteuil. Une table est placée à gauche de l'acteur : des valets y placent une pile d'assiettes, quelques bouteilles de vin, une carafe pleine d'eau, une cuvette, un pot à l'eau ; deux serviettes et de quoi former un couvert pour le Commandeur. D'autres laquais apportent une table à deux couverts et richement servie. *Il y faut d'obligation une volaille rôtie, une crème, une salade, des œufs soufflés et un plein* [*sic*]. Quelques autres mets figurés, des desserts et une bougie allumée[107].

Les traditions scéniques de la Comédie-Française servent alors de référence aux théâtres de province comme le suggère la diffusion des éditions de pièces de théâtre publiées par l'éditeur Barba[108]. En effet, les deux commandes passées à M. Prudhomme les 25 janvier et 10 mars 1765,

---

105 Alain Montandon, « L'invitation au souper (Don Juan) », dans *Le souper*, Françoise Le Borgne et Alain Montandon (dir.), Clermont-Ferrand, Presses universitaires Blaise-Pascal, 2020, en ligne : https://books.openedition.org/pubp/2553 (consulté le 02/05/2024).
106 BMCF, Registre des tapissiers, 575[1].
107 J.-B. Colson, *Répertoire, op. cit.*, comédies en cinq actes, p. 117-118 (nous soulignons).
108 Sabine Chaouche, « Relecture et réécriture scéniques. Les variantes de la mise en scène du *Legs* publiée par Barba en 1820 », dans *Marivaux sur les scènes étrangères : heurs et malheurs d'un classique hors norme*, Paola Ranzini (dir.), *Théâtres du Monde*, n° 6, Hors-Série, 2021, p. 161-204.

de 13 livres 10 sols chacune (bien que légèrement variées) détaillent les plats du souper :

> Mémoire par Prudhomme pour le festin de pierre, commande du 25 janvier 1765
> Deux entrées, deux plats de rôts, deux tourtes, entremets, trois assiettes de desserts pour le tout 13 livres 10 sols. Arrêté à 13 livres 10 sols le 23 février 1765.

> Mémoire par Prudhomme pour le festin de pierre, commande du dimanche 10 mars 1765
> Deux entrées, un plat de rôts, une salade, des œufs, trois assiettes de desserts. Pour le tout 13 livres 10 sols. Arrêté à 13 livres 10 sols le 26 mars 1765.

*Le Festin de pierre* fait l'objet de dépenses récurrentes et les prix varient entre 12 livres et 15 livres dans les années 1770. Beaucoup moins onéreux et fastueux que le « banquet de noces » de Monsieur Jourdain, le « festin » de pierre a pourtant un menu composé de plusieurs services : entrée, rôt, entremets, dessert. Les portions paraissent néanmoins individuelles (« deux entrées, deux plats, deux tourtes »), c'est-à-dire celle de Don Juan et celle de Sganarelle qui est invité par son maître à se joindre à lui. La troisième assiette de dessert pourrait être servie au Commandeur qui entre dans la pièce inopinément (IV, 8) et se voit convié à partager le repas. Le nombre de plats interroge : pourquoi tant de plats ? ; les mets sont-ils tous dégustés par les acteurs-personnages ? ; en ont-ils le temps ? En effet, la longueur des dialogues leur permet-elle de manger réellement une entrée, un plat de rôts, une tourte, et même un dessert ? Les répliques sont les suivantes :

> DON JUAN
> Allons mets-toi là, mange, j'ai affaire de toi quand j'aurai soupé, tu as faim à ce que je vois.

> SGANARELLE
> Je le crois Monsieur, je n'ai point mangé depuis le matin, tâtez de cela, voilà qui est le meilleur du monde, mon assiette, mon assiette, tout doux s'il vous plaît, vertubleu petit compère que vous êtes habile à donner des assiettes, et vous petit La Violette que vous savez présenter à boire à propos.

> DON JUAN
> Qui peut frapper de cette sorte ?

> SGANARELLE
> Qui Diable nous vient troubler dans notre repas ? (IV, 7)

Dans la mesure où le repas, réel, est entièrement fourni par un traiteur, on peut supposer que les acteurs prennent le temps de manger quelque peu avant que l'on ne frappe à la porte. Cette séquence s'accompagnerait alors d'un jeu muet plaisant de la part de Sganarelle. Celui-ci symbolise d'ailleurs le valet glouton et affamé traditionnel au théâtre (« *Il prend un morceau d'un des plats et le met à sa bouche.* ») puisqu'il vole de la nourriture. Colson, cité précédemment, distingue les mets réels de ce qui s'apparente à des plats artificiels, suggérant une modification de la mise en scène et une approche autre de la nourriture puisque l'on discerne implicitement des aliments servant de décoration, et d'autres devant être utilisés de façon particulière ou consommés sur scène : « *Il y faut d'obligation une volaille rôtie, une crème, une salade, des œufs soufflés et un plein* [*sic*]. Quelques autres mets figurés ». À quoi ces plats indispensables correspondent-ils et pourquoi le sont-ils ? Si l'on en croit le *Journal des théâtres*, un nouveau jeu de scène, senti comme malvenu, apparaît dans *Le Festin de pierre* à la fin des années 1770. Lors de la représentation donnée un 1er août, un spectateur se demande pourquoi l'acteur Dugazon s'est éloigné de la tradition (incarnée par Préville dans le rôle de Sganarelle) puisqu'il « retourne la salade avec ses mains au quatrième Acte[109] » – service dès lors des plus vulgaires, et donc choquant et dégoûtant pour les spectateurs éduqués aux belles manières. Une nouvelle proposition de mise en scène a été faite par la troupe, dans la mesure où l'utilisation du temps scénique pour des jeux de scène spécifiques exige une concertation entre les différents acteurs, et a fortiori, des décisions collectives réfléchies. En ce sens, le repas, et en particulier les aliments mentionnés par Colson, jouent un rôle clé en matière de mise en scène puisqu'ils permettent la création d'une séquence fondée sur la dégustation du souper qui peut être variée au fil du temps, tout comme les aliments consommés, et qui donne lieu à une pantomime ou un lazzi.

Un repas est servi dans la maison d'un meunier à l'acte III de *La Partie de chasse* de Charles Collé comme l'indique l'édition de 1766[110] : « *L'on voit au fond une table longue de cinq pieds, sur trois et demi de largeur,*

109 *Journal des théâtres ou Le Nouveau Spectateur*, Paris, Esprit, 1777, 15 août 1777, n° 10, p. 78.
110  « Représentée sous sa forme définitive en 1764 à Bagnolet sur le théâtre du duc d'Orléans, interdite par Louis XV mais néanmoins publiée, la pièce commence sa carrière sur les théâtres de société et les scènes de province avant de triompher sur la scène de la Comédie-Française où elle connaîtra 167 représentations entre 1774 et 1792 » (Françoise Le Borgne, « "Boutons-nous trètous à table !" », dans *Le souper*, Françoise Le Borgne et

*sur laquelle le couvert est mis. La nappe et les serviettes sont de grosse toile jaune; à chaque extrémité une pinte en plomb. Les assiettes de terre commune. Au lieu des verres, des timbales et des gobelets d'argent, pareils à ceux de nos Bateliers; des fourchettes d'acier*[111] ». En effet, « la maison rurale consiste bien souvent en une pièce d'habitation unique servant de cadre de vie à la famille pour naître, vivre et mourir, préparer les repas, manger et dormir » comme l'a montré Florent Quellier[112]. Les familles cuisinent près de l'âtre, faisant mijoter les plats dans une marmite ou dans des récipients résistants à la chaleur. Elles vivent dans une semi-obscurité. Cette pénombre n'a pas de mal à être reproduite dans la mesure où la scène est généralement mal éclairée (la rampe est garnie de bougies ou de lampes à huile). Quelques détails supplémentaires relatifs au décor mettent l'accent sur le caractère rustique du lieu qui se rapproche de la vie ordinaire paysanne : « *Sur le devant, deux escabelles; près de l'une est un rouet à filer; au pied de l'autre est un sac de blé, sur lequel est emprunt le nom de Michau*[113]. » À la scène 5, Henri se rend chez le meunier et se voit offrir à boire (« Rince eun grand gobelet, & apporte à Monfieu eun coup de cidre; il le boira bian en attendant le fouper »). Le cidre est apporté à la scène 7. À la scène 9, la table est placée sur le devant du théâtre avec deux chaises de paille et un banc. Elle est dressée pour quatre personnes. Le repas est pris à la scène 11. Chacun se sert et paraît « *manger comme des gens affamés* », tout d'abord en silence; le personnage principal, Henri, mange, lui aussi, « *avec vitesse* » du « *civet* ». Les informations intra-textuelles montrent clairement que les personnages parlent, ensuite, tout en dévorant leur pitance (« *la bouche pleine* ») et boivent beaucoup de cidre, trinquant ensemble et chantant. Ainsi selon Françoise Le Borgne, « le public est invité à participer à la fête[114] ». Se forme une connivence entre la salle et la scène et sans doute, une joyeuseté communicative permise par le boire et le manger symbolisant

---

Alain Montandon (dir.), Clermont-Ferrand, Presses universitaires Blaise-Pascal, 2020, en ligne https://books.openedition.org/pubp/2558 (consulté le 11/04/2024).

111  Charles Collé, *La partie de chasse de Henri IV, comédie en trois actes & en prose, avec quatre estampes en taille-douce, d'après les dessins de M. Gravelot, par M. Collé*, Paris, Vve Duchesne et Gueffier, 1766.

112  Florent Quellier, « Lieux de repas et manières de table », dans *La table des Français*, Tours, Presses universitaires François-Rabelais, 2013, chap. 5, p. 99-117, en ligne : https://books.openedition.org/pufr/22862#anchor-toc-1-9 (consulté le 03/04/2024).

113  *Ibid.*

114  F. Le Borgne, « "Boutons-nous trètous à table !" », dans *Le souper, op. cit.*

la joie de vivre, et la gaieté des chansons populaires bien connues des spectateurs[115]. Le caractère campagnard de la scène avec ses meubles installés près des spectateurs et son repas en cours semble préfigurer les mises en scène naturalistes. La simplicité de la nourriture transparaît dans les factures de Pottière, plusieurs commandes ayant été passées au cours de la période estivale en 1787[116] :

> 24 juillet 1787.
> 2 poulets fricassés, 5 livres 10 sols.
> 1 plat de chocolat, 3 livres.
> Des biscuits, 12 sols.
> 2 bouteilles et demi de vin, 2 livres 10 sols.
> Pour le pain, 12 sols.
> Pour le couvert, 1 livre 4 sols.
> (*soit 13 livres 8 sols*).
>
> 29 juillet.
> 3 poulets fricassés, 7 livres 10 sols.
> 1 plat de chocolat, 3 livres.
> Des biscuits, 12 sols.
> 2 bouteilles et demi de vin, 2 livres 10 sols.
> Pour le pain, 12 sols.
> Pour le couvert, 1 livre 4 sols.
> (*soit 15 livres 8 sols*).
>
> 7 août.
> 1 poitrine de veau au blanc, 6 livres.
> 1 plat de chocolat, 3 livres.
> Des biscuits, 12 sols.
> 3 bouteilles et demi de vin, 2 livres 10 sols.
> Pour le pain, 12 sols.
> Pour le couvert, 1 livre 4 sols.
> (*soit 14 livres 15 sols*).

---

115  *Ibid.* (« Dans *La Partie de chasse de Henri IV* de Collé, par exemple, les spectateurs pouvaient ainsi entonner avec Richard, le fils de Michau et l'amoureux de la malheureuse Agathe, "Si le Roi m'avait donné | Paris sa grand ville", une chanson déjà présente dans *Le Misanthrope* de Molière, et reprendre avec Catau "Charmante Gabrielle", une romance très connue au XVIIIᵉ siècle, dont Henri IV lui-même était supposé avoir inventé les paroles. La chanson originale composée par Collé – célèbre pour ses chansons à boire – pour compléter cette série était elle-même devenue extrêmement populaire et devait le rester jusqu'à la Restauration. L'usage du vaudeville, dans beaucoup de pièces, facilitait la participation du public et même les ariettes étaient souvent conçues de manière à la rendre possible »).

116  La pièce fut représentée pour la première fois au cours de la saison 1774-1775 où elle fut donnée vingt-six fois. Elle fut régulièrement mise à l'affiche jusqu'en 1791-1792. Dix-sept représentations eurent lieu au cours de la saison 1787-1788.

4 octobre.
1 poitrine de veau au blanc, 6 livres.
1 plat de chocolat, 3 livres.
Des biscuits, 12 sols.
3 bouteilles de vin rouge, 3 livres.
½ bouteille de vin blanc, 10 sols.
Pour le pain, 12 sols.
Pour le couvert, 1 livre 4 sols.
(*soit 14 livres 15 sols*).

Le « civet » qui « dénote chez le meunier une certaine aisance[117] » laisse pourtant place à la volaille et au veau qui n'étaient pourtant peut-être pas meilleur marché. Le menu, étonnamment agrémenté de chocolat – consommé essentiellement par l'élite – reflète plutôt le goût des acteurs, amateurs de produits exotiques (dès le début du siècle, des factures attestent de la consommation de chocolat par la troupe : « Du 2 : une tasse de café, une tasse de café chocolat et une tasse de chocolat, 1 livre 10 sols[118]). Celui-ci reste une denrée chère sous l'Ancien Régime[119] (3 livres sont facturés ici pour quatre convives, soit l'équivalent de près de 35 euros de nos jours). Il est un signe de distinction sociale, essentiellement consommé par l'aristocratie[120] soit sous forme de boisson, soit dans les pâtisseries[121], et par conséquent ici, quelque peu en porte à faux avec l'idée d'une scène contadine authentique. Les bouteilles de

---

117  F. Le Borgne, « "Boutons-nous trètous à table !" », dans *Le souper, op. cit.*

118  BMCF, 2 AC 15, facture arrêtée le 5 juillet 1710.

119  Erick Noël, *Le goût des Îles sur les tables des Lumières ou l'exotisme culinaire dans la France du* XVIII*ᵉ siècle, (avec une préface de Florent Quellier et une postface de Philippe Meyzie)*, La Crèche, La Geste – Presses Universitaires de Nouvelle-Aquitaine, 2020. L'auteur retrace le goût pour les produits exotiques qui se développe sous l'Ancien Régime, notamment la manière dont le chocolat devient un produit prisé des nobles, puis de la bourgeoisie.

120  Voir Florent Quellier, « Du broc de piquette à la tasse de café, boire à l'époque moderne », dans *La table des Français*, Tours, Presses universitaires François-Rabelais, 2013, en ligne : https://books.openedition.org/pufr/22847 (consulté le 02/04/2024). (« Le chocolat se consomme essentiellement sous forme d'une boisson chaude sucrée, parfois agrémentée de girofle, de vanille, de cannelle, d'un jaune d'œuf, de noisettes ou d'amandes. La pâte de cacao est délayée dans de l'eau bouillante ou du lait puis on la fait mousser en y agitant un bâton en bois ou en ivoire (le moussoir). »).

121  *Ibid.* (« Essentiellement consommé liquide à l'époque moderne, le chocolat entre néanmoins dans la fabrication de quelques friandises. Massialot propose, dans la *Nouvelle instruction pour les confitures* (1692), des biscuits de chocolat et des massepains de chocolat glacés, Vincent La Chapelle (1733), des crèmes glacées au chocolat et le *Maître d'hôtel confiseur* de Menon (1750), des bonbons au chocolat, notamment des diablotins, pastilles de chocolat amer saupoudrées de nonpareilles ».)

vin, également fort dispendieuses (1 livre en moyenne par bouteille), ne reflètent pas non plus le statut social des personnages, mais l'attrait des comédiens pour le luxe et les produits raffinés. Les acteurs ne se privent donc pas de commander des biens de consommation de qualité, montrant en substance leur propre niveau de vie et identité alimentaire. Il semble ainsi y avoir une contradiction entre « la popularité des pièces mettant à l'honneur le souper » et pouvant servir d'« instruments de propagande politique privilégiés[122] » – puisque ces dernières peuvent « cristalliser les aspirations sociales des spectateurs de l'époque » – comme le soutient Françoise Le Borgne, et la mise en scène réelle de la nourriture par la troupe de la Comédie-Française qui ne s'embarrasse pas de faute de vraisemblance. On peut y voir là la prédominance du goût raffiné des élites, quand bien même le sujet imposerait de se détourner des pratiques culinaires des classes sociales les plus aisées.

## JEÛNES OU NOUVEAUX RÉGIMES SAVOUREUX ?
### Consommation des acteurs et identités alimentaires

« Il semble cependant clair qu'à la fin du XVIIIe siècle et au début du XIXe, aller au spectacle le soir, tenir salon, jouer, ne sont plus des activités réservées aux gens de cour : elles sont devenues nécessaires à toutes sortes de bourgeois parisiens, qui les tiennent pour caractéristiques d'une vie civilisée[123] » écrit Jean-Louis Flandrin. La théâtromanie caractérisant l'âge des Lumières a permis le développement d'une culture du loisir fondée sur la consommation de spectacles évidemment, mais également de produits dérivés[124] et de produits alimentaires. D'après Grimod de la Reynière, retraçant la vie théâtrale de la seconde moitié du siècle, notamment de la Comédie-Française, « les Garçons qui savent du souffleur le dernier vers de chaque acte, ne l'ont pas plutôt entendu qu'ils se mettent à crier à tue-tête : "Orgeat, Limonade, Biscuits, Bavaroises,

---

122 F. Le Borgne, « "Boutons-nous trètous à table !" », dans *Le souper, op. cit.*
123 J.-L. Flandrin, « Les heures des repas en France avant le XIXe siècle », art. cité.
124 Marie Demeilliez et Thomas Soury (dir.), *Produits dérivés et économie des spectacles lyriques en France* (XVIIe-XVIIIe *siècle*), *European Drama and Performance Studies*, n° 22, 1, 2024.

Bonbons, Marrons glacés ; voilà le Limonadier." &c. &c[125]. » On boit et on mange au théâtre des produits sucrés en vogue lors des entractes[126] (il fait très chaud dans la salle qui est très mal aérée, selon Sébastien Mercier[127]). Par exemple, les marrons glacés sont des « châtaignes grillées et recouvertes de sucre. Cuites dans la cendre, elles [so]nt servies dans les maisons bourgeoises, chaudes sous un linge plié[128] ». La limonade, plus traditionnelle, est composée d'eau, de sucre raffiné et de jus de citron et d'orange. Elle peut avoir divers parfums[129].

Le quartier Saint-Germain où est située la Comédie-Française la majeure partie du siècle, en pleine expansion, séduit une clientèle bourgeoise et aristocratique grâce à ses diverses marchandises vendues à la foire et aux alentours dans les boutiques, quand bien même l'essentiel des produits de luxe – tissus notamment – se vendrait rue du Faubourg Saint-Honoré[130]. Un café apparaît un lieu incontournable : « Ce dernier

---

125 Alexandre Grimod de La Reynière, *Le Censeur dramatique, ou Journal des principaux théâtres de Paris et de ses départements*, Paris, Desenne, Petit, Bailly, 1797-1798 (4 vol.), t. 2, p. 178.

126 Sabine Chaouche, « Theatre and Consumption » dans *Molière in Context*, Jan Clarke (dir.), Cambridge, Cambridge University Press, 2022, p. 162-172. Voir également l'article de Jan Clarke dans ce volume et Léonor Delaunay et Martial Poirson (dir.), *Les Commerces du théâtre*, *Revue d'Histoire du Théâtre*, n° 276, 2017.

127 Sébastien Mercier, *Du Théâtre ou Nouvel Essai sur l'art dramatique*, Amsterdam, E. Van Harrevelt, 1773, p. 347-348.

128 Claire Papon et Anne Foster, « Pour des marrons glacés », *Gazette Drouot*, 14 mars 2019, https://www.gazette-drouot.com/article/pour-des-marrons-glaces/5366 (consulté le 19/04/2024). La recette fut établie au XVIIᵉ siècle par François-Pierre de la Varenne dans *Traité de confiture ou Le nouveau et parfait confiturier ; qui enseigne la manière de bien faire toutes sortes de confitures tant sèches que liquides… Avec l'instruction & devoirs des chefs d'office de fruiterie et de sommellerie*, Paris, T. Guillain, 1669, p. 239-240 (« faire cuire des marrons à l'ordinaire ; étant cuits, pelez-les et les aplatissez un peu entre les mains : accommodez-les sur une assiette, et prenez de l'eau, du sucre, un jus de citron ou de l'eau de fleur d'oranges, faites-en un sirop, étant fait, versez-le tout bouillant sur vos marrons, et les servez chauds ou froids »).

129 P. de la Varenne, *Traité de confiture, op. cit.*, p. 252-255.

130 Natacha Coquery, *La boutique à Paris au XVIIIᵉ siècle*, Mémoire d'Habilitation à Diriger des Recherches, Université Paris I Panthéon Sorbonne, 2006. Voir S. Chaouche, « The Trade Relations », art. cité, p. 107. (« Les principales rues commerçantes parisiennes ayant un nombre élevé de magasins se situaient sur les plus grandes artères urbaines, c'est-à-dire la rive droite, avec la rue Saint-Honoré (d'ouest en est), la rue Saint-Denis (nord/sud), la rue Montmartre (nord/sud) et la rue Saint Antoine (près de la place des Vosges, ouest/ est). » Par ailleurs, « Les grandes rues commerçantes situées sur la rive gauche étaient assez limitées, avec uniquement la rue Saint-Jacques et la rue Dauphine (Sud/Nord). Au XVIIIᵉ siècle, le quartier Saint-Germain s'embourgeoise. Il est un nouvel espace commercial dynamique, dont les paysages économiques sont constitués par la rue Dauphine, la foire Saint-Germain elle-même (puisqu'elle est un espace majeur du commerce de détail du

endroit, situé rue des Boucheries, faubourg Saint Germain, est le rendez-vous de tous les comédiens de province, des deux sexes, qui se trouvent sans place pendant la quinzaine de Pâques[131] ». Les lieux semi-publics comme les cafés permettent de recruter les acteurs de province. Ils révèlent la vitalité du quartier et son importance dans la formation des troupes. La condition sociale de l'acteur peut quant à elle varier grandement. Cela dit, les sociétaires de la Comédie-Française, dont l'emploi est stable une fois qu'ils sont reçus, sont à l'abri du besoin – sauf s'ils dilapident leurs revenus en vivant au-dessus de leurs moyens.

## SOCIABILITÉ GASTRONOMIQUE, CONDITION SOCIALE DES COMÉDIENS ET INANITION

La très grande majorité des acteurs de la Comédie-Française vit dans le quartier, rive gauche, et ne se contente pas de commander des victuailles pour les représentations, aux rôtisseurs ou aux limonadiers ; ils consomment également différents aliments qui témoignent de leurs goûts et préférences, de leur appétit, de leur train de vie, et des mets à la mode. Certains d'entre eux se rendent aux soupers organisés par des nobles, étant gracieusement invités, ou font partie d'un cercle de lettrés et savants[132]. Ils connaissent donc les codes liés à ces événements mondains où ils sont accueillis et fêtés, alors même que leur statut social reste controversé puisque leur profession n'est pas reconnue par la société. Ils sont d'ailleurs honnis des membres du clergé. Leur mode de vie, trop émancipé, voire vulgaire[133], leur attire certaines critiques virulentes quand bien même ils resteraient souvent perçus comme

---

début du mois de février au samedi précédant le dimanche des Rameaux), ainsi que la Comédie-Française et les spectacles saisonniers de la foire »).

131  C'est ce que laisse entendre l'ouvrage de Jacques Mague de Saint Aubin intitulé *La réforme des théâtres, ou Vues d'un amateur sur les moyens d'avoir toujours des acteurs à talents sur les théâtres de Paris & des grandes villes du royaume, & de prévenir les abus des troupes ambulantes, sans priver les petites villes de l'agrément des spectacles*, Paris, Guillot, 1787, p. 3.

132  C'est ce que montre Judith Curtis dans son ouvrage à propos de Mlle Quinault : *Divine Thalie : the Career of Jeanne Quinault*, Oxford, Oxford University Studies in the Enlightenment, 2007, n° 8.

133  Jean-Nicolas Servandoni d'Hannetaire, *Observations sur l'art du comédien* (1764), s.l., Aux dépens d'une société typographique, 2ᵉ édition, 1774, p. 153. (« Cette double considération devrait donc les engager, non seulement à montrer dans le monde un maintien plus honnête & moins indécent ; mais encore à se traiter respectivement entre elles tout autrement qu'elles ne sont la plupart du temps. C'est une chose des plus choquantes parmi les Comédiens, & qui ne contribue pas peu à les dégrader aux yeux de bien des

d'agréables convives de par leur bonne humeur, leur truculence et leur culture : « Les comédiens, dis-je, sont, en général, aimables en société. Ils y portent la gaîté, l'esprit, le goût des beaux-arts[134] ». Leur comportement sociable certes, mais un peu trop libre du fait de leur état hors des normes, laisse souvent à désirer :

> On les admet dans la bonne compagnie, on les fête, et leur sort serait vraiment heureux et digne d'envie, si tous se rendaient aussi recommandables par leur conduite, qu'ils le font par leurs, connaissances, et par les charmes de leur conversation. Mais, faut-il le dire ! Combien se montrent indignes des bontés qu'on se plaît à leur prodiguer, et se réduisent par leur faute, à n'être estimés que fur les planches ! Les honnêtes gens, les personnes en dignités qui se sont fait un plaisir de donner place à leur table à un acteur ou à une actrice ne les banniront-ils pas de leur présence, ne rougiront-ils pas d'en avoir tant fait ; s'ils se voient forcés de reconnaitre en eux un joueur, un tapageur, un perturbateur du repos, un emprunteur de mauvaise foi, ou une Messaline[135] ?

Le charme ou la célébrité aide à se frayer un chemin vers des milieux aisés, où la nourriture sur la table bourgeoise ou mondaine, de meilleure qualité est offerte gratuitement. Ces invitations soulignent implicitement le rôle fondamental de l'hospitalité dans la formation des réseaux. Alain Girard le rappelle dans son étude sur le triomphe de la culture bourgeoise : « Lieu de parole, d'échange de biens et de symboles, le repas est au croisement des relations personnelles, du heurt des clientèles, des stratégies sociales des uns et des autres[136]. » En effet, « En l'absence (ou presque) de lieux publics de rencontre pour les "personnes de qualité", où celles-ci pouvaient-elles se voir ? Le repas, la réception sont une de ces occasions pour la "classe de loisir". Les rencontres impersonnelles, précaires, sont le lot de la population pauvre de Paris au XVIIIe siècle[137] ». On comprend ainsi que pour les acteurs, les invitations à dîner symbolisent très vraisemblablement une ouverture, sinon l'ascension vers un ordre et un rang social supérieurs qui leur permettent d'échapper à

---

gens, que ce ton familier & trivial qu'ils affectent ensemble dans la Société ; vrai ton de tripot & de mauvaise compagnie [….]. »)

134 J. Mague de Saint Aubin, *La réforme des théâtres, op. cit.*, p. 35.

135 *Ibid.*, p. 35-36.

136 Alain Girard, « Le Triomphe de "la cuisinière bourgeoise", Livres culinaires, cuisine et société en France aux XVIIe et XVIIIe siècles », *Revue d'histoire moderne et contemporaine*, t. 24, octobre-décembre 1977, p. 514.

137 *Ibid.*

leur propre marginalité dans la société – quand bien même leurs fréquentations bourgeoises ou nobiliaires, ou même de bonnes manières ne leur permettraient pas de se rédimer puisque tout acteur, pour avoir droit à une sépulture, doit renoncer à sa profession avant de mourir. Cette sociabilité cimente les relations et crée des opportunités. Mais les acteurs se jouent parfois aussi de ceux qui les nourrissent (au sens propre et au sens figuré). En effet, certains auteurs invitent à dîner un acteur ayant un certain pouvoir dans la troupe, afin que leur pièce soit mise à l'affiche rapidement.

Olympe de Gouges en fait les frais, tentant de suborner François-René Molé, l'une des vedettes incontestées de la Comédie-Française[138]. L'hospitalité dont elle fait preuve, croit-elle, lui permettra de faire avancer sa cause en s'assurant la bienveillance et la protection de l'acteur. Venant « d'un canton de la France où ce dieu des gourmands professa l'art d'apprêter les dindes aux truffes, les saucissons et les cuisses d'oie[139] », elle régale donc l'acteur d'un repas savoureux après lui avoir pourtant déjà offert des orangers quelques mois plus tôt : « Ah ! me dit-il en mettant un doigt mystérieux sur sa bouche, un jour qu'il dépeçait une dinde, *je vois ce qu'il faut que je fasse ; Madame de Gouges, je ne suis point ingrat.* » Pensant avoir gagné les faveurs de l'auguste sociétaire, O. de Gouges attend son tour. Malheureusement, celui-ci ne viendra pas et force lui sera de constater l'outrecuidance et la ruse de Molé. Le repas apparaît un lieu transactionnel implicite : il implique une réciprocité, un échange de bons procédés, étant fondé sur une économie des relations et une économie du savoir-vivre, sinon du bien-vivre pour ce qui est du comédien puisqu'ici il manœuvre habilement pour obtenir les largesses d'une Olympe de Gouges dépendante du bon vouloir de la troupe – et donc paradoxalement bien vulnérable malgré son statut élevé d'aristocrate. En ce sens, la nourriture est une arme dont se servent les comédiens et de laquelle ils tirent profit, d'autant plus que les cadeaux alimentaires ont un rôle important dans les mœurs nobiliaires à cette époque : « de nombreux nobles offrent des aliments très prisés tels que café, volailles, truffes ou pâtés. Ces cadeaux, aux valeurs de dons et

---

138  Voir Jacqueline Razgonnikoff, *François-René Molé*, Paris, Classiques Garnier, 2022.
139  Olympe de Gouges, *Adresse aux représentans de la nation ; Mémoire pour madame de Gouges, contre la Comédie-françoise*, s.l.n.d., p. 5. Je remercie Valentina Ponzetto de m'avoir aimablement donné cette référence.

surtout de prodigalité, s'inscrivent pleinement dans les mœurs d'élites sociales attachées à une "douceur de vivre"[140] ». Ainsi « Savoir offrir, comme savoir recevoir, est un moyen essentiel d'affirmer son rang, de se conformer à son statut social et d'entretenir des liens personnels[141]. » La sociabilité gastronomique s'inscrit dans un ensemble de règles de préséances ignorées malicieusement par un Molé tout-puissant qui ne semble éprouver aucune réelle amitié pour l'auteure alors que celle-ci n'est pourtant pas d'un point de vue social son égale – d'où la cruelle humiliation subie par Olympe de Gougues.

Claude Bonnet signale que « La nouvelle cuisine apparue dans les années quarante du XVIIIᵉ siècle, se caractérise par une délicatesse toute moderne qui rompt avec les entassements et les pernicieux mélanges des anciens banquets[142] ». Elle est associée à une « luxure de bonne chère[143] ». Peut-on voir, dans les factures, les traces de ces nouveaux mets recherchés et fins privilégiant les saveurs, qui émerveillent la cour ? Qu'en est-il aussi des aliments ordinaires ou du régime alimentaire bourgeois ? Que traduisent les commandes passées par les comédiens, qu'elles soient relatives à la vie quotidienne du théâtre et aux repas et boissons pris en travaillant, ou à certaines célébrations – qui imposent, de fait, un menu de fête ? Les acteurs sont-ils dépensiers, gourmands ou gourmets ?

Rappelons que la troupe n'a qu'une autonomie partielle. Si elle décide du répertoire quinzenier, sélectionne les pièces nouvelles et gère les mises en scène et la partie logistique, dont les commandes aux fournisseurs, la comptabilité du théâtre fait l'objet de contrôles de la part de l'Intendant des Menus Plaisirs du roi, chargé de s'assurer du bon fonctionnement des institutions privilégiées sous l'autorité de l'État.

---

140 Voir Philippe Meyzie, « Les cadeaux alimentaires dans le Sud-Ouest aquitain au XVIIIᵉ siècle : sociabilité, pouvoirs et gastronomie », *Histoire, économie & société*, vol. 25, n° 1, 2006, p. 33-50, en ligne : https://www.cairn.info/revue-histoire-economie-et-societe-2006-1-page-33.htm (consulté le 05/06/2024). Voir également : Michel Figeac, *La douceur des Lumières. Noblesse et art de vivre en Guyenne au XVIIIᵉ siècle*, Bordeaux, Mollat, 2001.

141 P. Meyzie, *ibid.*

142 Jean-Claude Bonnet, « La "nouvelle cuisine" et les "petits soupers" », dans *Le souper*, Françoise Le Borgne et Alain Montandon (dir.), Clermont-Ferrand, Presses universitaires Blaise-Pascal, 2020, en ligne : https://doi.org/10.4000/books.pubp.2508 (consulté le 03/03/2024). Jean-Claude Bonnet, *La Gourmandise et la faim. Histoire et symbolique de l'aliment (1730-1830)*, Paris, Le Livre de Poche, 2015. Voir aussi Florent Quellier, « L'alimentation des élites françaises et la naissance d'une nouvelle cuisine », dans *La table des Français, op. cit.*

143 *Ibid.* (citant Diderot).

Les acteurs reçoivent leur part sur laquelle ils prélèvent l'achat de leurs costumes, très onéreux dans le tragique[144]. En général, ils gagnent assez d'argent – notamment grâce aux gratifications royales – tout au long de leur carrière et acquièrent certains biens matériels (tableaux et bijoux notamment) ou immobiliers comme le montre par exemple l'inventaire après décès de Mlle Lecouvreur dans les années 1730[145]. D'autres troupes n'ont pas cette chance, et vivent plus chichement, quand bien même elles pourraient être sous le patronage d'un grand seigneur qui les convierait à des festivités organisées régulièrement.

Jacques Mague de Saint Aubin apporte d'importantes précisions sur la condition des acteurs sans emploi dans les années 1780. Évoquant le rôle joué par les propriétaires de cafés, il affirme que « Presque tous ces gens-là [les acteurs] sont ses débiteurs ; les uns logent et vivent chez lui depuis un certain temps, d'autres lui doivent le port de leurs malles qu'il a retirées de la messagerie ; d'autres beaucoup de ports de lettres, car ces Messieurs écrivent beaucoup[146] ». Il ajoute que les mémoires de café, bière, liqueurs, etc. sont « toutes choses dont il n'est pas juste de se priver quand on peut les avoir à crédit[147] ». De fait, le cafetier « n'est jamais plus content que lorsqu'il les voit placés : sa dette est la première somme prélevée sur les avances reçues ; et il ne forme d'autres vœux que de voir les autres avoir le même bonheur[148] ». L'endettement du comédien impécunieux paraît inévitable. Est également souligné le rôle joué par la boisson au cours de cette période d'attente – rôle dans les négociations sans doute – mais surtout le style de vie de ces bons vivants qui, selon Mague de Saint-Aubin, ne se refusent rien quand bien même ils auraient de maigres revenus ou économies. Est suggéré, en outre, que pour des acteurs de province, la misère est fréquente : « Les pauvres acteurs travaillent encore, jeûnent encore, et font une seconde recette de deux cent livres ; mais ils doivent un mois de pension, de loyer, etc.[149] » Ces derniers, soudain ruinés, risquent d'être emprisonnés comme Molière

---

144 Sabine Chaouche (dir.), *Creation and Economy of Stage Costumes (16th-19th century)*, *European Drama and Performance Studies*, n° 20, 1, 2023. Voir en particulier nos deux articles : "Material and Economic History of Costume at the Comédie-Française. The Bills from the Tailor Pontus (1757-1792)", p. 123-217 et l'introduction du volume.
145 *Ibid.*
146 J. Mague de Saint-Aubin, *La réforme des théâtres, op. cit.*, p. 6.
147 *Ibid.*, p. 6.
148 *Ibid.*, p. 6.
149 *Ibid.*, p. 17-18.

le fut dans les années 1640 : « Les créanciers pressent ; les fournisseurs crient ; les ouvriers talonnent et se plaignent. Il faut partir, ce n'est pas le plus difficile : mais avant il faut payer[150] ». La condition sociale des acteurs hors de Paris reste peu enviable : « Quel est leur sort ! Joue-t-on gaîment lorsqu'on a l'estomac vide ? Et passe-t-on volontiers la nuit à étudier, quand on est inquiet sur son dîner du lendemain[151] ? ». Selon l'auteur, de nombreux comédiens connaissent la faim, faute de succès ou parce qu'une troupe, mal gérée, périclite ; la débâcle financière entraîne très souvent la saisie de leurs effets personnels et de leurs malles contenant costumes et accessoires nécessaires à leur survie en tant qu'acteurs. Les liens avec les notables, et notamment les témoignages d'estime et l'hospitalité qui leur est réservée, contribuent à la sédentarisation des troupes dans les petites villes, alors que les recettes pourraient être meilleures et qu'il faudrait partir : « Un dîner ici, un déjeuner là, un coup de chapeau de M. le président de l'élection, un compliment de M. le médecin, un sourire de madame la baillive, l'air d'intimité d'un commis aux aides : tout cela les flatte, les éblouit, les attache[152] ». Une fois de plus, l'hospitalité occupe une place centrale : si elle participe de la culture de la célébrité, elle assure également la survie des acteurs en souffrance.

Alain Girard, s'attachant à l'histoire de la cuisine, insiste sur le fait qu'elle est « un de ces signes d'identité par lesquels l'individu se définit par rapport à un groupe, le groupe par rapport à la société globale[153] ». En effet, les diverses personnes et milieux fréquentés par les acteurs donnent à voir les différentes facettes des pratiques alimentaires du temps en fonction du statut social, mais également du régime alimentaire des acteurs et leurs goûts culinaires. Quel type de nourriture est consommé, en fonction des personnes côtoyées ou des activités diurnes ou nocturnes ?

---

150 *Ibid.*, p. 17-18. Voir également notre article sur l'endettement de Molière à paraître : « The Impossible Lightness of Behaving ? Credit at Play in Moliere's Time », actes du colloque Decentering Molière organisé par Benoît Bolduc, Sylvaine Guyot et Christophe Schuwey.
151 J. Mague de Saint-Aubin, *La réforme des théâtres*, *op. cit.*, p. 22.
152 *Ibid.*, p. 17.
153 A. Girard, « Le triomphe de la "cuisinière bourgeoise". », art. cité, p. 515.

TRAVAILLER AU THÉÂTRE :
BOISSONS ÉNERGISANTES ET PAIN QUOTIDIEN

Les acteurs des grands théâtres parisiens protégés par leur statut de
« comédiens ordinaires du roi » sont à l'abri du besoin, étant ainsi, tout
comme leur institution « privilégiés ». On peut imaginer que les pièces
mettant en scène la nourriture sont une vraie aubaine puisque les frais de
bouche d'une représentation passent dans les dépenses « extraordinaires ».
Le prix des produits commandés le laisse entendre, notamment les bouteilles de vin – consommé en grande quantité par les citadins : 100 litres
en moyenne par an, que cela soit l'élite ou non, ce qui a un impact sur la
production vinicole qui se dégrade à l'époque[154] – dont les prix varient du
simple au double. Par exemple, une bouteille de Bourgogne qui semble
alors être prisée des membres de la troupe, vaut 15 sols en 1703 ; une
bouteille de vin de Beaune vaut 1 livre 10 sols et une bouteille de vin de
Lunel vaut 2 livres 10 sols en 1747 ; une bouteille de vin de Malaga vaut
4 livres en 1750 ; un carafon de vin de muscat est payé 1 livre 10 sols en
1763 ; une bouteille de champagne, vin des aristocrates, est facturée 4 livres
en 1769 ; une bouteille de blanc vaut 1 livre 15 sols en 1778 ; une bouteille
de vin ordinaire s'élève à 15 sols ou 1 livre tout de même en 1780 et enfin
une bouteille de Bordeaux atteint la somme de 4 livres à la veille de la
Révolution[155]. Les Parisiens coupent généralement le vin avec de l'eau.

Ce n'est qu'au XVIIIe siècle qu'apparaissent les grands crus. Les
acteurs, sans pourtant être œnologues, semblent connaître assez bien
les différentes variétés viticoles, privilégient l'achat de bouteilles plutôt
que de fûts, commandant des vins sucrés ou même de bons crus. Ils ne
lésinent pas sur la dépense quand bien même ils obtiendraient des prix
avantageux ou des remises de leurs fournisseurs[156]. En effet, « vers 1750,

---

154  Sur la fabrication et la portée symbolique du vin à l'époque, voir F. Quellier, « Du broc de
     piquette à la tasse de café, boire à l'époque moderne », dans *La table des Français*, Tours,
     Presses universitaires François-Rabelais, 2013, en ligne : https://books.openedition.org/
     pufr/22847 (consulté le 02/04/2024). (« Marcel Lachiver donne des chiffres particulièrement
     évocateurs de cette consommation de masse : en 1789, 685000 hectolitres entrent dans
     Paris, et à ce chiffre il faudrait ajouter, outre la fraude, les quantités de vin consommées
     à l'extérieur des barrières fiscales, dans les nombreuses guinguettes. Le célèbre cabaret de
     Ramponneau, Au Tambour royal, dans le quartier de la Courtille, débite 1300 hectolitres
     de vin par an, et la seule paroisse de Belleville-Ménilmontant en écoule 30000 hectolitres »).
155  BMCF, 2 AC 15, Dossier « Victuailles ».
156  Voir F. Quellier, « Du broc de piquette à la tasse de café, boire à l'époque moderne », dans
     *La table des Français, op. cit.* (« La technique du verre anglais, un verre épais de couleur

à Paris, une bouteille de champagne mousseux coûte de cinq à huit livres quand la pinte (93 centilitres) de petit vin blanc d'Île-de-France ne vaut que six sols, soit l'équivalent d'au moins quatre journées de travail d'un ouvrier», indique Florent Quellier[157]. Le vin ne pouvant être conservé longtemps, les acteurs s'empressent le plus probablement de le consommer pendant ou après le spectacle. On peut mesurer à quel point les représentations et la mise en scène de l'aristocratie ou de la bourgeoisie sont en réalité une aubaine pour la troupe de la Comédie-Française qui peut déguster régulièrement des vins frais fort onéreux et prestigieux. Reste à savoir si les acteurs s'enivrent sur scène, bref s'ils boivent « sec » ou non (c'est-à-dire sans couper le vin avec de l'eau[158]), et comment la répartition des comestibles et des boissons s'organise lorsque le théâtre ferme ses portes. Hors de la scène, étanchent-ils leur soif chez eux avec de la « piquette » ou de la « picasse », beaucoup moins alcoolisée que le vin et qui « désaltère mieux que l'eau tout en étant plus saine[159] » comme les ouvriers en Île de France ou les paysans dans les régions rurales ? Le vin, principalement consommé par les hommes, l'est-il autant par les actrices ?

La troupe ne manque pas de générosité, offrant à son personnel, sans distinction de genre, vin et bière lors de fêtes et célébrations. Le *Mémoire de la dépense faite par ordre de Messieurs les semainiers et de Monsieur Dauberval, le jour de la Comédie gratis,* arrêté le 30 juin 1763, comprend un total de vingt-quatre bouteilles[160] de vin, réparties entre les différents

---

verte, permet de fabriquer de solides bouteilles en forme de pomme puis de poire – les champenoises d'une contenance de 93 centilitres – qui seront bouchées par une cheville de bois, un broquelet, entourée de chanvre graissé, remplacée, au XVIIIᵉ siècle, par un bouchon de liège ligaturé par un fil de chanvre puis de laiton et parfois cacheté de cire. »).

157 *Ibid.*

158 *Ibid.* Les Parisiens se désaltéraient en coupant le vin avec de l'eau. («Le goût populaire pour le vin rouge, voire noir, répond à la possibilité de le couper avec beaucoup d'eau et ainsi d'en consommer moins. L'eau permet également de réchauffer ou de refroidir le vin. Le vin coupé permet aussi d'éviter l'ivresse dans une société qui fait l'éloge de la modération. »). Sur l'eau à Paris, voir : Daniel Roche, « Le temps de l'eau rare du Moyen Âge à l'époque moderne », *Annales*, n° 39, 2, 1984, p. 383-399 et Constance de Font-Réaulx, « Du porteur au consommateur d'eau. Parcours et quantités d'eau livrées dans les foyers parisiens au XVIIIᵉ siècle », *Histoire et Mesure*, n° 34, 2, 2019, p. 31-66.

159 F. Quellier, *ibid.*

160 Sur le développement des bouteilles tronconiques en verre voir, Catherine Losier, « Bouteilles et flacons : Les Contenants utilitaires français du début du XVIIIᵉ siècle au début du XIXᵉ siècle. Aspects techniques et sociaux », *Journal of Glass Studies*, n° 54, 2012, p. 151-179 (« les consommateurs ont rapidement développé un goût pour les alcools embouteillés et

employés du théâtre – outre vingt-quatre autres bouteilles destinées probablement aux sociétaires eux-mêmes.

> 8 bouteilles de vin pour les grenadiers du théâtre et corridor à 10 sols la bouteille, 4 livres.
> 2 bouteilles pour les soldats des premières et secondes loges, 1 livre.
> 2 bouteilles pour les grenadiers de la porte et de la rue des mauvais garçons, 1 livre.
> 6 bouteilles de vin pour Messieurs les Danseurs et 4 pains d'une demie livre à 2 sols, 3 livres et 8 sols.
> 8 bouteilles de bière à Messieurs les musiciens à 5 sols, 2 livres.
> Plus 2 bouteilles de vin pour les mêmes Messieurs, 1 livre.
> 2 bouteilles de vin pour Mesdemoiselles [les] danseuses, 1 livre.
> 2 bouteilles au théâtre tant pour ces demoiselles que ces Messieurs, 1 livre.
> 2 bouteilles de bière dans la loge des demoiselles Danseuses [sic], 10 sols.
> 24 bouteilles de vin à 10 sols, 12 livres.
> 10 bouteilles de bière à 5 sols, 2 livres 10 sols.
> 4 pains à 2 sols, 8 sols.
> Messieurs et Dames, je ne puis vous marquer les dégâts des bouteilles et verres attendu qu'ils sont restés dans les Loges.
> 8 bouteilles tant cassées que perdues à 5 sols, 2 livres.
> 9 verres cassés à 2 sols, 18 sols.
> Du jour de la répétition générale de l'opéra, 6 pains d'une demie livre à 2 sols, 12 sols.
> Du jour de gratis, consommation de vin, 14 livres 18 sols.
> Bière, 18 livres 8 sols.

On notera ici l'achat de bière, présente plutôt dans les provinces septentrionales lorsque le vin reste onéreux. « En 1789, un Parisien consomme annuellement 120 litres de vin, mais seulement 9 litres de bière[161] » suggère Florent Quellier. Cette boisson, commandée moins fréquemment que le vin ou le champagne, reste comparable à celui-là, étant plus forte qu'elle n'est de nos jours (elle pétille moins cela dit)[162]. Cette

---

les familles de la haute société ont entrepris de stocker de grandes quantités de vin dans des bouteilles en verre vert foncé, car elles étaient résistantes en comparaison avec les bouteilles plus anciennes », p. 157). La bouteille « pot de fleurs » était la plus courante au cours du XVIIIᵉ siècle. Le verre permettait de mieux conserver les breuvages. Consommer l'alcool embouteillé (plutôt que celui conservé dans des barriques ou des fûts) était un luxe.

161  F. Quellier, « Du broc de piquette à la tasse de café, boire à l'époque moderne », dans *La table des Français, op. cit.*, « Les succédanés du vin ».

162  Marion Humbert, « bière ou "vin de grain" ? La communauté des brasseurs parisiens au XVIIIᵉ siècle », 3 février 2016, École des Chartes, en ligne https://chartes.hypotheses.org/570 (consulté le 22/05/2024). (« À la veille de la Révolution, il y a un peu moins

disproportion est visible, mais atténuée ici, puisque la quantité d'alcool offert aux danseuses est moindre (deux bouteilles de vin et deux de bière contre six bouteilles de vin). La contenance des bouteilles tronconiques est réglementée à partir de 1735, « le décret royal de Louis XV fixant la "pinte de Paris" à 93 cl[163] », mais l'inobservance des règlements domine : la contenance des bouteilles est le plus souvent inférieure d'environ 10 %. Le corps de ballet, avec sa trentaine de danseurs en 1764 se partagerait donc environ huit litres de vin et deux litres de bière, soit environ 30 cl en moyenne par personne. On peut imaginer qu'à cette occasion le vin est bu pur et que l'on fait chère-lie.

La troupe ne s'embarrasse par de commander de grandes quantités de vin lorsqu'elle veut faire bombance ou pour sa propre consommation[164], ainsi que l'atteste une lettre envoyée en 1762 à la troupe où cent cinquante bouteilles vont être livrées : « Je vous envoie mon cher ami, le pareil vin que j'ai envoyé à Mlle Clairon, ainsi que je vous en avais prévenu et donc vous devez être content, ainsi que vos Messieurs et Dames ». Les acteurs doivent s'acquitter d'une somme de 97 livres 10 sols à laquelle s'ajoutent les bouchons, les porteurs, le rinçage et tirage, soit un montant total de 136 livres[165]. Des célébrations organisées la même année, s'accompagnant de feux d'artifices préparés par Ruggieri, et dont la dépense totale s'élève à 1077 livres 10 sols, justifient cette quantité importante de vin. L'auteur de la lettre laisse clairement transparaître l'existence d'une consommation féminine, puisque la célèbre tragédienne recommande le marchand à ses camarades, étant sa cliente.

---

d'une centaine de brasseurs à Paris – à titre de comparaison, les marchands de vin sont au nombre de mille cinq cents. [...] Ces brasseurs parisiens sont implantés dans trois quartiers principaux. Il s'agit du faubourg Saint-Antoine, du faubourg Saint-Marcel (ou la Bièvre coulait encore) et du faubourg Saint-Germain. Les faubourgs sont historiquement des lieux privilégiés, qui bénéficient traditionnellement de franchises, ainsi que de l'espace nécessaire pour installer les brasseries ».). Voir également sa thèse : Marion Humbert. « Bière ou "vin de grain" ? La communauté des brasseurs parisiens au XVIIIe siècle », École nationale des chartes, 2016.

163 Thierry de Putter, « Quelques réflexions à propos de l'étude des bouteilles d'usage en France au XVIIIe siècle », *Bulletin AFAV*, 2014, p. 136. La mise sur le marché de la bouteille « frontignane » dont le col est plus resserré date de la seconde moitié du siècle. Elle est massivement produite en France.

164 BMCF, 2 AC 15, facture de juillet 1763 : « Monsieur Le Rouge fournira pour la Comédie-Française : Muscat rouge, 10 bouteilles (45 sols) | Malaga, 10 bouteilles (40 sols) | Condrieu, 10 bouteilles (25 sols) | Chablis fête, 10 bouteilles (20 sols) | Chassagne, 10 bouteilles (30 sols) », soit 80 livres.

165 BMCF, 2 AC 15, lettre datée du 23 juin 1762.

Dès le XVIIᵉ siècle, des témoignages sur les mœurs françaises, comme celui de l'abbé Locatelli, laissent entendre que les femmes honnêtes se gardent bien d'être en état d'ébriété ou de s'adonner à la boisson : « Quant au vin, elles n'en boivent pas. Et si elles en buvaient, elles se garderaient bien de le dire, comme une chose indigne d'elles, car en France, une des plus grosses injures que l'on puisse adresser à une femme honorable consiste à lui dire que sa bouche pue le vin[166] ». Les femmes évitent de boire des alcools sous l'Ancien Régime, car l'ivresse peut conduire au déshonneur. Certains anecdotiers, tout en feignant de s'offusquer, s'en amusent. Ainsi il est rapporté dans *L'Observateur des spectacles* qu'un jour, Mlle Dubois, que ses camarades cherchent dans les coulisses et qui s'impatientent, est « retrouvée ensevelie dans le vin et étendue ivre sur son lit[167] », son amant à ses pieds, l'haleine tout aussi vineuse[168]. Des remarques tout aussi mesquines sont faites au sujet de Mlle Dumesnil dont la réputation est ternie par plusieurs critiques. D'une part, Jean-François Marmontel évoque certaines habitudes de l'actrice, qui somme toute, ne sont pas en rupture avec les mœurs du temps – sans doute majoritairement masculines cela dit comme il a été suggéré : « Mlle Dumesnil aimait le vin ; elle avait coutume d'en boire un gobelet dans les entr'actes, mais assez trempé d'eau pour ne pas l'enivrer[169]. » Un autre témoignage corrobore ses dires, mais force le trait : « Mlle Dumesnil boit comme un cocher : son laquais, lorsqu'elle joue, est toujours dans la coulisse, la bouteille à la main, pour l'abreuver[170] ». D'autre part, Denis Diderot, dans ses *Observations sur une brochure intitulée*

---

166 Cité par Jean-Louis Flandrin, dans son article « La diversité des goûts et des pratiques alimentaires en Europe du XVIᵉ au XVIIIᵉ siècle », *Revue d'Histoire Moderne & Contemporaine*, nᵒ 30, 1, 1983, p. 66-83, p. 69.

167 François-Antoine Chevrier, *L'Observateur des spectacles ou Anecdotes théâtrales*, Amsterdam, Constapel, 1763, 1ᵉʳ février 1763, p. 80.

168 Matthieu Lecoutre, « L'ivresse et l'ivrognerie dans le regard de l'autre : représentations des individus ivres en France du XVIᵉ au XVIIIᵉ siècle », *Sciences humaines combinées*, nᵒ 2, 2007, http://preo.u-bourgogne.fr/shc/index.php?id=105 (consulté le 22/05/2024) et « Quel mal y a-t-il à s'enivrer ? La culture de l'enivrement d'Ancien Régime (XVIᵉ-XVIIIᵉ siècle) », *Sciences humaines combinées* nᵒ 8, 2011, http://preo.u-bourgogne.fr/shc/index.php?id=239 (consulté le 22/05/2024).

169 Jean-François Marmontel, *Mémoires*, IV, cité par Georges Lote, « Chapitre III. Les grands comédiens », dans *Histoire du vers français*, Aix-en-Provence, Presses universitaires de Provence, 1994, t. 8, en ligne : https://books.openedition.org/pup/1471?lang=en (consulté le 02/01/2024).

170 Louis Petit de Bachaumont, *Mémoires secrets pour servir à l'histoire de la République des lettres en France*, Londres, John Adamson, 1794, t. 1, 1762, p. 30.

*Garrick ou les Acteurs anglais*[171] insinue qu'elle aurait un penchant bachique fort prononcé, favorisant sur scène une forme d'enivrement créatif. L'anecdotique l'emporte, reprenant un mythème (appliqué cependant ici de façon nouvelle à une femme) : *in vino fertilitas*[172].

Matthieu Lecoutre montre comment d'une part, les chansons à boire qui se développent dans les milieux populaires ont trait à une philosophie hédoniste qui célèbre le joyeux buveur. D'autre part, l'idée d'ivresse artistique reste prépondérante jusqu'à la première moitié du XVIIIᵉ siècle. Elle est associée à l'élite qui, dès la Renaissance, avec les poèmes de la Brigade, puis de La Pléiade, est imprégnée d'une culture bachique. Cette mythologie païenne perdure sous l'Ancien Régime, quand bien même elle serait partiellement rejetée par ceux qui prônent un retour aux valeurs chrétiennes et à la raison. La fureur créatrice reste un thème privilégié. Elle est déclenchée par le vin qui stimule l'imagination et l'esprit. Cependant, les beuveries artistiques restent le fait d'auteurs : « À partir de 1729 ou 1730, Charles-François Panard, Pierre Gallet, Alexis Piron, Charles Collé, Louis Fuzelier, Joseph Saurin, Crébillon fils et Crébillon père se retrouvent plus ou moins régulièrement dans un cabaret de la rue de Buci à Paris, où, un verre dans une main et la plume dans l'autre, ils sacrifient plaisamment au rite de l'épigramme[173]. » Les joyeux convives se prêtent à un jeu : « Chacun doit créer une épigramme sur l'un de ses pairs. Si elle est jugée bonne, la victime est condamnée à boire immédiatement un verre d'eau. Mais si l'épigramme n'est pas satisfaisante, c'est son auteur qui doit boire le verre d'eau, relégué ainsi au rang de poète sans inspiration[174]. » D'autres lieux comme Le Caveau ou Le cabaret de Landelle accueillent des artistes, des écrivains, des musiciens qui collaborent et trinquent ensemble. Mais l'ivresse artistique de nature vineuse s'émousse dans les années 1760. La sobriété est promue, tandis qu'une autre boisson s'impose progressivement : le café devient « la source où beaucoup de gens de lettres vont épurer leur verve, et

---

171 Denis Diderot, *Observations sur une brochure intitulée Garrick ou Les Acteurs anglais* (1769), dans *Écrits sur l'art théâtral, Spectateurs, Vol. 1*, Sabine Chaouche (éd.), Paris, Honoré Champion 2005, p. 339.

172 Matthieu Lecoutre, « L'ivresse artistique », dans *Ivresse et ivrognerie*, Tours, Presses universitaires François-Rabelais, 2011, en ligne : https://books.openedition.org/pufr/22025?lang=en (consulté le 22/05/2024).

173 M. Lecoutre, « L'ivresse artistique », *op. cit.*

174 *Ibid.*

puiser cette ardeur qui les dispose à produire » assure le médecin Pierre Roussel en 1775[175].

L'image de l'ivrogne dans les classes populaires – dont est issue la plupart des acteurs –, est un stéréotype[176]. Les tavernes, lieux de sociabilité plus ou moins bien fréquentés, accueillent une foule de clients pressés de boire. Les soirées sont émaillées d'incidents, voire de rixes. Arlette Farge rappelle que « La condamnation de l'abus de consommation de vin traduit plus largement l'opprobre jeté sur une classe miséreuse, ouvrière, faite de gagne-deniers, compagnons et apprentis, prenant pour refuge cabarets et tavernes, où ils se rencontrent, discutent, cherchent un emploi ou un marivaudage facile avec les servantes, les femmes ouvrières et les prostituées[177] ». Selon Grimod de la Reynière, un comédien comme Poisson père avait la réputation d'être un « intrépide buveur », mais l'ivrognerie n'était pas alors considérée comme un vice. Il confirme d'ailleurs que « les Gens de lettres, les Comédiens, et même les Gens du monde [...] allaient fréquemment au cabaret[178]. » Mais, les comédiens du Français jouissent d'un certain niveau de vie dans la seconde moitié du siècle aussi on peut gager qu'ils évitent ce genre de lieux scabreux et dangereux, et préfèrent probablement les cafés littéraires mentionnés précédemment.

Les productions et le fonctionnement même de l'entreprise de spectacles imposent aux acteurs de se rendre au théâtre pendant plusieurs heures avant les représentations. Restent-ils sobres ou non ? Les fournisseurs de la Comédie-Française font parfois la distinction entre des repas fournis pour des pièces et des denrées alimentaires destinées aux comédiens eux-mêmes lors des répétitions, ou même au personnel du théâtre comme les danseurs, et certains ouvriers. Il est ainsi possible d'identifier ce qui était consommé dans la vie quotidienne, notamment sur le lieu de travail.

Il convient tout d'abord d'évoquer la main d'œuvre. Nourrir les gagistes, le personnel ou les ouvriers fait partie des usages : par exemple, du 13 au 14 juin 1759, un marchand fournit pour la faible somme de 1 livre 17 sols, trois pintes de vin et un pain de trois livres, ainsi qu'une livre de fromage pour que les ouvriers puissent se sustenter, alors qu'ils

---

175  Pierre Roussel, *Système physique et moral de la femme*, Paris, s.n., 1775, p. 124.
176  Arlette Farge, « L'ivresse dans le Paris populaire du XVIIIe siècle », *Revue de la BNF*, vol. 53, n° 2, 2016, p. 37-45.
177  A. Farge, art. cité, p. 40.
178  A. Grimod de la Reynière, *Le Censeur dramatique, op. cit.*, t. 1, p. 190.

travaillent de nuit. Un mémoire datant du 16 avril 1769 détaille les vivres destinés à quatre ouvriers :

> Le jeudi 10 avril.
> Deux pintes de vin dans l'après-midi : 1 livre 4 sols.
> Le soir : 4 pintes de vin : 2 livres 8 sols. Une livre de jambon : 1 livre 4 sols.
> Un pain de 4 livres : 16 sols.
>
> Le vendredi 11.
> Deux pintes de vin, pain, fromage : 2 livres 4 sols.
> Dans la journée, deux pintes de vin : 1 livre 4 sols.
> Le soir 4 pintes : 2 livres 8 sols. Pain et œufs : 2 livres 12 sols.
>
> Le samedi 12 jusqu'au midi.
> Le matin 2 pintes de vin pain et fromage : 1 livre 18 sols.
> Au dîner 4 pintes de vin : 2 livres 8 sols. Pain et œuf, 2 livres 12 sols.
> Montant total : 20 livres 18 sols.

La nourriture, simple et frugale, composée de féculents, de produits laitiers et de viande non giboyeuse (le cochon est une viande consommée essentiellement par la bourgeoisie)[179], s'accompagne de vin à 12 sols la pinte[180], sans doute d'assez bonne qualité puisqu'une bouteille de Bourgogne vaut 15 sols comme il a été dit. Chaque ouvrier se voit donné jusqu'à deux litres de vin par journée de travail, sans doute coupé avec de l'eau. Daniel Roche estime qu'un Parisien consomme entre un demi et un litre de vin par jour, et probablement un demi-litre d'eau[181]. En ce sens, la troupe de la Comédie-Française alimente bien ceux qui réalisent des travaux pour elle. Certaines factures font état de dépenses pour le cocher ou pour des garçons-tailleurs, et même des menuisiers. Lors de

---

179 On retrouve les mêmes aliments dans d'autres factures. Voir BMCF, 2 AC 15, facture de 1763 (« Du 26 mars 1763 : 6 pintes à 8 sols, 2 livres 8 sols | Pain, 12 sols, | Fromage, 16 sols | Du 2 avril : 6 pintes à 8 sols, 2 livres 8 sols | Pain, 1 livre 4 sols, | Jambon, 3 livres | Du 8 avril : 6 pintes à 8 sols, 2 livres 8 sols | Pain 1 livre 4 sols | Jambon 3 livres | Du 24 : 10 sols | 17 livres 10 sols | Arrêté à 17 livres le 29 juillet 1763 ») et facture d'avril 1763 (« Le 7 au matin : 3 pintes, 1 livre 10 sols | Pour le pain et le fromage, 1 livre | Dans la journée : 3 pintes, 1 livre 10 sols | Le soir : 4 pintes, pain et œufs, 2 livres | Le 8 au matin : 2 pintes, 1 livre | Pain, 6 sols | Au diner : 4 pintes, 2 livres | Pain et fromage, 1 livre | Au soir : 3 pintes, 1 livre, 10 sols + 2 livres 2 sols | Et accommodage, 12 sols | Le 9 au matin : 2 pintes, 1 livre | Pain, 6 sols | Au diner : 3 pintes, 1 livre 10 sols | Pain et fromage, 1 livre | [Total] 20 livres 8 sols »).

180 « Ancienne mesure de capacité des liquides, variable suivant les régions (0,93 l à Paris), avant l'établissement du système décimal » (TLF).

181 D. Roche, « Le temps de l'eau rare du Moyen Âge à l'époque moderne », art. cité, p. 395.

gros travaux réalisés aux Tuileries pour transformer la salle de spectacle, les ouvriers mangent du pain, du fromage de marolles (3 sols), du gruyère (4 sols), des plats plus variés comme de la soupe, du rôti, une fricassée (peut-être de poulet), et du gigot qui entraînent plus de dépenses qu'à l'accoutumée. La consommation ordinaire des petites gens transparaît ici, tranchant avec les menus gastronomiques des comédies ou les petites douceurs offertes à certains auteurs : « pour la lecture d'une pièce fourni à l'auteur une bavaroise et pain, 7 sols » (24 novembre 1762).

Les danseurs et danseuses se voient également offerts la même nourriture, c'est-à-dire du pain et du vin, comme l'attestent des commandes récurrentes du dossier 2 AC 15. Les factures font état de dépenses liées aux répétitions, espace de sociabilité, qui traduisent la convivialité du travail collectif. Au début du siècle, la troupe a certaines habitudes. Elle consomme principalement du vin et du pain[182] : « Du 1er à la répétition, quatre bouteilles et le pain, 3 livres[183] ». Rien d'étonnant à cela, mais ce régime tend à montrer que hors de la scène, les rations sont moindres et illustrent un système d'habitudes alimentaires plutôt saines. Les comédiens privilégient par la suite, pour leurs répétitions, d'autres boissons en vogue :

> Trois carafes d'orgeat, 15 sols.
> Sept pains et huit tasses de café, 1 livre 19 sols.
> Répétition dix tasses de café, 2 livres.
> 9 tasses de café, 1 livre 18 sols.
> Sept tasses de café, 1 livre 8 sols.
> 9 tasses de café et 4 pains, deux tasses de thé, 2 livres 8 sols.
> 2 tasses de café chocolaté, 14 sols.
> 1 tasse de thé et une tasse de café, 8 sols[184].

Le café, dont la tasse vaut 4 sols 6 deniers, est consommé « d'une façon prodigieuse à Paris » dès la seconde moitié du XVIIe siècle selon Nicolas de Blegny, « non seulement chez les Marchands de liqueurs, mais encore dans les maisons particulières et dans les communautés[185] ». Il a des

---

182 2 AC 15, « Victuailles », facture du 31 mai 1745 : « pour la répétition deux bouts et demi de pain à 20 sols : 2 livres 10 sols » ; 28 juillet 1745 : « Répétition trois bouts de pain, 2 livres 5 sols ».
183 BMCF, 2 AC 15, 13 juin 1759.
184 BMCF, 2 AC 15, « Victuailles », facture arrêtée le 2 juillet (non datée).
185 Nicolas de Blegny, *Le bon usage du thé, du caffé et du chocolat pour la préservation et pour la guérison des maladies*, Paris, Étienne Michallet, 1687, p. 96.

vertus médicinales[186] (il soigne la migraine) et, en cela, apporte énergie et vitalité. Il se peut que les comédiens, tant hommes que femmes, consomment de grandes quantités de café.

D'après Jean Leclant, les cafetiers s'implantent très tôt dans le quartier Saint-Germain. Dès 1672, les Levantins investissent la rive gauche. En effet, « une maison de café » ouvre ses portes à la foire Saint-Germain, tenue par un certain Harouthioun ou Pascal puis est transférée sur le quai de l'École, non loin du futur théâtre de Guénégaud. Malheureusement, les affaires périclitent et il doit fermer boutique. La fin du XVIIᵉ siècle marque un tournant : « un autre Arménien, Maliban [...] s'installa rue de Buci, près du Jeu de paume de Metz. Après un court passage rue de Frérou, il revint à la première boutique, et se mit à y débiter du tabac et des pipes à la mode orientale[187] ». J. Leclant ajoute que « Son commis lui succéda – un certain Grigor ou Grégoire, originaire d'Ispahn, qui eut une idée fort astucieuse : il alla s'établir près de la Comédie-Française, qui donnait alors ses représentations rue Mazarine. Comédiens et gens de lettres prirent l'habitude de se retrouver chez Grégoire. Le café, lieu où l'on cause, était fondé[188] ». Le sicilien Francesco Procopio Coltelli, garçon de café de Pascal qui s'est fait naturaliser français en prenant le nom de Procope Couteau s'installe tout d'abord dans une des loges de la foire située à l'angle de la rue Mercière[189], puis rue de Tournon[190]. En 1686, il décide d'ouvrir sa propre maison, en face de la Comédie-Française, et rachète les deux maisons attenantes, transformant les lieux en un établissement de luxe : « il y installa de petites tables de marbre commodes et avenantes, accrocha au plafond des lustres de cristal, orna les murs d'une élégante tapisserie, et suprême raffinement, de miroirs et de glaces[191] ». Il fera fortune, contribuant à populariser cette boisson,

---

186 Sylvestre P. Dufour, *Traitez nouveaux & curieux du café, du thé et du chocolat*, Lyon, Jean-Baptiste Deville, seconde édition, 1688, p. 159-182.

187 Jean Leclant, « Le café et les cafés à Paris (1644-1693) », *Annales*, n° 6, 1, 1951, p. 1-14, p. 5.

188 J. Leclant, art. cité, p. 5.

189 *Ibid.*

190 É. Noël, *Le goût des Iles sur les tables des Lumières, ou l'exotisme culinaire en France au XVIIIᵉ siècle*, *op. cit.*, p. 56.

191 J. Leclant, art. cité, p. 7. Procope était « distilleur-limonadier », ce qui lui permettait de vendre du café. Selon J. Leclant, il vendait aussi des vins variés et d'autres boissons sucrées aromatisées : « vins capiteux : muscats, vins d'Espagne, de Saint-Laurent et de la Ciotat et tout une palette de mélanges savants : rossoly, "rosée du soleil" [...], populo [...] eau de cédrat et "liqueur du parfait amour", sorbec [...], eaux en gelées et finalement glaces

attirant une clientèle élégante, composée également d'artistes et de lettrés. Il tente d'accroître son influence en louant dans le théâtre un espace destiné à vendre des boissons, la « loge de la limonade », lorsque les Comédiens prennent leur quartier rue des-Fossés-Saint-Germain-des-prés (de nos jours rue de l'Ancienne Comédie). Les coûts étant trop élevés, il préfère se consacrer à son café uniquement. Celui-ci devient un lieu prisé des spectateurs et des amateurs de théâtre et un haut lieu de la vie culturelle française.

Jusque dans les années 1690, le café est principalement vendu par des marchands ambulants ou dans des lieux peu raffinés. Le quartier Saint-Germain, en plein essor au cours du premier XVIIIe siècle, voit se multiplier les magasins, dont les lieux de dégustation comme « le café Laurent, à l'angle des rues Dauphine et Christine, celui d'Étienne Alep, face au pont Saint-Michel[192] ». On en compte quatre cents en 1725. Jacques Savary fait état de cet engouement pour cette boisson, décrivant l'élégance des lieux où elle est servie : « Les cafés de Paris sont pour la plupart magnifiquement parés de tables de marbre, de miroirs, et de lustres de cristal, où quantité d'honnêtes gens de la Ville s'assemblent autant pour le plaisir de la conversation, et pour y apprendre des nouvelles, que pour y boire de cette boisson, qui n'y est jamais si bien préparée que lorsqu'on la fait préparer chez soi[193] ». La troupe semble, en effet, commander du café plutôt que le faire elle-même. J. Savary fait une remarque importante : « les Dames de la première qualité font très souvent arrêter leurs carrosses aux boutiques des Cafés les plus fameux, où on leur en sert à la portière sur des soucoupes d'argent[194]. » Contrairement au vin qui est réservé aux hommes, le café suscite l'intérêt de tous et n'a pas de restriction en termes de genre. D'ailleurs, le frontispice de l'ouvrage de Louis Mailly[195] (1702) présente des femmes attablées avec des hommes,

---

de fruits et de fleurs aux multiples parfums » (art. cité, p. 7-8). Sur la composition de ces boissons, voir Pierre Masson, *Le Parfait Limonadier ou La maniere de preparer le thé, le caffé, le chocolat, & autre liqueurs chaudes & froides*, Paris, Charles Moette, 1705 (« Populo » : p. 16 *sq.*).

192  É. Noël, *Le goût des Iles, op. cit.*, p. 57. Voir aussi l'article d'Hélène Desmets, « L'introduction du café en France au XVIIe siècle », *Confluences*, n° 10, 1994, p. 166-174.

193  Jacques Savary Des Bruslons, *Dictionnaire universel de commerce, contenant tout ce qui concerne le commerce qui se fait dans les quatre parties du monde*, Amsterdam, chez les Jansons, 1726-1732, t. 1, p. 506.

194  *Ibid.*

195  Chevalier de Mailly, *Entretiens des cafés et des différens qui y surviennent*, Trévoux, Étienne de Ganeau, 1702.

entourées d'un serviteur vêtu à l'orientale (turban, culottes bouffantes, et caftan[196]). En ce sens, ces lieux de rencontre à la mode proches du théâtre, ainsi que la consommation faite par les acteurs eux-mêmes témoignent de la modernité des habitudes alimentaires de ceux-ci, mais également de la culture de la célébrité naissante puisque les troupes ont partie liée avec les cercles intellectuels et mondains fréquentant les cafés. Enfin, la consommation des boissons exotiques entraîne la création de nouveaux objets onéreux et distingués (cafetières à manches, à anses, à robinets, porcelaines, gobelets etc.). « Café, chocolat et thé présentent l'originalité d'offrir aux Occidentaux trois boissons stimulantes qui tiennent éveillé et qui n'enivrent pas[197] » souligne Florent Quellier. De fait, il semble que la troupe, dont le travail est considérable, ait préféré les boissons nouvelles, comme le café amer et fort[198], leur permettant de faire face aux rythmes effrénés des représentations, et peut-être même de travailler la nuit. Le café l'emporte largement sur le chocolat ou le thé[199], listés de façon très ponctuelle dans les factures.

Le pain est mentionné systématiquement lorsqu'il est question de répétitions. Les Parisiens en consomment beaucoup : une ration journalière de trois livres par jour pour un ouvrier et de deux livres pour un bourgeois[200].

---

196 Voir Irini Apostolou, « L'apparence extérieure de l'Oriental et son rôle dans la formation de l'image de l'autre par les voyageurs français au XVIIIe siècle », *Cahiers de la Méditerranée*, nº 66, 2003, en ligne http://journals.openedition.org/cdlm/93 (consulté le 22/05/2024).

197 F. Quellier, « Du broc de piquette à la tasse de café, boire à l'époque moderne », dans *La table des Français, op. cit.*

198 Nous n'avons pas trouvé la trace de café au lait commandé par la troupe, alors que toutes les classes sociales habitant en milieu urbain vont en consommer à la fin du XVIIIe siècle. Le café est mélangé à du lait mais aussi du caramel. Voir : Alfred Franklin, *La vie privée d'autrefois : arts et métiers, modes, mœurs, usages des Parisiens du XIIe au XVIIIe siècles*, Paris, E. Plon, 1887-1902, 27 vol., t. 13, p 252 (« Le café au lait, au XVIIIe siècle était devenu l'objet d'une véritable folie ; à la Cour comme à la ville, grands seigneurs, bourgeois, ou artisans, tout le monde voulait déjeuner avec une tasse de café au lait [...]. Seuls les gens pressés, les indifférents en cuisine se bornaient à ajouter un peu de café à leur lait. Les gourmets, les délicats s'y prenaient tout autrement. On plaçait sur le feu une pinte de lait ; quand il commençait à chanter, on y mêlait une once et demie de café en poudre, puis on laissait bouillir pendant une demi-heure, en agitant sans cesse le mélange. Il fallait ensuite laisser reposer le tout et l'on ne tirait à clair que dix ou douze heures après. On réchauffait alors au bain-marie et l'on pouvait servir. »). Voir également : *L'art du limonadier, ou Traité de tout ce qui peut avoir rapport à cet art, et lui être en même-tems accessoire ; contenant la manière de préparer les bavaroises, le cachou... et les vins artificiels*, Paris, Delaplace & Goujon, 1803, p. 14.

199 Sur la diffusion du chocolat et du thé, voir É. Noël, *Le goût des Îles, op. cit.*, p. 65-82.

200 Léon Cahen, « L'approvisionnement en pain de Paris au XVIIIe siècle et la question de la boulangerie », *Revue d'histoire économique et sociale*, vol. 14, nº 4, 1926, p. 458-472, p. 458.

Selon Léon Cahen, « au XVIIIᵉ siècle, plus encore que de nos jours, le pain constitue l'aliment essentiel des Parisiens. Les riches qui mangent de la viande, du poisson, des entremets, en consomment beaucoup, tant pour leur domesticité que pour eux-mêmes[201]. » Il existe plusieurs sortes de pain vendus en boutique :

> En plus du gros pain courant, les boulangeries offraient une gamme étendue de petits pains (depuis le pain d'une demi-livre jusqu'au pain de 4 livres et souvent plus), certains à pâte molle ou au lait, au beurre et/ou aux œufs (pains fantaisie). Il est évident que l'acheteur du marché ne s'intéressait pas à ces pains de luxe, qui n'étaient pas dans ses moyens et qu'il trouvait moins nourrissants (pour des raisons tant matérielles que psychologiques[202]).

La boutique offre un choix de pains beaucoup plus varié. Cependant, « au marché, l'acheteur trouvait seulement de "gros pains" – théoriquement des miches de 6, 8 et 12 livres – mais les pains de quatre livres se trouvent en fait communément sur le marché au XVIIIᵉ siècle ; il s'agissait de pain de froment, à pâte dure ou ferme, offerts en deux ou parfois trois qualités (blancs, bis-blancs et bis)[203] ».

Si le vin – outre le pain – apporte un appréciable complément énergétique généralement évalué par les historiens à 10 % du bilan calorique journalier[204], et si le café sucré, au caractère excitant, dynamise les corps, quels sont les autres mets goûtés des acteurs et où les mangent-ils ?

---

201 L. Cahen, art. cité, p. 458.
202 Sur les boulangers parisiens voir : Steven L. Kaplan, « Les temps du pain dans le Paris du XVIIIᵉ siècle » dans *Le temps de manger*, Maurice Aymard, Claude Grignon, et Françoise Sabban (dir.), trad. par Jeannine Routier-Pucci, Paris, Éditions de la Maison des sciences de l'homme, 1993, https://doi.org/10.4000/books.editionsmsh.8152 (consulté le 19/04/2024) : « Nous devons commencer par dresser un tableau rapide du monde de la boulangerie. Il y avait trois types de boulangers au XVIIIᵉ siècle : les maîtres boulangers, membres de la guilde (appelée aussi corporation ou communauté), qui demeuraient au centre de la ville ou dans les faubourgs ; les boulangers dits "privilégiés", dont la vaste majorité opérait dans le faubourg Saint-Antoine, à l'ombre de la Bastille, mais fier d'être libéré de la tutelle tatillonne des corporations ; enfin la troupe des boulangers forains, ambulants, qui vivaient dans la campagne aux alentours de Paris, parfois aux limites des faubourgs, parfois plus loin, et qui fournissaient les douze marchés de pain de la capitale les mercredi et samedi ». Il ajoute « Vers 1740, le nombre des maîtres boulangers était de 580. Ils devaient avoir par définition une boutique ».
203 L. Kaplan, *ibid.*
204 F. Quellier, « Du broc de piquette à la tasse de café, boire à l'époque moderne », dans *La table des Français, op. cit.*

SAVEURS GOURMANDES DE LA NOUVELLE CUISINE.
RÉGIMES ALIMENTAIRES ET RESTAURATION

Dès l'Ancien Régime, les Parisiens peuvent avoir recours pour s'alimenter à divers marchands : vendeurs ambulants[205], traiteurs, cabaretiers[206], épiciers, de sorte que la gamme des services et de prix est assez large[207]. Les individus appartenant à des catégories sociales modestes et disposant de ressources limitées font leurs achats soit beaucoup plus tôt, soit bien plus tard que les bourgeois. De même, ils mangent à des heures diverses[208]. Les journées sont aussi marquées par différents repas qui peuvent être pris chez soi, avant d'aller au théâtre, ou dans différents établissements comme le montre Florent Quellier : « Les tavernes, les cabarets et les guinguettes sont des débits de boissons alcoolisées – (petit) vin, bière, eau-de-vie, cidre – qui proposent aussi des plats simples et bons marché préparés sur place ou apportés depuis une auberge ou une boutique d'alimentation (traiteur, rôtisseur, charcutier, pâtissier...)[209] ». Les auberges accueillent généralement les voyageurs qui veulent se restaurer.

Il faut attendre la seconde moitié du siècle pour que les restaurants ouvrent leurs portes. Ils se veulent, à l'origine, des lieux où l'on sert des bouillons « reconstituants », c'est-à-dire roboratifs propres à stimuler l'appétit de consommateurs dont la santé est défaillante ou fragile, soit qu'ils ne mangent pas assez, qu'ils subissent les effets de l'air vicié parisien, ou qu'ils peinent à digérer. Ces bouillons sont préparés « en faisant suer au bain-marie et à feu vif de grandes quantités de veau, de gibier ou de volaille[210] ». Pour Rebecca Spang qui a étudié le développement

205 F. Quellier, « Lieux de repas et manières de table », dans *La table des Français*, Tours, Presses universitaires François-Rabelais, 2013, en ligne https://books.openedition.org/pufr/22862#anchor-toc-1-9 (consulté le 03/02/2024). (« À toute heure du jour, des vendeurs présentent aux passants des tripes, des pâtés, des rissoles (''oreilles-de-parisien''), des petits pains au beurre et/ou farcis, des gâteaux comme les talmouses, des flans, des darioles, des beignets, des oublies, des marrons chauds... »)

206 Daniel Roche, « Le cabaret parisien et les manières de vivre du peuple », dans *Habiter la ville*, Maurice Garden et Yves Lequin (dir.), Lyon, Presses universitaires de Lyon, 1984, en ligne https://books.openedition.org/pul/15107?lang=en (consulté le 03/05/2024).

207 Philippe Meyzie, « De l'auberge au traiteur. La restauration commerciale dans l'Europe moderne (XVIᵉ-XIXᵉ siècles). », Przegląd Historyczny, Wydawnictwo Instytutu Badań Literackich Polskiej Akademii Nauk, 2011, CII, 4, p. 117-129.

208 S. Kaplan, art. cité.

209 F. Quellier, « Lieux de repas et manières de table », dans *La table des Français*, op. cit.

210 Rebecca L. Spang, « L'individu au menu : l'invention du restaurant à Paris au XVIIIᵉ siècle », *Ethnologie française*, vol. 44, nᵒ 1, 2014, p. 11-17, en ligne : https://www.cairn.info/

de l'hospitalité française et notamment l'invention des « restaurants » à Paris dans les années 1760 et 1770, si ces derniers « se distinguent des auberges et des tavernes par leurs offres raffinées – bouillons et œufs mollets, crèmes de riz et semoule au lait –, la manière dont ils servent leur clientèle est plus innovante encore[211]. » En effet, la grande nouveauté consiste à servir durant certaines heures des mets que l'on commande directement au sein du restaurant grâce à un menu dont les plats sont diversifiés, et faire asseoir les clients autour de petites tables privées, alors que « durant des siècles, la plupart des autres établissements ont placé leurs consommateurs autour d'une (ou plusieurs) grande table, sans leur laisser grand choix concernant les plats ou l'heure des repas[212]. » En ce sens, « les restaurants des années 1760 et 1770 se démarquent radicalement du service de table d'hôtes, qui a longtemps constitué la norme en Europe occidentale[213] ». Ces établissements évoluent rapidement pour devenir des restaurants, au sens moderne du terme, où sont proposées des portions individuelles (plutôt que des plats collectifs à se partager) destinées à de fins gourmets désirant se régaler. Des salles privées attenantes permettent de prendre ses repas dans l'intimité. Des hôtesses servent les plats à toute heure de la journée.

Il est d'usage de payer les déplacements des comédiens à Versailles ou Fontainebleau lors des spectacles de cour, ainsi que leur nourriture[214]. Les diners d'affaires sont aussi remboursés aux acteurs[215]. Les factures font état de déplacements et de repas pris à l'extérieur du théâtre comme par exemple un déplacement professionnel, appelé « utilité », noté en juillet 1710 : « Pour un dîner à Sceaux », 10 livres[216] ou « Monsieur Poisson pour un repas, 7 livres 10 sols[217] ». En effet, les comédiens se

revue-ethnologie-francaise-2014-1-page-11.htm (consulté le 04/04/2024). Voir également du même auteur : *The Invention of the Restaurant Paris and Modern Gastronomic Culture*, Cambridge, Harvard University Press, [2001] 2020 et aussi le collectif : Marc Jacobs et Peter Scholliers (dir.), *Eating Out in Europe. Picnics, Gourmet Dining and Snacks since the Late Eighteenth Century*, Oxford, Berg, 2003. On compte 900 restaurants à Paris en 1825 (P. Meyzie, art. cité, n.p.).

211  R. L. Spang, art. cité.
212  *Ibid.*
213  *Ibid.*
214  BMCF, 2 AC 18, Voyages à la cour.
215  Voir l'article de Jan Clarke dans ce volume.
216  BMCF, 2 AC 15, facture arrêtée le 5 juillet 1710.
217  BMCF, 2 AC 15, facture arrêtée le 3 décembre 1710. Une autre facture indique : « Monsieur Delanoy et Dangeville tiendront compte à M. de Romancan de vingt-et-une livres qui

laissent tenter par les restaurants notamment lorsqu'ils vont faire des courses en lien avec les affaires du théâtre. Est ainsi payé à Dufresne et Legrand dans les années 1710 :

> Du 18 septembre.
> Un écot[218] vin, 1 livre, 16 sols.
> Pain, 5 sols.
> Rouelle, 5 sols.
> Rôti, 3 sols.
> Salade, 1 livre 15 sols.
> Dessert 12 sols.

Les utilités semblent relativement fréquentes dans la première partie du siècle ainsi La Thorillière, Poisson père et fils, Dangeville, Quinault-Dufresne se font également rembourser un repas pris le 30 janvier 1718 après l'assemblée pour aller chez le duc d'Aumont et Monsieur d'Argenson. Les carrosses ont coûté 4 livres 15 sols et le dîner, 23 livres 10 sols, ce qui signifie que le repas est pris dans un lieu de restauration de qualité, puisqu'il revient à près de 4 livres par personne[219]. En mars 1718, un autre dîner de 14 livres remboursé à Monsieur Chevet apparaît dans les frais professionnels. Les voyages à la cour font partie des déplacements subventionnés par le roi comme il apparaît dans le dossier 2 AC 18 des archives comptables : un grand nombre d'employés va à Versailles (crocheteurs, cochers, perruquier, tailleur, domestiques, porte-flambeaux) et se voit octroyer une somme d'argent couvrant les dépenses. Il n'est cependant pas fait mention d'un cuisinier ou d'un traiteur accompagnant la troupe. Il est possible que les comédiens dinent près du château de Versailles puisque des repas à 4 livres – probablement pour les sociétaires participant aux spectacles de cour – et 1 livre par personne – très vraisemblablement pour les domestiques des acteurs et les gens de service – exception faite du vin, y sont pris[220].

---

l'ont été par lui rendues pour un dîner à Versailles, le jeudi 8ᵉ juin, plus 3 livres pour carrosse le vendredi 2ᵉ juin de six livres le samedi aussi pour carrosse et de 2 livres le mercredi 7ᵉ, ce font en tout 21 livres. ». « Utilité en revenant de chez monsieur le Régent, entre Messieurs Ponteuil, Quinault et Dusfresne | Cocher, 2 livres | vin, 1 livre 10 sols | Bonne chère, 2 livres 15 sols | Dessert, 12 sols | Bois, 3 sols. » (non datée).

218 « Montant de la note à régler chez un traiteur, un restaurateur » (*TLF*).
219 BMCF, 2 AC 15, Facture arrêtée en février 1718.
220 BMCF, 2 AC 15, Facture du 8 janvier 1778. « À Versailles le 8 janvier 1778. | A diné quatorze [personnes], 56 livres | 7 bouteilles de blanc, 12 livres 5 sols | 3 bouteilles de

À voir les menus commandés pour des occasions spéciales ou pour un diner dans un restaurant, la troupe de la Comédie-Française est loin de ne se nourrir que de pain, de vin ou de café. Elle fait appel à des rôtisseurs, des traiteurs et des pâtissiers qui sont des partenaires privilégiés, sinon les fournisseurs attitrés des comédiens. Florent Quellier donne des précisions sur ces différents métiers, essentiels dans la capitale :

> Les rôtisseurs et les charcutiers (les « chaircuitiers », la chair cuite) ont le monopole des viandes cuites à l'exception des pâtés (viande hachée cuite dans une pâte, c'est-à-dire pour nous un pâté en croûte ou une tourte) réalisés par les pâtissiers. Les traiteurs ont le monopole des ragoûts, des sauces, des plats cuisinés. Pâtissiers, rôtisseurs et traiteurs proposent parfois une table d'hôte mais on peut aussi y acheter des plats consommés ensuite chez soi ou dans un discret appartement meublé loué pour l'occasion. Il existe enfin des regrattiers qui achètent les restes des repas des résidences aristocratiques et des communautés religieuses puis les revendent ; les viandes peuvent être de nouveau accommodées avec une sauce [...][221].

Cela dit, cette classification n'apparaît pas aussi tranchée au vu des comestibles livrés au théâtre – livraisons qui, au passage, ne font que confirmer l'opulence de la troupe dans la mesure où seules les personnes les plus fortunées jouissent de ce privilège et font appel à ce genre de services[222] d'ailleurs essentiellement liés à la vie citadine. En effet, la capitale, très bien approvisionnée[223], dispose d'un vaste réseau de marchands, de corporations solidement implantées dans certains quartiers

---

rouge, 4 livres 10 sols | 12 douzaines d'huîtres, 4 livres 16 sols | 10 pièces bois, 2 livres 10 sols | Payé au café, 3 livres 17 sols | Diner pour sept, 7 livres | 90 livres 18 sols. »)

221 F. Quellier, « Lieux de repas et manières de table », dans *La table des Français, op. cit.*

222 *Ibid.* (« Dès qu'on a un peu d'argent, on se fait livrer le repas à domicile ou dans la chambre de son auberge, voire dans un élégant salon particulier loué pour l'occasion, et le vin est livré par un cabaretier. »)

223 Daniel Roche, « Le vin, le pain, le goût », dans *Clio dans les vignes*, Jean-Luc Mayaud (dir.), Lyon, Presses universitaires de Lyon, 1998, en ligne https://books.openedition.org/pul/40720?lang-en (consulté le 19/04/2024). (« le bassin céréalier [...] entoure la ville de ses auréoles de monoculture dominante, ensuite l'aire du bétail venu à pied des provinces de l'ouest mises en herbe, ou des zones proches pour le mouton et le porc, le poisson vient de la Manche et de la Mer du Nord, livré frais par les routes des chasses-marées, où galopent les juments boulonnaises des mareyeurs ; fruits et légumes arrivent des banlieues aux halles et sur les marchés ». Par ailleurs, « les fromages sont fournis par la Brie, la Touraine, la Normandie, la Picardie, l'Auvergne, voire le Rouergue ; les vins sont commercialisés à partir des vignobles proches, pour les vins ordinaires, les vins fins arrivent de Bordeaux, de Beaune, d'Épernay et de Reims ; l'Orléanais, le Blésois, fournissent au début du siècle 50 à 60 % de la consommation, la Champagne 15 %, la

(Halles, Faubourg Saint-Honoré par exemple) et de boutiques de luxe, dont l'attrait est d'autant plus vif que la société de consommation naissante suscite de nouveaux désirs, comme par exemple vivre dans le luxe et le confort[224]. Ainsi une répétition en 1771 aux Tuileries occasionne des frais de bouche élevés :

> Vin, 15 sols.
> Pain, 2 livres 8 sols.
> Serviette, 8 sols.
> Huîtres, 19 livres 4 sols.
> Pour les garçons, 1 livre 4 sols.
> Poivre, 4 sols.
> Pâtisserie, 9 livres.
> Pour M. Deplan[225], 1 livre 4 sols.
> Pour les garçons gratifiés, 4 sols.
> Plus pour le diner à 14 hommes :
> 13 bouteilles de vin à 12 sols, 7 livres 16 sols,
> Pain, 1 livre 8 sols,
> Fromage, 12 sols,
> Bonne chère, 6 livres 10 sols.
> Plus pour le rat, commission 12 sols.
> 68 livres 2 sols[226].

Une distinction claire est faite entre le repas pris par les acteurs et celui pris par les ouvriers. Au repas sobre des domestiques et des ouvriers constitué de pain, de vin, de fromage, et de viande semble-t-il (« bonne chère »), est substitué un menu beaucoup plus riche et sophistiqué pour les sociétaires. Les comédiens commandent des mises en bouche (les mollusques accompagnés de poivre comme le recommande Menon dans la *Cuisinière bourgeoise*[227]) et des douceurs.

Les huîtres sont cuisinées de diverses façons sous l'Ancien Régime, étant intégrées aux manuels de la nouvelle cuisine : tourtes, « en beignet

Basse-Bourgogne 12 % ; les épices, les produits de luxe arrivent par les grands ports, les routes de l'étranger et des colonies »).

224 Natacha Coquery, *Tenir boutique à Paris au XVIIIe siècle. Luxe et demi-luxe*, Paris, CTHS, 2011.
225 Il est recruté par la Comédie-Française en qualité de contrôleur. Voir BMCF, Registre des Assemblées, R52_23 1769-1784.
226 BMCF, 2 AC 15, Facture arrêtée le 20 mars 1772.
227 Joseph Menon, *La Cuisinière bourgeoise*, Paris, Guyllin, 1746, p. 180 (« Elles se mangent ordinairement crus [*sic*] avec du poivre, l'on en sert aussi avec leur coquille cuites sur le gril »).

enveloppées dans une pâte à frire[228] », ou encore en ragoûts. Elles peuvent être mariées à de la viande également, comme l'atteste la recette du chapon aux huîtres décrite par la Varenne en 1651, de la rouelle de veau aux huîtres de Pierre de Lune en 1656 ou les canards aux huîtres de Massialot en 1691[229]. Bien qu'elles soient très longtemps considérées comme indigestes, elles sont, ce que montre Patrick Rambourg, si prisées dans la bonne société, qu'elles inspirent un peintre comme Jean-François de Troye à qui le roi Louis XV commande un tableau pour la salle à manger dites des Retours de Chasse à Versailles (« Le déjeuner d'huîtres », 1735). En ce sens, l'alimentation des acteurs se modèle sur les goûts de la noblesse, mais aussi épouse les nouvelles tendances culinaires et recettes proposées par les grands chefs du temps, grâce à ses relations avec les meilleurs traiteurs parisiens. On retrouve les huîtres plusieurs fois dans les archives de la Comédie-Française. Elles sont principalement consommées lors de déplacements (facture du 8 janvier 1778 : « 12 douzaines d'huître pour quatorze personnes » à 4 livres 16 sols ; du 5 février 1778 : « 6 douzaines d'huîtres » pour huit personnes à 2 livres 8 sols ; et notamment du 3 mars 1778 avec une commande de pas moins de « 90 douzaines d'huîtres » à 8 sols la douzaine, soit 36 livres). La production ostréicole éloignée de la capitale, demande un transport rapide des mollusques afin de garantir leur fraîcheur[230]. En

---

228 Patrick Rambourg, « Entre le cuit et le cru : La cuisine de l'huître en France de la fin du Moyen Âge au XXe siècle », actes du colloque « Les Nourritures de la mer : de la criée à l'assiette », Élizabeth Ridel, Éric Barré et André Zysberg (dir.), *Histoire maritime*, n° 4, 2007, p. 211-220, p. 212.

229 La Varenne, *Le cuisinier françois, enseignant la manière de bien apprester et assaisonner toutes sortes de viandes… légumes… par le sieur de La Varenne*, Paris, P. David, 1651 ; Pierre de Lune, *Le Cuisinier, où il est traitté de la veritable methode pour apprester toutes sortes de viandes, gibbier, volatiles, poissons, tant de mer que d'eau douce : suivant les quatre saisons de l'année. Ensemble la maniere de faire toutes sortes de petisseries, tant froides que chaudes, en perfection*, Paris, P. David, 1656, et François Massialot, *Le cuisinier roial et bourgeois, qui apprend à ordonner toute sorte de repas, & la meilleure maniere des ragoûts les plus à la mode & les plus exquis. Ouvrage tres-utile dans les familles, & singulierement necessaire à tous maîtres d'hôtels, & ecuiers de cuisine*, Paris, Charles de Sercy, 1691.

230 Étienne Sainte-Marie, *De l'huître et de son usage comme aliment et comme remède*, Lyon, Imprimerie de J.-M. Poursy, 1827, p. 9. (« On ne connaît guère dans nos pays que l'huître commune qui est transportée en poste et, en moins de douze heures, de Caen, de Cancale etc., à Paris, et qui est expédiée ensuite de Paris à Lyon, au moyen de la malle, des diligences et des messageries, nous arrive de la capitale en 50 à 60 heures. Nous ne connaissons guère l'huître verte que l'on mange avec délice en Angleterre, à Bordeaux, à Saint-Vaast de la Hougue, à Ostende et surtout à Marennes »).

effet, « Sous l'Ancien Régime, le principal espace ostréicole français est la baie du Mont-Saint-Michel avec Cancale et Granville[231] » note Olivier Levasseur.

Les comédiens, dont l'appétit et le plaisir de la bonne chère sont manifestes, semblent consommer « à la carte » et se comporter en grands-bourgeois, mais également en mangeurs pluriels[232], dans la mesure où ils peuvent se satisfaire, outre de mets sophistiqués et raffinés, de simples quignons de pain lors de répétitions par exemple (années 1710 : « pour messieurs dans les foyers à déjeuner : 5 bouteilles et demi et 8 pains, 4 livres 10 sols 9 deniers » ; 31 mai 1745 : « deux bouts et demi de pain à 20 sols : 2 livres 10 sols » et 8 juillet : « trois bouts de pain, 2 livres 10 sols » ; 22 février 1773 à l'Assemblée : « 20 douzaines de petits pâtés à douze sols la douzaine, 12 livres »). La recherche de prestige social – symbolisé par le type de restaurateur et de produits alimentaires commandés, sinon consommés –, s'est sans doute accrue au fur et à mesure que les comédiens, en tant que sociétaires, se sont enrichis, notamment dans la seconde moitié du siècle[233]. D'une manière générale, les frais de bouche sont excessifs si l'on considère que la troupe passe régulièrement commande non pas à un, mais à plusieurs traiteurs, marchands de vin, rôtisseurs, et pâtissiers différents, simultanément. Nous donnerons ici quelques exemples seulement qui ne sont en rien exhaustifs et ne reflètent que très partiellement les sommes engagées chaque année par la troupe : en 1750, 416 livres 15 sols doivent être payés au traiteur M. Landelle et 150 livres à Étienne Charles Vaufflard maître pâtissier, pour six mois ; en mars 1778, 167 livres 14 sols à un

---

231 Olivier Levasseur, « Crus et terroirs ostréicoles (XVIIIe-XXe siècle) », dans *L'assiette du touriste*, Jean-Yves Andrieux et Patrick Harismendy (dir.), Tours, Presses universitaires François-Rabelais, 2013, en ligne : https://books.openedition.org/pufr/23570?lang=en (consulté le 03/05/2024). « Depuis le XVIIIe siècle, les échanges entre les bassins français, voire européens, sont attestés. Aux XVIIIe et XIXe siècles, la Grande-Bretagne se fournit sur le littoral de la Manche, mais les huîtres anglaises (la plupart d'origine française) sont également exportées vers Ostende, voire Paris ».

232 L'expression est de Philippe Meyzie (« La noblesse provinciale à table : les dépenses alimentaires de Marie-Joséphine de Galatheau (Bordeaux, 1754-1763) », *Revue d'histoire moderne & contemporaine*, vol. 54, 2, n° 2, 2007, p. 32-54).

233 BMCF, Registres d'Assemblées, R52_23 1769-1784, Jeudi 20 août 1778, État des maisons de Messieurs les Comédiens Français (avec le prix de leur location) remis ce aujourd'hui à l'assemblée. Dans ce registre d'assemblée tenu par le secrétaire Delaporte est indiqué que les sociétaires possèdent quatre biens immobiliers qu'ils louent à leur personnel notamment, pour un montant annuel de 2 608 livres.

rôtisseur ; en juillet 1787, 338 livres 10 sols à M. Deherme et 360 livres à un traiteur ; en mars 1789, 447 livres à un traiteur[234].

Certains traiteurs dressent une liste des plats préparés, d'autres opèrent différemment comme il apparaît par exemple pour une commande passée le 29 février 1750, où un prix unique de 10 livres est facturé pour la nourriture seule, suggérant ainsi qu'il est fourni un assortiment de plats soit de façon individualisée (un menu, en somme), soit en fonction de la quantité nécessaire pour un couvert :

> Diner de 12 couverts à 10 livres, 120 livres.
> 24 bouteilles de vin de Beaune à 30 sols, 36 livres.
> 2 bouteilles de vin de Malaga, 8 livres.
> Les 12 couverts servis, 6 livres.
> Pour les domestiques, pain et vin, 3 livres[235].

Le terme « couvert » pourrait traduire l'évolution des mœurs. En effet, « chaque convive se [voit] attribuer un couteau, une fourchette et une cuiller placés au côté de l'assiette recouverte d'une serviette[236]. » Il s'agit là, comme le montre Florent Quellier d'une pratique relativement récente puisque « l'usage de l'assiette de céramique et de la fourchette[237] » dans les milieux aisés ne se généralise qu'au XVIIIᵉ siècle. Des domestiques font le service, car les verres ne doivent pas rester sur la table, ni même les bouteilles[238]. Tout objet cassé est d'ailleurs à la charge du client. Les vestiges des moments de fêtes et de réjouissance qui marquent la consommation extraordinaire, peuvent être parfois capturés grâce à ces objets égarés scrupuleusement notés par les traiteurs. Ainsi, lors de la « comédie gratis » en juin 1763, on compte « 8 bouteilles tant cassées que perdues à 5 sols, 2 livres » et

---

234 Ces sommes ne correspondent pas spécifiquement aux repas fournis pour des pièces.

235 BMCF, 2 AC 15. Par exemple en août 1749 : « Du 19. | Dîner : 14 couverts à 5 livres par couvert | 15 bouteilles de vin de Beaune à 30 sols, 22 livres 10 sols | bois 3 livres | citron et verre de café, 16 sols ».

236 F. Quellier, « Lieux de repas et manières de table », dans *La table des Français, op. cit.*

237 *Ibid.*

238 *Ibid.* (« À la fin du XVIIIᵉ siècle, la disposition du service individuel est proche de celle d'aujourd'hui à l'exception des verres encore largement absents des tables. Comme les bouteilles, ils ne sont pas alors placés systématiquement sur la table ; les valets les apportent à ceux qui le demandent et, une fois bu "d'une haleine et posément", le verre est aussitôt repris et rincé avant d'être reposé dans un rafraîchissoir en attendant d'être présenté à un autre convive »).

« 9 verres cassés à 2 sols, 18 sols ». De même, Finot indique dans les
années 1780 :

> 131 bouteilles à 12 sols, fait 78 livres 12 sols.
> Pain, 7 livres 4 sols.
> 8 douzaines de cervelas, 19 livres 4 sols.
> 34 carafes perdues, 10 livres 4 sols.
> 42 verres perdus, 6 livres 2 sols.

La troupe se voit dans l'obligation de payer 16 livres 6 sols sur un
montant total de 121 livres 6 sols[239].

Que les menus aux mets délicats fournis soient ou non tous consommés
par la troupe ne remet pas en cause l'aspect sociologique lié à ces dépenses
gastronomiques – et astronomiques – dans la mesure où les mets choisis
dénotent une certaine culture culinaire – tout du moins acquise par
l'entremise des traiteurs et de leur savoir-faire – et témoignent des
régimes alimentaires de certains groupes sociaux au XVIIIe siècle. En
effet, Daniel Roche souligne que les aliments « interviennent pour dicter
des comportements sociaux, du privé au public[240] » et qu'ils éclairent
l'histoire de la nutrition. Mais ce n'est plus tant l'opposition entre bourgeoise et noblesse, caractérisée par l'opposition entre la viande grasse
et le gibier qui marque l'évolution de l'alimentation, que la différence
de qualité entre les bons morceaux réservés à l'élite et les bas morceaux
auxquels sont condamnées les classes populaires.

Cette mutation permise par l'évolution de la ville elle-même avec
ses nouveaux services offerts aux habitants et types de marchandises
venues des quatre coins du royaume et des colonies, est perceptible dans
l'alimentation même des comédiens. En janvier 1789, la répétition à
9 heures du *Présomptueux ou L'Heureux imaginaire* de Philippe-François-
Nazaire Fabre dit Fabre d'Églantine (jouée pour la première fois le

---

239 Il n'est pas rare aussi de voir des assiettes et verres brisés au cours d'une représentation,
et peut-être même une trace de la mise en scène : par exemple : du 29 juin 1761 : « Une
jatte de perdue ou cassée, 1 livre » (*Le Bourgeois gentilhomme*) ; du 27 février 1765 : « un
saladier cassé, 1 livre » (*Le Festin de pierre*) ; du 29 mai 1770 : « une assiette de porcelaine cassée, 2 livres » (*Le Festin de pierre*) ; du 13 mars 1774 : « 2 figures de porcelaine
cassées, 6 livres » (*Le Bourgeois gentilhomme*) ; du 7 mars 1780 : « 1 assiette de porcelaine
cassée, 2 livres » (*Le Festin de pierre*) ; du 20 janvier, du 1er, du 11 et 22 février 1782 :
« 1 figure cassée, 10 livres » (*Le Roi de Cocagne*) ; du 1er mars 1782 : « 3 vers cassés, 6
sols. ».
240 D. Roche, « Le vin, le pain, le goût », dans *Clio dans les vignes, op. cit.*

mercredi 7 janvier), donne lieu à un souper[241] entre membres de la troupe, réunissant très vraisemblablement les huit acteurs jouant dans la pièce (Messieurs Vanhove, Molé, Talma, Dazincourt et Marchand, et Mesdemoiselles Lachassaigne, Petit et Joly[242]) et peut-être d'autres membres de la troupe :

> 2 poulets gras aux truffes, 6 livres 10 sols.
> Épaule d'agneau, 7 livres.
> Caisse de foie gras, 3 livres.
> 2 pieds farcis[243], 3 livres.
> 3 perdrix, 6 livres 15 sols.
> Merlan, 6 livres.
> Choux fleurs, 2 livres.
> Salade, 1 livre 5 sols.
> Macaroni, 2 livres.
> Tartelette d'abricot, 2 livres.
> Haricot vert, 2 livres.
> Pain et linge, 3 livres.
> 8 bouteilles de vin, 8 livres.
> *52 livres 10 sols.*
> Pour les garçons, 1 livre 10 sols.
> 2 entrecôtes, 1 livre 10 sols.
> Vinaigrette, 1 livre.
> Omelette, 1 livre 16 sols.

Une somme de 58 livres 6 sols est ainsi enregistrée dans les livres de comptes, confirmant le train de vie somptueux et luxueux des acteurs, la viande étant consommée seulement par les Parisiens les plus aisés. La présence de mets gras et très caloriques – foie gras, poulet gras et agneau notamment – montre que les acteurs se nourrissent très bien.

Le menu composé de poisson et de viande tend à accréditer la thèse de Reynald Abad : le respect des jours gras et maigre s'émousse très nettement à Paris au XVIIIe siècle, lors de la période du Carême[244] de

---

241 La pièce ne comporte pas de repas.
242 BMCF, Registre des Feux, 1788-1789, R130 Feux 19, 7 janvier 1789.
243 Très probablement de veau.
244 Reynald Abad, « Un indice de déchristianisation ? L'évolution de la consommation de viande à Paris en carême sous l'Ancien Régime », *Revue historique*, n° 610, avril-juin 1999, p. 237. En 1549 et 1563, interdiction est faite aux bouchers de débiter de la viande durant cette période ; l'Hôtel-Dieu seul est habilité à en vendre aux malades. R. Abad note qu'« Au début du XVIIIe siècle, on tolère aisément qu'un individu soit dispensé de carême jusqu'à vingt et un ans [...]. Enfin ; les femmes enceintes et les nourrices sont

telle sorte que la consommation de viande de bœuf et d'agneau aug-
mente de façon fulgurante, plus vite que la population parisienne[245], ce
qui révèle un très net infléchissement des pratiques religieuses au fil du
temps. Ces nouvelles pratiques alimentaires s'enracinent : « aujourdhuy
tout le monde fait Gras pour soutenir sa santé » commente un officier à
Fécamp dénonçant la baisse de consommation de poisson[246]. Outre les
vertus nourrissantes des aliments et l'abandon des interdits alimentaires,
les plats sélectionnés par la troupe suggèrent que les traiteurs, voire
les restaurants, préparent indifféremment des mets gras ou maigres en
fonction de la demande du client, et ce, quel que soit le jour. Est offert
un large choix de plats (volaille, poisson, viande blanche, petit gibier à
plumes, et œufs) accompagnés de primeurs et produits frais (les produits
bon marché comme les tripes, les saucisses, les boudins, ou le lard sont
d'ailleurs récurremment absents des factures relatives aux sociétaires
– exception faite de leurs employés ou ouvriers). Florent Quellier note
que « la préférence affectée pour les légumes frais et primeurs, les viandes
fraîches et les fruits précoces ou tardifs à courte maturité de consommation
au détriment des légumes secs ou conservés en saumure, des salaisons
et des fruits de garde souligne un régime alimentaire ostensiblement
libéré des vulgaires contraintes techniques de l'approvisionnement
populaire[247]. » Ceci est confirmé par les factures datant de 1789 qui font
état d'une sorte de routine, dont on ne sait si elle est un *habitus* récent
ou ancien – et d'une consommation de comestibles qui paraît être en
porte-à-faux avec les préoccupations du peuple de Paris et les difficultés
pour s'approvisionner et s'alimenter au cours de la même période. Un
nouveau souper a lieu le 4 mars pour une répétition, attestant de goûts
raffinés et d'aliments variés, mais également de l'abondance de nourriture
commandée et selon toute vraisemblance, ingurgitée :

---

mises au nombre des infirmes et peuvent obtenir une dispense sans aucune difficulté »
(p. 252). En réalité, la viande est vendue majoritairement à des personnes riches, souvent
clandestinement, et non pas seulement à des malades.

245 *Ibid.*, p. 258 (« la proportion de Parisiens faisant gras en carême aurait bien plus que
doublé, et presque même triplé sous le règne de Louis XV. Comme on l'a déjà souligné,
le phénomène s'accentue notablement à la fin de la période : rien qu'entre 1765 et 1770,
la proportion de Parisiens n'observant pas le jeûne connaîtrait une augmentation de
l'ordre de 40 %. »).

246 Archives Nationales, Marine, C5 48, mémoire du 23 mai 1777.

247 F. Quellier, « L'alimentation des élites françaises et la naissance d'une nouvelle cuisine »,
dans *La table des Français, op. cit.*

2 poulets à l'estragon, 6 livres.
Hure de saumon, 12 livres.
Aile de raie, 5 livres.
Canard au navet, 6 livres.
Merlan à l'eau, 5 livres.
Salami de perdreaux, 7 livres 10 sols.
Poularde, 6 livres 10 sols.
Salade, 2 livres.
Faisan, 8 livres.
Choux fleur, 2 livres 10 sols.
Épinard, 1 livre 10 sols.
Cerfeuil [*n.d.a.* : tubéreux] frit, 1 livre 10 sols.
Gâteau à la madeleine, 2 livres 10 sols.
Gelée d'orange, 4 sols.
Omelette soufflée, 2 livres.
Pain et linge, 4 livres.
Dessert, 6 livres.
Vin, 10 livres[248].

Les acteurs, dont le travail est surtout physique, dégustent une nourriture qui, si elle n'est pas moins roborative que l'alimentation des classes sociales les plus démunies, est plutôt équilibrée – alors que celle des pauvres reste beaucoup moins riche et variée, et de qualité nutritionnelle moindre puisqu'elle est fondée essentiellement sur le pain et le vin. À cela s'ajoute l'impossibilité de s'auto-alimenter en milieu urbain – contrairement au milieu rural qui permet aux paysans et habitants d'avoir leur potager. Les consommateurs sont dépendants des produits disponibles sur le marché et des prix. Selon Daniel Roche, « l'articulation directe des moyens et des besoins réserv[e]nt aux riches capacité et diversité, la quantité et la qualité restant inconnues aux pauvres[249]. » Les menus déclinés par les traiteurs ne révèlent pas seulement des us et coutumes relatifs à la table et à son service, au savoir-faire culinaire qui détermine le type de clientèle attendue et le niveau social pour lequel un plat recherché est préparé soigneusement, mais bien des habitudes alimentaires que l'on retrouve d'une facture à l'autre lorsqu'il s'agit de diner au théâtre ou sur scène, voire même au restaurant.

---

248 BMCF, 2 AC 15, facture arrêtée le 27 mars 1789. La facture inclut un deuxième repas en date du 9 mars : « Poularde à la tartare, 6 livres 10 sols | Perdreau, 7 livres 10 sols | Quartier d'agneau, 6 livres 10 sols | Filet de merlan, 4 livres | Épinard, 1 livre 10 sols | Tourte, 2 livres | Beignet, 2 livres | Vin, 6 livres | 4 bouteilles de Bordeaux, 16 livres | Pain et linge, 3 livres | Dessert, 6 livres. »

249 D. Roche, « Le vin, le pain, le goût », dans *Clio dans les vignes, op. cit.*

TABLEAU 1 – Récapitulatif des différents plats cuisinés
fournis à la Comédie-Française (1710-1790).

*(un même plat n'est pas reporté deux fois, sauf s'il a un accompagnement spécifique)*

## A. VIANDES, POISSONS ET CRUSTACÉS

| VIANDES | POISSONS, MOLLUSQUES ET CRUSTACÉS |
|---|---|
| Viande rouge : | Poissons d'eau douce : |
| | |
| Carré d'agneau | Anguille (à la tartare) |
| Côtelette de mouton | Brochet (à la Chambord) |
| Gigot d'agneau | Carpe |
| Pré salé[250] | Esturgeon (au vin de Champagne) |
| Quartier d'agneau | Hure de saumon |
| | Perche |
| Aloyau[251] | Quenelles de merlan |
| Filet de bœuf | Saumon |
| Miroton[252] (de pommes) | |
| Petite culotte[253] de bœuf | Poissons de mer : |
| Pièce de bœuf | |
| Rôti de bœuf | Harengs |
| | Limande |
| Fricandeau[254] (à l'oseille) | Merlan |
| Noix de veau | Morue |
| Noix de veau (piqué, glacé à la chicorée) | Raie |
| Poitrine de veau au blanc | Saumon |
| Ris de veau (à l'oseille) | Sole |
| | |
| Pieds [de porc] farcis | Crustacés et mollusques : |
| | |
| Viande blanche : | Écrevisse |
| | Moules |
| Lapereaux de garenne | Huîtres |

---

250 Se dit d'un mouton qui a été élevé dans des prés voisins de la mer.

251 « Pièce de bœuf coupée le long du dos entre la dernière côte et le sacrum, et comprenant le filet, le faux-filet et le romsteck » (*TLF*).

252 « Plat de bœuf bouilli, coupé en tranches et servi généralement avec une sauce aux oignons. » (*TLF*).

253 « Pièce la plus estimée » du bœuf selon Menon (*La Cuisinière bourgeoise, op. cit.*, p. 35).

254 « Morceau de veau (rouelle, noix) piqué de lardons, braisé ou poêlé, servi seul ou avec de l'oseille, des épinards, etc. » (*TLF*).

Caille
Campine[255]
Canard (aux navets)
Chapon (au gros sel)
Dinde (aux truffes)
Dindon gras
Dindonneau gras
Poularde (au gros sel)
Poulet en fricassée
Poulet gras (farci aux concombres ; à l'estragon)

Pigeons de volière
Pigeons (aux noix et lardons)

Viande noire (gibier) :

Faisan
Perdreau (aux choux)
Perdreau rouge
Salami de perdreau

Charcuterie :

Andouilles[256]
Cervelas
Langue fourrée
Saucisse de Toulouse

## B. CHARCUTERIE PÂTISSIÈRE,
## ENTREMETS VERTS ET PRIMEURS

| CHARCUTERIE PÂTISSIÈRE ET AUTRES METS | LÉGUMES |
| --- | --- |
| Pâté à l'espagnole | Artichaut |
| Tourte | Artichaut (à l'italienne) |
| Vol-au-vent[257] | Asperges |

---

255 « Petite poularde fine élevée dans les plaines » (*TLF*).
256 « Boyau de porc rempli de tripes, de chair et de lard de ce même animal, hachés et assaisonnés » (*TLF*).
257 « Pâté chaud formé d'une croûte feuilletée légère, cylindrique, garnie soit de poissons, d'abats ou de viandes, de quenelles et de champignons, liés par une sauce. » (*TLF*).

Potage
Potage (à la brunoise ou au riz)
Soupe

Beignet à la fleur d'aubergines
Œufs
Œufs au jus[258]
Œufs brouillés
Omelette

Coulis[259]

Cardes
Choux-fleurs
Épinards
Haricots verts
Melons[260]
Navets (purée de)
Petits pois
Ragoût
Salade
Salade d'olives
Truffes à l'italienne

## C. BREUVAGES

| BOISSONS NON ALCOOLISÉES | BOISSONS ALCOOLISÉES |
| --- | --- |
| Café | Vin français de qualité : |
| Chocolat | |
| Groseilles | Beaune |
| Limonade | Bordeaux |
| Orgeat | Bourgogne |
| Sirop | Chablis |
| | Champagne |
| | Chassagne |
| | Condrieu |
| | Lunel |
| | Muscat rouge |
| | |
| | Vin ordinaire |
| | |
| | Vins étrangers : |
| | |
| | Malaga (Espagne) |

La plupart des ingrédients listés ici figurent dans l'ouvrage de Joseph Menon, plus récent, consacré à la cuisine bourgeoise où sont déclinés les différents morceaux de la viande ovine, bovine, etc. et où est enseignée

---

258 Sans doute au verjus.

259 « Mets concentré obtenu par une cuisson lente d'aliments (légumes, poissons, viandes), qui sont ensuite pilés et finement passés » (*TLF*).

260 Considéré comme un légume à l'époque, voir Menon, *La Cuisinière bourgeoise, op. cit.* p. 245-246.

la manière d'apprêter cette dernière. Cela dit, les nouveaux modes de consommation, propres à l'élite, se font sentir ici. Beaucoup de produits mentionnés dans les factures proviennent de différentes régions françaises et pays comme l'indique Daniel Roche : « Asperges, artichauts, riz et pâtes venus d'Italie, tomates, piments, tournesols, maïs, topinambours, dindons arrivés d'Amérique, suivent des itinéraires particuliers avec plus ou moins de réussite. Le melon que connaît Pline, venu sans doute de Perse, revenu par l'Espagne, transite encore par l'Italie, et doit son succès à l'entourage italien de Catherine de Médicis[261] ».

Certains auteurs n'hésitent pas à flatter l'un des membres de la troupe comme Voltaire par exemple qui, selon une anecdote rapportée par Jean-Nicolas Servandoni d'Hannetaire, tente d'amadouer Quinault-Dufresne excédé par d'incessants et intempestifs changements textuels relatifs au rôle qu'il doit interpréter. L'acteur se voit offrir des pâtés de gibier : « il fit faire un beau pâté de Perdrix rouges qu'il lui fit parvenir, sous un autre nom, au moment qu'il était à table avec une nombreuse compagnie de ses amis : et, à l'ouverture du pâté, on vit chaque Perdrix portant pittoresquement au bec de petits billets, où étaient les divers changements qu'il fallait faire à la Pièce[262] ». Grâce à ce stratagème, la vedette du Français finit par se plier avec bonne grâce aux desiderata de l'auteur. L'anecdote, teintée d'humour, dévoile un trait de personnalité chez Quinault-Dufresne qui se montre sensible à l'humour de Voltaire, mais aussi à un tel présent digne d'un noble[263] : il a des goûts de luxe.

On ne sait rien de la cuisine familiale des acteurs, celle-là même qui probablement requiert, dans l'espace intime, une main-d'œuvre plus féminine – à l'inverse, les traiteurs, voient leur profession se masculiniser de plus en plus et participent, notamment les cuisiniers de renom, à la culture de la célébrité naissante à cette époque[264]. On ne peut dire non

---

261 D. Roche, « Le vin, le pain, le goût », dans *Clio dans les vignes, op. cit.*

262 J.-N. Servandoni d'Hannetaire, *Observations sur l'art du comédien, op. cit.*, p. 324 ; dans S. Chaouche (éd.), *Écrits sur l'art théâtral, Acteurs*, Vol. 2, Paris, Honoré Champion, 2005, p. 305.

263 Le pâté de perdrix est destiné aux notables et aux nobles comme le suggère Philippe Meizie, « La noblesse provinciale », art. cité. Il est par exemple offert à de tels bénéficiaires pour obtenir certains avantages : « Le duc de Duras reçoit également des pâtés de perdrix lors de son séjour dans la ville en 1724. Chaque année, les consuls de Périgueux font expédier par les traiteurs de la ville des pâtés de perdrix au comte du Périgord. » En faisant livrer ce type de met Voltaire était sûr de faire mouche, flattant la vanité de l'acteur. En effet, les repas giboyeux restent l'apanage de l'aristocratie.

264 Voir sur ce sujet : Antoine Lilti, *Figures publiques. L'invention de la célébrité, 1750-1850*, Paris, Fayard, 2014.

plus avec exactitude quand les acteurs prennent leur repas, mais seulement supposer que les horaires dépendent de leur emploi du temps, lequel peut varier fortement, et bien sûr se modèle sur les heures d'ouverture du théâtre, puisque ceux qui doivent jouer sur scène un rôle le font en fin d'après-midi. Les répétitions ont lieu le matin ou tard le soir ; les acteurs peuvent être sommés de se rendre à Versailles ou à Fontainebleau[265].

D'une manière générale, les acteurs se font le relais de ces nouvelles mœurs et régimes alimentaires qui témoignent de l'internationalisation du commerce. En ce sens, ils sont pleinement en accord avec leur temps et la modernité, ayant une sensibilité gustative marquée pour les petites douceurs.

## LE GOÛT DES DESSERTS ET DES PRODUITS SUCRÉS

Le sucre peut être acheté, à l'origine, chez les apothicaires et les épiciers parisiens qui préparent des confitures, mais ceux-ci obtiennent le privilège exclusif de sa vente au XVIIᵉ siècle. Il est vu par la société du temps comme thérapeutique et fait donc partie de la pharmacopée : « d'une nature parfaitement équilibrée, il est à l'origine un médicament supposé faciliter la digestion[266] ». Il remplace progressivement le miel à cette époque. Il s'achète en pains, ceux de sept livres étant consommés le plus souvent par l'élite. Différentes variétés de sucre raffinés, plus ou moins blancs, sont sur le marché : le sucre royal, de Damas très raffiné, le caffettin de Crimée, le sucre reslé, le muscarrat ou mouscarrat, le tabarzet, de Babylone, le sucre de palme, de Barbarie (d'Afrique du Nord), de Madère et le sucre candi, en cristaux. Le sucre casson (ou tendre car il peut se casser) et le sucre de Chypre ou sucre rouge sont quant à eux de moindre qualité.

Le produit se banalise avec l'augmentation des importations sous l'Ancien Régime[267] et témoigne d'un dissentiment nouveau entre les tenants d'une alimentation anciennement fondée sur la diététique, censée équilibrer les humeurs (bons *vs* mauvais aliments ; aliments nobles *vs* aliments ignobles ; ordre des aliments pris au cours d'un repas ; recettes très épicées soignant certains maux etc.) et les tenants d'une alimentation fondée sur le goût et les plaisirs de la table qui s'affranchit du discours médical. Ainsi, « Les

---

265 Voir S. Chaouche, *La Mise en scène du répertoire, op. cit.*, p. 352 *sq.*

266 Florent Quellier, « Le sain et le malsain, alimentation et santé », dans *La table des Français*, Tours, Presses universitaires François-Rabelais, 2013, en ligne : https://books.openedition. org/pufr/22877#anchor-toc-1-1 (consulté le 06/04/2024).

267 Christian Warolin, « La vente du sucre par les apothicaires et les épiciers parisiens au XVIIᵉ siècle », *Revue d'histoire de la pharmacie*, 87ᵉ année, n° 322, 1999, p. 217-226.

aliments qui se corrompent rapidement doivent être consommés en début de repas car ils sont censés être digérés plus promptement : les melons, les mûres, les figues, les cerises, les prunes, les abricots, les pêches, les raisins[268] » souligne Florent Quellier. De plus, « Au contraire, les fruits de garde, tout comme le fromage vieux, supposés être plus longs à digérer, doivent être consommés en fin de repas, d'autant plus qu'ils empêcheraient les aliments consommés de remonter vers la bouche : les pommes et les poires, les coings, les châtaignes et aussi les fruits secs car ils ont perdu leur excès d'humidité[269]. » Il convient, par ailleurs d'ingérer une quantité plus grande d'aliments le soir, car ceux-ci seront plus faciles à digérer.

La nouvelle cuisine se distancie de la diététique traditionnelle, la hiérarchie des aliments tendant à s'émousser, sans pour autant disparaître intégralement : l'ordre des menus change, et les plats sont concoctés avec un mélange d'ingrédients nobles et grossiers, mais certaines traditions persistent. Des ouvrages sont alors publiés, contestant les anciennes théories, comme celui de Nicolas Venette, intitulé *Usage des fruits des arbres, pour se conserver en santé, ou pour se guérir, lors que l'on est malade* (1683) ou de Louis Lemery, *Traité des aliments* (1705) qui réhabilitent la consommation de fruits crus. Ces bouleversements permettent le développement d'une sensibilité gastronomique, visible chez les comédiens.

*Heureusement* d'Antoine Rochon de Chabannes (1762) reflète le goût pour les aliments sucrés, notamment les desserts. À la scène 10, « *Marton rentre, faisant apporter une table sur laquelle est dressée une collation*[270] ». Celle-ci sert de prétexte à Madame Lisban pour retenir Lindor qui n'a pas soupé. La scène articule tentative de séduction de la part de Lindor, et service des boissons et de la nourriture – peut-être en la présence d'un gagiste puisque le service n'est pas effectué entièrement par la servante : « et toi fais le service | Nous avons là vraiment un beau garçon d'office » remarque Lindor. D'ailleurs Madame Lisban « *lui présente quelque chose de la collation* » alors que la conversation se déroule, puis Marton « *lui verse un verre d'eau* ». Finalement le mari de Madame Lisban revient, écoutant cette scène de galanterie qui se termine par un jeu de scène : « *Marton sort et emmène Lindor qui fait le lazzi d'aller et venir prendre son chapeau qu'il a laissé sur*

---

268  F. Quellier, « Le sain et le malsain, alimentation et santé », dans *La table des Français, op. cit.*
269  *Ibid.*
270  Marc-Antoine-Jacques Rochon de Chabannes, *Heureusement*, dans *Théâtre de Monsieur Rochon de Chabannes suivi de quelques pièces fugitives*, Paris, Vve Duchesne, 1786, t. 1.

*un fauteuil, ranger sa chaise, et emporter une assiette de dessert.* » D'un point de vue dramaturgique, ce léger repas accompagne l'action, mais n'a pas d'incidence sur celle-ci. Les personnages ne s'étranglent pas en avalant, ou ne s'enivrent pas par exemple. D'un point de vue scénique, la nourriture fait partie d'un tableau des mœurs, où la sociabilité et la consommation sont indissociables. On peut supposer que le jeu de scène de Lindor sert aussi à débarrasser certains couverts qui pourraient éveiller l'attention du mari qui entre en scène alors que Madame Lisban reste attablée.

La mise en scène témoigne elle aussi à travers les choix des acteurs et leurs commandes, de la vie bourgeoise. En effet, est fourni à la troupe en novembre 1759, des biscuits et des macarons, ainsi que du vin muscat. Les recettes des macarons, faits d'amandes pilées, de blancs d'œufs et de sucre apparaissent déjà dans les manuels culinaires du XVIIᵉ siècle[271]. Les biscuits aux saveurs variées (« Biscuits de citron », « Biscuits à la Royale »), mais tout aussi sucrées montrent l'engouement pour les pâtisseries. Selon Dominique Michel, « dès la fin du XVᵉ siècle, [...] apparaît le mot fruicterie pour [l]e dernier service du repas », cependant c'est au XVIIᵉ qu'« on lui donne le nom de fruit ou de dessert[272] » (ce dernier étant vu comme un terme utilisé par les bourgeois). Le dessert est conçu comme une forme d'embellissement du repas étant moins destiné à satisfaire l'appétit des convives qu'à émerveiller leurs yeux et leurs sens puisqu'il fait l'objet de mises en scène. Il s'avère un signe de distinction sociale, « par les recherches dans la présentation, par l'usage du sucre et la multiplication des ouvrages à base de sucre, par la présence des nouveautés, comme les sorbets, les eaux et liqueurs rafraîchissantes appelées eaux d'Italie, par l'accumulation des variétés de fruits, par la rareté et la précocité de ces derniers[273] ». Par ailleurs, d'autres comestibles sont intégrés à la catégorie des desserts comme « [l]es fruits naturels, [l]es compotes, [l]es confitures liquides et sèches, [l]es sorbets, [l]es eaux et liqueurs », de même les « biscuits et de

---

271 Anonyme, *Traité de confiture ou Le nouveau et parfait confiturier ; qui enseigne la manière de bien faire toutes sortes de confitures tant sèches que liquides, Avec l'instruction & devoirs des chefs d'office de fruiterie et de sommellerie*, Paris, T. Guillin, 1689, p. 238.

272 Dominique Michel, « Le dessert au XVIIᵉ siècle », *Dix-septième siècle*, vol. 217, nᵒ 4, 2002, p. 655-662, https://www.cairn.info/revue-dix-septieme-siecle-2002-4-page-655.htm (consulté le 15/04/2024).

273 *Ibid.* Les principaux ouvrages relatifs à la fabrication des desserts sont, entre autres : *Le Jardinier françois* de Nicolas de Bonnefons (1651), *Le Confiturier françois* (1660), *L'Art de bien traiter* signé L. S. R. (1674), *La Maison réglée d'Audiger* (1692) et *Les Nouvelles Instructions pour les confitures de Massialot* (1692).

petites pâtisseries – toujours sans beurre –, [l]es fromages frais, [l]es crèmes fouettées, ainsi que [l]es fromages à pâte cuite, ces derniers étant coupés en morceaux et présentés sur des assiettes[274] ». En revanche, « les tartes, les tourtes, les beignets, les crèmes et les gâteaux de Savoie – font alors partie des entremets salés et sucrés du service précédent[275]. » La troupe de la Comédie-Française préfère donc de se faire plaisir en quelque sorte, en privilégiant les desserts et le muscat pour la collation de la pièce de Rochon. Ses choix traduisent l'évolution des goûts depuis le XVIIe siècle[276] ; le niveau de vie affiché sur scène par ces acteurs saccharophiles (en dépit de celui des personnages) ; ainsi qu'un certain ordre alimentaire, les desserts sucrés étant des produits de luxe consommés par l'élite.

D'autres comédies présentent des mises en scène aux caractéristiques similaires, affichant le goût des acteurs pour les pâtisseries fines qu'ils ont l'opportunité de déguster tout en jouant leur rôle – et qui peut-être leur donne un plaisir, voire une énergie supplémentaire, ajoutant à leur travail, les délices du palais. On note ainsi de la « confiture sèche[277] », des dragées[278] pour *Le Tambour nocturne ou Le Mari devin* de Philippe Néricault Destouches (1762), et certaines variations en ce qui concerne les produits commandés pour *Heureusement* : « un pot de marmelade d'abricot[279] », « des massepains[280] » et « biscuits de Savoie[281] ». Finalement, les représentations du *Chevalier à*

---

274  *Ibid.*

275  *Ibid.*

276  *Ibid.* (« Appréciant moins le mélange salé-sucré que leurs voisins italiens, espagnols ou anglais, les Français ont eu tendance à repousser le goût sucré vers la fin du repas, dans les entremets et les desserts. Dès la Renaissance, grâce à l'influence italienne, l'art du confiseur a commencé à se développer. Peu à peu les confitures ont perdu le rôle diététique que leur conférait souvent la présence d'épices, et les produits à base de sucre se sont multipliés et diversifiés »).

277  *Ibid.* (« Les confitures sèches correspondent à nos fruits confits actuels. Quasi absentes des ouvrages jusqu'à Olivier de Serres, elles sont désormais présentées sous les formes les plus variées : en tailladins – lardons de chair zestés –, en roquilles – écorces confites dressées en rocher –, en bouquet, en quadrille, en surtout – fruits collés les uns sur les autres. »)

278  *Ibid.* (« Les dragées sont une espèce de confiture sèche faite avec des graines, de petits fruits ou des morceaux d'écorce, recouverte d'un sucre fort dur et très blanc. »).

279  *Ibid.* (« Les marmelades, si l'on excepte la mention d'une marmelade de coing en 1607, ne sont pas attestées avant 1692. La pulpe d'un fruit, le plus souvent précuit et passé par un tamis ou écrasé, est desséchée dans une poêle avec du sucre, avant d'être mise en pot et recouverte de sucre »).

280  Le massepain pouvait avoir différentes saveurs (« royal », « frisé », « soufflé », « mollet », « de citron », « d'orange », « glacé »). La recette de base comprenait des amandes, du blanc d'œuf, de la fleur d'oranger, et une grande quantité de sucre (*Traité de confiture ou Le nouveau et parfait confiturier, op. cit.*, p. 104-110).

281  2 AC 15, Dossier « Victuailles », facture de Bigarne arrêtée le 3 décembre 1762.

*Turin* de Claude-Joseph Dorat[282] (1778) s'accompagnent de plats de crème, d'entremets de pâtisserie et quatre « assiettes de desserts » : une de poire et une d'orange, une de raisin, et une de biscuits et macarons – parfois remplacée par une fricassée de chocolat[283]. À la scène 6 de l'acte III, Mata le débauché et Le Comte de Sénante soupent ensemble, mais boivent plus de vin qu'ils ne mangent. On remarquera, d'une part, que les desserts ne sont pas forcément italiens alors que l'intrigue est censée avoir lieu en Italie et qu'il n'y a aucun souci de « réalisme » ou de pittoresque dans ce cas précis. D'autre part, est appert que la dégustation de pâtisserie n'est pas l'apanage de la gent féminine. Enfin, ces gâteaux sont probablement accompagnés de plusieurs bouteilles d'un bon cru.

Selon, Dominique Michel, « les confitures voisinent sur les bonnes tables avec des pralines, des pastilles, des sorbets, des massepains, des macarons – leur apparition dans la littérature gastronomique française date du début du siècle – des meringues – la première recette rangée sous ce nom date de 1692[284] ». D'autres factures qui ne semblent pas nécessairement liées à une représentation particulière (du moins, rien n'est indiqué par le marchand), laissent entrevoir ce que les acteurs consomment ainsi que la variété des desserts et de certaines marchandises pouvant être commandés à Paris : fruits crus de saison semble-t-il (melon[285], citron, oranges, paniers de pêches ou d'abricot, poires de Saint Germain[286]), fruits cuits (compotes de poires et pommes[287]), gâteaux (beignets, madeleines, gâteaux au chocolat, gaufres[288], « gâteau à la turc ») ou desserts laitiers

---

282  Claude Joseph Dorat, *Le Chevalier français à Turin*, Paris, Delalain, 1780.

283  2 AC 15, Dossier « Victuailles », factures du 20, 23 et 29 novembre 1778.

284  D. Michel, « Le dessert au XVIIe siècle », art. cité.

285  Considérée comme un légume par Joseph Ménon dans *La cuisinière bourgeoise, op. cit.*

286  La consommation des fruits crus fut lente, car les médecins considéraient qu'ils n'étaient que médiocrement bons à la santé. Voir D. Michel, art. cité (« Les fruits crus ne gagnent que progressivement en faveur, notamment parce que les nouvelles pratiques alimentaires ne sont que peu à peu légitimées par la Faculté, en vertu de ce que Jean-Louis Flandrin appela "le suivisme des médecins dans le domaine de l'alimentation". Si les premiers signes d'un changement de discours apparaissent dès le début du XVIIe siècle, il faut attendre 1683 pour voir explicitement vanter les vertus diététiques des fruits » D. Michel ajoute : « Le Dr Nicolas Venette, passionné d'arboriculture, estime alors que "nos fruits ont bien plus de vertus et d'attrait que toutes les drogues". Il reste que, en dépit de l'engouement pour la consommation de fruits crus en fin de repas, les suspicions survivront longtemps. Ainsi, certains livres d'office du XVIIIe siècle, tel celui de Menon, présenteront encore des réflexions sur la nocivité des fruits. »)

287  Les recettes sont données par Ménon qui eut un succès retentissant au siècle des Lumières : *La cuisinière bourgeoise, op. cit.*, p. 328-338.

288  *Ibid.*, p. 357-358.

(crème caramel). Ceux-ci témoignent du savoir-faire culinaire des traiteurs parisiens, en quelque sorte promu par la troupe, mais aussi de la richesse des desserts et des mets délicats sélectionnés par les acteurs.

TABLEAU 2 – Récapitulatif des différents desserts
fournis à la Comédie-Française (1710-1790).

*(un même plat n'est pas reporté deux fois, sauf s'il a un accompagnement spécifique)*

## ENTREMETS, PÂTISSERIES ET MIGNARDISES

| PRODUITS LAITIERS ET FRUITS | DESSERTS |
| --- | --- |
| Fromage | Crème : |
| Gruyère | Au chocolat |
| Maroilles | Caramel |
| Neufchâtel | |
| Roquefort[289] | Gâteaux et biscuits : |
| Tome | |
| | Bavaroise |
| Fruits frais : | Biscuit de Savoie |
| | Charlotte |
| Citrons | Gâteau à la turque |
| Fraises | Gâteau au chocolat |
| Marrons | Madeleines |
| Oranges | Massepains |
| Pêches | Omelette soufflée |
| Poires | Tartelette à l'abricot |
| Poires de Saint-Germain | |
| Pommes d'api | Confiseries et mignardises : |
| Prunes | |
| Reines-claudes | Dragées |
| | Fricassée de chocolat |
| Fruits cuits : | Macarons |
| | Mendiants |
| Compote de cerises | |
| Confiture sèche | Viennoiseries : |
| Gelée d'oranges | |
| Marmelade d'abricot | Beignets |
| | Brioche |
| | Gaufres |
| | Petits fours |

---

289 Le plus estimé et le plus cher (Menon, *La cuisinière bourgeoise, op. cit.*, p. 274).

En ce sens, la nourriture fait figure de marqueur social et culturel. Elle s'adresse à une clientèle aisée qui s'identifie aux codes culinaires et denrées alimentaires mises sur la scène. Celles-ci font aussi rêver les membres les moins fortunés du public du fait même de leur exotisme ou de leur valeur marchande, c'est-à-dire de leur prix inabordable. « Le nouveau goût français qui prône une "jouissance gustative réglée" », diffusé auprès du public, montre bien en substance, comme l'affirme Maddalena Mazocut-Mis que « les interdits religieux, qui restaient prégnants au moins jusqu'à la fin du XVIIᵉ siècle, perdent de plus en plus de leur importance et de leur efficacité[290] ». La notion de plaisir fait partie intégrante de la mise en scène – de même que celle de gastronomie : elle éduque tout en stimulant l'imagination et les sens. Le théâtre illustre, d'une certaine manière, l'ascendant de la classe bourgeoise et d'une cuisine qui s'adresse aux « plus modestes des commerçants, des entrepreneurs, des artisans, etc.[291] » La diversification du parterre et l'embourgeoisement des loges vont dans ce sens[292].

## ACTEURS EN GOGUETTE ET CORPORÉITÉ : GRAS, EMBONPOINT ET MAIGREUR

Il existe toujours au XVIIIᵉ siècle deux types de régimes alimentaires, l'un pour l'élite et l'autre pour les pauvres :

> La diététique ancienne justifie cette ségrégation alimentaire en soulignant l'existence de deux types d'estomac, celui des gens d'étude ou du loisir – bourgeois, clerc, noble – et celui des personnes exerçant un métier physique, notamment les masses paysannes. Les premiers auraient un estomac délicat, ils doivent donc consommer des chairs subtiles : du pain blanc, du vin blanc, de la volaille. Au contraire l'homme de peine peut consommer des viandes grossières car l'activité professionnelle génèrerait une plus grande chaleur vitale[293].

Les comédiens exercent un métier très physique tout en utilisant leurs facultés intellectuelles, mémoire et imagination. Où se situent-ils en

---

290 Maddalena Mazocut-Mis, « La bonne cuisine et le siècle des Lumières », trad. française de Pietro Allia, *Nouvelle Revue d'Esthétique*, n° 14, 2, 2014, p. 117.

291 *Ibid.*, p. 119.

292 A. Grimod de La Reynière, *Le Censeur dramatique, op. cit.*, t. 10, p. 341, janvier 1774. (« Le luxe les a tous fait monter aux secondes loges [les bourgeois], [...]. Aujourd'hui cet aréopage [le parterre] est constitué de journaliers, de garçons perruquiers, de marmitons ».

293 F. Quellier, « Le sain et le malsain, alimentation et santé », dans *La table des Français, op. cit.*

matière de diététique ? Quel est leur appétit ? Prennent-ils soin de leur santé ? On peut se demander quel est l'impact de la nourriture sur le corps de l'acteur et comment ce dernier se transforme, en fonction de l'âge, avec notamment l'arrivée de la vieillesse, des grossesses, de la ménopause et de l'andropause, et de l'alimentation elle-même – différente selon les régions sachant que « L'homme de la montagne est plus robuste, celui de la plaine est fragile, guetté par les carences et les maladies, et la différence se mesure dès le plus jeune âge[294] ». Les sociétaires ne sont pas forcément originaires de la région parisienne, certains comme Mme Vestris et les sœurs Sainval viennent du sud par exemple. Comment l'acteur gourmet fait-il face à l'engraissement ? Quelles sont ses stratégies pour y faire face : doit-il par exemple changer d'emploi ?

Selon Florent Quellier, la représentation du corps féminin reflète des changements en matière de pratiques alimentaires : « l'évolution des nus féminins dans la peinture occidentale au cours des Temps modernes porte témoignage d'un empâtement des corps et d'une victoire des courbes généreuses à l'exemple des toiles d'un Rubens ou, au siècle suivant, d'un François Boucher[295]. » Il ajoute : « Carnation laiteuse, hanches larges, ventre rond et poitrine généreusement montrée définissent de nouveaux canons de beauté. L'usage du beurre dans une cuisine trop riche et le goût pour les sucreries ne sont probablement pas étrangers à cette nouvelle silhouette féminine[296]. » Certes, comme il le suggère, le corset comprime fortement la taille et maintient le corps droit. Cependant les bras, les hanches, ainsi que le visage trahissent l'embonpoint.

En effet, l'étude préliminaire des principaux portraits de certains acteurs célèbres du XVIIIe siècle, conservés à la Comédie-Française ou dans d'autres musées, montre qu'une certaine rondeur prédomine[297]. Celle-ci s'accorde avec les canons picturaux du temps, notamment ceux de la beauté féminine qui demande des formes généreuses et ne se satisfait pas d'une extrême

---

294 D. Roche, « Le vin, le pain, le goût », dans *Clio dans les vignes, op. cit.*
295 F. Quellier, « L'alimentation des élites françaises et la naissance d'une nouvelle cuisine », dans *La table des Français, op. cit.*
296 *Ibid.*
297 Il est évident que le corps évolue au fil du temps et qu'il est difficile de généraliser dans ces circonstances, d'autant que les portraits sont censés être flatteurs. Sur le rapport entre iconographie et célébrité (qui n'est pas ici notre propos), voir Agathe Sanjuan, « Chapitre 2. L'acteur face à la troupe : émergence des individualités dans le champ iconographique au XVIIIe siècle », dans *Le Sacre de l'acteur. Émergence du vedettariat théâtral de Molière à Sarah Bernhardt*, Florence Filippi, Sara Harvey, Sophie Marchand (dir.), Paris, Fayard, 2017, p. 41-54.

maigreur. Il en va de même pour les hommes. Ainsi le physique de Monvel, hâve et cachectique, choque le public et suscite des commentaires au début des années 1770 : « sa vue excitait toujours des murmures » lit-on dans *Le Censeur dramatique*. Son apparence physique dessert ses efforts pour bien jouer, aussi quinze mois après avoir débuté à la Comédie-Française, malgré un talent certain en tant qu'acteur, il ne parvient toujours pas à gagner les suffrages des spectateurs : « on ne pouvait se faire à sa figure ingrate, à la faiblesse de ses moyens, enfin, à cet extérieur maigre et chétif auquel on n'était point encore accoutumé sur ce Théâtre[298] ». La maigreur semble provoquer l'antipathie sans doute parce qu'elle est associée à la laideur et à la maladie. Elle apparaît inhabituelle au théâtre qui exige une certaine force et indéniablement une grande forme physique. Or les sociétaires travaillent sans cesse, sauf les quelques jours de relâche auxquels ils ont droit ou entre les saisons théâtrales au moment de la fermeture annuelle. Ils doivent demander formellement leur congé à la société s'ils veulent échapper à leurs obligations quotidiennes. (Celui-ci, pour être effectif, doit également recevoir l'approbation du Premier Gentilhomme de la Chambre régissant les affaires du théâtre comme le montrent les registres d'assemblées[299].) Ils doivent donc bien se nourrir pour rester en forme.

Sans être émaciées[300] ou au contraire obèses, les tragédiennes sont le plus souvent bien en chair sur les portraits qui sont faits d'elles. Elles ont tendance à être représentées au faîte de leur célébrité. Ce sont généralement des femmes d'âge mûr, au visage grassouillet, à la gorge plantureuse, et aux bras potelés[301] : ainsi de Mlle De Seine[302],

---

298 A. Grimod de la Reynière, *Le Censeur dramatique, op. cit.*, t. 4, p. 21-22.

299 Voir par exemple, BMCF, R52_26 1784-1787.

300 Mlle Dangeville et Mlle Joly semblent avoir été menues dans leur jeunesse. BMCF, I 0060, « Mlle Dangeville : Colette (Les Trois Cousines, Dancourt) » par Louis Vigée, 1745, pastel / H.0,64 ; L.0,52 (hors cadre) ; H.0,82 ; L.0,69 (avec cadre), https://comedie-francaise.bibli.fr/ ark:/63615/ntsqqv0qrs (consulté le 02/06/2024) et BMCF, I 0191, « Mlle Joly », par Jacques-Louis David, Huile sur toile / H.0,80 ; L.0,65, ovale (hors cadre), https://comedie-francaise. bibli.fr/ark:/63615/nt0bp55g36 (consulté le 02/06/2024).

301 Nous ne pouvons, dans le cadre de cet article, passer en revue toutes les œuvres. D'un point de vue méthodologique, nous avons sélectionné un groupement d'œuvres d'acteurs de la Comédie-Française exclusivement puisque cette étude porte sur ce théâtre, notamment les plus célèbres que l'on a dépeints à la fois visuellement et verbalement. Il s'agit donc d'un premier aperçu, ce sujet devant être examiné plus en profondeur.

302 BMCF, GRA.PER.MF.0037, « Catherine de Seine : épouse du sieur Dufresne », 1 est. / [burin et eau-forte] / g. H. 21, 2 ; L. 27, 8 cm, https://comedie-francaise.bibli.fr/ark:/63615/ nttql7wkdx (consulté le 02/06/2024).

Mlle Duclos[303], Mlle Lecouvreur[304], Mlle Clairon[305] ou Mlle Bellecourt[306] etc. Elles sont parfois même grasses comme par exemple Mlle Desmares[307] au tout début du XVIIIe siècle, ou Mlle George au début du XIXe siècle[308]. Les artistes peintres ne semblent pas cacher ou réduire l'embonpoint puisque les bras nus ou recouverts d'un tissu de couleur chair, comme il était d'usage au théâtre, sont exhibés. Au contraire, une silhouette généreuse est plutôt mise en valeur parce qu'elle apparaît séduisante au regard masculin. Mlle Dumesnil, dont le corps est bien proportionné comme il apparaît sur son portrait officiel peint par Nonnotte[309], ne semble pas avoir été encline à surconsommer de la nourriture. Ainsi les dires de l'observateur des spectacles, invérifiables, sont peut-être exacts. En effet, on peut lire dans le périodique de Chevrier, un témoignage datant de 1763 : « Lorsque Mlle Dumesnil doit jouer, elle vient au théâtre de très bonne heure, dîne dans sa loge ou chez le concierge très légèrement, se met à sa toilette, paraît, est applaudie[310] ». Les corps des acteurs ne sont pas en reste, étant parfois d'une corpulence forte, ou même bedonnants : Brizard de grande stature, enrobé, au physique

303 BMCF, I 0259, « Mlle Duclos : Ariane (Ariane, Thomas Corneille) », par Nicolas de Largillière, 1714, huile sur toile / H.1,58 ; L.1,29 (hors cadre) ; H. 1,74 ; L. 1,47 (avec cadre), https://comedie-francaise.bibli.fr/ark:/63615/ntr7p8x400 (consulté le 02/06/2024).

304 BMCF, I 0375, « Adrienne Lecouvreur : Cornélie (*La Mort de Pompée*, Pierre Corneille) », par Charles-Antoine Coypel, 1723, pastel sur deux feuilles de papier vergé bleu, entoilé sur une fine toile de coton et monté sur châssis fixe avec une entretoise, H. 79 ; L. 64 ; Ep. 5 cm (hors cadre) ; H.106,5 ; L. 91,5 ; Ep. 9,5 cm (avec cadre), https://comedie-francaise. bibli.fr/ark:/63615/nt63r9h02n (consulté le 02/06/2024).

305 BMCF, Res Cad DES 1 CLAI 1, « Mlle Clairon dans le rôle de Médée », par Carl Van Loo, 1757-1759, pierre noire et rehauts de blanc sur papier beige / H. 0,062 ; L. 0,052 (hors cadre) ; H.0,670 ; L. 0,580 ; Ep. 0,002 (avec cadre), https://comedie-francaise.bibli. fr/ark:/63615/ntpp7p2n77 (consulté le 02/06/2024).

306 BMCF, I 0174, « Mme Bellecourt » par Lié Louis Perin-Salbreux, XVIIIe siècle, huile sur toile / H. 0,75 ; L. 0,595 (hors cadre) ; H. 0,84 ; L. 0,722 ; P. 0,09 cm (avec cadre), https:// comedie-francaise.bibli.fr/ark:/63615/nt3xg40mzs (consulté le 02/06/2024).

307 BMCF, I 0024, « Charlotte Desmares : en costume tragique » par Charles-Antoine Coypel, 1720-1725, huile sur toile / H. 0,80 ; L. 0,63, ovale (hors cadre) ; H. 1,18 ; L. 0,87 (avec cadre), https://comedie-francaise.bibli.fr/ark:/63615/nt7d4rn4jt (consulté le 02/06/2024).

308 BMCF, I 0207, « Mlle George : Camille (Horace, Corneille) », par Anthelme-François Lagrenée, 1810, huile sur toile / H. 1,96 ; L. 1,46 (hors cadre) ; H. 2,09 ; L. 1,57 ; P. 5,6 (avec cadre), https://comedie-francaise.bibli.fr/ark:/63615/ntrhmqbt58 (consulté le 02/06/2024).

309 BMCF, I 0190, « Mlle Dumesnil : Agrippine (*Britannicus*, Racine) » par Donation et Donnat Nonnotte, 1754, Huile sur toile / H. 1,36 ; L. 1,04 (hors cadre), https://comedie-francaise.bibli.fr/ark:/63615/nt7hmspc81 (consulté le 02/06/2024).

310 Antoine Chevrier, *L'Observateur des spectacles ou Anecdotes théâtrales*, Paris, s.n., 22 février 1763, n° 8, p. 117.

imposant[311], Dugazon au visage empâté, et Dazincourt rondelet en sont l'illustration[312].

Ces œuvres ne reflètent pas l'évolution des corps. Une fois de plus, ces acteurs ne sont plus jeunes lorsqu'ils sont portraiturés. Seule une série de portraits réalisés au cours de différentes périodes peut aider à mieux saisir l'effet du temps et de l'alimentation sur le physique d'un sociétaire, notamment son empâtement progressif – ceux de Mlle Raucourt par exemple. Les débuts fracassants de l'actrice à un très jeune âge (elle n'a que seize ans en 1772), la placent immédiatement au rang des grandes actrices. Cette célébrité précoce lui vaut d'être immortalisée par Sigmund Freudenberger dans le rôle de Monime dans *Mithridate*, à la scène 2 de l'acte V : elle apparaît d'une grande beauté, les traits fins et relativement svelte[313]. Elle mène un train de vie luxueux qui l'amène à fortement s'endetter. Après un parcours relativement compliqué, elle est amenée à quitter la troupe puis à la réintégrer dans les années 1780. Un second portrait de la tragédienne gravé vingt-quatre ans plus tard – elle a la quarantaine – la montre ostensiblement plus ronde, son visage étant presque bouffi[314]. Enfin, le tableau peint par Adèle Romance-Romany en 1812, alors que la tragédienne est âgée de cinquante-six ans (et reste l'une des actrices les plus importantes de la Comédie-Française), la représente bien grasse – alors même qu'elle joue le rôle d'une reine et d'une femme forte, c'est-à-dire de pouvoir[315]. En ce sens, l'excès de

---

311 BMCF, FW5-1, « Brizard en costume romain » par Johann Ludwig Werhard Fesch et Whirsker, 1770, gouache, encre et rehauts d'or sur velin / forme ovale (7 cm de diamètre), https://comedie-francaise.bibli.fr/ark:/63615/ntf47cfh5t (consulté le 02/06/2024).

312 BMCF, I 0293, « Brizard : Œdipe (*Œdipe chez Admète*, Jean François Ducis) », par Louis Ducis, 1778, huile sur toile / H.1,07 ; L.0,87 (hors cadre) ; H. 128 ; L. 108,7 ; Ep. 5,4 cm (avec cadre), https://comedie-francaise.bibli.fr/ark:/63615/ntmvfhwkw6 (consulté le 02/06/2024) ; BMCF, I 0225, « Dugazon » par Henri-Pierre Danloux, 1787, huile sur toile / H.0,72 ; L.0,60, ovale (hors cadre), https://comedie-francaise.bibli.fr/ark:/63615/ntv209rjmc (consulté le 02/06/2024) ; BMCF, I 0106, « Dazincourt », par Joseph Bouton, 1795-1799, gouache sur ivoire, H.18 ; L.13,5 cm (hors cadre) H.26,5 ; L.21 ; Ep. 1 cm (avec cadre), https://comedie-francaise.bibli.fr/ark:/63615/ntv89rcfwp (consulté le 02/06/2024).

313 Musée Carnavalet, D.5897, « Mlle Raucourt » par Sigmund Freudenberger, 1772.

314 BMCF, GRA.PER.MF.0103, « Mlle Raucourt : d'après le portrait peint par Mr. Gros en 1796 », par Louis-Charles Ruotte (graveur) et Antoine-Jean Gros (peintre), 1796, 1 est. / noir et blanc / H. 30 ; L. 22 cm (g.), https://comedie-francaise.bibli.fr/ark:/63615/ntdwtz038j (consulté le 02/06/2024).

315 BMCF, I 0076, « Mlle Raucourt dans son costume d'Agrippine : Agrippine (*Britannicus*, Racine) » par Adèle Romance-Romany, 1812, huile sur toile / H.138 ; L.107 (hors cadre), https://comedie-francaise.bibli.fr/ark:/63615/ntthzt5p97 (consulté le 02/06/2024).

nourriture ou d'alcool conduit au surpoids, tout comme probablement les grossesses ou la ménopause.

Il semble que l'empâtement fasse progressivement l'objet de récriminations et de critiques. Mlle Louise Contat en fait par exemple les frais au tournant du XVIII^e siècle. En effet, la soudaine obésité de l'actrice provoque un certain dégoût chez le spectateur : « Cette actrice a prodigieusement grossi dans son voyage ; et cet embonpoint nous a paru nuire un peu à son jeu[316]. » Une belle silhouette reste importante dans certains emplois aussi on assiste à ce qui pourrait être vu de nos jours comme une sorte de « *body shame* » : « On avait tellement vanté Mlle Contat dans le rôle de la Comtesse, que l'idée que nous nous en étions formée a peut-être nui au plaisir qu'elle nous y a fait ; peut-être aussi l'excessif embonpoint qu'elle a acquis depuis trois mois, influe-t-il sur son jeu[317]. » Au contraire du quidam, la vedette est tenue de contrôler son poids, car un physique inadéquat peut ternir une réputation. De son côté, l'auteur de l'*Éloge de Romainville* constate que la prise de poids est corrélée au vieillissement. Ainsi, dans les années 1780, peu avant sa retraite, Préville « grossit et vieillit[318] ». Effectivement, dès les années 1770, son visage rieur apparaît très grassouillet et il a du ventre tandis qu'un portrait de lui, dans sa prime jeunesse le présente fringant et relativement mince[319]. L'auteur suggère, en outre, que les acteurs, conscients de la manière dont leur corps change, abandonnent certains

---

316  A. Grimod de la Reynière, *Le Censeur dramatique*, *op. cit.*, t. 1, p. 537.
317  *Ibid.*, t. 2, p. 22.
318  Claude-Carloman de Rulhière, *Le petit tableau de Paris*, s.l.s.n., 1783, p. 16.
319  BMCF, I 0069, « Préville » par Jean-Baptiste Greuze, 1760-1770, huile sur toile / H.0,62 ; L.0,50 (hors cadre), https://comedie-francaise.bibli.fr/ark:/63615/ntzp0kfs4x (consulté le 02/06/2024) ; BMCF, I 0263, « Préville : Mascarille (*l'Etourdi*, Molière) » par Élizabeth Vigée-Lebrun, 1776, huile sur toile / H. 81 ; L. 65 cm (hors cadre) H. 95 ; L. 81 ; Ep. 6 cm (avec cadre), https://comedie-francaise.bibli.fr/ark:/63615/nthwzwj8gv (consulté le 02/06/2024). Comparativement le portrait de Préville par Jean César Fenouil (1751) du musée des beaux-arts de Marseille, nous montre une corpulence différente, plus fringante. Les portraits de Dazincourt reflètent également ces changements de morphologie : tout d'abord un corps jeune et svelte, puis un empâtement visible après une dizaine d'années : BMCF, I 0105, « Dazincourt : Crispin (*Les Folies amoureuses*, Regnard) » par un peintre anonyme, 1776, huile sur panneau, H.0,15 ; L.0,126 (hors cadre) ; H.0,21 ; L.0,18 (avec cadre), https://comedie-francaise.bibli.fr/ark:/63615/nt227202pd (consulté le 02/06/2024) et BMCF, I 0151, « Dazincourt : Crispin » par Adèle Romance-Romany, 1780-1784, huile sur toile rectangulaire mise à l'ovale / H.0,60 ; L.0,49, toile carrée (hors cadre) ; H. 0,80 ; L. 0,69 (avec cadre ovale), https://comedie-francaise.bibli.fr/ark:/63615/ntrkpc8fxb (consulté le 02/06/2024).

rôles ou se restreignent à jouer certains personnages auxquels il n'est plus possible de les identifier : « Il le sentait si bien lui-même qu'il avait, dès longtemps, renoncé, dans la Capitale, aux rôles de son premier emploi de comique, et qu'il y avait substitué les rôles à manteau, plus analogues à l'affaiblissement de ses moyens[320]. » On peut imaginer en effet que la souplesse requise pour certains emplois comme ceux des valets impose un corps svelte et agile, ou tout du moins, une bonne forme physique qui passe par une alimentation saine et de l'exercice. Certains acteurs eux-mêmes ont une vision négative du surpoids : « la graisse est ignoble au théâtre » déclare Mlle Clairon[321].

Sans vouloir caricaturer, chaque type au théâtre requiert, en général, un physique particulier dans l'imaginaire du temps qui, selon toute vraisemblance, conditionne l'emploi principal de l'acteur dans le comique et/ ou le tragique. Dans ses *Réflexions sur l'art théâtral*, Mlle Clairon décline d'ailleurs un ensemble de caractéristiques dans les deux genres théâtraux principaux : dans le tragique les rois ont « une taille majestueuse et une physionomie vénérable », un premier rôle d'homme aura « une taille au-dessus de la moyenne, ni gras, ni maigre » et surtout « bien pris dans sa taille » parce qu'il doit être élégant ; les mères doivent avoir une taille « au-dessus de la médiocre[322] », et les rôles tendres « exigent une taille élégante[323] ». En revanche, le tyran est associé à « un homme de très grande taille, maigre, ayant l'œil creux[324] ».

La maigreur est jugée « mesquine[325] », impropre à un héros qui doit émouvoir le public : « Malgré sa taille haute et même gigantesque, sa maigreur et ses yeux très élevés dans la tête, M. Baptiste n'a point l'air noble au Théâtre ; il manque absolument de cette aisance, qui, chez les grands Seigneurs, caractérisait la dignité[326] [...] ». Ce portrait peu

---

320  Jean Eléazar L'Hospital, *Éloge de Romainville*, Londres, s.n., 1785, p. 14.
321  Mlle Clairon, *Mémoires d'Hyppolite Clairon, et réflexions sur l'art dramatique*, Paris, F. Buisson, An 7, p. 43.
322  *Ibid.*, p. 49.
323  *Ibid.*, p. 52.
324  *Ibid.*, p. 42.
325  *Ibid.*, p. 43.
326  A. Grimod de la Reynière, *Le Censeur dramatique, op. cit.*, t. 3, p. 420-421. Voir son portrait : BMCF, I 0242, « Baptiste l'aîné » par Marc Drolling, 1802, huile sur toile / H.0,73 ; L.0,58 (hors cadre) ; H. 0,895 ; L. 0,765 (avec cadre), https://comedie-francaise. bibli.fr/ark:/63615/nt88mf39mp (consulté le 02/06/2024). L'acteur apparaît en effet plutôt longiligne et mince.

flatteur corrobore les dires de Mlle Clairon, suggérant qu'un acteur à succès est également un acteur qui sait bien se nourrir. Ces codifications associant physique et moralité, sans doute admises également par le public, expliquent pourquoi Monvel reste un acteur en porte-à-faux avec ses rôles. Le physique de Monvel qui joue à ses débuts les rôles d'amoureux contraste avec l'idée du jeune homme de bonne famille et, somme toute, innocent. Il en va de même avec les grands rôles : « En accordant à M. Monvel une profonde intelligence, une âme ardente, une excellente diction, nous sommes forcés de dire que son physique est trop maigre, trop grêle, trop chétif enfin pour jouer les Rois, et même les Pères nobles[327]. » Avec l'ancienneté, Monvel décide d'abandonner certains rôles qui nuisent à sa carrière : « il ne jouait que les rôles qui n'exigeaient point une charmante figure[328] ». Un autre reproche est fait à Fleury jouant le Glorieux, qui laisse les spectateurs froids : « ce rôle ne convient ni à son physique maigre et chétif, ni à sa voix grêle, quand il veut la forcer, ni à sa tournure, ni même à son visage. [...] Comment a-t-il pu s'aveugler au point de croire qu'il jouerait avec succès un rôle dans lequel il faudrait avoir six pieds, un embonpoint proportionné, l'air le plus noble et la figure la plus imposante[329] ? ».

Au théâtre, les paysans doivent avoir la taille épaisse et le ventre rond aussi l'excès d'embonpoint est synonyme de grossièreté, c'est-à-dire de balourdise. Lekain, dont les formes sont rondes fait face au même type de préjugés à ses débuts. En effet, son physique est jugé ingrat dans le tragique, alors qu'il serait acceptable dans le comique. Desessarts[330] par exemple, populaire auprès du public est un gros mangeur, « servi avantageusement par la nature », de sorte que « son ventre est devenu presque de tradition dans [l'] emploi » des rôles à manteaux[331]. La rotondité ne sied qu'à des valets ou soubrettes, des financiers, des personnages âgés qu'ils soient rois ou reines. Lorsque *Les Plaideurs* de Jean Racine sont représentés, la « ventripoterie » de Dessessarts est cependant raillée :

---

327 A. Grimod de la Reynière, *ibid.*, t. 4, p. 26.
328 *Ibid.*, t. 4, p. 21-22.
329 *Ibid.*, t. 1, p. 435.
330 BMCF, GR A.PER.MF.0039, « Denis Dechanet Desessarts : pensionnaire du roi » par N. Thomas (graveur) et Pierre Charles Ingouf (peintre), 1772-1800, 1 est. / [burin et eau-forte] / g. H. 36, 4 ; L. 24, 5 cm, https://comedie-francaise.bibli.fr/ark:/63615/ntgd4spwwp (consulté le 02/06/2024).
331 A. Grimod de la Reynière, *Le Censeur dramatique, op. cit.*, t. 1, p. 105.

« On leva la toile à huit heures un quart. Oh pour le coup, je pensai mourir de rire quand je vis le gros Dessessarts débiter la tirade plaisante de Petit-Jean. Le Vers qu'il dit le mieux est celui-ci : *Pour moi je ne dors pas, aussi je deviens maigre…* Ce rôle, en général, ne va ni à son ton, ni à son extérieur[332]. ». Ainsi on voit, au fil des témoignages, se dessiner une critique féroce de la maigreur ou du surpoids : « Peut-être a-t-on voulu nuire à Mlle Lange en la chargeant d'une ingénuité, emploi qui ne convient plus à son âge et encore moins à son embonpoint[333] ? » Le physique de l'actrice est gage de succès[334].

Comme l'affirme Florent Quellier, « Quant à l'homme, l'embonpoint souligné par le port du gilet boutonné et de la veste ouverte est perçu comme une marque rassurante d'une position/réussite sociale[335] ». Les acteurs ne sont pas forcément éloignés de ces stéréotypes et vues, se conformant à des normes sociales qui exigent d'eux qu'ils ressemblent physiquement à des nobles élégants et à de bons bourgeois en pleine santé et bons vivants. Pour autant, cela ne veut pas dire que les acteurs s'assujettissent à un régime particulier pour mieux correspondre à leur emploi principal, ou même à des restrictions alimentaires pour perdre un excès d'embonpoint. Les multiples activités des acteurs (voyages à la cour, répétitions, allées et venues entre le théâtre et leur habitation) et la dépense physique liée à leur profession suffisent peut-être à limiter la prise de poids. Par ailleurs, les habits féminins, très resserrés à la taille par le corset modelant la silhouette, suffisent à rehausser les attraits d'une actrice et mieux mettre en valeur sa gorge[336]. Les hommes peuvent quant à eux, jouer avec les costumes nouveaux fabriqués par le tailleur Pontus, cachant leur adiposité sous une toge ou un lourd, long

---

332 *Journal des Théâtres, op. cit.*, 1ᵉʳ septembre 1777, n° 11, p. 119.
333 A. Grimod de la Reynière, *Le Censeur dramatique, op. cit.*, t. 1, p. 289.
334 Le peu de succès d'Émilie Contat semble aller dans ce sens. Une gravure la représente de façon peu ragoûtante en 1803 (BMCF, Res-GRA-Haut-0074, « Mlle Contat, rôle de Madame de Sévigné, dans la pièce de ce nom : comédie en 3 actes de Jean-Nicolas Bouilly », 1803, gravure, https://comedie-francaise.bibli.fr/ark:/63615/ntrvtpd89g (consulté le 02/06/2024).
335 F. Quellier, « L'alimentation des élites françaises et la naissance d'une nouvelle cuisine », dans *La table des Français, op. cit.*
336 Sur la manière dont la grosseur a tenté d'être maîtrisée à l'âge classique voir Georges Vigarello, « Culture classique et préoccupation de "minceur" », dans *Le corps, la famille et l'État*, Myriam Cottias, Laura Downs, et Christiane Klapisch-Zuber (dir.), Rennes, Presses universitaires de Rennes, 2010, en ligne https://books.openedition.org/pur/103980?lang=en (consulté le 10/04/2024).

et ample vêtement exotique[337], ou bien changer d'emploi. Les femmes restent quant à elles plus vulnérables lorsque beauté se flétrit et jeunesse se passe. Si elles peuvent abandonner certains rôles, l'embonpoint seul ne suffit plus nécessairement à les protéger des ravages du temps et du désamour du public.

Au terme de ce parcours à travers le temps, l'histoire de la littérature et des idées, l'histoire des pratiques culinaires auliques ou bourgeoises et leurs façons cérémonieuses ; à travers l'alimentation et ses lieux de vente sous l'Ancien Régime, en particulier à Paris ; à travers les mises en scène de la nourriture et l'appétence des mets exquis fournis par les rôtisseurs, traiteurs et autres pâtissiers ; enfin à travers l'appétit d'acteurs souvent riboteurs et leur goût pour les douceurs et les produits des Îles énergisants, il appert que le théâtre sert de relais aux évolutions sociétales, de même qu'il les catalyse en prenant part, pleinement, à la société de consommation naissante – que cela soit à travers les commandes passées aux fournisseurs, les mets délicats dont les acteurs se repaissent ou exhibent sur scène. La scène promeut les modes de consommation modernes, la culture matérielle et la nouvelle cuisine. Ainsi les arts du spectacle vont de pair avec l'idée de substance : essentiels à la société du XVIIIe, ils sont consommés tout autant que les aliments de base tels le pain et le vin. Ils font converger, en outre, l'attrait pour les loisirs et la récréation, et le plaisir des yeux et des sens – c'est-à-dire les délices à la fois gustatifs et olfactifs que représente la vraie nourriture apportée sur la scène. Le théâtre présente un caractère convivial, avec son assemblée de spectateurs, qui tels des convives s'enivrent de pièces et se régalent des représentations que la troupe, avec beaucoup de diligence, s'emploie à donner quotidiennement. D'ailleurs les acteurs font partie de cette grande cuisine qu'est la culture, préparant ses bouillons puisqu'il faut bien déterminer quelles sont les recettes du succès pour mettre en appétit les spectateurs, flatter le goût de la clientèle, et, grâce à de bons programmes concoctés dans le chaudron de la créativité, assurer la subsistance des sociétaires. Ainsi dans la galerie des portraits qui peuplent le pays de cocagne, le consommateur se décline en goinfre,

---

337  Voir Sabine Chaouche, « Material and Economic History of Costume at the Comédie-Française. The Bills from the Tailor Pontus (1757–1792) », *Creation and Economy of Stage Costume, European Drama and Performance Studies*, n° 20, 1, 2023, p. 123-217.

gourmand, gourmet, gastronome, fine bouche, vide-bouteille… Si la
scène, notamment la comédie classique fait très souvent référence à des
personnages faméliques, tourmentés et obnubilés par le plaisir de la
bonne chère, ils ne sont pas pour autant chétifs ou anorexiques sur scène,
car le régime des acteurs, de même que la typologie des personnages
ne le permettent pas.

La vie des sociétaires de la Comédie-Française, prestigieuse et haut-lieu
de culture, se modèle sur celle de l'élite. Toute préparation culinaire destinée à la scène ou à être montrée en public est tropologie. Florent Quellier
n'a donc pas tort de souligner à propos des fastes royaux, semblables à
ceux de la Comédie-Française de la seconde moitié du XVIIIe siècle, que
« la fête alimentaire n'assure pas un besoin physiologique, mais bien
symbolique. Ces mets sont largement faits pour être observés, contemplés
puis détruits ; ils nourrissent avant tout l'imaginaire et la représentation
du pouvoir[338] ». La nourriture réelle mise à la scène reste sans doute
la plus intrigante et la plus fascinante au théâtre. Parce qu'elle est un
gouffre financier et parce qu'elle est périssable – et justement ruineuse –,
cette manne savoureuse se doit, à l'inverse du gaspillage royal, d'être
engloutie prestement par les acteurs – à moins qu'elle ne soit revendue
en partie aux regrattiers. La critique contemporaine a évoqué la circulation des émotions de la scène à la salle, grâce à ce courant invisible,
mais palpable, électrique, qui pourvoie à l'imaginaire et aux sentiments
des spectateurs. Les membres de la troupe avalent régulièrement leur
propre outil de travail et en puisent l'énergie nécessaire – au même titre
que les tasses de café bues au cours des répétitions –, pour alimenter
continument le champ de la création, mais aussi le désir de gloire et de
statut social. Car bien loin d'être anachorète, le comédien est un animal
sociable en quête de reconnaissance permanente.

La nourriture participe de la recherche du pouvoir, de l'ostentation et
enrichit elle-même la mémoire collective. La mise en scène proprement
dite de la nourriture, ne peut cependant être systématiquement réduite
à la volonté seule d'étaler sa richesse comme il est souvent affirmé. Les
quelques cas étudiés démontrent le contraire, c'est-à-dire une stratégie
pour intégrer la nourriture au jeu de théâtre et en faire un effet comique
de première importance. Le service, les plats amenés sur scène, la manière

---

338 F. Quellier, « L'alimentation des élites françaises et la naissance d'une nouvelle cuisine »,
dans *La table des Français, op. cit.*

de s'attabler, de mâcher et d'avaler les mets, de prendre la nourriture dans ses mains, tout peut être tourné en ridicule. Les acteurs jouent ainsi avec les codes de la bienséance et de la décence en matière culinaire. Monsieur Jourdain dont les dépenses sont dignes d'un prince, n'est qu'un malotru aux yeux du public, lorsqu'il tente d'enfoncer une cuisse de poulet dans la bouche de son épouse. La vaisselle d'or, éblouissante, ainsi que les plats de rôt contrastent avec sa muflerie, sa balourdise et rusticité. L'effort pour donner à la scène une touche de réalisme dans la comédie, qui tranche avec le caractère guindé et fabuleux de la tragédie, ne peut être associé bien sûr au mouvement naturaliste dont les préoccupations sont autres. En revanche, on peut considérer qu'il témoigne d'une volonté de donner au jeu de l'acteur un semblant d'authenticité et de variété, et qu'il y a donc, peut-être, une forme recherchée de véridicité et de véracité scéniques sous l'Ancien Régime, permises non seulement par la présentation de nourriture telle qu'elle a été préparée ou fournie par le traiteur (puisque les plats ne sont pas en papier mâché et que les bouteilles de vin ou de champagne n'ont probablement pas été débouchées), mais aussi parce que l'utilisation de cette dernière est conforme à la manière dont la troupe veut s'en servir pour susciter le rire.

Si « Le goût culinaire est profondément socialisé, déterminé par l'éthos de classe » et si « le juste milieu, la conciliation des exigences de la bourse, du plaisir, de la santé et d'un rôle social dont la cuisine est un ornement, sont les thèmes centraux d'un discours culinaire "bourgeois", à mi-chemin de la grossièreté populaire et des excès des grands ou des parvenus[339] », les comédiens n'empruntent pourtant pas immanquablement cette voie médiane. Souvent taxés de licencieux, les acteurs du Français semblent plutôt adeptes d'une forme de sybaritisme, manifestant un goût prononcé pour les plaisirs délicats et les petites douceurs. Ainsi, ce penchant pour la nourriture raffinée explique peut-être pourquoi les comédiens s'empâtent au fil de ans. Cependant, si, au XVIIIe siècle, l'embonpoint est encore accepté comme la norme chez les élites, notamment chez les hommes, étant gage de vigueur et de bonne santé (sans oublier de richesse et de vertu morale), la « graisse » reste stigmatisée au théâtre, car le corps ne se distingue alors que par sa monstrueuse difformité, renvoyant une image dégradée du personnage et même de l'acteur lui-même.

---

339 A. Girard, « Le Triomphe de "la cuisinière bourgeoise" », art. cité, p. 520.

La nouvelle cuisine qui met l'accent sur les plaisirs de la bonne chère, les sauces, le beurre et les produits sucrés, au détriment de la diététique ancienne et ses règles de retenue, est destinée aux gourmets plus qu'aux gourmands. Néanmoins, son apport calorique n'est pas négligeable. Avec la culture matérielle se développe une culture culinaire qui renforce une corporéité plantureuse chez les femmes ou replète chez les hommes. Cette culture qui s'épanouit grâce aux différents manuels publiés par les cuisiniers, grâce à la multiplication des restaurateurs et tenanciers de cabarets, grâce enfin aux services offerts par les traiteurs permettant la livraison à domicile, pousse à la consommation. Elle participe du développement de nouveaux modes de vie où le grignotage et une certaine douceur de vie chez les personnes les plus aisées et oisives, amènent à une prise de poids peut-être plus rapide qu'elle ne l'était auparavant. À la fin du XVIII<sup>e</sup> siècle, avec l'émergence du néo-classicisme qui met l'accent sur la musculature et une certaine virilité de corps nerveux et athlétiques, la graisse et les corps flasques ne sont plus trop de saison. Le discours sur l'obésité et l'amincissement n'en finira plus de s'imposer, avec ses mesures pour évaluer le volume des corps, amenant au diktat de la minceur dans nos sociétés européennes contemporaines. En témoigne ce dessin satirique intitulé « Mlle George en déshabillé galant » de Victor Hugo[340] présentant l'actrice difforme, le corps dégoulinant de graisse et les seins tombants… À la splendeur des silhouettes fines et élancées des jeunes premiers à leurs débuts succède l'effrayante et singulière corporéité pachydermique illustrant la vieillesse des acteurs célèbres déchus.

Sabine CHAOUCHE

---

340 Musée Carnavalet, numéro d'inventaire 117, « Mlle George en déshabillé galant », Victor Hugo, fin 1833, https://www.parismuseescollections.paris.fr/fr/maison-de-victor-hugo/oeuvres/mlle-george-en-deshabille-galant#infos-principales (consulté le 02/06/2024).

MATERIALISM AND CONSUMPTION

# « ON MANGERA
# DE VÉRITABLES CÔTELETTES[1] » !

## Mise en scène de repas sous la direction
## de Montigny au Théâtre du Gymnase (1844-1880)

Dans son article intitulé « Les boissons au théâtre : un langage drama-tique[2] », la chercheuse Hélène Catsiapis propose plusieurs interprétations quant à l'utilisation des boissons sur la scène ; selon elle, celles-ci peuvent être révélatrices d'un lieu, d'une époque, mais aussi de la classe sociale et de la psychologie des personnages – une approche tout à fait pertinente qui peut être appliquée aux menus, à la nourriture et aux plats présentés sur la scène d'un théâtre. Cependant, contrairement à de nombreuses scènes de boissons – incluant du thé, des apéritifs ou du vin –, les scènes de repas, pourtant stimulantes pour les artistes conscients de l'intérêt du spectateur pour cet acte du quotidien, demeurent peu présentes sur les scènes des théâtres du XIXe siècle. C'est, entre autres, sur la scène du Théâtre du Gymnase, dirigée par Adolphe Lemoine-Montigny de 1844 à 1880, que certaines expériences se produisent en ce sens en allant de la représentation d'une scène de repas au plus proche de la réalité jusqu'à l'utilisation de véritable nourriture mangée par les comédiens, et ce, sur-tout dans les années 1870. Cette approche est pressentie dès l'année 1862 par le journaliste Auguste Achintre dans son article du *Figaro* intitulé « Les Directeurs de Théâtres – M. Montigny » s'intéressant justement aux pratiques innovantes du directeur du Théâtre du Gymnase :

> Tout, en ce théâtre, répond au goût et personnifie les tendances du jour : ses pièces, sa mise en scène, ses acteurs et son public. [...] La mise en scène et le jeu des artistes sont d'innovation moderne. [...] Sous un prétexte de

---

1    Auguste Achintre, « Les Directeurs de Théâtres – M. Montigny », *Le Figaro*, 9e année, n° 786, 28 Août 1862, p. 5.

2    Hélène Catsiapis, « Les boissons au théâtre : un langage dramatique », *Communication et langages*, n° 38, 2e trimestre, 1978, p. 85-100.

vérité, l'acteur fera tout un récit en tournant le dos au public, pendant que les autres acteurs l'écouteront soit à cheval sur une chaise, soit étendus sur un canapé, les jambes en l'air [...]. Dans un repas, la table offrira des mets naturels ; on mangera de véritables côtelettes, et le melon du dessert sortira de chez Potel et Chabot[3].

Ces pratiques, perçues comme nouvelles sur les scènes du XIXᵉ siècle, ne le sont que partiellement dans la mesure où, comme le démontre ce numéro de la revue *European Drama and Performance Studies*[4], l'utilisation de nourriture se faisait déjà sur les scènes antérieurement. Le retour à ces pratiques est alors, non seulement lié à l'esthétique du temps, mais aussi à cet important désir d'introduire la vérité sur la scène – par ailleurs, les enjeux financiers et esthétiques que représente la présence de nourriture réelle sur la scène ne peuvent être négligés.

## ADOLPHE LEMOINE-MONTIGNY AU THÉÂTRE DU GYMNASE, LES PRÉMISSES D'UNE MISE EN SCÈNE AU PLUS PRÈS DE LA RÉALITÉ[5]

Créé en 1820 grâce à Jean-Ferdinand Lugan de la Rozerie, malgré les décrets de 1806 et 1807[6] limitant le nombre de salles de spectacles à Paris, le Théâtre du Gymnase, dirigé dans un premier temps par Delestre-Poirson et Alphonse-Théodore Cerfberr[7], connaît une première direction fructueuse avec d'importants succès et la venue de célèbres

---

3   A. Achintre, art. cité.
4   Voir l'article de Jan Clarke et de Sabine Chaouche dans ce volume.
5   Pour une histoire plus précise de la direction d'Adolphe Lemoine-Montigny au Théâtre du Gymnase voir la première partie de ma thèse, actuellement en cours de publication, intitulée « L'histoire du Théâtre du Gymnase sous la direction d'Adolphe Lemoine-Montigny » (*La direction d'Adolphe-Montigny au Théâtre du Gymnase de 1844 à 1880*, thèse, EPHE, 2020, p. 24-199).
6   Ces décrets des 8 juin 1806 et 25 avril 1807 interdisent, entre autres, l'établissement d'un lieu de spectacle sans une autorisation spéciale du ministre de l'Intérieur. Ainsi la production théâtrale de la capitale est limitée à huit théâtres : trois premiers théâtres (la Comédie-Française, l'Opéra et l'Opéra-Comique) et cinq secondaires (le Théâtre de la Gaité, le Théâtre de la Porte-Saint-Martin, le Théâtre des Variétés, le Théâtre des Variétés étrangères et le Théâtre du Vaudeville).
7   Remplacé en 1825 par son frère Max-Théodore Cerfberr.

auteurs dramatiques. Cependant, à la suite d'un conflit avec la Société des Auteurs et des Compositeurs Dramatiques, et en particulier avec son président, Eugène Scribe, cette direction voit partir ces importants auteurs, le public, mais aussi des journalistes qui l'encensaient jusqu'alors[8]. Lorsque la fin de la première direction est annoncée en 1844, Montigny[9], comédien, auteur et lui-même directeur du Théâtre de la Gaîté, se propose immédiatement comme candidat et, conscient de s'engager sur une scène pleine de promesses, annonce être prêt à renoncer à sa carrière d'auteur dramatique en affirmant ne jouer aucune de ses pièces au sein de ce théâtre. Dès l'approbation du ministre, il s'investit tout particulièrement pour redonner tout son lustre à cette salle de spectacle et, très vite, les auteurs dramatiques et les spectateurs reviennent grâce, entre autres, à une programmation stimulante et des pratiques innovantes. De 1844 à 1880, cette longue direction, traversant différents modèles politiques (Monarchie, Empire, Républiques, etc.) et soulèvements historiques majeurs (Révolution de 1848, guerre de 1870, Commune, etc.), permet à Montigny d'appréhender esthétiques et genres théâtraux variés ; une fois la situation de son théâtre stabilisée et le public fidélisé, il expérimente diverses approches artistiques sur sa propre scène.

Au-delà de sa fonction de directeur de théâtre, Montigny est reconnu pour ses talents de programmation, de conseiller dramatique, de travail avec les comédiens et de mise en scène. Le directeur s'investit de façon importante dans les différentes phases de la création d'une pièce, du travail avec les auteurs dramatiques à celui avec les comédiens et de l'accompagnement dans l'écriture de la pièce à la mise en scène[10]. Montigny, précurseur, se fait remarquer par sa mise en scène détaillée et son désir, constant, d'apporter un aspect réel à son approche scénique. Très minutieux, au-delà du simple choix des meubles et des accessoires scéniques, il va jusqu'à parfaire chaque détail de son décor dans cette recherche du réel, de « l'accessoire juste[11] », lié au lieu ou à l'intrigue

---

8    Pour plus de détails sur la création du Théâtre du Gymnase et sa première direction, voir l'ouvrage de Jean-Claude Yon intitulé *Eugène Scribe, la fortune et la liberté* (Saint-Genouph, Librairie Nizet, 2000, p. 57-95).

9    Adolphe Lemoine-Montigny (1805-1880), dit également Lemoine-Montigny ou Montigny.

10   *Cf.* Laurène Haslé, « Le cabinet du directeur de théâtre : la formation de l'auteur dramatique. L'exemple d'Adolphe Lemoine-Montigny », *La Revue d'histoire littéraire de France*, 120ᵉ année, n° 3, 2020, p. 663-673.

11   L. Haslé (2020), *La direction...*, *op. cit.*, « Troisième partie. Écriture dramatique, direction d'acteurs, mise en scène : le versant artistique de la direction d'Adolphe Lemoine-Montigny », p. 449.

de la pièce « en proposant, par exemple, du thé avec des vrais morceaux de sucre ou en installant de l'encre réelle pour que le comédien puisse écrire[12] ». D'une « vérité photographique[13] », Montigny s'intéresse au moindre détail :

> Ce désir de réel apporté à la mise en scène par Montigny [dès son arrivée à la direction et amplifié avec la reconnaissance de son travail, ndlr.] [est] très minutieux ; au-delà des meubles et des accessoires de la pièce que le directeur [prépare] lui-même, il [va] jusqu'à parfaire chaque détail. Par exemple, si l'une des scènes se [passe] dans un bureau, en plus du siège et du bureau de travail, Montigny [exige] du vrai papier, de l'encre réelle et de vrais accessoires pour l'accompagner[14].

Souhaitant que cette aspiration de réel se reflète sur le jeu des comédiens, il les amène à travailler avec les accessoires présents sur cette même scène. L'une des évolutions majeures proposées par Montigny – et pourtant difficile à dater par ce statut évanescent qu'est l'art de la scène et sa mise en répétition – est la « fameuse table placée au milieu de la scène[15] » : une table entourée de chaises est disposée au milieu de la scène lors des répétitions – mais également lors des représentations – au sein de son théâtre afin que les comédiens s'installent « comme on le fait dans la réalité[16] » et que ceux-ci « au lieu de se causer debout sans se regarder, [s'assoient et parlent] naturellement en se regardant[17] » ainsi, « par ce simple changement[18] », il rapproche, selon son ami écrivain Désiré Nisard, « la comédie de la vie réelle[19][20] » :

---

12   *Ibidem.*
13   A. Achintre, art. cité.
14   L. Haslé (2020), *La direction…*, *op. cit.*, troisième partie, p. 401.
15   *Cf.* « *Montigny's famous center table* » : Marvin Carlson, « *Montigny, Laube, Robertson : The Early Realists* », *Educational Theater Journal*, vol. 24, n° 3, 1972, p. 370.
16   Germain Bapst, *Essai sur l'histoire du théâtre*, Paris, Imprimerie générale Lahure, 1893, p. 584.
17   *Ibidem.*
18   Désiré Nisard, *Souvenirs et notes biographiques*, Paris, Calmann Lévy, 1888, p. I, ch. 1, p. 230.
19   *Ibidem.*
20   Cette approche peut rappeler, sur certains points, les théories soutenues par Denis Diderot en 1757 dans *Entretiens sur le Fils naturel* lorsqu'il écrit, par exemple, au travers des propos de Dorval, qu'au théâtre « on n'y peut jamais montrer qu'une action, tandis que dans la nature il y en a toujours de simultanés » et qu'il faudrait « un homme de génie qui sache combiner la pantomime avec le discours, entremêler une scène parlée avec une scène muette et tirer partie de la réunion des deux scènes ». *Cf.* Denis Diderot, *Entretiens sur le Fils naturel*, dans *Œuvres esthétiques*, édition de Paul Vernière, Paris, Classiques Garnier, 1968, p. 114-115.

Cette table et ces chaises, placées sur la scène comme dans la vie, [incitent] les comédiens à s'attacher à leur quotidien et à leurs expériences de vie. Montigny les [invite] à déplacer les divers objets sur scène – comme ils déplaceraient, par exemple, une chaise dans leur vie de tous les jours pour suivre une situation [...] ou converser avec une connaissance. [... Montigny] permettait aux comédiens de prendre conscience de l'espace dans leurs déplacements scéniques[21].

Au travers de ses nombreuses expérimentations scéniques[22], Montigny influence les autres scènes qui reprennent ces idées nouvelles – à tel point que, toujours selon Désiré Nisard, certains ont tendance à en oublier l'origine : « Innovation ou rénovation, si, à force de la voir appliquée partout, comme chose allant de soi, on a fini par en oublier l'origine, il est bon de la rappeler ; il est bon de dire à ceux qui l'ignorent ou qui ne s'en souviennent plus, que le novateur, le rénovateur, c'est Montigny[23]. » Ces scènes de repas ou, du moins, ces scènes liées à l'acte de manger ainsi que la présence de nourriture comestible sur la scène entrent dans cette recherche de l'exactitude scénique – cette volonté d'être au plus proche de la réalité – entreprise par Montigny tout au long de sa direction du Théâtre du Gymnase.

## « MADAME EST SERVIE ! »
## OU LES SCÈNES DE REPAS JOUÉES HORS-SCÈNE

Souvent signifiées par le dialogue ou par le décor – avec, par exemple, une porte donnant explicitement sur la salle à manger –, les scènes de repas restent, de manière générale, plutôt rares dans les pièces de théâtre du XIXe siècle, notamment sur la scène du Théâtre du Gymnase. Les personnages font référence aux menus, évoquent les futurs repas ou sont appelés à se rendre dans la salle à manger, mais les spectateurs ne les voient que très peu manger sur la scène. Un fait surprenant lorsque, à cette même période, les titres évoquant déjeuners, dîners et soupers ne manquent pas chez les auteurs dramatiques : des titres présentant des repas fastueux et nombreux comme pour les pièces *À bas la famille ou*

---

21   L. Haslé (2020), *La direction...*, *op. cit.*, troisième partie, p. 409-410.
22   *Cf. Ibid.*, p. 301-449.
23   D. Nisard, *op. cit.*, p. 231.

*les Banquets*[24] ou *Le Banquet des camarades*[25], des titres sous-entendant des repas plus intimistes dans *Le Souper de la marquise*[26] ou *Je dîne chez ma mère*[27], mais également des titres évoquant certains rituels avec, par exemple, *Je déjeune à midi*[28].

Au-delà du nom des pièces de théâtre, les dialogues abondent d'appétissantes références à de la nourriture et donnent souvent l'eau à la bouche en évoquant les pompeux menus concoctés par les rêveries des auteurs dramatiques ; que ce soit dans *500 francs de récompense*[29] avec la mention d'un « petit festin[30] » composé de « homard à la diable, cailles en caisse [et de] truffes sous serviettes[31] », le « potage bisque, perdreaux catalane, homard sauce sicilienne [et le] plat glacé[32] » du *Cadeau du beau-père*[33] ou encore le « potage à la reine, timbale aux œufs de caille, bécassines, primeurs, entremets glacés et desserts d'automne[34] » de *Je dîne chez ma mère*. De coûteux menus qui permettent de rapidement connaître le statut social de ces personnages invités ou des hôtes. En reprenant ces codes, certains auteurs dramatiques en profitent pour souligner les limites du faste chez leurs personnages – comme dans *Le Gentilhomme pauvre*[35] de Philippe Dumanoir et d'Édouard Lafargue[36] –, mais aussi pour appuyer sur les liens qu'entretiennent certains personnages entre eux ; une utilisation présente, par exemple, dans la comédie d'Émile Augier et de Jules Sandeau, *Le*

---

24  *À bas la famille ou les Banquets*, à-propos montagnard en un acte d'Eugène Labiche et d'Auguste Lefranc créé le 16 décembre 1848 au Théâtre du Gymnase.

25  *Le Banquet des camarades*, vaudeville en un acte de Félix Arvers et d'Antonin d'Avrecourt créé le 13 septembre 1850 au Théâtre du Gymnase.

26  *Le Souper de la marquise*, comédie en un acte mêlée de couplets de Marc-Michel créée le 9 avril 1851 au Théâtre du Gymnase.

27  *Je dîne chez ma mère*, comédie en un acte mêlée de couplets d'Adrien Decourcelle et de Lambert-Thiboust créée le 31 décembre 1855 au Théâtre du Gymnase.

28  *Je déjeune à midi*, pièce en un acte d'Aimé Dollfus et d'Édouard Drumont créée le 5 août 1875 au Théâtre du Gymnase.

29  *500 francs de récompense*, comédie en un acte de Victor Bernard et de Paul Siraudin, créée le 26 août 1865 au Théâtre du Gymnase.

30  Victor Bernard, Paul Siraudin, *500 francs de récompense*, Paris, E. Dentu, s.d., scène 7, p. 21.

31  *Ibidem*.

32  Victor Bernard, Henri Bocage, *Le Cadeau du beau-père*, Paris, Michel Lévy, 1874, scène 4, p. 6.

33  *Le Cadeau du beau-père*, comédie en un acte de Victor Bernard et d'Henri Bocage, créée le 7 mars 1874 au Théâtre du Gymnase.

34  Adrien Decourcelle, Lambert-Thiboust, *Je dîne chez ma mère*, Paris, Michel Lévy, 1860, scène 3, p. 3.

35  *Le Gentilhomme pauvre*, comédie en deux actes de Philippe Dumanoir et d'Édouard Lafargue, créée le 19 février 1861 au Théâtre du Gymnase.

36  L'exemple de la scène de repas du *Gentilhomme pauvre* est évoqué dans ce même article.

*Gendre de Monsieur Poirier*[37], lorsque Monsieur Poirier, riche propriétaire, décide de réduire son somptueux menu d'usage en « [redevenant] bourgeois[38] » pour donner une leçon à son gendre, beaucoup trop dépensier à son goût – une décision difficilement acceptée par Vatel, son cuisinier :

POIRIER

Avez-vous le menu sur vous ? [...]

VATEL

Le potage aux ravioles à l'Italienne et le potage à l'orge à la Marie Stuart.

POIRIER

Vous remplacerez ces deux potages inconnus par la bonne soupe grasse avec des légumes sur une assiette. [...]

VATEL

Relevé. La carpe du Rhin à la Lithuanienne ; les poulardes à la Godard... le filet de bœuf braisé aux raisins, à la Napolitaine, le jambon de Westphalie, rôtie madère.

POIRIER

Voici un relevé plus simple et plus sain : la barbue sauce aux câpres... le jambon de Bayonne aux épinards, le fricandeau à l'oseille, le lapin sauté.

VATEL

Mais, monsieur Poirier... je ne consentirai jamais...

POIRIER

Je suis le maître ici... entendez-vous ? continuez !

VATEL

Entrées. Les filets de volaille à la concordat... les croustades de truffes garnies de foie à la royale, le faisan étoffé à la Montpensier, les perdreaux rouges, farcis à la bohémienne.

POIRIER

À la place de ces entrées... nous ne mettrons rien du tout, et nous passerons tout de suite au rôti, c'est l'essentiel.

VATEL

C'est contre tous les préceptes de l'art. [...]. Mon aïeul s'est passé son épée au travers du corps pour un moindre affront, je vous donne ma démission[39].

---

37   *Le Gendre de Monsieur Poirier*, comédie en quatre actes et en prose d'Émile Augier et de Jules Sandeau, créée le 8 avril 1854 au Théâtre du Gymnase.
38   Émile Augier, Jules Sandeau, *Le Gendre de Monsieur Poirier*, Paris, Michel Lévy, 1858, acte II, scène 8, p. 45.
39   *Ibid.*, acte II, scène 9, p. 46-47.

Tandis que ces repas sont longuement abordés dans les dialogues ou présentés dès le titre des pièces, ces épisodes, pourtant évoqués par les personnages, se déroulent beaucoup hors-scène. La salle à manger est indiquée par une porte présente sur le plateau et, afin de marquer cette salle, les personnages réalisent diverses actions lui donnant une certaine importance. Dans *Les Pattes de mouches*[40] de Victorien Sardou, l'entrée de la salle à manger, se situant « à gauche, [...] au deuxième plan[41] » durant tout le troisième acte, est signifiée par le son d'un « bruit d'assiettes[42] » émanant de ce lieu, par les aller-retours réguliers de certains personnages portant des assiettes de fruits ou des tasses, mais aussi par le personnage de Claudine qui, lorsqu'elle surprend Paul sortir du buisson dans lequel il se cachait, songe immédiatement au fait que celui-ci cherchait à rejoindre la salle à manger[43]. De plus, les personnages, réunis dans un salon ou un bureau, sont régulièrement enjoints à se rendre dans la salle à manger pour le repas. Dans *La Vertu de Célimène*[44], lorsque le personnage de Jean, domestique du marquis, déclame « Madame la marquise est servie[45] », les personnages quittent la scène pour se rendre au dîner et marquent ainsi la fin du premier acte ; dans *Le Train de minuit*[46], l'événement se reproduit lorsque le personnage d'Henriette, la domestique, annonce que « Madame est servie[47] ». Cette annonce ne clôt pas nécessairement un acte puisqu'elle peut également, simplement, provoquer la sortie de personnages afin d'ouvrir sur une scène nouvelle comme dans *Les Petits moyens*[48] où le « Madame est servie[49] ! » du domestique permet à Léon Delavaut, personnage principal de la pièce, de se retrouver seul sur scène

---

40   *Les Pattes de mouche*, comédie en trois actes et en prose de Victorien Sardou, créée le 15 mai 1860 au Théâtre du Gymnase.

41   Victorien Sardou, *Les Pattes de mouche*, Paris, Michel Lévy frères, 1860, Acte III, p. 71.

42   *Ibid.*, Acte III, scène 13 et 14, p. 87 et p. 90.

43   *Cf. Ibid.*, Acte III, scène 12, p. 85.

44   *La Vertu de Célimène*, comédie en cinq actes d'Henri Meilhac, créée le 1er mai 1861 au Théâtre du Gymnase.

45   Henri Meilhac, *La Vertu de Célimène*, Paris, Beck, 1861, acte I, scène 22, p. 42.

46   *Le Train de minuit*, comédie en deux actes d'Henri Meilhac et de Ludovic Halévy, créée le 16 juin 1863 au Théâtre du Gymnase.

47   Ludovic Halévy, Henri Meilhac, *Le Train de minuit*, Paris, Michel Lévy, 1863, acte I, scène 21, p. 41.

48   *Les Petits moyens*, comédie-vaudeville en un acte d'Adrien Decourcelle, d'Eugène Labiche et de Gustave Lemoine, créée le 6 novembre 1850 au Théâtre du Gymnase.

49   Adrien Decourcelle, Eugène Labiche, Gustave Lemoine, *Les Petits moyens*, Bruxelles, J.-A. Lelong, 1850, scène 15, p. 38.

pour énoncer son plan : « J'ai perdu la première manche, oui, mais au bal de l'Opéra ce soir, je prendrais ma revanche[50] ». Ainsi, régulièrement, déjeuners, soupers et dîners au théâtre, sont donc évoqués, loués, exprimés mais, lorsque ceux-ci ont lieu, ils sont marqués prioritairement par une fin de scène, par la sortie de personnages ou par des bruits en coulisses.

## LES MISES EN SCÈNE DE REPAS
## AU THÉÂTRE DU GYMNASE

Dans un article du *Temps* de 1872[51], le critique dramatique Francisque Sarcey précise que les scènes de repas restent rares pour plusieurs raisons ; premièrement, celles-ci sont difficiles à mettre en scène : « Je pourrais étendre à l'infini ces réflexions sur la difficulté de mise en scène qu'offrent les soupers au théâtre[52]. » Cependant, selon lui, cette difficulté n'est pas le réel frein à cette absence de repas sur la scène – absence qu'il ne déplore absolument pas –, puisque, les « raisons morales sont d'une bien autre importance[53] » ; il faut, en effet, que la scène de repas ait un intérêt dans l'intrigue et serve l'action : « Les vrais soupers sont ceux que l'auteur a tournés de telle sorte qu'il [*sic*] sont un des éléments principaux de l'action, un accessoire sans lequel elle tomberait en morceaux. [...] Il faut qu'un souper au théâtre mène à un coup d'éclat[54]. » Pour Francisque Sarcey, lorsque ces scènes de souper « ne sont pas dans le drame[55] », elles sont, non seulement, « [froides] et [ennuyeuses][56] », mais vont également occuper une place inutile dans l'esprit, puisque, contrairement aux accessoires et au mobilier présents sur la scène et rapidement oubliés par les spectateurs pris dans l'intrigue de la pièce, « il n'en est pas de même d'une table servie[57] » : « Vous avez donc en ce

---

50    *Ibid.*, scène 16, p. 39.
51    Francisque Sarcey, « Chronique théâtrale », *Le Temps*, n° 4223, 4 novembre 1872, p. 1-2.
52    *Ibid.*, p. 1.
53    *Ibidem.*
54    *Ibid.*, p. 2.
55    *Ibidem.*
56    *Ibid.*, p. 1.
57    *Ibid.*, p. 2.

cas au théâtre une vaine représentation d'un détail inutile, qui occupe une place considérable et une importance énorme[58]. » Quinze ans plus tard, toujours dans *Le Temps*[59], le critique dramatique revient sur la représentation d'une scène de repas dans une mise en scène naturaliste[60] sur la scène du Théâtre-Libre[61] ainsi que sur les limites de cette recherche de naturalisme qui dessert, selon lui, tout simplement, l'art du théâtre :

> Il est vrai que, par amour du naturalisme, ils les asseyent autour de la table, en sorte que quelques-uns tournent le dos au public : en cela, ils rompent avec la convention qui veut (et avec raison) que le spectateur voit les visages des gens sur scène. [...] Au théâtre, ça ne se peut pas. Car il faut bien que le public entende, et qu'il entende les personnages qui ont le haut bout du drame[62].

Dans son ouvrage *La Cuisine à la scène : boire et manger au théâtre du XXe siècle*[63], la chercheuse Athéna-Hélène Stourna reprend ce même

---

58  *Ibid.*, p. 2.
59  Francisque Sarcey, « Chronique théâtrale », *Le Temps*, n° 9668, 17 octobre 1887, p. 1-2.
60  Défini comme une « utopie du théâtre » (M. B., p. 7) par Marianne Bouchardon dans son introduction de l'édition du *Naturalisme au théâtre*, le courant naturaliste au théâtre a, selon Émile Zola, « existé de tout temps [et] n'apporte rien de neuf » mais se développe « dans une époque qui lui est favorable » (É. Z., p. 11). L'auteur désire, en effet, au travers de ce mouvement, « se libérer de "l'édifice vermoulu des conventions et des règles" pour se rapprocher de la "nature" et de la "vérité" » (M. B., p. 7) : « Zola n'en finit pas de déplorer la coupure qui s'établit entre le théâtre et la vie, à cause de la préférence accordée à la convention sur la vérité » (*Ibid.*, p. 29). Le chercheur Alain Pagès souligne, quant à lui, qu'une « grande partie du succès du naturalisme [...] réside dans l'écho rencontré par les tentatives théâtrales de Zola, de Goncourt ou de Daudet » (A. P., p. 100) ; selon lui, le théâtre naturaliste est « tourné vers le grand public » (*Ibidem.*) lorsqu'il fait notamment référence au succès de l'adaptation de *L'Assommoir* d'Émile Zola par William Busnach au Théâtre de l'Ambigu le 18 janvier 1879 – drame en cinq actes qui connut « plus de deux cents représentations » (*Ibidem.*). *Cf.* Marianne Bouchardon, « Introduction », dans Émile Zola, *Le Naturalisme au théâtre. Les théories et les exemples*, édition de Marianne Bouchardon, Paris, Classiques Garnier, 2020, p. 7-42, Émile Zola, *Le Naturalisme au théâtre. Les théories et les exemples*, Paris, G. Charpentier, 1881, p. 3-25 et Alain Pagès, « L'espace littéraire du naturalisme », *Pratique*, n° 107-108, 2000, p. 89-114.
61  L'article « Chronique théâtrale » du 17 octobre 1887 concerne *L'Évasion* drame en un acte d'Auguste de Villiers de l'Isle d'Adam créé au Théâtre Libre sous la direction d'André Antoine (1858-1943), personnalité phare de l'histoire de la mise en scène et reconnu comme « le grand metteur en scène naturaliste » (M. Bouchardon, p. 39) lorsqu'il « [rompt] avec un certain nombre de conventions pour imposer une plus grande vérité à la scène » (*Ibidem*) : « C'est Antoine sans doute qui incarne ce que l'esthétisme naturaliste a pu apporter de plus révolutionnaire dans l'univers du théâtre » (A. Pagès, p. 100). *Cf.* M. Bouchardon, *op. cit.* et A. Pagès, *op. cit.*
62  F. Sarcey (1887), art. cité, p. 2.
63  Athéna-Hélène Stourna, *La cuisine à la scène : boire et manger au théâtre du XXe siècle*, Tours, Presse universitaires François-Rabelais, 2011, « Première partie. La nourriture réelle

article en précisant que la réaction de Francisque Sarcey souligne les « faiblesses du théâtre naturaliste, surtout en ce qui concerne l'abolition des conventions théâtrales[64] » :

> Il est clair que de rompre complètement avec [les conventions théâtrales] est pratiquement impossible, car, la nature-même du théâtre demande une série de conventions : dans ce cas particulier, le public doit pouvoir entendre ce que disent les personnages. Plus encore, Sarcey mentionne une autre donnée qui doit être respectée au théâtre ; c'est la nécessité de voir clairement les comédiens sur scène. Avec la vue du dos des personnages assis à table et qui ne parlent pas, le regard des spectateurs envers ceux qui parlent est dérangé[65].

Pourtant, en 1914, dans *Le Journal*, un article intitulé « Sous le lustre[66] » finit par défendre les scènes de repas en allant jusqu'à revendiquer que les spectateurs les préfèrent « à tout[67] » au théâtre :

> Dès que quelques-uns des personnages de la pièce viennent s'assoir autour d'une table recouverte d'une nappe blanche, [... le spectateur] suit avec une attention amusée tous les gestes des artistes ; que l'un d'eux lève seulement son verre deux ou trois fois de suite, ou s'étrangle en voulant avaler, et toute la salle éclate de rire. [...] Le plaisir qu'il prend à voir manger et boire sur la scène ne vient pas de la chaleur communicative des banquets. Mais le théâtre est un divertissement fait pour l'œil autant que pour l'oreille[68].

L'auteur de l'article souligne, de surcroît, que le dynamisme d'une scène de repas – et de sa mise en scène – maintient l'attention des spectateurs et accentue la vitalité de celle-ci :

> Des personnages qui causent tranquillement assis sur une chaise pourront dire les plus belles choses du monde, on cessera vite de les écouter du moment qu'ils n'attirent pas l'attention par leurs gestes. Mais qu'ils touchent des objets, qu'ils déplacent les sièges, des bibelots, ou que, installés à la table, ils occupent leurs mains à manier des verres, des assiettes, des fourchettes, aussitôt ils paraissent plus vivants, plus vrais, et le public s'intéresse davantage à ce qu'ils disent et à ce qu'ils éprouvent[69].

---

dans le théâtre », p. 29-120. Accessible à l'adresse url : https://books.openedition.org/pufr/22027?lang=fr (consulté le 30/03/2024).
64  *Ibid.*, par. 57.
65  *Ibidem.*
66  Le spectateur, « Sous le lustre », *Le Journal*, n° 7860, 4 avril 1914, p. 7.
67  *Ibidem.*
68  *Ibidem.*
69  *Ibidem.*

Au Théâtre du Gymnase, cinquante ans avant cette revendication du *Journal*, «Montigny cherchait [déjà…] à ce que les comédiens […] se déplacent, échangent entre eux et jouent leur texte comme ils le feraient dans une situation du quotidien avec des postures naturelles ou des gestes réalistes[70]» et parmi, les mises en scène de scène de repas liées à l'intrigue, Francisque Sarcey, dans son article de 1872, cite, entre autres, *Le Gentilhomme pauvre*, une comédie de Philippe Dumanoir et d'Édouard Lafargue créée le 19 février 1861 : «Le dîner du *Village*[71], d'Octave Feuillet, est un modèle du genre, car il est la pièce même […]. De même le dîner du *Gentilhomme pauvre*[72]. » Dans cette pièce, le marquis de la Fresnaie, le fameux gentilhomme pauvre, reçoit, lors d'un dîner, le futur beau-père de sa fille Madeleine, Monsieur Rigaud, un riche banquier. Même si les fiançailles entre Madeleine et Georges, le fils de Rigaud, sont certaines, le marquis de la Fresnaie se promet d'organiser un dîner au service irréprochable afin d'éviter le moindre malentendu. Afin de faire illusion sur la richesse liée à son titre de noblesse, un jeune garçon de ferme, Nicolas, est engagé par sa fille afin d'en faire son valet de pied et le marquis décide de le former le jour-même à un service digne des plus grandes tables. Il l'informe non seulement du besoin de limiter la consommation – notamment celle de ses dernières bouteilles de vin présentes à la cave à dépoussiérer au préalable – et lui apprend également les règles de l'art de la table au point de disposer lui-même le couvert :

NICOLAS
Voilà ! voilà ! (*Il met maladroitement la nappe sur la table.*)

LE MARQUIS, *la lui prenant des mains et la disposant lui-même avec le plus grand soin.*
Quand tu as mis ta nappe de la sorte, tu places tes assiettes comme cela… une ici… une autre là… […]

NICOLAS, *le suivant des yeux.*
Très bien, monsieur, je saisis.

LE MARQUIS, *continuant à mettre le couvert, pendant que Nicolas le regarde.*
Tu places tes salières ainsi… ta carafe, là… ton vin en face. […] Et ton dessert, de cette façon-là…[…] Maintenant, tu places tes verres comme ceci…

---

70  L. Haslé (2020), *La direction…*, *op. cit.*, troisième partie, p. 449.
71  *Le Village*, comédie en un acte et en prose d'Octave Feuillet, créée le 2 juin 1856 à la Comédie-Française.
72  F. Sarcey (1872), art. cité, p. 2.

et ton argenterie de cette manière.... Ah! à propos d'argenterie, garde-toi de changer les couverts.

NICOLAS, *souriant, avec assurance.*

Ah! monsieur!... je sais bien que ça ne se fait jamais.

LE MARQUIS, *contemplant la table.*

Eh bien, mon garçon, je suis très-content [*sic*] de toi... Voilà un couvert qui est très-bien [*sic*] mis.

NICOLAS, *modestement.*

Monsieur le marquis est bien bon... on fait de son mieux[73].

Lors du dîner, les personnages consomment du potage – amenant une certaine appréhension au personnage de Rigaud qui s'attend à un « exécrable dîner[74] » – avant de manger une poularde truffée que le marquis de la Fresnaie, interprété par le comédien Henri Lafontaine[75], découpe lui-même sur scène[76]. Tout le long du repas, le marquis de la Fresnaie, son futur gendre, Georges, et sa fille, conscients de la situation financière de la famille, tentent de limiter leur consommation – Georges va jusqu'à annoncer qu'il a oublié de manger avant que son père ne lui fasse une remarque – ; de son côté, Rigaud se régale et consomme une grande partie du vin sorti pour l'occasion :

RIGAUD

[...] Après le potage, j'ai l'habitude de boire un doigt de vin pur. (*Il tend son verre, qu'il ne retire que lorsqu'il est plein.*)

NICOLAS, *à part.*

Il appelle ça un doigt !

---

73  Philippe Dumanoir, Édouard Lafargue, *Le Gentilhomme pauvre*, Paris, Michel Lévy, 1866, scène 8, p. 19-20.

74  *Ibid.*, scène 10, p. 22.

75  Louis-Henri-Marie Thomas (1826-1898), dit Henri Lafontaine, est l'un des comédiens importants de la troupe du Théâtre du Gymnase de 1849 à 1856, année où il entre à la Comédie Française. Les années qui suivent, il continue, tout de même, à jouer, de temps en temps pour le Gymnase avant d'être nommé sociétaire de la Comédie-Française en 1856. Le 13 février 1886, dans un article écrit pour *Le Figaro, supplément littéraire du dimanche*, Henri Lafontaine revient sur le travail de mise en scène et de direction de comédiens de Montigny dont il est témoin. En outre, il est l'un des auteurs dramatiques et des comédiens de la pièce *Pierre Gendron* (il interprète le rôle de Simon Louvart, dit l'Anguille, un bandit), mais aussi créateur des rôles du marquis de la Fresnaie dans *Le Gentilhomme pauvre* et de Charles Forestier dans *Le Bout de l'an de l'amour* (pièces, toutes trois, citées dans cet article) – marquant ainsi son lien étroit avec le travail de mise en scène auprès de Montigny.

76  *Ibid.*, scène 10, p. 24.

LE MARQUIS, *à Georges.*
Et vous, monsieur ?

GEORGES
Merci, monsieur le marquis, très peu…

LE MARQUIS, *offrant à boire.*
Madeleine ?…

MADELEINE
Vous savez bien, mon père, que je ne bois que de l'eau.

LE MARQUIS
C'est vrai. (*Relevant la bouteille au moment où il allait se verser à boire lui-même.*)
C'est comme moi, aujourd'hui[77].

Au fur et à mesure du repas, Rigaud, d'humeur festive face à ce futur mariage, boit, presqu'à lui seul, les trois bouteilles mises de côté : « Déjà une bouteille[78] ! », « Et de deux[79] ! », « Et de trois[80] ! ». Lorsque celui-ci réclame l'ouverture d'une quatrième bouteille à Nicolas, le marquis, conscient que la cave est désormais vide, simule un malaise afin de clore le dîner. Cette mise en scène de repas plut tout particulièrement aux spectateurs du Théâtre du Gymnase comme le souligne le journaliste Henri Rochefort dans son article du *Charivari* : « Tous ceux qui […] ont lu [*Le Gentilhomme pauvre*][81] se rappellent la grande scène du dîner où l'infortuné père a mis les petits plats dans les grands pour recevoir convenablement le futur beau-père de sa fille. Cette situation double l'effet au théâtre[82]. »

Tandis que dans *Le Gentilhomme pauvre* la nourriture est servie aux personnages à la dixième scène, *Le Bout de l'an de l'amour*[83], une causerie réduite à une seule scène de Théodore Barrière, propose l'inverse avec la présence d'une table dressée « richement servie[84] » dès le lever de rideau. Les deux personnages de la pièce, Henri Volnay et Charles Forestier,

---

77    *Ibid.*, p. 23.
78    *Ibid.*, p. 24.
79    *Ibid.*, p. 25.
80    *Ibid.*, p. 27.
81    La pièce *Le Gentilhomme pauvre* est inspirée d'un roman du même nom d'Hendrik Conscience traduit en 1854 par Léon Wocquier.
82    Henri Rochefort, « Les théâtres », *Le Charivari*, n° du 24 février 1861, p. 2.
83    *Le Bout de l'an de l'amour*, causerie à deux de Théodore Barrière, créée le 26 mars 1863 au Théâtre du Gymnase.
84    Théodore Barrière, *Le Bout de l'an de l'amour*, Paris, Michel Lévy, 1863, p. 1.

entrent directement dans le cabinet de « l'un des meilleurs restaurants de Paris[85] » afin d'attendre deux femmes avec qui ils ont rendez-vous avec la promesse d'un grand festin :

> CHARLES, *lisant le menu, près de la cheminée.*
> « Soupe à la tortue,
> Laitances de carpes à la Demidoff,
> Homard à l'américaine,
> Sorbets à l'ananas,
> Coq de bruyère truffé, etc., etc.[86]. »

Celles-ci n'arrivent pas et les deux amis d'enfance échangent et philo-sophent sur leur vie tout le long de cette pièce. Ils ne passent jamais à table, mais, dans l'attente de ces deux femmes, fument du tabac, « [grignotent...] quelques hors-d'œuvre[87] », « croquent des crevettes et du saucisson[88] » et se retrouvent à parler « la bouche pleine[89] » :

> HENRI
> [...] Ah ! à ta place, je prierais l'illustre Devisme de me faire un porte crayon rayé.
>
> CHARLES
> J'y songerai. Passe-moi les crevettes.
>
> HENRI
> Passe-moi le saucisson... Donnant, donnant. (*Ils échangent les comestibles*[90].)

La scène de repas n'a pas réellement lieu, mais les deux personnages restent autour de cette table, toujours dans l'attente d'un dîner – une attente, non seulement partagée par les spectateurs, mais aussi par le garçon qui, avec un « cri de surprise[91] », leur annonce que si « le dîner a trop attendu, il sera détestable[92]. » Parallèlement à cette attente de dîner, une scène de repas se déroule puisque les personnages se nourrissent et finissent par partir après s'être jetés dans les bras l'un de l'autre suite à l'annonce de la promesse du mariage entre Henri

---

85   *Ibidem.*
86   *Ibid.*, p. 2.
87   Achille Denis, « Théâtre du Gymnase », *Vert-vert*, n° du 28 mars 1863, p. 2.
88   Nestor Roqueplan, « Théâtres », *Le Constitutionnel*, 48ᵉ année, n° 89, 30 mars 1863, p. 2.
89   T. Barrière, *op. cit.*, p. 10.
90   *Ibidem.*
91   *Ibidem.*
92   *Ibidem.*

et la sœur de Charles. À leur départ, après le bruit d'une voiture en coulisses, les deux femmes arrivent finalement guidées par le garçon entrant précipitamment en scène et s'adressant aux coulisses par un « Par ici, mesdames, par ici[93]. »

## CUISINE, SALLE À MANGER ET DÉJEUNER : L'UTILISATION DE NOURRITURE RÉELLE[94] SUR SCÈNE

Initialement, lors des scènes de repas, la nourriture présentée n'est qu'un accessoire, souvent en carton, fabriqué afin de faire illusion : un accessoire que les comédiens font semblant de manger. Cependant, lorsqu'il est nécessaire, pour le bien de la pièce, que le comédien mange un aliment ou un plat précis sur la scène, une recette alternative est mise en place afin de créer des accessoires « comestibles » surnommés « de carton » en écho avec l'accessoire factice initial. Dans une majorité de théâtres, ces accessoires comestibles obtiennent la forme souhaitée (une poularde, un canard, des gâteaux, etc.) grâce à un montage de biscuits en surface – souvent à la cuiller[95] – et d'un fourrage de biscuits légers ou de crème fouettée comme indiqué dans le « Dictionnaire des coulisses[96] » présenté par *Le Figaro* en 1858 : « Les poulets de carton et les pâtés qu'on mange avec un si grand appétit sont des accessoires. Ils contiennent ordinairement dans leurs flancs une espèce de crème fouettée, entourée d'une demi-douzaine de biscuits à la cuillère[97]. » Pourtant, ces accessoires, inventés pour le bien de la représentation, sont de réels freins : non seulement, ils affectent le jeu des comédiens qui mangent « avec si peu d'entrain[98] » ces « inventions écœurantes[99] »,

---

93  *Ibid.*, p. 23.
94  *Cf.* A.-H. Stourna, *op. cit.*
95  *Cf.* L'indiscret, « Poulets de carton », *La République*, n° 1503, 23 juillet 1933, p. 2 : Les « poulets de carton ou pâtés [...] contiennent, habituellement, dans leurs flancs, une sorte de crème fouettée, entourée d'une demi-douzaine de biscuits à la cuiller ».
96  s.n., « Dictionnaire des coulisses », *Le Figaro*, 5ᵉ année, n° 325, 28 mars 1858, p. 8-9.
97  *Ibid.*, p. 8.
98  Jules Moynet, *L'Envers du théâtre. Machines et décorations*, Paris, Librairie Hachette et compagnie, 1874, p. 158.
99  A.-H. Stourna, *op. cit.*, par. 4.

mais il arrive que ceux-ci puissent nuire à leur santé compte tenu de leur composition[100]. Malgré une utilisation prioritaire de ces « mets de carton[101] », Jules Moynet précise, dans son ouvrage *L'Envers du théâtre. Machines et décorations*, que si toutefois la version « carton » demande « le concours de plusieurs industries[102] » et devient difficile à obtenir, « les accessoires naturels jouent un grand rôle[103] » – un phénomène notamment présent sur les scènes des théâtres de société. Dans le cas de la nourriture, le met en carton est remplacé « avantageusement[104] » et un poulet en carton devient alors « une volaille véritable[105] ». Cette façon de procéder, en premier lieu économique et logistique, interpelle et intéresse rapidement les artistes des autres théâtres qui, eux-mêmes, présentent, peu à peu, sur leur scène, de la véritable nourriture ; une proposition nouvelle pour l'époque[106] qui plait tant aux spectateurs qu'aux journalistes comme pour la création du *Duc Job*[107] de Léon Laya en 1859 au Théâtre-Française lorsque les comédiens mangent « autre chose que des poulets de carton[108] » : une « joyeuse anomalie[109] » que le journaliste Paul Mahalin du *Gaulois* considère comme une « révolution[110] ».

Peu à peu, l'utilisation de nourriture réelle sur les scènes de la capitale se développe pour plusieurs raisons. Tout d'abord, utiliser de la nourriture sur la scène, dans des pièces connaissant, parfois, un nombre important de représentations[111], permet de mettre en avant

---

100 *Cf. Ibidem.*

101 James Rousseau, *Code théâtral, physiologie des théâtres*, Paris, J.-P. Roret, 1829, p. 95.

102 J. Moynet, *op. cit.*, p. 270.

103 *Ibid.*, p. 269.

104 *Ibid.*, p. 273.

105 *Ibidem.*

106 Une nouveauté pour ces contemporains mais pas d'un point de vue historique, rappelons, en effet, que de la véritable nourriture avait déjà été présentée sur la scène de la Comédie-Française au XVIIIᵉ siècle. Voir l'article de Sabine Chaouche, « The Trade Relations of the Comédie-Française Economic Networks and the Consumption of Goods before the Revolution », *European Drama and Performance Studies*, nᵒ 18, 2022, p. 105–164.

107 *Le Duc Job*, comédie en quatre actes et en prose de Léon Laya, créée le 4 novembre 1859 à la Comédie-Française.

108 Paul Mahalin, « Théâtres », *Le Gaulois*, nᵒ du 7 octobre 1860, p. 3.

109 *Ibidem.*

110 *Ibidem.*

111 Dans un théâtre secondaire du XIXᵉ siècle, un succès peut atteindre un grand nombre de représentations. Le Théâtre du Gymnase, sous toute la direction de Montigny, fait,

le faste du théâtre et de la direction – le spectateur a le sentiment de se retrouver dans un théâtre au bilan financier particulièrement prospère –, mais contribue aussi à la recherche du naturel au théâtre – une pratique qui se développe particulièrement depuis le milieu des années 1850 et, notamment, depuis la création du *Demi-monde*[112] d'Alexandre Dumas fils[113] au Théâtre du Gymnase en 1855 –, et enfin, les comédiens jouent au plus proche de la réalité sans risquer de se rendre malade. Le critique dramatique Francisque Sarcey reproche, quant à lui, le penchant pour le naturalisme sur les scènes des théâtres : « Cette tendance des directeurs de théâtre et du public, à chercher au théâtre la vérité vraie, à s'attacher aux infiniment petits de la mise en scène, à poursuivre dans le décor, dans les costumes, dans tous les accessoires de l'action représentée une rigoureuse exactitude[114]. » Selon lui, la nourriture réelle présente sur la scène dessert le comédien qui doit véritablement manger ou encore se concentrer sur la vraie découpe du plat plutôt que sur son texte :

> Et encore si ces objets, dont on doit faire usage, pouvaient être figurés de quelque façon par un ingénieux trompe-l'œil, je le préférerais de beaucoup. C'est ainsi qu'à un vrai poulet en chair et en os, il vaut mieux substituer un poulet en carton, pour que l'acteur ne soit pas forcé de perdre son temps à le découper, et qu'il puisse poursuivre le dialogue, tout en faisant semblant de manger un plat imaginaire[115].

Pour le critique dramatique, dans cette continuité de réflexion liée à la présence de scène de repas dans une pièce, tout objet réel présent sur la scène est celui « dont la réalité même est absolument nécessaire à

---

par exemple, jouer 437 fois la pièce *Un fils de famille*, comédie-vaudeville en trois actes de Jean-François Bayard et de Biéville créée le 22 septembre 1852 au Palais Impérial de Compiègne par la troupe du Gymnase et représentée pour la première fois au Théâtre du Gymnase le 25 novembre 1852.

112 *Le Demi-monde*, comédie en cinq actes et en prose d'Alexandre Dumas fils, créée le 20 mars 1855 au Théâtre du Gymnase.

113 La comédie *Le Demi-monde* d'Alexandre Dumas fils marque les esprits non seulement par son sujet actuel et novateur en inventant ce terme de « demi-monde », mais surtout par sa mise en scène particulièrement détaillée qui fait date dans l'histoire de la mise en scène. (*Cf.* L. Haslé (2020), *La direction…*, *op. cit.*, première partie, « *Le Demi-monde* (1855), la pièce qui "classa définitivement Dumas parmi les maîtres du théâtres contemporains" », p. 113-118).

114 Francisque Sarcey, « Chronique théâtrale », *Le Temps*, n° 5731, 25 décembre 1876, p. 1.

115 *Ibidem*.

l'action[116] » : « S'il y a un fauteuil sur la scène, c'est qu'on s'y assiéra ; s'il y a une table, c'est que l'on écrira dessus ou que l'on se cachera dessous[117]. » Malgré cette improbation, les directeurs, à partir du milieu des années 1870, se mettent à présenter, de plus en plus, de la nourriture sur leur propre scène. Ce qui met un terme à ces pratiques est, en réalité, son impact sur certaines finances de théâtres ; les auteurs dramatiques, conscients de cet aspect et désirant tout de même faire jouer leurs pièces, commencent alors à réduire le nombre de scènes de repas dans leurs œuvres : « Les dîners sur le théâtre se font [...] rares ; les directeurs sont économes, et les auteurs le savent bien[118] ! ». Cependant, l'utilisation de mets en carton ne fait pas sa réapparition et l'utilisation de nourriture réelle sur la scène reste dans les pratiques de certaines mises en scène :

> Il y a quelques années, les repas sur la scène se composaient d'artistiques pâtés en carton peint, et d'eau rougie qui devait figurer les crus les plus rares, les bourgognes les plus capiteux. Beaucoup d'assiettes, et rien dedans. C'est ce que nous appellerons l'ancien régime ! Aujourd'hui, les gigots sont de vrais gigots, les potages fument pour de bon, et c'est du vrai thé[119].

À tel point qu'en 1933, un article intitulé « Poulets de carton » redonne la définition et l'utilisation de cet accessoire avant de préciser qu'à « Paris, le poulet de carton n'existe plus[120] ».

Au Théâtre du Gymnase, scène sur laquelle de nombreuses innovations scéniques sont mises en place en faveur d'une approche naturaliste[121], plusieurs mises en scène, utilisant de la nourriture ou de réels accessoires liés aux repas, voient le jour avec un développement notable dans les années 1870. En 1877, le Théâtre du Gymnase s'inspire du romancier naturaliste Émile Zola en proposant sur sa scène *Pierre Gendron*[122], une

---

116 *Ibidem.*
117 *Ibidem.*
118 Marie-Charlotte Croze, « Coins de table », *Femina*, n° 239, 1er janvier 1911, p. 8.
119 *Ibidem.*
120 L'indiscret, art. cité.
121 « [Un] rôle essentiel [est] dévolu par Zola à la partie matérielle de la représentation. À l'époque où il publie ses chroniques dramatiques, la mise en scène est en plein progrès : le travail accompli par Montigny [...] et par Perrin, l'administrateur de la Comédie-Française, a commencé de faire reculer le règne de la toile peinte et de mettre au goût du jour les décors exacts ». *Cf.* M. Bouchardon, *op. cit.*, p. 3.
122 *Pierre Gendron*, pièce en trois actes d'Henri Lafontaine et de Georges Richard, créée le 12 septembre 1877 au Théâtre du Gymnase.

pièce d'Henri Lafontaine, comédien lié au travail de scène de Montigny[123], et de Georges Richard. Proche de l'atmosphère des œuvres de l'auteur, Émile Zola, lui-même, dans son ouvrage *Le Naturalisme au théâtre. Les théories et les exemples*[124], compare la pièce à son roman *L'Assommoir* mais précise que, pour lui, cette pièce, contrairement à ce que revendique la plupart des journalistes, n'est pas un « manifeste du naturalisme au théâtre[125] » :

> Sans accuser les auteurs de plagiat, quelques-uns ont admis certaines ressemblances entre cette comédie et *L'Assommoir*. [...] Je ne veux pas insister davantage. Je répète une fois encore que j'accuse le hasard seul. [...] Mes confrères [...] ont vu, dans *Pierre Gendron*, un manifeste du naturalisme au théâtre. Comme toujours, c'est la forme, l'expression extérieure de la pièce qui les a trompés. Il a suffi que les personnages employassent quelques mots d'argot populaire, pour qu'on criât au réalisme. On ne voit que la phrase, le fond échappe[126].

Émile Zola ne voit pas dans cette pièce un « manifeste du naturalisme au théâtre », pourtant, un passage est tout à fait remarqué par les spectateurs : la scène du dîner. Non seulement, les journalistes la trouvent « très réussie[127] » et « traitée avec une très grande habileté[128] », mais c'est en grande partie le réel de la scène qui est souligné par ceux-ci : « C'est la nature prise sur le vif[129] ». Les journalistes appuient sur ces nouvelles attentes du public qui, désormais, se rend au théâtre non plus pour chercher le « rêve[130] », mais « la vérité scrupuleuse, l'exactitude ou ce qu'il croit être l'exactitude[131] » : « C'est une pièce vivante, et qui nous parle de notre vie de tous les jours[132]. » En se rapprochant de la vie des spectateurs, cette œuvre, moins légère que la majorité des pièces programmées au Gymnase, représente une famille d'ouvriers subissant

---

123 *Cf.* Note de bas de page n° 71.
124 Émile Zola, *Le Naturalisme au théâtre. Les théories et les exemples*, Paris, G. Charpentier, 1881.
125 *Ibid.*, p. 288.
126 *Ibid.*, p. 284-288.
127 s.n., « Les Théâtres », *Le Rappel*, n° 2745, 15 septembre 1877, p. 2.
128 Jacques Guillaume, « Revue dramatique », *L'Ordre de Paris*, n° 2138, 18 septembre 1877, p. 2.
129 *Ibidem.*
130 Jules Claretie, « Revue théâtrale », *La Presse*, n° du 17 septembre 1877, p. 1.
131 *Ibidem.*
132 *Ibidem.*

les complications que peuvent éveiller les secrets et les non-dits. À la septième scène du quatrième acte, le personnage de Madeleine, fille cadette de Pierre Gendron, « entre avec un beau gigot qu'elle pose devant Gendron[133] » : un vrai gigot « – à l'ail, – fumant et saignant[134] » et « [découpé] en véritables tranches[135] ». L'utilisation surprenante d'une réelle viande sur la scène amène certains journalistes à aller jusqu'à parler de « théorie [...et d'] esthétique de ce gigot à l'ail[136] » marquant ainsi un cap dans cette volonté de vérité sur la scène. D'autre part, au-delà de ce gigot fumant sur la scène, les comédiens mangent également de la salade et du fromage à la crème, notamment la comédienne Dinelli, interprète de Louise, la fille aîné, affamée car le repas est retardé par des échanges houleux entre Madeleine et son père qui souhaite la marier pourtant à l'homme qu'elle aime. La comédienne va, en effet, à la neuvième scène, « prendre sur le buffet un plat de fromage à la crème[137] », s'assoit et mange en « se bourrant de crème[138] » : « La soupe est de la vraie soupe : un potage au vermicelle tout à fait appétissant. [...] La salade, le fromage, il n'est pas jusqu'aux fruits qui ne soient tout ce qu'il y a de plus naturel, on en mangerait et l'on en mange[139] ». Le gigot fait donc « sensation[140] » au Gymnase et les artistes se rendent de plus en plus compte du plaisir que les spectateurs ont à découvrir de la nourriture réelle sur la scène.

C'est ainsi que, deux années après la création de *Pierre Gendron*, le Théâtre du Gymnase programme la nouvelle pièce d'Alfred Hennequin et d'Émile de Najac : *Nounou*[141]. Une comédie dans laquelle Adrienne et Paul, jeunes mariés – et parents à partir du deuxième acte –, engagent une nourrice qui fait tourner de nombreuses têtes, dont celle des pères des mariés. Tandis qu'Alphonse Daudet trouve cette pièce d'un « imbroglio

---

133  Henri Lafontaine, Georges Richard, *Pierre Gendron*, Paris, Tresse, 1877, acte 2, scène 7, p. 57.
134  Pierre du Croisy, « Courrier des théâtres », *Le Petit Parisien*, 2ᵉ année, nº 333, 14 septembre 1877, p. 4.
135  Un Monsieur de l'orchestre (Arnold Mortier), « La Soirée théâtrale », *Le Figaro*, 23ᵉ année, nº 256, 13 septembre1877, p. 3.
136  J. Claretie, art. cité.
137  H. Lafontaine, G. Richard, *op. cit.*, acte II, scène 9, p. 60.
138  *Ibidem.*
139  P. du Croisy, art. cité.
140  Un Monsieur de l'orchestre (A. Mortier), art. cité.
141  *Nounou*, comédie en quatre actes d'Alfred Hennequin et d'Émile de Najac, créée le 21 mars 1897 au Théâtre du Gymnase.

si piètrement vulgaire[142] » et Henry Fouquier d'une « décadence [...] pour le Théâtre du Gymnase, et pour l'auteur de *Nounou*[143] », Georges Boyer du *Gaulois*[144] soulève le « réalisme[145] » présent dans la mise en scène, tout d'abord en donnant l'exemple du bébé dès le deuxième acte « qui pleure et qui gigote comme s'il était en vie[146] » mais aussi en abordant le « fameux tableau de la cuisine[147] » ; acte jugé par le journaliste Alfred Aubert du *Soleil* comme « l'attraction de la pièce[148] » : « Le clou, pour m'exprimer comme on le fait dans les coulisses, [... avec] un intérieur de cuisine en pleine activité[149] ». Une cuisine, « chef-d'œuvre de vérité[150] », avec de « la vraie fumée[151] » dans les casseroles installées « sur les fourneaux en feu[152] », une « rôtissoire de fer-blanc[153] », une « mécanique à monter les plats fonctionnant presque sans interruption[154] » ainsi que des « rangées de bouilloires[155] » : « Rien ne manque à cette cuisine qui, quoique dans un sous-sol est des plus gaies et des plus réussies[156]. » Cette mise en scène présentée par le Théâtre du Gymnase semble alors tout à fait fidèle à la didascalie des auteurs dramatiques du quatrième acte de la pièce :

> Une cuisine, dans un sous-sol [...]. À gauche, premier plan, une petite porte conduisant à la cave ; au deuxième plan, un grand fourneau allumé sur lequel il y a plusieurs casseroles. Puis une cheminée, devant laquelle une dinde dans une rôtissoire avec sa lèche frite. [...] Au fond, un grand buffet ; batterie de cuisine de chaque côté. [...] Au premier plan, un monte-plat. Différents objets

---

142  Alphonse Daudet, « Revue dramatique », *Journal officiel de la République française*, 11ᵉ année, nᵒ 82, 24 mars 1879, p. 10.

143  Henry Fouquier, « Causerie dramatique », *Le XIXᵉ siècle*, nᵒ 2652, 25 mars 1879, p. 1.

144  Parisine II (Georges Boyer), « *Nounou* », *Le Gaulois*, nᵒ 3801, 23 mars 1879, p. 2.

145  *Ibidem*. L'utilisation du terme « réalisme » ici est à détacher du mouvement réaliste et se réfère plutôt à l'aspect réel de la mise en scène.

146  *Ibidem*.

147  Des Tournelles, « Les Soirs de Premières », *Gazette nationale ou le Moniteur universel*, nᵒ 87, 29 septembre 1893, p. 3.

148  Alfred Aubert, « Échos des théâtres », *Le Soleil*, 7ᵉ année, nᵒ 82, 24 mars 1879, p. 3.

149  *Ibidem*.

150  Henri de Lapommeraye, « Premières représentations », *La France*, nᵒ du 23 mars 1879, p. 3.

151  Parisine II (G. Boyer), art. cité.

152  A. Aubert, art. cité.

153  Edmond de Biéville, « Revue des théâtres », *Le Siècle*, nᵒ 16902, 24 mars 1879, p. 1.

154  A. Aubert, art. cité.

155  E. de Biéville, art. cité.

156  L. M., « Théâtres », *Le Courrier du soir*, 2ᵉ année, nᵒ 388, 23 mars 1879, p. 4.

de cuisine et de table sur le buffet de droite, entre autres un saladier, un pot de moutarde et des sacs de gâteaux [...], un hachoir et un seau de glace. Table au milieu, chaises de pailles, etc.[157]

Dans cette cuisine « très exactement rendue[158] », Charlotte, la cuisinière, en plein « coup de feu[159] », s'affaire à préparer les différents plats qui seront envoyés par le « monte-plat » aux maîtres de maison :

> CHARLOTTE, *devant le fourneau.*
> Quel coup de feu, mon Dieu, quel coup de feu ! (*Elle tourne les cuillers* [sic] *dans les casseroles ; elle met du charbon dans les foyers ; puis elle va au buffet, à droite, boit un verre de vin et retourne au fourneau.* [...] *Regardant dans une casserole.*) Mes cannetons de Rouen ne reviennent pas. (*Allant à la rôtissoire.*) Et ma dinde ne prend pas de couleur !... Allons bon, de la poussière de charbon dans la lèche-frite ! Ça fera une sauce périgueux... aux truffes ! [...]
> *Elle retourne au fourneau.* [...] *Charlotte tire d'une casserole deux cannetons, les dresse sur le plat et verse autour la sauce*[160].

Cette performance vaut à Mademoiselle Monnier, interprète de Charlotte, de grands compliments – dans son interprétation mais aussi... en tant que cheffe : « Du mouvement, encore du mouvement ! [...] Il n'y a pas au monde un cordon bleu qui s'entende mieux qu'elle à remuer les casseroles, dresser les canetons et débrocher les dindes. Ce n'est plus une actrice, c'est un chef[161] ! » Durant tout l'acte, le personnage de Charlotte cuisine, puis, à l'aide des autres domestiques, dont le mari de la nounou, Clovis, envoie les divers plats aux maîtres de maison grâce au monte-plat. Ensuite, une autre scène prend place, la scène du repas des domestiques dans la cuisine : un déjeuner entrecoupé par la récupération des plats terminés et par l'envoi, toujours par le monte-plat, de la suite du repas, avec, par exemple, un « homard rouge [...pour lequel elle] verse la sauce dans le plat, [...] essuie les bords avec un torchon[162] », puis, les restes de homard récupérés, Charlotte va au fourneau, « tire la dinde de la rôtissoire[163] » avec l'aide de Clovis pour la mettre dans un plat et

157  Émile de Najac, Alfred Hennequin, *Nounou*, Paris, Librairie théâtrale, 1888, Acte IV, p. 144.
158  Dancourt, « Théâtres », *La Gazette de France*, 249ᵉ année, 24.03.1879, p. 3.
159  E. de Biéville, art. cité.
160  É. de Najac, A. Hennequin, *op. cit.*, Acte IV, scène 1, p. 144-145.
161  Frimousse, « Soirée parisienne », *Le Voltaire*, 2ᵉ année, n° 261, 23 mars 1879, p. 3.
162  É. de Najac, A. Hennequin, *op. cit.*, acte IV, scène 3, p. 151.
163  *Ibidem.*, acte IV, scène 5, p. 160.

l'expédier également à l'étage. Les comédiens, pendant cette scène de repas, mangent notamment un « vrai canard, arrosé de vrai vin[164] » ; cependant, au vu du nombre important de plats défilant pendant tout le quatrième acte et probablement pour des questions de budget, certains des aliments présentés sur la scène sont des « reliefs de repas[165] ». En 1892, le journaliste Hippolyte Lemaire du *Monde illustré*, revient sur cette mise en scène qu'il considère comme particulièrement novatrice et regrette qu'il n'ait pas été « dit alors qu'Hennequin, en faisant planter ce décor de cuisine, avait révolutionné l'art dramatique[166] » – pourtant, les jours suivants la création de *Nounou*, le journaliste Henri de Lapommeraye s'amuse à écrire que, face à cette nouvelle pièce, « l'eau a dû venir à la bouche des réalistes[167] » et l'article « Théâtre » du *Courrier du soir* du 23 mars 1879 revendique qu'avec cette comédie « le réalisme vient d'entrer au Gymnase[168] » : « On lui a ouvert à deux battants les portes de la cuisine du quatrième acte de *Nounou*[169]. »

Enfin, en avril 1880, un mois après le décès de Montigny et à l'approche de la date officielle de la fin de sa direction[170], l'auteur dramatique Jacques Normand fait représenter *L'Amiral*[171] – une comédie dans laquelle l'amiral en question est une tulipe rare. La mise en scène présentée sur la scène du Gymnase est particulièrement proche de la réalité et les comédiens mangent, boivent et fument réellement comme dans *Nounou* :

> De même que l'*Ami Fritz*[172] était un tableau de la vie alsacienne, l'*Amiral* est un tableau de mœurs hollandaises dont le Gymnase a très bien soigné le cadre. On y boit, on y mange, on y fume de longues pipes tranquilles […] et le linge de la nappe est presque aussi beau au Gymnase qu'à la

---

164 Parisine II (G. Boyer), art. cité.

165 A. Aubert, art. cité.

166 Hippolyte Lemaire, « Théâtres », *Le Monde illustré*, n° 1822, 27 février 1892, p. 14.

167 H. de Lapommeraye, art. cité.

168 L. M., art. cité.

169 *Ibidem*.

170 Montigny, décédé le 6 mars, ne connaît pas la fin de sa propre direction prévue le 1ᵉʳ juillet 1880. Entre son décès et la prise de direction du Gymnase par Victor Koning, Didier Montigny, son fils, et le reste de l'équipe dirige le Théâtre du Gymnase. *Cf.* L. Haslé (2020), *La direction…*, *op. cit.*, première partie, « Chapitre 4. Fin de direction, fin de vie – 1870-1880 », p. 146-198.

171 *L'Amiral*, comédie en trois actes et en vers de Jacques Normand, créée le 13 avril 1880 au Théâtre du Gymnase.

172 *L'Ami Fritz*, comédie en trois actes d'Alexandre Chartrian et d'Émile Erckmann créée le 4 avril 1876 à la Comédie-Française.

Comédie-Française. C'est dans des pots de vrai delft que les servantes font mousser la bière[173].

Parmi les accessoires présentés sur le relevé de mise en scène de *L'Amiral*[174], la nourriture a une place importante avec, par exemple, la présence d'une « assiette avec un pain de campagne[175] », d'un « pot [...] avec bière » posé sur la table et « d'un plat avec de quoi manger[176] » placé en coulisses pour le personnage de Flageolet. Celui-ci mange régulièrement dans la pièce et, affamé, il va donc jusqu'à dévorer l'un des deux bulbes de collection destinés à Monsieur Van der Trop et Madame Van der Beek, parents rivaux des deux amoureux Krélis et Jacquemine qui souhaitent les leur offrir afin que ceux-ci acceptent leurs fiançailles. Cet accessoire, mis dans « un petit panier[177] », est « truqué[178] » pour être mangé : « Cet intérieur hollandais, où l'on boit de si bons pots de bière mousseuse et où l'on fume si tranquillement de longues pipes de porcelaine. [...] Le troupier est, du reste, fort drôle en mangeant sur son pain le précieux oignon de tulipe auquel il trouve un goût un peu sauvage[179]. » Ce passage de nourriture sert donc directement à l'action mais permet également d'appuyer sur le ressort comique de ce personnage :

> FLAGEOLET, *seul.*
> [...]. Depuis hier midi, pas ça de nourriture !
> De trois ou quatre crans j'ai serré ma ceinture [...].
> *Parcourant la pièce du regard.* [...] *Il va au buffet et l'ouvre.*
> Un gros pain blanc, mais blanc, comme on en trouve guère. [...]
> *Se coupant un gros morceau de pain.* [...] *Il remet le pain dans le tiroir, mangeant.*
> Ma fine, que c'est bon ! bien bon, mais que c'est sec ! [...]
> *Tombant en arrêt sur les oignons de tulipe.*

---

173   Henry de Pène, « Les Premières », *Le Gaulois*, 12ᵉ année, n° 214, 14 avril 1880, p. 3.

174   Bibliothèque historique de la ville de Paris, 8-TMS-00171 (RES), Relevé de mise en scène de *L'Amiral* de Jacques Normand pour la première reprise de la pièce à la Comédie-Française le 11 juin 1895, s.d. Même si ce relevé sur lequel les accessoires ont été précisés concerne la création de *L'Amiral* à la Comédie-Française en 1895, il est à noter que cette reprise, mis à part le passage de trois à deux actes, s'inspire, selon certains critiques, en partie, de la représentation initiale au Théâtre du Gymnase en 1880 et donne ainsi quelques pistes sur les éléments utilisés lors de la création au Théâtre du Gymnase.

175   *Ibidem.*

176   *Ibidem.*

177   *Ibidem.*

178   *Ibidem.*

179   Edmond Stoullig, « Le Monde des théâtres », *Le National*, n° 4049, 15 avril 1880, p. 3.

Eh parbleu! ces oignons! rien n'est excellent comme
Le pain frotté d'oignon pour vous remettre un homme! [...]
*Il s'assied et se met à manger les oignons avec son pain. [...] Fredonnant un refrain normand.*
Si tu te trouves sans chapon
Et dig! Et don!
Sois content garçon
De pain et d'oignon!
De bon pain et d'oignon! [...]
*Il va manger l'autre oignon.*
Chut! on vient! [...]
*Il met vivement l'oignon dans sa poche et le pain sous le dolman*[180].

Avec cette scène et après avoir mangé tout au long de la pièce, Leloir, interprète de Flageolet, se retrouve à avaler un aliment non comestible remplacé par de la vraie nourriture – une véritable inversion de la tendance pratiquée les années précédentes sur la scène des théâtres de la capitale.

Tout au long de sa direction du Théâtre du Gymnase, Montigny propose de nombreuses mises en scène de repas et inclut de la nourriture sur sa scène ; il n'est cependant pas le seul puisque d'autres théâtres se démarquent par des mises en scène insolites, comme la Comédie-Française avec *L'Ami Fritz* d'Alexandre Chartrian et d'Émile Erckmann. Créée en 1876, cette comédie rencontre non seulement un important succès mais fait notamment beaucoup parler avec ses scènes de repas et l'utilisation de nourriture réelle : « On ne peut dire [...] que *L'Ami Fritz* ne soit pas une œuvre substantielle, tant l'on y mange et l'on y boit! C'est une pièce en trois services, plus tôt qu'en trois actes. Quand on n'y mange plus, on parle de ce qu'on mangera. [...] Le spectateur lui-même allait avoir une indigestion[181]. » Concernant la présence de nourriture sur la scène, le Théâtre du Gymnase n'est donc pas le premier théâtre à initier de telles audaces – cependant, le souci du détail dans ses mises en scène, les innovations et le travail continuel de Montigny contribuent, en quelques sortes, à l'arrivée de nourriture réelle dans des scènes de repas, renforçant ainsi l'approche d'une mise en scène naturaliste et permettant, en quelque sorte, l'enrichissement de

---

180 Jacques Normand, *L'Amiral*, Paris, Calmann-Lévy, s.d., acte I, scène 9, p. 20-22.
181 Victor Fournel, « Les œuvres et les hommes », *Le Correspondant*, n°69, 10 octobre 1876, p. 914.

ce mouvement. Une position défendue par le journaliste Albert Wolff du *Figaro* qui revendique que « si Dumas [et Montigny n'avaient] pas importé les mobiliers véritables au Gymnase, nous n'aurions pas eu la vraie soupe aux choux au Théâtre-Français[182] ». Enfin, les scènes de repas et la nourriture sur la scène du Théâtre du Gymnase ne se limitent pas simplement à la troupe de ce théâtre puisque d'autres personnes ont eu le privilège de manger sur cette scène : en effet, en 1860, un bal est organisé par les artistes du Gymnase et, cette fois-ci, les invités ont, non seulement « dansé dans le foyer », mais ont aussi « soupé sur la scène[183] » !

Laurène HASLÉ
École Pratiques des Hautes Études

---

182 Albert Wolff, « Courrier de Paris », *Le Figaro*, 29ᵉ année, n° 229, 17 août 1883, p. 1.
183 Georges Davidson, « À travers les théâtres », *Le Figaro*, 7ᵉ année, n° 525, 26 février 1860, p. 6.

# VARIETIES OF TASTE

## Intertwined Histories and Geographies of Theatres and Restaurants in Late Nineteenth-Century London

> There is no accounting for the variety of people's tastes in the matter of eating and drinking [...]. In these days, when the taste for dining in restaurants is so largely on the increase, I have little doubt that the republication of these articles will be welcomed, and that they will supply not only interesting but useful information.[1]
> Editor of the *Pall Mall Gazette*, Preface to Nathaniel Newnham-Davis, *Dinners and Diners. Where and How to Dine in London* (1899).

Theatre-going and dining-out engage both purveyors and consumers in performance and display and in expressions of taste, status, class, gender, cultural and social distinctions. Long before the heyday of the theatres and restaurants of Victorian London, theatre and food had been enjoyed together by Londoners for centuries.[2] Nonetheless, theatre

---

1   Nathaniel Newnham-Davies, *Dinners and Diners. Where and How to Dine in London* (London: Grant Richards, 1899), pp. 2–3.

2   Evocative evidence of food and related items was, quite literally, unearthed during archaeological excavations of Elizabethan theatres, including the site of the Rose Theatre, Bankside (south bank of the Thames) built about ten years before Shakespeare's Globe theatre. See Neil MacGregor, 'Snacking through Shakespeare. Brass-handled iron fork from the Rose Theatre', in *Shakespeare's Restless World. An Unexpected History in Twenty Objects* (London: Penguin, 2014), pp. 19–26; Neil MacGregor, 'Snacking Through Shakespeare: A Theatre Goer's Fork', Programme 3, 'Shakespeare's Restless World', BBC Radio 4, first broadcast 18 April 2012 available (with transcript) at: https://www.bbc.co.uk/programmes/b01drtc2 (accessed 11/02/2024).

and restaurant cultures were interwoven in specific ways in late nine-teenth-century London. And as well as often purveying very British culture, the range of theatres and restaurants in the city also tells a story of European migration to the British capital and of cultural, especially Franco-British, exchange.

Frenchman Daniel Nicolas Thévenon opened the Café Royal 1865 in Glasshouse Street, near Piccadilly Circus, and had expanded into Regent Street by 1885. In 1884, he took on what became the Empire Theatre of Varieties in Leicester Square, described then as a 'partly-French, partly-theatrical' area,[3] where the proprietor's box was reserved every night for the Café Royal's most important customer.

In 1889 English theatre impresario and hotelier Richard D'Oyly Carte added the Savoy Hotel and Restaurant to his Savoy Theatre in the Strand, built eight years earlier, engaging French chef Auguste Escoffier in 1890. In 1891, D'Oyly Carte opened the Royal English Opera House in Cambridge Circus at the intersection of Charing Cross Road and Shaftesbury Avenue. Unsuccessful as an opera venue, two years later it became the Palace Theatre of Varieties. Then a little distant from the theatre areas of the Strand, Covent Garden and Leicester Square, it was close to Soho restaurants of the period, particularly Kettner's which had opened in 1867 serving French cuisine and was well-known and fashionable by the 1890s

These theatres and restaurants provide an enduring legacy in the entertainment and hospitality industries of twenty-first century London as the Hotel Café Royal, the Empire Cinema, Kettner's Townhouse and the Palace Theatre. How did these establishments first come into being? Who frequented them? Why? Who worked there? What was on the nineteenth-century theatre and the restaurant menu?

---

3    Judith R. Walkowitz, *Nights Out. Life in Cosmopolitan London* (New Haven and London: Yale University Press, 2012), p. 55, quoting Emily Constance Cook, *Highways and Byways of London* (London: Macmillan, 1907), p. 286.

## THE ARTS OF DISPLAY
## Theatre-going and dining-out
## in Late Nineteenth-Century London

The notion of dining-out as performance is a well-rehearsed one, historically and in contemporary society. As a celebrated twenty-first century British restaurant critic writes: 'After all, a great restaurant service has much in common with the theatre; there's the set of the laid table and the performative nature of hospitality'.[4] In the late nineteenth century, the experience of M. Joseph, Director of the Savoy Restaurant, was that: '*Il [le maître d'hôtel français] doit donc être le conseil, le tentateur et le metteur-en-scène*'.[5] In conversation with Nathaniel Newnham-Davis, author of a series of articles for the *Pall Mall Gazette* over the course of a year from 1897 to 1898 which share his experiences in a range of London restaurants, a memory is evoked encouraging to M. Joseph to elaborate on his analogy with the theatre:

> When I referred to the dinner at which some of the great lights of the theatrical world were present, and he cooked a considerable portion of the dinner in their presence, Joseph replied that as it is the art of actors and actresses to make an effect on the public, he wished to show them that there could be something to strike the imagination in his art also.[6]

Dining-out – and this can be equally said of theatre-going – is a form of entertainment and leisure activity and an expression of taste and status enacted in sites of complex encounters:

> The restaurant is a complex site of multifaceted identities and practices, of power relations, of social and personal esteem, of tradition, of cultural

---

4    Jay Rayner, 'Russell Norman, a born restaurateur who made small plates a big deal', *The Observer*, 26 November 2023, p. 26.
5    'He [the French Maître d'hôtel] must therefore be the adviser, the tempter and the director' (translated with www.DeepL.cpm/Translator); M. Joseph, 'Le Maître D'Hôtel Français', in Newnham-Davis, op. cit., p. xxiii. Newnham-Davis's articles were republished in book form with added recipes and other information in 1899.
6    Newnham-Davis, op. cit., p. 81. Some contemporary London restaurants such as Otto's in Clerkenwell still use duck and lobster presses and prepare classic French dishes such as steak tartare tableside. The Ritz London reintroduced a tableside service menu in the main restaurant in 2013.

habit, of rites and rituals, of social control, of seeing and being seen, of new experiences, and of the pleasure and/or fear of these. [...] The activity (the 'act') of dining-out is replete with displays of knowledge (linguistic, culinary, cultural), of modes of behaviour, of public identity, of strictly codified rituals, of socially and culturally-defined practices. [...] Those acting within this site of complex cultural encounters, whether as purveyors or consumers [...] operate in this socially, culturally and politically charged space [...].[7]

The restaurant, which presented diners with a series of choices and waiters to serve individual dishes *à la carte* as opposed to the communal *table d'hôte* style prevalent at inns, developed first in Paris towards the end of the eighteenth century. It arrived in London during the nineteenth century, differentiated also from the many other places to buy cooked food well-known to Londoners for centuries such as cook houses, inns, and taverns.[8] In his social history of eating out in England from the mid-nineteenth to the turn of the twenty-first century, John Burnett analyses how in the late nineteenth century the new tastes amongst the élites of London society for eating outside the home in the grand hotels, gentlemen's clubs, and restaurants where professional chefs were employed became a mark of sophistication and social status. He also discusses how, in London, for during the period this generally meant places staffed wholly or partly by the French, or owned by a French chef-patron.[9] A complex process of influence, receptivity and exchange revolved around the meeting point of two élite cultures in which status mattered: '[...] the refined culture of French *haute cuisine* as elaborated by a set of male French chefs and that of the English aristocracy, and then of the upper middle-classes engaged in a further emulation of style and taste'.[10]

Historically, European migrant communities, mainly German, Italian and French, shared the capital's migrant spaces. Restaurant history shows that the dining experience for Londoners was a cosmopolitan one – with

---

7    Debra Kelly, *Fishes with Funny French Names. The French Restaurant in London from the Nineteenth to the Twenty-First Century* (Liverpool: Liverpool University Press), 2022, p. 11.

8    Kelly, op. cit., p. 5. On the development of the restaurant as a Parisian cultural institution, see Rebecca Spang, *The Invention of the Restaurant: Paris and Modern Gastronomic Culture* (Cambridge, MA and London: Harvard University Press, 2000).

9    See Kelly, op. cit., p. 37. John Burnett, *England Eats Out: A Social History of Eating Out in England from 1830 to the Present* (London: Routledge, 2004), p. 70; p. 75.

10   Kelly, op. cit., p. 51. On the development of professional French cuisine and its spread from Paris, see Amy B. Trubek, *Haute Cuisine: How the French Invented the Culinary Profession* (Philadelphia: University of Pennsylvania Press, 2000).

restaurants owned, managed and staffed in the kitchen and front-of-house by the French, Italians, Swiss Italians, Austrians and Germans (alongside a range of other nationalities), all contributing to the development of London's restaurant culture.[11] This was the case whether dining in high-end establishments or in smaller, cheaper places in Soho where diverse migrant groups had found a home for centuries, in the nearby area of what would later become known as Fitzrovia (bounded by Oxford Street, Great Portland Street, Euston Road and Tottenham Court Road) and around Leicester Square. In these parts of London, restaurants such as the Café Boulogne (Gerrard Street) and Béguinot's (Old Compton Street), serving cheap meals in a 'bohemian' atmosphere, were frequented by artists, philosophers, poets, musicians, actors and actresses, as well as by members of the migrant communities which established them.[12] By the 1890s, a generation of often migrant chefs and hoteliers had established 'the restaurant habit' in London for dining in public which invited theatregoers to enjoy the newly expanding market of pre- and after-theatre suppers.[13]

## HISTORIES AND GEOGRAPHIES
## OF THEATRES AND RESTAURANTS
## IN LATE NINETEENTH-CENTURY LONDON

To return to the Savoy, the link between theatre-going and dining-out for fashionable wealthy Londoners was encouraged, as noted in the introduction, by the renowned theatre impresario and hotelier Richard D'Oyly Carte.[14] His luxurious, modern hotel also attracted the 'lucrative American tourist market', but:

> [...] he had to work hard to persuade London society ladies to dine in public and even organise their own private parties in his restaurant. As a theatre

---

11  See Kelly, op. cit., pp. 23–4; p. 46. In taverns and in the public houses that had evolved from them, food was never the primary focus.
12  Kelly, op. cit., p. 38.
13  See, for example, Walkovitz, op. cit., p. 99; p. 32. She identifies 'the restaurant habit' and expanding market.
14  Ibid., p. 99.

impresario, he constructed the restaurant like a stage set to show off the costumes and carriage of the guests. He also recruited the Swiss hotelier César Ritz and French chef Auguste Escoffier as celebrity caterers who had a loyal cosmopolitan clientele.[15]

However, although famous due to the success of the Savoy and his partnership with librettist William S. Gilbert and composer Arthur Sullivan as producer of their comic operas, D'Oyly Carte was not the first to make the restaurant-theatre link. In 1865, the same year that Thévenon's Café Royal opened and almost twenty-five years before the Savoy Hotel and Restaurant was added to the Savoy Theatre, the Swiss-Italian Carlo Gatti opened Gatti's Palace of Varieties in Westminster Bridge Road on a site that had been his restaurant, opposite the Canterbury Music Hall. It was also known as Gatti's-in-the-Road, Gatti's-over-the-Water (being on the south side of the Thames) and Gatti's Music Hall.[16] The Gatti family had various theatrical interests and, during this period, the sons of Carlo's brother ran the Adelphi and the Vaudeville theatres, both in the Strand. Around this time, Gatti's restaurant, also in the Strand, was frequented by a younger, less wealthy, sub-lieutenant Newnham-Davis than the author of his *Dinners and Diners*. He favoured it then for entertaining female guests since, being cheaper than the Café Royal: '[...] one could get a large amount of good food at a very easy tariff', partnered with *asti spumante* rather than the more expensive champagne he enjoyed in later years.[17] It was also of particular interest because of the actors and actresses whom he saw there, including Nelly Power, a singer, burlesque actress and music-hall star, 'whose photograph had adorned [his] room at Harrow', and 'half a hundred more' of his 'theatrical demigods'.[18] Decades later, the diners at the much-changed Gatti's of the late 1890s still included young actresses and dramatists amongst the 'parties of respectable citizens and their wives'.[19]

---

15  Ibid.
16  The site was therefore some distance away from what would become London's fashionable theatre district in the West End, but close to one of the first purpose-built music-halls. In 1865 the theatre was managed by Carlo Gatti; in 1878, by Maria Gatti and Rosa Corazza; in 1879, by Giacomo and Luigi Corraza. It closed in 1924 and was demolished in 1950.
17  Newnham-Davis, op. cit., pp. 67–8.
18  Ibid., p. 68. Nelly Power was a huge star; when she died aged thirty-two in 1887, her funeral drew a crowd of several thousand people.
19  Newnham-Davis, op. cit., p. 69.

In a comprehensive survey of London's theatres and music halls between 1850-1950, 'the century of the greatest activity in theatre building and management', Diana Howard concludes, after consideration of definitions and her own research: '[...] there is nothing structurally different about theatres and music-halls; the difference lies in the entertainment that is being provided'.[20] Howard catalogued over 900 stages in London, including theatres and music-halls in purpose-built buildings and entertainment in public houses. The transformation of various establishments from theatres to music-halls or variety theatres is also evident in her documentation. The late Victorian theatres of variety in Leicester Square were representative of changing tastes and social behaviours together with ensuing changes of fortune in entertainment and theatrical establishments of the period.

The Alhambra, Leicester Square is just one example of those changes. It opened in 1854 as the Royal Panopticon of Science and Art. In 1858 it housed the Great United States Circus, changing name the same year to the Alhambra Palace, becoming the Royal Alhambra Palace in 1863, then variously known as the Royal Alhambra Theatre, Theatre Royal Alhambra, Alhambra Theatre of Varieties, Alhambra Theatre and New Alhambra Theatre (finally closing in 1936). One of its claims to notoriety was in 1866 with its staging of the French Can-Can. John Hollingshead, Director of the Alhambra stage from 1866-1868, writes in his memoirs: 'I was the innocent introducer of the Parisian "Can-Can" to London', with Finette, the celebrated Can-Can dancer'.[21] However, 'innocent', a later history of the music halls notes that: 'Somewhere about the mid-Victorian period, the Alhambra Music Hall [...] lost its licence for defiantly presenting the Can-Can dance [...]; a process ultimately

---

20  Diana Howard, *London's Theatres and Music Halls 1850-1950* (London: The Library Association, 1970), p. ix. She notes 1860 as the peak when the freedom of the theatres and of the popularity of the 'new variety entertainment' were most fully felt; the '1878 Act caused rapid decline after 1880' (ibid.). The 1878 Metropolis Management and Building Acts Amendment Act gave the Metropolitan Board of Works 'considerable power over the theatres and music halls of London' (p. 271).

21  John Hollingshead, *My Lifetime. Volume 1* (London, Sampson Low, Marston and Company, 1895), p. 224. Finette – Joséphine Durwend – was a celebrity of the Parisian *bals*. This was three decades before the more famous version of the 'French can-can' performed at the Moulin Rouge in Paris. For a comprehensive history of the 'French can-can' and its place in Franco-British cultural exchanges of the period see: Jonathan Conlin, *Tales of Two Cities. Paris, London and the Birth of the Modern City* (London: Atlantic Books, 2013), chapter 4, 'The Dance', pp. 135-71.

completed by the abolition of the vicious promenades at Empire and the Alhambra' (these infamous 'promenades' are discussed further below).[22]

In 1868, Hollingshead went on to manage a new theatre in the Strand (a composite of existing buildings, the entrance in the Strand, backing onto Wellington and Catherine Streets, Covent Garden). This establishment, 'unique at the time', was to 'comprise a restaurant and a theatre under the same roof' and eventually named the Gaiety, a name 'really adapted from the French' and 'the first built in the present with an Anglo-French name'.[23] However, in 1873 'the Siamese twin scheme of the theatre-restaurant and restaurant-theatre was now discovered to be illegal' due to an 1872 Licensing Act which no longer allowed the restaurant and theatre to communicate directly.[24] The Gaiety also staged a considerable amount of plays and operettas adapted from the French (music and/or words), often featured French actors and in 1879 welcomed the Comédie Française for a French Season. After leaving the Gaiety, Hollingshead secured a piece of ground in Shaftesbury Avenue and 'soon had D'Oyly Carte as a companion in the Avenue [...] on which he subsequently built the Palace Theatre'.[25]

On the opposite side of Leicester Square to the Alhambra was the Empire. The Empire had first opened as a place of entertainment in 1849. It also had various changes of names and uses including as an opera house and a theatre, then named variously the Criterion Music Hall (1863), the Imperial Music Hall (1864-1865), the Alcazar (1880), becoming the Empire Theatre in 1884. At this point Daniel Nicols, the proprietor of the Café Royal in Regent Street, became involved in its fortunes.

Amongst the French-owned restaurants that opened in London during the second half of the nineteenth century, the Café Royal is one of the most well-known and longest-lasting. It was opened in Glasshouse Street near Piccadilly Circus in 1865, expanding into Air Street and Regent Street by 1885. Originally from Burgundy, Daniel Nicolas Thévenon

22  Archibald Haddon, *The Story of the Music Hall. From Cave of Harmony to Cabaret* (London: Fleetway Press, 1935), p. 19.
23  Hollingshead, op. cit., pp. 235–6.
24  John Hollingshead, *My Lifetime. Volume 2*, p. 57 which also includes the letter of protestation he wrote to *The Times* (27 March 1873).
25  Hollingshead, op. cit., p. 217. Hollingshead went on to be director of a number of theatre and variety companies including in London, Edinburgh, Bristol and Manchester.

and his wife, arrived in England in 1863 and lived under an assumed name due to a warrant for his arrest in Paris after the collapse of his wine business. He first took the name Daniel Nicolas de Nicols, under which he was naturalised on 1865, and became known as Daniel Nicols.[26] The Café Royal, its proprietor and its clientele attracted a lot of attention in London: '[...] this incongruous growth of a French seed in thoroughly English soil became almost the living symbol of a revolution in art and letters'.[27] The Café Royal was renowned for many things: its 'Frenchness', its bohemian, at times rather louche, atmosphere, its customers including those from the theatre world (notably Oscar Wilde) and its good food and service: 'It was a bohemian but exceedingly well-conducted house [...] Monsieur Nicols [gave] his patrons the best cooked meals and finest wines in London'.[28] A place of various cliques and 'clubs' of diners, Daniel Nicols himself partly founded the convivial 'Bons Frères' which attracted a number of 'leading lights of the West End theatres and music-halls', the 'best of bohemia' as well as the those in 'more sedate walks of life'.[29] Ladies were sometimes admitted to this club, but only as guests and usually after dinner. A most welcome female guest, however, was the 'redoubtable' and hugely successful music-hall singer, comedian and actress, Marie Lloyd.[30]

In his history of the Café Royal, Nicols' grandson, Captain Daniel Nicols Pigache, provides an account, published in the 1930s and partly based on the Café Royal's archives, of how his grandfather became involved in the Empire. As noted, Nicols' success and business acumen attracted attention. Approached for capital to help a playhouse then known as the Alcazar in Leicester Square, Nicols continued lending various sums to keep the place going: 'The usual thing happened and this Regent Street *restaurateur* became the owner of the freehold and buildings of a West End show-house. In 1884, the place was renamed the Empire'.[31] Since the place had been a failure for years and Nicols

---

26 Kelly, op. cit., pp. 64–5.
27 Guy Deguy and Keith Waterhouse, *Café Royal: Ninety Years of Bohemia* (London: Hutchinson, 1955), p. 11; p. 15.
28 André Simon, *The Art of Good Living* (London: Constable, 1929), pp. 9–10. Simon was the French founder of the Wine and Food Society in 1930s London.
29 Captain D. Nicols Pigache, *Café Royal Days* (London: Hutchinson and Sons, 1934), p. 61.
30 Ibid. Marie Lloyd was on stage from the age of fifteen; one of her best-known songs was 'The boy I love is up in the gallery', originally written for Nelly Power.
31 Nicols Pigache, op. cit., p. 39.

had no knowledge of the stage, he appointed an experienced Board of Directors (Nicols held the controlling interest). He appointed as manager Harry Hitchens whose name appears on the first programme of the Empire Theatre of Varieties: '[...] in 1887 they turned the place from a straight playhouse into a music-hall, to be run on similar lines to the Paris establishments'.[32] As a contemporary playgoer recounted, the entertainment consisted then of 'a perfectly conventional variety' as well as 'two ballets of magnitude and magnificence, all enjoyed by the audience'.[33] However, what made the Empire famous, or rather infamous, was the promenade 'with its cosmopolitan crowd'.[34]

The Empire promenade was an open space behind the dress circle, in front of the bar, with 'velvet couches' and the 'reek of mingled Jockey Club and cigar smoke'.[35] In his history of the music halls, Archibald Haddon, the first radio drama critic during the first two years of the BBC (1923-1924), describes it as the 'the most sumptuous variety theatre in the world – previously unexcelled for comfort and luxury'; but the 'scandalous' 'voluptuous' promenade was 'a distinguishing feature' of the Empire: '[....] a notorious resort – which enabled the Empire to call itself the Cosmopolitan Club of Europe'.[36] Proceedings in the promenade were regulated by the management, but 'the parade went on, night after night, for twenty-nine years – until public opinion [...] decreed its abolition in 1916. And God only knows the miseries it had caused'.[37]

Judith R. Walkowitz analyses multiple aspects of the Empire as 'a conspicuous bastion of male privilege' at a time when men and women and of different social classes were increasingly entering the entertainment spaces of central London, and questioning how women might navigate the spaces of the city.[38] In contrast, like Hollingshead's 1890s

32  Ibid., pp. 39–40.
33  Henry George Hibbert, *A Playgoer's Memories* (London: Grant Richard Ltd., 1920), p. 246.
34  Ibid.
35  Maurice Wilson Disher, *Winkles and Champagne. Comedies and Tragedies of the Music Hall* (London: Batsford Ltd., 1938), p. 91. This also includes a sketch of the Empire Promenade by Will Owen (p. 92) and photographs of some of the dancers, including Finette, alluded to above.
36  Archibald Haddon, *The Story of the Music Hall from Cave of Harmony to Cabaret* (London Fleetway Press, 1935), p. 85; chapter XVIII, pp. 85–8.
37  Ibid., p. 86.
38  Walwowitz, op. cit., p. 56. She examines in detail the 1894 'Battle of the Empire' and 'feminist purity reformers', notably Mrs Laura Ormiston-Chant, pp. 44–63. It took decades after this campaign for the promenade finally to close.

account of the 'innocent' staging of the Can-Can, Nicols Pigache's history-memoir skates lightly over the Empire's 'notorious' promenade and the place of women in that theatrical establishment and others like it. For Nicols Pigache, the promenade was famous as: '[...] the rendezvous of those ravishing ladies who try so hard to introduce a little glamour into a prosaic world, but into whose source of income it would not be diplomatic to enquire too closely'.[39] It was not only in the public display of the promenade that unequal gender power relations were at play. Georges Edwardes, a valued member of the Empire's Board, was also:

> [...] at one time a very regular luncher and diner [at the Café Royal]. In fact, there was a private room always reserved for this pioneer of the Musical Comedy world, where he used to take stock of the many stage debutantes to whom he thought of giving a chance to shine in one of his productions.[40]

This also reveals much about Nicols Pigache's intended 1930s (no doubt still predominantly male) readership. When the Empire promenade was eventually closed, its profits fell considerably and then into loss.

In the late 1890s, however, the Empire was in full swing and the variety menu was a diverse one, often featuring comic singers from the popular music-halls of working-class areas. In July 1899, for example, the programme included comic bicyclists, musical and acrobatic clowns, jugglers, performing dogs, French duettists, and an Australian soprano.[41] The central piece of the programme had always been a spectacular twenty-minute ballet. In 1887, under proprietor Daniel Nicols and managing director George Edwardes, the 'grand ballet' with an orchestra of sixty, was 'Dilara' set in an 'Eastern Port' and the 'Interior of the Caliph's Palace'. This programme also advertised the refreshments at the Empire which were 'recherché in character and entirely different to anything now in vogue at any place of amusement', their quality was 'the same as supplied at the Café Royal, Regent Street'.[42] In July 1899, the central ballet was 'Around the Town Again' with 'Mdle. Adeline Genée, Première Danseuse, as Lisette, Fifi's French Maid and Mdle. Francesca

---

39  Nicols Pigache, op. cit., p. 42.
40  Ibid., p. 126.
41  Empire Programme, 24 July 1899; F134 (box of programmes), Westminster City Archives. It should be noted that the names and apparent origins of variety performers did not always reflect the reality of those persons.
42  Empire Programme, 22 December 1887; F134, Westminster City Archives.

Zanfretta as Fifi Fanchon, A Burlesque Star'.[43] The Danish-British ballet dancer Adeline Genée was a great star of the Empire, making her first appearance in 1897 and remaining there for a decade.[44] Other prominent performers of the period also appeared, such as Mme. Yvette Guilbert, a celebrated French singer and actress, who made her English debut at the Empire.[45] Like the promenade, however, the spectacular ballets were also an exhibition of the female body on display: 'The Empire gained its reputation for naughtiness from the staging of spectacular ballets as leg shows and from the "nightly ballet" of the Ladies of the Night, who executed the "peculiar, exaggerated swing of the body from the hips" in the promenade. The heavily mirrored walls of the promenade enhance the doubling effect of these two performance sites'.[46] In contrast to the star acts, the life of the young women in the corps de ballet was a harsh one and they also had a reputation for being sexually available. The author of a contemporary memoir considered 'the women of the promenade dull and humdrum compared to the corps de ballet'.[47]

One final example of changing tastes and fortunes was D'Oyly Carte's New Theatre, as it was known before opening in 1891, then becoming the Royal English Opera House. Originally built to enter-tain 2,000 seated spectators, the Royal English Opera House was: [...] a luxurious analogue to [...] the Savoy Hotel Restaurant, the apex of gracious haute cuisine in London, a highly theatrical place to go to see and be seen, where men could be expected to dine with their wives'.[48] Unsuccessful as an opera house, however, much like the Leicester Square theatres with which it competed, it underwent an initial 'rebranding'. In 1892 it changed its name to the Palace Theatre and staged a season featuring Sarah Bernhardt taking the lead in *Fedora* with a French cast.[49] In 1893 a wider public was sought to avoid commercial failure, resulting in it: '[...] repositioning itself within the leisure market as a

43  Empire Programme, 24 July 1899; F134, Westminster City Archives.
44  Nicols Pigache, op. cit., p. 126.
45  Haddon, op. cit., p. 96.
46  Walkowitz, op. cit., p. 53. Her reference is to Arnold Bennett, *A Man from the North* (New York: George H. Doran, 1911), p. 11.
47  Disher, op. cit., p. 91. Another contemporary source is Albert Smith, *The Natural History of the Ballet Girl* (London: David Brogue, 1847).
48  Walkowitz, op. cit., p. 70.
49  Palace Programme, 29 June 1892; A134 (box of programmes), Westminster City Archives.

site of gentlemen's entertainment'.[50] Alongside variety acts, the Palace Theatre of Varieties staged *tableaux vivants* displaying female performers 'in gold frames dressed in flesh-tinted tights, with breasts sometimes encased in plaster of Paris' in a silent, immobile poses based on, for example, history paintings, Greek statuary and mythological subjects.[51]

This change in type of entertainment is amply demonstrated by comparing the programme cover of the opening night in January 1891 for Arthur Sullivan's *Ivanhoe. A Romantic Opera*, lavishly adapted from Walter Scott's novel and its elegant portrait by artist Alice Havers with one from 1898 for 'The Handsomest Music Hall in Europe' with its colourful scenes of the interiors and high-kicking young female dancer (very like the programme for the Empire) fronting, amongst others, 'eccentric comedians', a mimic, Saharet – an Australian dancer, a musical 'comedietta' set in a harem, jugglers and 'speciality artistes', along with an eclectic picture show with images from horse-racing to Nelson's flagship 'Victory'.[52]

The closest restaurant to the theatre was Kettner's which opened in what was then Church Street, now Romilly Street, Soho in 1867.[53] It advertised in the Palace's programmes in the 1890s as 'The Perfection of French Cookery' with dinners à la carte, private dining rooms and a ladies dining room'.[54] Sources vary, but Auguste Kettner was not French, he seems to have been born in Berlin and may also have had Alsatian identity. Myths and inaccuracies persist, there is no evidence that Kettner was chef to Napoleon III and it was certainly not the first restaurant in London to serve French food. In 1861 he married Barbe Dubois, born in Belgium, whom he met when they were both working in Paris. As it became well-known, Kettner's expanded into adjacent properties, creating a large restaurant and upstairs private dining rooms. Kettner died in 1877, and in 1880 his widow married the much younger Giovanni Sangiorgi, likely to have been their Italian head waiter. It was

50  Walkowitz, op. cit., p. 71.
51  Walkowitz, p. 57.
52  Palace Programmes for January 1891 and July 1898; A134, Westminster City Archives.
53  Kettner's remained open until 2016, going through many changes during the decades including a period as a Pizza Express (under a sympathetic owner who knew the history of Soho). It was restored to much acclaim in 2018 by the Soho House Group as Kettner's Townhouse (see Kelly, op. cit., p. 65).
54  Palace Programmes; A134, Westminster City Library Archives.

under Sangiorgi that Kettner's achieved its greatest success and again, like the Café Royal, it became (in)famous with a reputation for high living, not least because of its customers as well as its good food:

> Edward VII, the dazzling Lily Langtry, Oscar Wilde.... Kettner's was then the centre of Soho's 'carriage trade', famed for its blend of Bohemianism and discretion, a restaurant that insisted in diplomacy in even the humblest 'commis'. In the private rooms, princes could stand on their heads and pour champagne into a dancer's ballet shoe without causing gossip.[55]

Kettner's, like the Café Royal, was a site of mythologizing and also of theatricality.


## THE THEATRE OF DINING-OUT
## IN LATE NINETEENTH-CENTURY LONDON
### Who is dining out and where?


Colonel Nathaniel Newnham-Davis, a retired army officer and writer for the *Sporting Times*, known informally as the 'Pink 'Un', as well as the *Pall Mall Gazette* had his favourite seat in the Empire promenade, amongst 'the bearers of famous names in the aristocracy, the Army, the judicial bench'.[56] The articles which Newnham-Davis, 'arguably the first restaurant reviewer', wrote during 1897-1898 for the *Pall Mall Gazette* were published as a collection in *Dinners and Diners. How and Where to Dine in London* (1899), and are an often-cited source in cultural histories of the Victorian period.[57] These are detailed descriptions of the dining experience, décor, menus and prices which, often with a humorous,

55  Stanley Jackson, *An Indiscreet Guide to Soho* (London: Muse Arts Ltd., 1946), p. 77. See also Kelly, op. cit., pp. 65–6. The socialite (by marriage) and celebrated actress Lily Langtry was a mistress of the Prince of Wales at the end of the 1870s. Langtry had a successful career in London and the United States, later creating her own company, producing plays and leasing and managing the Imperial theatre in London.

56  Haddon, op. cit., p. 86. Founded in 1865, the name refers to the salmon-coloured paper on which it was printed. It also had a soup named after it at Romano's in the Strand, 'crème Pink 'Un' which, 'practically made [the proprietor's] fortune for him' (ibid., p. 33).

57  See, for example, Brenda Assael, 'On Dinners and Diners and Restaurant Culture in Late Nineteenth Century London', in Dino Felluga (ed.), *BRANCH: Britain, Representation and*

knowing anecdote thrown in, vividly describe the atmosphere of turn-of-the-century London, those involved in the restaurant scene of the period and their clientele.[58]

Newnham-Davis also had a passion for the theatre, both professional and amateur, taking part himself in amateur dramatics and he takes great pleasure in showing his knowledge of those from all corners of the theatre world to various dining companions.[59] The histories of the Café Royal and of Kettner's have already been discussed here and Newnham-Davis enjoys them both along with a number of other restaurants, often with female companions and, in that case, choosing places where 'respectable' women, most often escorted by a male companion, could dine.[60]

In the autumn of 1897, the redecorated Café Royal is the venue for dinner with Newnham-Davis's sister-in-law. Contrary to its bohemian reputation, the clientele comprised a celebrated doctor with his wife, a well-known barrister with his wife and daughter and a large party of men from the Stock Exchange. His sister-in-law was disappointed not to see the actresses whom he had promised to point out to her. In a telling exchange both for the period's gender roles and social perceptions, he tells her that:

> [...] if she laughed thus [at one of his 'little jests'] she would be taken for an actress. Whereupon she retorted that she did not want to be taken for an actress, but that she wanted to be one [...] if actresses were given every night such a dinner as she had eaten she wanted to be an actress.[61]

---

*Nineteenth Century History*, 2012; [online] available at www.branchcollective.org; (accessed 11/02/2024).

58 See Kelly, op. cit., pp. 61–4.

59 Newnham-Davis, op. cit., pp. 138–9. When he dines at Dieudonnés, a hotel and restaurant in Ryder Street, with the leading lady of an amateur troupe to which he had belonged, much of the talk is of their past productions. The restaurant had previously been a boarding house favoured by 'French artists and sculptors and singer and actors' (ibid., p. 141).

60 There is a notable exception at the end of Newnham-Davis's collection. An American actress whom he calls 'Miss Belle' is in London to join a theatrical company. He takes her to dinner at Epitaux's in the Haymarket at the request of regular dining companion 'Miss Dainty'. She is sharing a house in Bloomsbury with other ladies of the company. The 'girls go about together', finding that English men, 'as a rule [are] not fresh'. The previous evening, five of them had taken a private room at the Trocadéro (Shaftesbury Avenue) and dined together 'with great content, rejoicing in the absence of man' (Newnham-Davis, op. cit., pp. 278–81).

61 Ibid., p. 183.

Kettner's is chosen for the wife of a couple whom he knew from his time in India. After a run-through of the private dining rooms of most of the fashionable restaurants in London, Kettner's public dining rooms and its 'warren of little rooms above' are described, and chosen, for her.[62] The evening's programme was a busy one: '[…] we will dine at Kettner's, then go across the way to the Palace Theatre, where I will have a box; after that back to Kettner's to put on your domino […], and then on to the Covent Garden ball, where we will sup in our box and stay until after the procession'.[63]

Unlike at the Café Royal, in other dining-out experiences there was no shortage of actresses – and other theatre people – either as dining companions or amongst the clientele. At Romano's in the Strand (opposite to the Savoy and Simpsons) where Newnham-Davis dines with a favour-ite companion he refers to as 'Miss Dainty' (always given the epithet 'of all the principal London theatres') amongst the diners were two men described as 'powers in the theatrical world', a 'well-known theatrical lawyer talking business with the secretary to a successful manager', a 'dramatic author', a 'music-hall agent' and 'many others, nearly all connected to the great army of stage-land'. 'Miss Dainty' herself was able to give a full account of the stage career of 'a pretty lady dining with a good-looking grey-haired man'.[64] At the Hotel Cecil (also in the Strand) with Newnham-Davis's uncle, there was a 'little French chansonnette singer' and a 'well-known musician and his daughter […] a rising young actress'.[65] At the Savoy with the wife of a military acquaintance, who has recently returned from the south of France, the Sunday evening company is 'as fine a society salad as any capital in the world can show'; nearby was a 'lady who had won great celebrity on the stage, which she left to take a title', a 'good looking fellow' who 'left fops-alley at the opera for the green-room of a comedy theatre', 'the manager of one of the best-known of our comedy theatres, with whom was dining one of the most

62   Ibid., pp. 235–46. Newnham-Davis often dines, with the husbands' consent, with the wives of acquaintances who either care less for smart restaurants and the theatre, or whom travel or business have separated for a time.

63   Ibid., p. 249. A domino was a long hooded cloak, usually black, often worn with a mask for masque balls and fancy dress. See, for example: [online]: https://www.historicalfancydress.com/2011/08/the-classic-domino.html (accessed 11/02/2024).

64   Ibid., p. 35.

65   Ibid., p. 63.

beautiful of our actresses and her husband', all amongst an Indian prince and a party of South African stockbrokers.[66]

At the cheaper end of London restaurants, the Restaurant des Gourmets in Lisle Street (near Leicester Square) was an authentically French restaurant from the proprietor, to the menu, to the customers, to the décor. The stage door of the Empire was in the same street and members of the Empire orchestra, along with M. Wenzel, the conductor, were likely to be found dining there. A good meal could be had at a modest price and Newnham-Davis's bill, with half a carafe of house wine, came to two shillings and seven pence; dinner at the Savoy had cost three pounds five shillings and sixpence.[67] An invitation from a friend leads him to another, unnamed, French place 'in an unpretentious locality' above a wine shop where would-be diners had first to have an introduction. Fellow diners included a member of the Covent Garden orchestra and a his wife, a 'dark lady with wavy hair, an actress in a company of French comedians playing in London', a 'bright-eyed, good-looking young Frenchman [...]' who was playing with a group of mimes at one of the variety theatres' and his mother, a 'good-looking French lady in green', and a *comédienne* who had tickets with her for the stalls at the Opera; later another former female opera singer and a third actress passed by to chat to the diners. The conversation, too, turned around the theatres, the young Frenchman recounting an anecdote about how, from the promenade of the Empire on Derby Day, Jean Noté joined in the refrain of one of the 'beautiful Cavalieri's songs, and how the house recognised his voice and applauded'.[68]

On a visit to London to meet her husband there on business, a wealthy American who 'knows most people worth knowing in Europe, has been to most places worth seeing, and is in every way cosmopolitan' had been to the Gaiety after dining at the Savoy on her first night. On her second day, she lunched at Willis's (King Street), saw a matinée at Daly's (near Leicester Square), dined at the Princes' Hall (Piccadilly) and spent the evening at the Palace.[69] Newnham-Davis was responsible for her

66  Ibid., p. 74.
67  Ibid., p. 99.
68  Ibid., pp. 128–31. Jean Noté was a Belgian opera baritone, performing with companies in Antwerp, Lyon and especially the Paris Opera. Lina Cavalieri was an Italian opera soprano and actress. Early in her career she performed in café-concerts in Paris and music halls across Europe.
69  Ibid., pp. 54–5.

amusement on the third evening, no easy task versed as she was in the 'art of dining and an excellent cook herself', and it was Verrey's in Regent Street that was chosen. They had to hurry, however, over their coffee and liqueurs to get to the box he had reserved for them at the Empire as she insisted that they were in time for the ballet.[70] This is also revealing of how a wealthy, 'cosmopolitan' woman could enjoy the male-dominated spaces of the Palace and the Empire. While this anecdotal history may appear to contradict, in some ways, the critique of those spaces and their unequal power relations, Newnham-Davis's chaperoned female guests are in a socially privileged position, and even for them male approval is usually required for such outings. These accounts are also, of course, authored by a very knowing and well-known 'man-of-the-world'. Moving through the spaces of the Empire and the Palace was a different experience for women of other social classes not sitting in reserved boxes at the variety theatres after dining at London's most fashionable restaurants.[71]

## ON THE MENU IN LATE
## NINETEENTH-CENTURY LONDON
### Varieties of taste at the restaurant and at the theatre

> 'If I had the choice', he said, with conviction 'between going to the theatre to see Coquelin or Mme. Bernhardt and watching the faces of six gourmets eating a well-cooked dinner, I should prefer the latter'.
> M. Joseph, Director of the Savoy Hotel, London and Restaurant de Marivaux, Paris in Nathaniel Newnham-Davis, *Dinners and Diners. Where and How to Dine in London* (1899).[72]

---

70  Ibid., pp. 56–8.
71  This is not to say that the theatres of variety and the music-halls were not also places of entertainment for women from the working classes.
72  Ibid., p. 81; this in an interview with M. Joseph, born in Birmingham of French parents, 'Joseph At The Savoy' (ibid., pp. 79–84). Benoît-Constance Coquelin was a French actor particularly well-known for roles at the Comédie Française in Paris during the 1870s

It is noticeable in Newnham-Davis's descriptions of the dining rooms of the time how lavish so many of them were: the Criterion (Piccadilly Circus), the Tivoli (the Strand), Claridges (Brook Street), Verrey's (Regent Street), Frascati's (Oxford Street), Scott's (Piccadilly Circus), often with an orchestra or some configuration of musicians playing. These dining rooms were stage sets for diners who then 'gradually went off to theatres and music halls'.[73] These descriptions are also often theatrical in nature. To go from the darkness of the street in to the restaurant in Challis's Hotel (Rupert Street) is like: '[...] the transition in the pantomime from the Realms of the Demon Gloom to the Glittering Palace of the Good Fairy' and, on one occasion, underdressed since his plans had gone awry, Newnham-Davis: '[...] felt like the solitary scene-shifter who is generally "discovered" in the midst of the glittering scene when the front cloth rises'.[74]

The menus were equally lavish. To expand on just one example, Verrey's, above: in consultation with the management of the restaurant, a menu is chosen including *œufs à la Russe, soufflé de filets de sole à la Verrey, noisettes d'agneau à la Princesse, pommes Mireille, aiguillettes de caneton à la française, salade vénétienne, salade de fruits* (and more...), accompanied by Perrier-Jouët champagne.[75] And theatre was, quite literally, often on the London restaurant menu in the names of dishes. The most well-known example is perhaps 'Peach Melba', reputedly created by Escoffier at the Savoy in the late 1890s for renowned Australian soprano Dame Nellie Melba, a dish of fresh peaches served with ice-cream, a recipe to which he later added raspberry purée.[76] In the first decade of the twentieth century, Escoffier also created *'fraises Sarah Bernhardt'* consisting of ice-cream, strawberries marinated in sweet wine and pineapple, described by the *Daily Mail* as '[...] a veritable "poem" of a pudding', even more delicious than Peach Melba'.[77] At the Hotel Cecil, Newnham-Davis finds

---

and 1880s. He left there in 1892 and successfully toured Europe and America with his own company. In 1900 he toured America with Bernhardt and later worked with her again in Paris at the Théâtre Sarah Bernhardt.

73   Newnham-Davis, op. cit., p. 224.

74   Ibid., p. 275.

75   Ibid., p. 56.

76   The story goes that it was to celebrate her success in a performance of Wagner's *Lohengrin* at the Royal Opera House, and that peaches were a favourite of hers.

77   Rachel Cook, 'A peach of a read', *The Observer*, 10 December, 2023, pp. 40–1; book review of Pen Vogler, *Stuffed: A History of Good Food and Hard Times in Britain* (London: Atlantic, 2023).

the 'Consommé Sarah Bernhardt' excellent and supplies the reader with the recipe which includes consommé de volaille (poultry stock), mushrooms, shallots, chervil, tarragon and coriander and, once sieved, garnished with crayfish quenelles and marrow.[78] When taking 'Brighteyes' (the nickname given to her by her aristocratic family) to the Hotel Continental in Regent Street, he tells her that, 'if she wanted to see the restaurant at its best [they] should have to dine early, for most of the guests were sure to be going on to the theatre either as spectators or players'.[79] She also needs to be at Covent Garden at eight o'clock for a performance of the Huguenots. Later in the year they dine together again at the Criterion in Piccadilly Circus and then see The Liars, recommended to him by her father as: 'It is just the play that ought to suit you [...] for I hear it's all about menus and sauces'.[80] After dinner, Newnham-Davis and 'Brighteyes' go down to the theatre and 'listen in comfort to a discussion as to sauce Arcadienne and sauce Marguérite [sic]'.[81]

London's nineteenth-century theatres and restaurants were intertwined through their histories and geographies, their proprietors and clientele. Theatre-going and the theatre of dining-out abounded as they do in the present-day city – at least for those with access to them. The Empire, entirely rebuilt, was opened in 1928 as the Empire Cinema, 'after over forty years of variety'.[82] In contemporary London, it remains a presence in Leicester Square, hosting film premieres and attracting large audiences to its cinematic innovations. In the late twentieth century the Palace Theatre staged Les Misérables, an internationally-acclaimed musical based on Victor Hugo's nineteenth-century novel, for almost twenty years and since 2016 houses a production based on the global phenomenon of J. K. Rowling's Harry Potter novels, Harry Potter and the Cursed Child. The Hotel Café Royal with its two Michelin-starred

---

78  Newnham-Davis, op. cit., pp. 61-2; p. 66. The recipe was given to him Mr Judah who had taken over at the Hotel Cecil. Some years later, Newnham-Davis himself had a dish named after him, 'Filets de sole Newnham-Davis', served at a private dinner at the New Empress Club in Dover Street by French chef Henri André (The Caterer, no. 429, January 1914, p. 38).

79  Ibid., p. 111.

80  Ibid., p. 202.

81  Ibid., p. 207.

82  Archibald Haddon, op. cit., p. 85. In the 1960s it also incorporated a dance hall, then a casino, and in the 1980s and 90s, a discotheque and nightclub.

restaurant and the now international Soho House Group's Kettner's Townhouse attract Londoners, national and international guests and diners. All are much changed in form, ownership, management and clientele, but they are as much a part of the twenty-first century theatre and restaurant cultural fabric of London as they were when they were founded in the nineteenth century.

Debra KELLY
University of Westminster, London
Centre for *Language Acts and*
*Worldmaking*, King's College London

# BOIRE AU CAFÉ-CONCERT

## Sur scène et dans la salle

Le café-concert, par son nom même, place la consommation au cœur de son fonctionnement. Il a mauvaise réputation, pour son atmosphère enfumée et pour sa consommation jugée excessive d'alcool, critères pourtant essentiels de son succès public. Alors qu'ils n'étaient que 90 à Paris en 1871[1], une enquête du *Figaro illustré* en dénombre 274 en 1896, un chiffre sous-évalué selon Maurice Talmeyr[2], qui constate que chaque quartier possède son établissement et que les villes de province ne sont pas en reste. Si des différences existent entre les « beuglants[3] » – la Contrescarpe, le Cadran – et les cafés-concerts plus vastes et mieux fréquentés – les Ambassadeurs, l'Alcazar, l'Eldorado[4] – le fonctionnement est identique : c'est un lieu dans lequel on peut arriver à toute heure pour écouter un programme continu, en dégustant diverses boissons. Le tableau de Manet, *Au café-concert*[5], illustre ce lien indéfectible entre chanson et alcool, par la présence de verres de bière auprès du consommateur et de la serveuse. Les théâtres, d'ailleurs, mènent campagne contre cette concurrence jugée déloyale et demandent « la séparation de la bière et de la musique[6] » ; ils estiment que l'interdiction de boire et de fumer leur fait perdre

---

1  Archives nationales, F 21/1338, lettre du 29 juillet 1872, citée par Eva Kimminich, « Chansons étouffées. Recherche sur les cafés-concerts au XIXe siècle », *Politix. Revue des sciences sociales du politique*, n° 14, 1991, p. 20.

2  Maurice Talmeyr, « Cafés-concerts et music-halls », *Revue des Deux-Mondes*, 5e période, tome 10, 1902, p. 159.

3  « BEUGLANT : café chantant où les spectateurs chantent en chœur avec les artistes », selon Charles Virmaître, *Dictionnaire d'argot fin-de-siècle*, Paris, A. Charles libraire, 1894, p. 33.

4  Voir la classification en trois catégories (luxe ; second ordre ; salles « innommables ») proposée par Concetta Condemi, *Les Cafés-concerts. Histoire d'un divertissement*, Paris, Quai Voltaire, Histoire 1992.

5  Aquarelle conservée au Musée d'Orsay, à Paris, date indéterminée.

6  Léon Bienvenu, « Escarmouches », *L'Événement*, n° 133, 17 août 1872, p. 2.

une clientèle gagnée par le café-concert. Ainsi que le souligne ironiquement un article de *La Comédie*, ces établissements sont ainsi
nommés « parce que la boisson qu'on y voit le moins est le café et que
le concert reste toujours à l'état d'espérance[7] ». Musique et chansons
constituent l'unique divertissement proposé jusqu'en 1867, date à
laquelle la législation contraignant le café-concert à ne pas empiéter
sur le territoire du théâtre et de l'opéra s'assouplit. Si les danses,
pantomimes ou acrobaties font leur apparition sur certaines scènes,
nous nous concentrerons dans cette étude sur les liens qui unissent
chanson et boisson.

Accusé de tous les maux, dont l'alcoolisme et l'indigence artistique,
le café-concert perdure pourtant et se multiplie au cours de la seconde
moitié du XIXᵉ siècle, drainant un public toujours plus nombreux.
L'alcool, largement présent dans les consommations proposées, envahit
aussi les paroles, dans la pure tradition des chansons à boire[8], au point
qu'un type d'interprète se forge, celui du « pochard » ou du « poivrot ».
Cette spécialité chansonnière en dit long sur la présence réelle et fictionnalisée de l'alcool au sein du café-concert. Ne serait-il donc qu'un
temple de Bacchus où l'alcool règne ? Lieu de sociabilité, il permet aussi
la mixité entre artistes et publics, parfois réunis pour trinquer ensemble,
et s'affirme comme l'un des piliers de la vie citadine, alors en pleine
expansion et modernisation.

## CHOPES, MAZAGRANS ET BOCKS

Selon Francisque Sarcey, le café-concert est « à vraiment parler un
théâtre où l'on boit et où l'on fume[9] », associant donc tabac, alcool et
spectacle, raison pour laquelle le public plébiscite « les soirées *musico-
chopinales*[10] ». Le terme est méprisant, mais on peut y déceler cette union

---

7   Tibicen, « Un café-concert en 1878 », *La Comédie*, n° 64, 1ᵉʳ janvier 1878, p. 5.
8   Voir Sylvie Reboul, *Bon vin me fait chanter. L'histoire du vin à travers les chansons*, Bordeaux,
    éditions Féret, 2015.
9   Francisque Sarcey, « Chronique théâtrale », *Le Temps*, n° 4139, 12 août 1872, p. 2.
10  Touchatout, « Renouvelez, Messieurs, Renouvelez », *Le Tintamarre*, s. n°, 19 juin 1864,
    p. 1.

entre bock de bière et musique qui semble caractéristique du café-concert. De nombreux articles de la fin du XIXe siècle interrogent la préférence qui lui est donnée sur le théâtre et avancent en effet comme principal argument le fait que « les ouvriers peuvent y aller en tenue de travail », que « c'est moins cher » et qu'ils peuvent « fumer et boire en même temps qu'écouter ce qui se dit ou se chante », soit « trois plaisirs au lieu d'un[11] ». Le public n'est pourtant pas uniquement prolétaire, on trouve, selon les établissements, toutes les classes sociales en quête des mêmes plaisirs, parfois réunies dans un même lieu, la consommation d'alcool étant en très forte hausse tout au long du XIXe siècle. Un dessin de Luc, paru dans *Le Journal amusant*[12], dresse ainsi une typologie des spectateurs et de leurs consommations : un homme élégant avec monocle et cigare, vêtu d'un habit de soirée, commandant du champagne ; un individu coiffé d'une casquette et arborant un foulard autour du cou, optant plutôt pour un bock de bière ou un verre de Bordeaux ; ou encore un artiste, fumant la pipe et arborant cheveux et barbe de grande longueur, amateur d'absinthe. La qualité des consommations et leur prix varient de quelques centimes à plus d'un franc, pour « une cerise à l'eau-de-vie[13] », « de la bière et des grogs[14] » ou encore « un bock, une chartreuse dans trois verres[15] ». Dans les établissements plus chics, toutefois, on peut déguster du champagne, « du *gloria* et du *fine-champagne*[16] » ; les clients savent sélectionner le café-concert en fonction de leurs moyens et de leurs attentes. Pour les spectateurs occasionnels ou les touristes, les guides parisiens dressent des listes indiquant les prix des boissons et le type de spectacle proposé. Le *Guide des Plaisirs à Paris*, ainsi, mentionne qu'au Concert de l'Horloge, le bock vaut 40 centimes lors du concert-apéritif, pour un programme composé de « chansons d'actualité, surtout chansons

---

11 Albert Dubrujeaud, cité par « Chronique », *La Cravache parisienne*, n° 23, 9 juin 1883, p. 1. Voir Jacqueline Lalouette, « Alcoolisme et classe ouvrière en France aux alentours de 1900 », *Cahiers d'Histoire*, n° 42-1, 1997, http://journals.openedition.org/ch/11, (consulté le 06/02/2024).

12 Luc, « Études sur le café-concert », *Le Journal amusant*, n° 2004, 26 janvier 1895, p. 2.

13 Maître Jacques, « Les cafés-concerts », *La Nation*, n° 972, 15 décembre 1886, p. 2.

14 « Les cafés-concerts », *Paris illustré*, n° 50, 1er août 1886, p. 130.

15 P. Peltier d'Hampol, « Le café-concert », *La Nation*, n° 3603, 30 mars 1894.

16 Mercier, « Les cafés beuglants et la Société des auteurs et compositeurs », *Le Tintamarre*, 4 décembre 1864, p. 4. Le fine-champagne est un cognac, originellement à base d'eau-de-vie de champagne ; le gloria est un café additionné d'eau-de-vie.

légères » avec un « public très mélangé[17] ». Un salaire ouvrier masculin
est aux alentours de 3,50 francs par jour en 1860[18], ce qui rend ces
diverses boissons accessibles pour le plus grand nombre, puisque, à titre
de comparaison, un litre de lait coûte 30 centimes.

Peu de café donc au café-concert – sauf mélangé à l'eau-de-vie – pour
une soirée parfois onéreuse, car l'usage veut que les consommations
soient renouvelées « pour avoir le droit de regarder et d'écouter
encore[19] ». En outre, « le bock s'y paye vingt sous haut la main, bien
qu'il ne revienne qu'à vingt centimes au maître de l'établissement[20] »,
puisque les directeurs sont des commerçants qui cherchent à maxi-
miser leurs profits. Rappelons d'ailleurs qu'ils sont assimilés par le
décret du 29 décembre 1851 aux brasseries et marchands de vin, la
chanson venant donc en surplus. Le modèle économique, qui n'impose
pas de prix d'entrée, entraîne inévitablement des tarifs majorés
pour chaque consommation, comme le renouvellement continu des
commandes au cours de la soirée. Les affiches se font fort d'annoncer
« Entrée libre[21] », mais c'est un leurre car il est impossible de rester trop longtemps devant un verre vide. Au fil des ans cependant,
nombre d'établissements renoncent à cette pratique pour exiger un
tarif différencié selon le type de place occupé dans la salle. Il s'agit
là des plus vastes et des plus luxueux, qui s'approprient alors les
codes des hiérarchisations spatiales des théâtres. Les Ambassadeurs,
par exemple, proposent des loges à 5 francs, des fauteuils de face
à 4 francs et des places de seconde à 1,50 francs[22]. Au début du
XXe siècle ainsi, les entrées libres sont rares et ont laissé place aux
entrées payantes, parfois avec une consommation comprise, sans que
la fréquentation des cafés-concerts en soit ralentie.

---

17  *Guide des Plaisirs à Paris*, Paris, Édition photographique, 1899, p. 64.
18  Georges Renaud, « Prix et salaires à Paris en 1870 et 1872 », *Journal de la société statistique de Paris*, tome 14, 1873, p. 176.
19  « Courrier de Paris », *Le Monde illustré*, p. 674. Certains établissements, sous la IIIe République, renoncent à cette pratique et imposent un prix d'entrée, comme la Cigale, le Concert de l'Horloge, etc.
20  Mercier, art. cité, p. 4. Un sou vaut 5 centimes.
21  L'affiche du café-concert des Ambassadeurs (Paris, imprimerie Michel Drouot, s. d., conservée aux Silos à Chaumont, dans la collection Dutailly) présente la « troupe » qui compose le programme « tous les soirs à 7 h. ½ » et porte bien la mention « Entrée libre ».
22  J.-R. Cicerone, *À travers les plaisirs parisiens*, Paris, Édition & Publicité, 1900, p. 65.

Selon Albéric Menetière, ce qui amène le public, « ce n'est pas le droit de payer vingt-quatre sous une consommation qui n'en coûte que six partout ailleurs », mais plutôt « la chanteuse[23] ». Autrement dit, le contentement résiderait dans la coprésence de l'alcool, du tabac et des femmes, éventuellement des chansons. Alfred Delvau corrobore ce propos, en précisant que « l'incomparable Thérésa, la Patti de la chope[24] », peut faire accourir le public à l'Alcazar. Certes, tous ces arguments émanent de détracteurs du café-concert, au nom de la lutte contre l'alcoolisme[25], contre l'immoralité ou encore au nom de la défense du théâtre. Il demeure que la presse fourmille d'anecdotes au sujet d'individus ivres[26], de querelles liées à la consommation abusive d'alcool, ce qui contribue largement à l'image sulfureuse du café-concert. L'autre conséquence de la consommation associée au spectacle – et du désir de profit des directeurs – est l'entassement d'un maximum de sièges dans des salles parfois exiguës, au point qu'il est à la fois difficile de suivre le programme et de circuler :

> On s'empile entre les rangées des stalles, si étroites que plus d'un ventre maudit la tablette qui sert de support aux consommations. À chaque personne qui arrive, c'est un dérangement inimaginable. Des cuillers tombent ; des verres se renversent, heurtés par une basque pétulante. Garçons et voisins vous inondent le pantalon et les manches de bière, de sirops, de cendre[27].

Le portrait n'est guère flatteur, mais incontestablement, les salles sont souvent bondées et les artistes doivent composer avec l'inattention des spectateurs, qui bavardent, boivent et sont dérangés par les mouvements des serveurs. Les ingénieuses tablettes qui permettent de poser les verres compliquent encore les passages dans ces espaces

---

23  Albéric Menetière, *Les Binettes du café-concert*, Paris, Librairie centrale, 1869, p. 21.

24  Alfred Delvau, *Les Plaisirs de Paris*, Paris, Achille Faure, libraire-éditeur, 1867, p. 181. Le surnom de Thérésa, qui la compare à la cantatrice Adelina Patti, la place dans le contexte alcoolisé du café-concert où l'on consomme de la bière dans des bocks ou des chopes.

25  Voir Henri Bernard, « Alcoolisme et antialcoolisme en France au XIXᵉ siècle : autour de Magnus Huss », *Histoire, économie et société*, nº 4, 1984, p. 609-628.

26  « Maint ivrogne prend en titubant le verre de vin qui va achever de l'abattre, sans se soucier du dilettante qui franchit le seuil du lieu de délices musicales ». J. Villemagne, « Promenades dans les cafés-concerts. Le Cheval blanc », *Les Fantaisies parisiennes. Courrier artistique*, nº 34, 28 janvier 1866, p. 134.

27  André Chadourne, *Les Cafés-concerts*, Paris, E. Dentu, 1889, p. 15.

étroits, bien que certains cafés-concerts plus luxueux possèdent des tables et des couloirs plus larges, voire des promenoirs, des stalles et des loges[28]. L'installation des spectateurs diffère selon le café-concert, qui peut compter de quelques dizaines à plus d'un millier de sièges ; l'espace s'est progressivement accru au cours de la seconde moitié du XIXe siècle, surtout dans les années 1860 et la répartition des places selon le tarif payé a diminué la sensation d'entassement qui prévaut dans les beuglants. L'assistance est très majoritairement masculine, même si on peut y rencontrer des couples et quelques femmes seules ; les amis s'y retrouvent pour discuter ou des individus isolés pour y faire des rencontres, amoureuses ou amicales[29]. Émile Mathieu prétend que, de toutes façons, le public s'occupe « fort peu de ce qui se passe sur scène » et « cause à haute voix[30] », même si une interprétation est en cours. Il s'agit là d'une caractéristique qui contribue au succès de ce type de divertissement, moins exigeant que le théâtre où il est nécessaire de suivre le développement de l'action et les répliques. Par conséquent, certains artistes, selon André Chadourne, « interdisent aux garçons, pendant le temps qu'ils restent en scène, de remplir la moindre tasse[31] », pour obtenir un minimum d'attention. D'autres peuvent compter sur leur prestance afin d'imposer le calme, à l'instar de Darcier pour qui « le silence s'établit, les pipes les plus actives cessent de fonctionner [...], le garçon de café s'arrête ses bouteilles à la main[32] ». La pratique chansonnière au café-concert exige des interprètes, plus encore qu'une belle voix, une capacité à s'adapter et à demeurer impassible vis-à-vis des bruits et mouvements divers. Pierre Véron estime même qu'il faut « un courage héroïque [...] pour affronter ces foules » pour lesquelles l'usage est « de ne jamais écouter, de taper des pieds, de vociférer[33] ». L'une des ficelles du métier consiste alors à créer une complicité avec le public, qui aime à reprendre en chœur les

---

28  Voir les tarifs détaillés pour chaque type de place dans le *Guide des plaisirs à Paris*, *op. cit.*
29  Voir Geraldine Harris, « But is it Art ? Female Performers in the Café-Concert », *New Theatre Quarterly*, vol. 5, Issue 20, novembre 1989, https://doi.org/10.1017/S0266464X00003651(-consulté le 06/02/2024).
30  Émile Mathieu, *Les cafés-concerts*, Paris, Dubois et E. Vert, 1863, p. 12.
31  A. Chadourne, *op. cit.*, p. 77.
32  « Causeries musicales », *Le Ménestrel*, n° 24, 13 mai 1849, p. 2.
33  Pierre Véron, « Courrier de Paris », *Le Monde illustré*, 6 octobre 1888, p. 210.

refrains. Parmi les œuvres les plus entraînantes figurent sans conteste les chansons célébrant l'alcool, tradition ô combien française ravivée au café-concert.

## CHANSONS À BOIRE

Une liste exhaustive des mentions de l'alcool dans les chansons du café-concert est impossible, tant il s'agit là d'un thème central. André Chadourne note ainsi qu'il est plus facile aux artistes de réussir avec « les refrains à boire[34] » qu'avec d'autres styles et les éditeurs de chansons ont d'ailleurs créé la catégorie « Chansons à boire[35] » dans leurs catalogues, preuve de leur importance commerciale et de leur succès public. Sans doute la permanence d'une sociabilité française traditionnelle explique-t-elle en partie l'attrait des spectateurs pour les établissements associant consommation d'alcool et chansons[36], dans la lignée des goguettes et sociétés chantantes telles que le célèbre Caveau[37]. Certes, on faisait aussi bonne chère dans ces goguettes et il s'agissait d'un entre-soi choisi, tandis que le café-concert est ouvert à tout le monde et qu'on y vient après le dîner ; toutefois les paroles des chansons continuent à célébrer l'ivresse, le vin, la bière et autres breuvages. Qu'en est-il de la censure, toujours en exercice ? Si les paroles doivent être visées avant d'être chantées sur scène et que des agents surveillent parfois les spectacles en salle, nombre d'allusions scatologiques ou égrillardes parviennent jusqu'aux oreilles des publics, renforcées par les attitudes des interprètes[38]. Un article de

---

34 A. Chadourne, *op. cit.*, p. 78.
35 On peut citer par exemple l'éditeur Huré qui utilise cette classification dans ses catalogues, dont les titres de presse diffusent la publicité. On trouve les rubriques « Pour chanteuse comique », « Romances », « Chansons à boire » et « Chansons et chansonnettes comiques de genre ».
36 Voir Marie-Véronique Gauthier, *Chanson, sociabilité et grivoiserie au XIXᵉ siècle*, Paris, Aubier, 1992.
37 Voir Arthur Dinaux, *Les Sociétés badines, bachiques, littéraires et chantantes. Leur histoire et leurs travaux*, Paris, Bachelin-Deflorenne, 1867.
38 Sur la façon dont les chansons spectacularisées et mises en scène parviennent à rendre explicites le sous-texte, nous nous permettons de renvoyer à notre article « La chanson mimée au café-concert de la Belle Époque », dans *Les Ailleurs du mime*, Éléonore Martin,

*L'Art lyrique et le music-hall* cite l'exemple de M. Jacquet à Parisiana, s'exclamant : « Ah ! merde ! je suis encore saoul comme une vache[39] ! », phrase qui a obtenu le visa de la censure, mais a été sifflée par le public. Le critique en déduit une inefficacité de la censure et un sens moral aiguisé présent dans le public. Les ciseaux s'activent davantage pour les couplets politiques et sexuels, jugés subversifs[40] et estiment assez inoffensifs les récits de beuveries ou les hommages rendus à la dive bouteille. Quant aux publics, ils sont rarement aussi prompts à s'offusquer de familiarités ou d'allusions à l'ivresse.

Toute la gamme des boissons alcoolisées fournit en effet des thèmes au répertoire du café-concert car, comme le clame la chanson *Épatant quand on est rond*, « Vive le vin de la bouteille / Pour quatre ronds / Oui je suis rond[41] ! ». Le personnage y dresse une ode au vin simple et sans prétention, qui se boit « d'matin au soir » et a le mérite de rendre « fort amoureux[42] ». Les relations amoureuses, autre thème de prédilection de la chanson, sont donc liées à la consommation d'alcool, qui désinhibe les prétendants et les amants. On les retrouve dans *Ne suivez pas les Gigolettes ou Les Cinq couleurs*, où un homme rencontre une jeune fille à laquelle il souhaite offrir « un lite », mais elle rétorque : « Un lit' [...] C'est bon pour faire la dinette / Commande au moins quat' de chablis[43] ». La langue des chansons est orale, populaire et transgressive quant aux règles orthographiques et syntaxiques ; volontiers mâtinée d'argot, elle utilise allègrement l'apocope pour conserver le rythme[44]. Sous l'effet de la boisson, ces distorsions peuvent en outre apporter un effet réaliste, même si toutes les chansons n'y ont pas recours. Lié à une sociabilité virile, voire emblème de virilité, l'alcool, dans toutes ses déclinaisons,

---

Géraldine Moreau, Erico José Souza de Oliveira (dir.), *Horizons/Théâtre*, n° 16-17, 2023, p. 52-66.

39  Un lecteur de l'Art lyrique, « La Censure. Suite et interviews », *L'Art lyrique et le music-hall*, 1ᵉʳ janvier 1898, p. 3.

40  Voir Eva Kimminich, art. cité.

41  Paroles de Lucien Dotin, musique d'Henri Piccolini, publiée dans *Les Chansons de Paris*, n° 24, 4 octobre 1903, p. 4-5.

42  *Épatant quand on est rond !*, idem.

43  Paroles de A. Villiers et A. Devancaze, musique de E. Spencer, chanson publiée dans *La Chanson fin-de-siècle*, n° 2, 27 octobre 1894, p. 2.

44  Voir Élisabeth Pillet, « Une forme de culture orale urbaine au XIXᵉ siècle : le café-concert », dans Marie Blaise, Sylvie Triaire, Alain Vaillant (dir.), *L'histoire littéraire des écrivains. Paroles vives*, Montpellier, Presses universitaires de la Méditerranée, coll. « Collection des Littératures », 2009, p. 293-310.

s'invite dans les refrains et les couplets des chanteurs. D'Hervilly crée les paroles de *La Bière* (1862[45]), où il compare l'orge et la vigne, le verre et la chope ; le chanteur Paulus interprète *Champagne*[46], au sous-titre explicite de « Chanson à boire », mais aussi *Le Vin de Gascogne, Le Clos Paulus*[47] et *C'est le Cliquot*, « chansonnette comique » où le personnage arrose le mariage de sa fille au champagne Cliquot, cause de tous ses dérapages verbaux et gestuels :

C'est le Cliquot
Qu'en est la cause
Lorsque j'en bois j'vois tout en rose[48].

Paulus, propriétaire de parcelles de vignes, a largement contribué au répertoire chantant les diverses productions françaises, comme Debailleul, qui crée *Le Vin de Bourgogne* :

C'est la valse du vin de Bourgogne
Qui tourne la tête et vous rougit la trogne[49].

Le même Debailleul a également célébré *Le Vin de Marsala* à l'Alcazar (1893), qui lui permet d'oublier ses peines de cœur. La géographie des productions viticoles a donné naissance à pléthore de chansons, également entonnées par les femmes, comme Mme Gillette avec *Le Petit Picton de Suresnes* :

C'est à Suresn's qu'on rigole,
Et qu'on boit du p'tit picton
Qui vous tap' sur la boussole
Et vous rend tout folichon[50]…

45 Paroles publiées dans *La Chanson*, n° 6, 20 décembre 1862, p. 3.
46 Chanson de Chaudoir, Delormel et Garnier, musique de Félix Chaudron, créée par Paulus à l'Alcazar d'Été en 1888.
47 « Répertoire des chansons de Paulus », *La Dot du Gascon*, chansonnette monologue créée par Paulus, paroles de Delormel et Garnier, musique de Léopold Gangloff, 1889, p 6, Gallica http://catalogue.bnf.fr/ark:/12148/cb43002996q (consulté le 02/02/2024). Paulus a acquis des vignobles en 1890, dans le Bordelais et en Champagne ; voir Paulus, *Trente Ans de café-concert. Souvenirs recueillis par Octave Pradels*, Paris, Société d'Édition et de Publications, 2008, p. 300.
48 *C'est le Cliquot*, chansonnette comique, paroles de Léon Laroche, musique de Paulus, créée par Paulus à la Scala et par Bourgès à l'Alcazar, Paris, P. Feuchot, 1879, p. 2.
49 Valse de Wenzel, citée par « Les cafés-concerts », *Paris illustré*, n° 50, 1er août 1886, p. 132.
50 « Les cafés-concerts », *Paris illustré*, art. cité, p. 134.

À lire les paroles, on comprend le déchaînement des critiques contre
le café-concert, jugé responsable du développement de l'alcoolisme
comme de la déchéance de l'esprit français. Le contexte hygiéniste[51],
puis la défaite de 1870 intensifient la lutte de groupes de pression contre
la consommation excessive d'alcool et pour les bonnes mœurs, donc
contre le café-concert. La coupe est pleine – pour filer la métaphore –
lorsqu'émerge un nouveau type d'interprète, celui du pochard. Selon *Le
Temps*, il s'agit d'une « dégringolade des hommes à la dive bouteille du
joyeux Désaugiers » puisque la « Chanson de poivrot » se résume à des
« insanités flétries[52] ». Pour le critique, l'épicurisme qui caractérisait la
société chantante a laissé place à une consommation moins joyeuse et
plus graveleuse, si ce n'est décadente. Assez rapidement, le développement des cafés-concerts a entraîné la création de genres musicaux – la
chanson réaliste, la scie, le couplet patriotique – et de types – gommeux,
épileptique, diseuse, gambilleur, troupier, etc.[53] Chaque interprète
s'inscrit dans ces catégories, qui déterminent son apparence, sa gestuelle
et son type de répertoire. Dans les années 1880, ainsi, on trouve dans
les catalogues la catégorie « Chanson de poivrot », comme *L'Erreur du
pochard*, interprétée par Raiter :

> C'matin j'renconte' l'ami Lichard.
> Je m'écrie en l'voyant pochard
> Ah! vieux poivrot déjà pompette !
> Mais montre-moi donc ta trompette[54] !

Cette chanson-monologue comporte des parties parlées et mimées, qui
renforcent le comique de situation. Les photos qui illustrent la partition
nous permettent d'appréhender les attitudes et les mimiques, qui sont
bien celles d'un homme pris de boisson. Tous les interprètes, à partir
de l'ordonnance Doucet de 1867 les autorisant à porter costumes et
accessoires, mettent en scène leur chanson, mais les monologues offrent

---

51  Voir Gérard Seignan, « L'hygiène sociale au XIXe siècle : une physiologie morale », *Revue
    d'Histoire du XIXe siècle*, n° 40, 2010, p. 113-130.
52  « Au jour le jour. Les cafés-concerts de Paris – Les chansons », *Le Temps*, n° 8953, 4 novembre
    1885, p. 2. Marc-Antoine Désaugiers est l'un des chansonniers de ces goguettes, dont le
    Caveau moderne, où Béranger a débuté après lui.
53  Voir Serge Dillaz, *La Chanson sous la IIIe République (1870-1940)*, Paris, Tallandier, 1991.
54  Chanson-monologue, musique de Paul Pierret, paroles de L. Garnier et Jost, publiée
    dans *Les Chansons de Paris*, n° 14, 26 juillet 1903, p. 2-3.

davantage d'espace pour déployer le jeu. L'un des plus célèbres poivrots fut sans doute Bourgès, « la face rougie, le nez proéminent, coiffé à demi d'un chapeau écrasé », qui « titube, dodeline de la tête, bredouille en ricanant[55] ». La physionomie du buveur invétéré est ainsi composée et l'état permet toutes les audaces, verbales ou gestuelles, toutes les situations scabreuses. Comme le note *Le Triboulet*, « en France, on est plutôt indulgent aux pochards » et en dépit des alertes relayées par la presse, « ni les moralistes, ni les médicastres n'ont pu faire perdre à l'ivrogne son caractère de personnage sympathique[56] ». Un article de Sergines s'amuse de cette lutte et évoque la création de « la *Chanson à boire... de l'eau* » afin de contrecarrer la « poésie bachique[57] ». Les *Annales politiques et littéraires* soulignent pourtant que Bourgès « entoure de nous ne savons quel charme poétique ses chansons à boire qui moussent dans sa bouche comme du vin nouveau[58] ». La notoriété d'un tel artiste dépasse largement le cadre spatial du café-concert, car l'édition des partitions et paroles pour quelques centimes[59] permet de diffuser les chansons à des publics avides de les connaître. Il est ainsi plus facile aux spectateurs de reprendre en chœur les refrains, comme cela arrive fréquemment dans les soirées du café-concert.

Une variante du type se construit, celle du « poivrot mondain[60] », notamment représenté par Max Morel ; plus élégant mais tout aussi drôle, il renforce la sociabilité de l'alcool si présente dans la culture française et réjouit notamment les classes populaires, puisque ce personnage visiblement aisé subit les mêmes effets de l'ivresse. Si les femmes étaient majoritairement exclues du répertoire des chansons à boire traditionnelles, elles adoptent elles aussi la vogue dont jouit ce genre au café-concert. Yvette Guilbert, l'une des vedettes incontestées de la chanson, a connu l'un de ses plus retentissants succès avec le titre *Je suis pocharde*[61], dans

---

55   A. Chadourne, *op. cit.*, p. 225.
56   Raoul Narsy, « Pour les ivrognes », *Le Triboulet*, n° 23, 4 juin 1893, p. 12.
57   Sergines, « Les Échos de Paris », *Les Annales politiques et littéraires*, n° 849, 1ᵉʳ octobre 1899, p. 6.
58   Ély-Edmond Grimard, « Musique. Les cafés-concerts », *Les Annales politiques et littéraires*, n° 165, 22 août 1886, p. 121.
59   Le prix est en général de 40 centimes pour une chanson imprimée, selon Albert Delpit, « La liberté des théâtres et les cafés-concerts », *Revue des Deux-Mondes*, 3ᵉ période, 1878, t. 25, p. 601-623.
60   « Revue des Concerts de Paris », *L'Art lyrique et le music-hall*, n° 23, 28 juin 1896, p. 6.
61   Chanson de Léon Laroche, musique de Louis Byrec, 1890.

lequel elle évoque son penchant pour le champagne et revendique le plaisir qu'il lui procure :

En buvant du Moët-et-Chandon
Je fais très rar'ment des folies,
Mais quand j'en fais, ah ! nom de nom !
Je dépass' tout's les fantaisies [...].
C'est pas un crim' que d'êtr' pompette
Et d'aimer le Moët-et-Chandon.

On comprendra aisément que les détaillants de vin aient profité de cette vogue chansonnière pour obtenir de très efficaces publicités vantant leurs produits. Ce type d'établissement, considéré comme le prototype d'une industrialisation de la culture, sait très vite composer des stratégies économiques pour accroître ses bénéfices[62]. Nombre d'affiches de café-concert portent le nom d'une marque d'alcool, comme celle du Café-concert des Incohérences, qui mentionne la « Bière française Amer Champion », le « Picotin » et le « Champagne de Hautvillers[63] ». On y voit une chanteuse décolletée et court vêtue, tête renversée d'extase, qui semble planer au-dessus du serveur et de son plateau garni de verres. Ici réside une autre particularité du café-concert, dont la sociabilité de l'alcool s'étend de la salle à la scène, et inversement. Le spectaculaire, de même, est aussi présent dans les publics, qui s'adonnent volontiers à la chanson et créent parfois des animations supplémentaires, sous l'effet de l'alcool.

---

62  Voir Jean-Claude Yon, *Histoire culturelle de la France au XIXᵉ siècle*, Paris, Armand Colin, coll. « U », 2010, chapitre 9 : L'émergence de la culture de masse, p. 303-336.
63  Affiche de José Roy, 1890, Gallica, https://gallica.bnf.fr/ark:/12148/btv1b9012791f/ (consulté le 02/02/2024). Une étude serait à mener sur les contrats ou les accords liant les cafés-concerts avec les producteurs de vin ou de bière, ainsi que semblent l'indiquer des affiches comme celle-ci.

ILL. 1 – Café-concert des Incohérences… le Picotin : [affiche],
[Charles Verneau] ([Paris]), 1890, lithographie en couleur ;
230 × 82 cm / [José Roy], cote : ENT DN-1
(VERNEAU, Charles/2)-ROU © BnF.

## ARTISTES ET SPECTATEURS :
## TOUS BUVEURS

Il serait péremptoire d'affirmer que les chansons qui convoquent l'ivresse et la boisson sont un miroir des consommations prises dans la salle, même si l'on peut noter la présence de bière ou de vin dans les paroles comme sur les tables. Plus généralement, l'alcool s'apparente à une forme de sociabilité et de convivialité qui a des conséquences sur les relations humaines, remodelées au café-concert. Le gérant des Folies-Cluny, le « père Adolphe », n'hésite pas « après avoir versé le café et le cassis[64] » à monter sur scène, pour pousser la chansonnette. Cette pratique, usuelle dans les cabarets comme celui du Mirliton fondé par Aristide Bruant[65], l'est moins au café-concert où les chanteurs-directeurs sont plus rares. La communauté réunie intègre aisément les artistes, dont beaucoup ne dédaignent pas de s'installer au milieu des spectateurs pour partager un verre. Ainsi Darcier, « après avoir électrisé la salle [...] vient boire une chope de bière et fumer une pipe à l'une des tables du café, comme un simple mortel[66] ». On peut déceler dans cette attitude une familiarité que l'absence d'étiquette du café-concert favorise – symbolisée par le surnom « caf'conc' » – une sociabilité déjà scellée par le fait de chanter ensemble, puisque les publics aiment à entonner les refrains. Les artistes ne sont pas, contrairement à ceux des théâtres, d'inaccessibles personnages ; proches physiquement de la salle, puisque les scènes sont en général étroites et presque imbriquées dans les premiers sièges, les interprètes cultivent leur proximité sociale et culturelle avec le public, scellée par le fait de trinquer ensemble. Paulus assimile cette pratique à celle des goguettes, où « les bravos, les bans, rythmés avec les soucoupes et les verres[67] », remplaçaient les

---

64  A. Chadourne, *op. cit.*, p. 24.
65  Voir Jeanne Landre, *Aristide Bruant*, Paris, La Nouvelle Société d'Édition, 1930. Aristide Bruant, après avoir remporté d'immenses succès au Chat Noir de Rodolphe Salis, crée en 1885 son propre cabaret, le Mirliton, au moment où Salis déménage le Chat Noir dans un plus vaste espace, rue Victor Massé.
66  « Causeries musicales », *Le Ménestrel*, n° 24, 13 mai 1849, p. 1. Darcier est plus connu comme le compositeur d'une chanson sociale et politique, *la Canaille*, dont les paroles sont dues à Alexis Bouvier (1865).
67  Paulus, *op. cit.*, p. 44.

applaudissements à la fin de chaque chanson. Dans les cafés-concerts de province, les mêmes usages ont cours, notamment dans un beuglant de la Croix-Rousse de Lyon, en 1864 :

> Un chanteur [...] était sur l'estrade et râlait une romance sur l'air de *Marie, trempe ton pain* ; jusque-là rien de bien extraordinaire. Mais ce qui me parut fort, et qui l'était en effet, ce fut de voir ce même chanteur, qui chantait tous les genres et dans tous les tons, servir des consommations aux spectateurs, être dans l'intimité avec chacun, avoir son verre à toutes les tables, boire du vin d'un côté, de la bière d'un autre et tutoyer tout le monde : vrai, c'était d'une familiarité sans exemple, et un peu moins de sans-gêne n'eût pas été un luxe inutile[68].

L'auteur s'offusque de la proximité entre artiste et public, mais elle participe de cette convivialité qui a fait la renommée du café-concert, au même titre que la décontraction qui y règne, contrairement aux codes stricts du théâtre et de l'opéra.

Mirliton rappelle que la chanteuse Amanda, après avoir interprété plusieurs titres, « va tomber épuisée, près de l'office, en face d'un bock qu'elle avale d'un trait et d'un petit jeune homme blond qui l'aime [...] et lui paye à boire[69] ». Les mêmes habitudes sont relevées chez Mlle Éléonore, qui se fait offrir « une prune ou un petit verjus[70] » suite à son tour de chant. Pour les femmes, cet usage est socialement condamné, même s'il fait partie de certains contrats. La surveillance des cafés-concerts pour cause de prostitution et de proxénétisme est liée aux pratiques de certains établissements, couvrant leur commerce sexuel par la présence de tours de chant[71]. En outre, les chanteuses doivent parfois « trinquer effrontément[72] », car quelques engagements stipulent qu'elles doivent « pousser les clients à la consommation[73] ». En d'autres termes, peu importe qu'une interprète « chante comme un sabot », du moment qu'elle « ait un bon estomac pour absorber fortes consommations et

---

68  Jules Celès, *Almanach des cafés chantants*, Paris, Brouillet et Goulon, 1869, p 62. *Marie trempe ton pain* est une ancienne chanson enfantine.

69  Mirliton, « Notes parisiennes. Les beuglants », *L'Événement*, n° 4963, 26 octobre 1885, p. 2.

70  Mirliton, *idem*. Le verjus est un jus de raisins verts, très acide.

71  Voir Lola Gonzalez-Quijano, *Capitale de l'amour. Filles et lieux de plaisir à Paris au XIXᵉ siècle*, Paris, Vendémiaire, 2015.

72  A. Chadourne, *op. cit.*, p. 125.

73  H. R., « Au café-concert. La traite des blanches », *La Lanterne*, n° 9133, 25 avril 1902.

force soupers payés par les clients[74] ». Une circulaire ministérielle du 23 juillet 1873 interdit la corbeille et la quête, ce qui n'a pas empêché la pratique de perdurer, puisque dans les années 1890, plusieurs municipalités prennent des arrêtés pour les rendre illicites[75]. La corbeille consiste à présenter sur scène des « poseuses », jeunes femmes coquettes et avenantes, destinées à stimuler les spectateurs à rester, donc à renouveler leurs consommations. Elles ne chantent pas et ont pour unique fonction officielle le « décor » de la scène, tout en agissant réellement comme entraîneuses. La quête, quant à elle, fournit la rémunération de certains établissements, dans lesquels les artistes n'ont pas de cachet et doivent compter sur la générosité du public. Certaines sociétés de moralité assimilent l'usage à une « prostitution obligatoire[76] » des chanteuses, car les relations avec les clients ne s'arrêtent pas toujours au partage d'un verre. Ouvrard, dans ses mémoires retraçant une vie de café-concert, dénonce les directeurs « marchands d'eau chaude » qui imaginent « des stratagèmes pour augmenter les recettes », en utilisant les chanteuses « gracieuses avec le client » et buvant « après la soirée quelques bouteilles de champagne[77] ». À la fin du XIX<sup>e</sup> siècle, les artistes militent pour éradiquer ces pratiques, de même que certains directeurs, afin de redorer l'image du café-concert et de leur métier[78]. En 1893, une pétition[79] est soumise aux artistes pour suggérer aux députés de prendre des mesures radicales aboutissant à la fin de la quête.

D'autres contrats, comme ceux des Ambassadeurs dans les années 1860, prévoient une rémunération fixe « plus une bouteille de vin pour assouplir l'organe[80] ». Clovis, au début de sa carrière, « chantait pour deux francs, et ses consommations payées[81] », avant de se spécialiser

---

74 Broca, « Lettre ouverte à Messieurs les Maires des Municipalités de toutes les villes de France », *La France théâtrale*, n° 18, 15 septembre 1891, p. 2.

75 D<sup>r</sup> Aigre, « Arrêté réglementant la tenue des cafés-concerts, etc. », *L'Express du Nord et du Pas-de-Calais*, n° 4699, 21 août 1895, p. 1. Lorge, à la tête de l'Eldorado dès 1861, interdit immédiatement la corbeille, qui perdure dans les autres établissements.

76 H. R., art. cité.

77 Ouvrard, *La Vie au café-concert*, Paris, Imprimerie Paul Schmidt, 1894, p. 78.

78 Ce combat est retracé par Marie-Ange Rauch, *À bas l'égoïsme, vive la mutualité. La Mutuelle des artistes et professionnels du spectacle (1865-2011)*, Saint-Denis, PUV, coll. « Théâtres du monde », 2015, au chapitre « La longue lutte des artistes de café-concert pour la respectabilité artistique et la dignité sociale de leur métier », p. 25-62.

79 « Texte de la pétition », *La France théâtrale*, n° 72, 1<sup>er</sup> octobre 1893, p. 4.

80 « Le café-concert – Le passé », *Le Café-concert*, n° 14, 16 juin 1867, p. 2.

81 Henri Bryois, « Au café-concert », *Le Courrier du soir*, n° 3353, 16 août 1887, p. 3.

dans le genre poivrot et de s'imposer comme « le créateur des ivrognes parisiens[82] ». Rien n'est spécifié quant à un lien de cause à conséquence, il est probable que le choix de son type en pochard résulte du succès obtenu par ces chansons auprès des publics ; mais on peut aussi estimer que la fréquentation régulière d'individus alcoolisés a pu lui donner un champ d'observation pour ses interprétations. Théodore Massiac rapporte les propos d'un artiste de l'Eldorado, au sujet de « Calamoul, qui n'avait aucun talent, sauf celui de boire[83] », preuve de l'endurance alcoolique qui serait requise pour exercer comme chanteur. L'alcool est d'ailleurs lié au métier, les chanteurs aux répétitions vont « boire des verres » et après leur tour de chant « s'installent aux tables pour s'humecter le gosier[84] ». Souvent peu payés, ils doivent en outre financer leurs vêtements et accessoires, mais « on les rafraîchit en sus de leurs appointements[85] », petite compensation qui contribue à leur réputation d'ivrognes et, pour les chanteuses, de prostituées et/ou de femmes perdues. André Chadourne déplore ainsi les « artistes prises de vin », l'ivresse étant répugnante « chez l'homme », mais dépassant « les bornes de la licence[86] » pour des femmes. La tolérance, voire la complaisance envers la consommation d'alcool est genrée ; s'il est admis que la masculinité s'accommode fort bien de la boisson et de l'ivresse, la féminité en revanche est perçue comme dégradée et avilie lorsqu'elle leur est associée. Ego, dans son essai sur les plus modestes beuglants, estime qu'on y « *lève* une femme pour une demi-tasse, voire pour un petit verre[87] », reliant à nouveau la consommation d'alcool à la prostitution féminine. Diverses associations hygiénistes militant pour la tempérance, de même que la Ligue pour le relèvement de la moralité publique[88], ont fait du café-concert l'une de leurs cibles, contribuant peut-être à accroître sa notoriété. Les publics réguliers, en effet, viennent pour boire en écoutant les chansons, tandis que les novices cherchent à découvrir cette atmosphère sulfureuse. Les

82  « Bouquet d'artistes. II Clovis », *Paris-Concert*, n° 6, 1ᵉʳ janvier 1892, p. 2.
83  Théodore Massiac, « Les coulisses des cafés-concerts », *Le Figaro. Supplément littéraire du dimanche*, n° 28, 9 juillet 1887, p. 1.
84  A. Chadourne, *op. cit.*, p. 47.
85  Jules Lecomte, « Courrier de Paris », *Le Monde illustré*, n° 237, 26 octobre 1861, p. 674.
86  A. Chadourne, *op. cit.*, p. 244.
87  Ego, *Bouis-bouis, bastringues et caboulots de Paris*, Paris, P. Tralin, 1861, p. 119.
88  La Ligue, créée en 1883, possède un organe de presse, *Le Relèvement social*, afin de diffuser le plus largement possible ses idées.

peintres et les romanciers[89] se font l'écho des divertissements du café-concert, poussant les provinciaux de passage à Paris à tenter l'expérience, avivant la curiosité partout sur le territoire national pour ces lieux attirants et tellement à la mode.


## ELLE AIME À RIRE, ELLE AIME À BOIRE


Les paroles bien connues de *Fanchon*[90] constituent une définition assez fidèle de la chanson pratiquée au café-concert, volontiers comique et avinée, mais aussi plutôt bon enfant. Louis Veuillot et d'autres contempteurs du café-concert le considèrent plutôt comme « une charge corrompue et canaille[91] », ce qui n'a jamais ralenti la ferveur des publics et n'a pas mobilisé les services de censure – du moins pour les paroles célébrant l'ivresse et la boisson. À l'Eldorado, la revue de l'année 1887, *Paris-Gâchis*, comporte une chanson intitulée *Le Café-concert*, dont les paroles illustrent fort bien le statut de ces établissements dans les loisirs de la population :

> C'est un spectacle où l'on s'amuse,
> Sans payer un prix par trop grand,
> Et, si l'on taquine la muse,
> C'est que la muse est bon enfant.
> Pas d'opéra qui vous entête
>
> Et qui vous brise les tympans,
> L'on fume, l'on boit, l'on casquette
> Et l'on paye deux ou trois francs[92].

---

89  Édouard Manet, Edgar Degas, Pablo Picasso, Jean Béraud, H. G. Ibels, Henri de Toulouse-Lautrec ont peint des scènes de café-concert ; Émile Zola inscrit des scènes qui ont lieu au café-concert – notamment dans *L'Assommoir* et *Nana* –, Marcel Proust a partagé son engouement pour ce type de divertissement comme chroniqueur, etc.

90  Chanson attribuée à l'abbé Gabriel-Charles de Lattaignant (1757), initialement interprétée par les militaires.

91  Louis Veuillot, *Les Odeurs de Paris*, Paris, Palmé, 1867, p. 150.

92  Chanson interprétée par Mlle C. Roger, sur l'air de *Clairette Ango* ; *Paris-Gâchis*, revue de MM. Hermil et Nunès, musique de Malo, Gallica, https://gallica.bnf.fr/ark:/12148/bpt6k96038192 (consulté le 02/02/2024).

Prix abordable, possibilité de fumer et de boire, absence d'obligation d'une tenue de soirée et divertissement agréable fourni par les chansons variées présentées en continu : la clef du succès réside sans doute dans ces caractéristiques du café-concert. Si nombre d'articles, d'essais et de groupes ont vitupéré contre les méfaits supposés de son existence sur la population, le café-concert s'est affirmé comme le loisir citadin par excellence et n'a cessé de se développer dans la seconde moitié du XIXᵉ siècle. Didier Nourrisson estime que « l'ensemble du répertoire du caf'conc' relève du registre alcoolique, évoquant les borborygmes du glouglou, les hoquets de l'ivrogne[93] » ; ce constat est juste, mais il ne doit pas occulter d'autres pans très importants de la pratique chansonnière, tels que la chanson réaliste, patriotique ou romantique. La place centrale occupée par les chansons à boire et l'omniprésence du type du pochard au sein du café-concert constituent l'une de ses facettes. Le public s'y rend pour boire, entendre des chansons qui célèbrent régulièrement l'alcool, voir des interprètes mimant l'ivresse et parfois trinquer avec eux. La sociabilité de l'alcool, longtemps très masculine, devient mixte[94]. Au café-concert, en dépit de l'opprobre dont les critiques aiment à le couvrir, une culture populaire renaît ; la boisson en constitue l'ingrédient principal et, sans doute, le ciment des assemblées qui y sont réunies. Rire et convivialité, sur scène et dans la salle, y miment en chanson les rituels sociaux du boire.

Nathalie COUTELET
Université Paris 8
Unité de recherche Scènes du Monde

---

93  Didier Nourrisson, *Crus et cuites. Histoire du buveur*, Paris, Perrin, coll. « Pour l'histoire », 2013, p. 147-182.

94  Voir B. Ann Tlusty, « Consommation d'alcool et culture masculine dans l'Europe de l'époque moderne », dans Anne-Marie Sohn (dir.), *Une Histoire sans les hommes est-elle possible ?*, Lyon, ÉNS Éditions, coll. « Sociétés, Espaces, Temps », 2014, p. 121-134.

OTHER PERSPECTIVES

UNIVERSALITY OF FOOD AND HUNGER

# TASTE AND TIME

## An Essay on the Phenomenology
## of Hunger and Theatre

*Meanwhile, until earth's structure vast*
*Philosophy can bind at last,*
*'Tis* she *that bids its pinion move,*
*By means of hunger and of love!*[1]

In *Civilization and its Discontents*, Freud assigns to this poem, Schiller's *Die Weltweisen*, the *starting-point* of his energetic theory of instincts and libido. The hunger and love that move the world, the two forces that keep it going, became in Freud's interpretation of psychic life the two preservation instincts we are all subjected to: the preservation of ourselves and the preservation of the species. These preservation instincts act like two forces with two different directions: the hunger that preserves the ego is a centripetal force for it desires to consume, to bring alterity *into* oneself, digesting what is eaten, assimilating, making it a part of us, whereas the love that preserves the species is a centrifugal one for it desires to touch, to go towards and get into contact with the objects of its desire, not to assimilate them, but to partially fuse with them into a new production, a new life: to re-produce beyond the ego. This second kind of instinct, the centrifugal object-instinct, not the ego-preserving hunger, is what Freud called *libido*.[2] Thus, when we address hunger, as we well know from our daily experience and as we can realise it when we reflect upon it, we address a primary aspect of our lives: our needs, those that are immediately ours, that do not go through the mediation

---

1    Friedrich Schiller, *The Poems of Schiller Edited by Henry D. Wireman* (Philadelphia: I. Kohler, 1879), p. 313.
2    Sigmund Freud, *Civilization and Its Discontents* (New York: W.W. Norton, 2010), p. 104.

of the other, of love and its objects. These needs that hunger names are in a much stronger sense beyond any rational control. This is why the analyses of sensory experience specifically relating to eating and tasting are important: not only because of the contemporary reassessing of the body as such, after centuries of religious and philosophical rejection of our embodied existence but because the taste of the world, how we savour it and live from it, highlights the intimate, alimentary, sensuous and dependent relationship in which we are, as long as we live, with all of its nourishments.

> Tasting, like eating, spans the range from satisfaction of brute hunger (and salvaging a body from death by starvation) to the most frivolous, chosen experimentation. The particular circumstances under which one eats are not incidental but become significant in the meanings of foods and tastes [...]. Tasting is an intentional activity, which is to say, it is a conscious event that is directed to some object or other.[3]

In this *gustatory semantics*[4] that takes shape as the deeper meanings of eating are reflected upon, the study of cultural narratives such as theatre becomes significant. In this setting, drawing on the phenomenology of theatre as the intentional and bodily analysis of theatre from the perspective of any and all its participants, be it actors, spectators or any other subject coming *into play*, here I explore the role of alimentary scenes and enjoyment in one of the plays phenomenologists worked on: Ibsen's *Rosmersholm*. Aiming to shed light both on this *pièce* and on the realms of the phenomenology of hunger and theatre, as well as in the larger meanings of nourishment, I will first do a preliminary analysis of Ibsen's play, to then explore how it can be considered a phenomenological *mise en scène*, where it is not society nor the psychological structure of the subject that are decisive but the basic dynamics of life and meaning that are: hunger and love, enjoyment and touch, the sensible constitution of the self and of the other.

---

3    Carolyn Korsmeyer, *Making Sense of Taste: Food and Philosophy* (New York: Cornell University Press, 1999), p. 96.
4    Ibid., p. 185.

## SUPPER AT ROSMERSHOLM:
## THE ANCHOR BEFORE THE STORM

*Rosmersholm* is the first of the so-called Middle Plays, composed while Ibsen lived in Munich. Appearing in 1886, one year after Ibsen's first visit to Norway in eleven years, and before the publication of *The Lady from the Sea* (1888) and *Hedda Gabler* (1890), the other two plays of this period,[5] *Rosmersholm* condensates succinctly what can be called Ibsen's *third way* or Ibsen's *evasion*, namely a gesture indicating that, although the crucial debates of his time around politics and social conflict on the one hand, and around the psychic life of the subject on the other, are being reflected upon and problematised through his plays, there is something else *at play* as well, something else being thought: a dramatic line that we might call phenomenological. Being written and taking place at the end of the nineteenth century, *Rosmersholm* could, indeed, be understood by one of the two tendencies (or a combination of them) that are habitual in the hermeneutics of Ibsen's work as an expression of modernity, i.e. the readings that reduce it to social criticism or to *character studies* (in-depth explorations of the human psyche).

> As the father of modern drama, Ibsen is visionary in his projection of a modern self that departs from traditional cultural frameworks. Almost all of his plays are concerned with the representation of characters against traditional fixed parameters of self-definition. This modern self is reflective and critical, as opposed to the dutiful and obligatory; it is framed beyond the confines of traditional institutions, such as family, law, society, and the church. [...] Ibsen criticism over the past century has been focused mainly on the *social plays*. However, there has also been a growing interest in Ibsen's works that probe hidden psychological issues in characters.[6]

Such readings, Marxist or Freudian, would not be astray: the play opens, indeed, with trauma, with the evocation of a recent suicide, and

5   Janet Garton, 'The middle plays', in *The Cambridge Companion to Ibsen*, ed. by James McFarlane (Cambridge: Cambridge University Press, 2004), pp. 106–25 (p. 108).

6   Kwok-kan Tam, 'Introduction', in *Ibsen and the Modern Self*, ed. by Kwok-kan Tam, Terry Siu-han Yip, and Frode Helland (Hong Kong: Open University of Hong Kong Press, 2010), pp. xii–xxiv (p. xiii).

tells the love story of Rebecca West and John Rosmer, both characters representing quite explicitly the newness of modernity, as well as its adriftness. 31-year-old Rebecca, the friend of the deceased woman, is trying to become a proper Rosmer, trying to be a part of this traditional religious family, although only to revolutionise it, even to end it, while John, the widower, quits the clergy under Rebecca's influence, in hopes of one day employing his forces to strengthen the cause of social transformation and human emancipation. Both characters confront the old regime as well as the new: the ecclesiastical and the politicians' rulings represented by the conservative Dr. Kroll and the reformist Peter Mortensgaard. Between these two tendencies, Rebecca and Rosmer have 'a vision of a third way'.[7] They conceive a moral utopia, social change through education, along the lines of the ideals of Enlightenment: 'ROSMER. To elevate all our countrymen into noblemen'.[8] Educative ennobling to which the tempering of wills and emancipation would organically, spontaneously follow. A revolution by virtue and truthfulness then, as opposed not only to the falsehood and harness of institutions such as religion or political parties, but also as opposed to the falsehood and harness of superstition, embodied by Mrs. Helseth, the housekeeper, and of empty intellectual vanity, represented by the dilettante figure of Ulrik Brendel. In Rosmer's words, they dream of opening themselves to *that great world of truth and freedom* that has appear to them as a possibility in their conjoined readings, *like a revelation.*[9]

*Rosmersholm*'s phenomenological *third way* does not, nonetheless, refer to any political exception or social utopia any individual character could embody. It refers also to a different register than those readings that make of this play yet another clever illustration of the Oedipus complex, of the vicissitudes of frustrated desire and guilt, readings that date back to Freud himself. Nevertheless, we would like to bring back to memory how Freud summarises the plot:

> Rebecca [...] finds a position at Rosmersholm, the home for many generations of an ancient family whose members know nothing of laughter and have sacrificed joy to a rigid fulfilment of duty. Its occupants are Johannes Rosmer, a former pastor, and his invalid wife, the childless Beata. Overcome

7    Garton, 'The middle plays', pp. 108–9.
8    Henrik Ibsen, *The Complete Major Prose Plays* (New York: Plume, 1978), p. 518.
9    Ibid., p. 519.

by *a wild, uncontrollable passion* for the love of the high-born Rosmer, Rebecca resolves to remove the wife who stands in her way [...]. She contrives that Beata shall read a medical book in which the aim of marriage is represented to be the begetting of offspring, [...] then hints that Rosmer, whose studies and ideas she shares, is about to abandon the old faith and join the *party of enlightenment* [...]. The criminal scheme succeeds.[10]

These, the causes of Beata's death, of this indirectly but thoroughly encouraged suicide, only start to be disclosed through the sceptical enquiring of Dr. Kroll during the second act, and they are not fully revealed until the fourth and last act with Rebecca's love confession to Rosmer.

But before this deploys, before the dialogues start, hinting undoubtedly to a socio-political context and to the relevance of desire and trauma in the architecture of the human psyche, depicting external and internal landscapes that Ibsen constantly tries to explore; even before the first evocation of Beata's suicide in the first act with how Rosmer isn't able to follow the shorter path towards his house for it takes him too near the place of Beata's death and its memory; most remarkably, before all this, the play opens with a simple supper, a most anticipated dining scene that never comes. This supper points towards the *third way*, towards what we call Ibsen's phenomenological *evasion*, where the author seems to say: not this nor that but a *ligne de fuite*. First act, first scene: the proscenium curtains open. Rebecca crochets. She has almost finished a large, white shawl, and in the first line of dialogue, the housekeeper asks: 'Shouldn't I begin setting the table a bit for supper, miss?'.[11] This unconsummated gastronomic moment frames and extends through all of the first act, giving the whole play its tone, a hue of incompleteness, and even resonating with its ending, announcing its structure: a fractal structure of *undoings*, of *almosts*, of *never-quite-dones*. As Rebecca's shawl that will never be finished, as her intrigues that will never allow her to consummate her carnal desires for John, this friendly supper between the both of them, to which Dr. Kroll is also later invited, never takes place, symbolising the appearances that cannot be kept, the normalcy

10   Sigmund Freud, 'Some Character-Types Met with in Psycho-analytic Work', in *Writings on Art and Literature*, ed. by Werner Hamacher and David E. Wellbery (Stanford: Stanford University Press, 1997), pp. 151–75 (pp. 166–7).

11   Ibsen, *The Complete Major Prose Plays*, p. 497.

that will never take whole of any moment of the play for since its beginning it will not cease to unfold vertiginously until its decisive ending.

*Rosmersholm* is in this way full of incompletions at all its levels, talking about defeat and the ruins of not only traditional institutions but also of the puerile – although sincere and touching – projects of love – for a single person or for humanity – through which we as individuals might give meaning and direction to our drive, to our lives. The incompletions I would like to address are, nonetheless, yet of another type. In other words, *Rosmersholm* is not exhausted by Marxist or Freudian analyses. It does not end with nor is merely a sociopolitical drama or a psychomachia: Rosmer and Rebecca die, killing themselves together, not for honour nor a moral or political dream, not for anguish nor unrequited love. They kill themselves together with a smile on their faces, almost playing, without answering any dichotomic question, evading them, going through a third path hand in hand: 'ROSMER. For now we two are one. REBECCA. Yes. Now we're one. Come! We'll go then gladly'.[12]

How can we understand such a gesture? Should we even try to understand it or is it simply the contemporary *absurd*, the meaninglessness of life, that presents itself at the end of this *pièce?* On the contrary, in my interpretation, this gesture has a profound meaning. This joint suicide points precisely towards the *third way*, this *evasion*, this *something else* beyond the theorisation of social or psychological conflict, beyond the dichotomy between society and the individual to which *Rosmersholm* has been reduced. To clarify this *something else*, this other register or dimension that, it seems to us, *Rosmersholm* allows us to grasp, this *ligne de fuite*, I need to briefly refer to how phenomenology has thematised hunger and theatre.

---

12   Ibid., p. 584.

## ABSENCE AND THE PHENOMENOLOGY
## OF THEATRE

*Phenomenological reduction is a scene, a theatre stage.*[13]

In its founder's words, 'phenomenology is an infinite field of eidetic analyses and eidetic descriptions'.[14] It is the meditative and methodical exploration (the method being phenomenological *epoché*) of what is *constant* in each of our experiences. This is the *eidetic* part: the intuitive capturing of the *essential* traits (*eidos*) of what we live, when we take the time to stop and observe it, adopting a distinct disposition of allowing phenomena to appear and letting go of our prejudices about them. In other words, in phenomenology, the aim is to describe all the regularities of experiences, the usual dynamics and constitutive elements one might be able to intuit during meditation or in *epoché*, in the *interruption* of the non-reflective course of experience. The fluidity of our daily life is interrupted but only to set up certain gestures: we pause but then we need to do the *bracketing* and neutralisation of our prejudices and beliefs – as much as we can. Finally, through this bracketing, because of it, we obtain the reductive modification of what is being lived and the neutralised modification of our attention, which can then explore more easily the scene of what is appearing. Just as a play put on to better seize and better reflect upon human emotions, in the distance and the open space of the stage, phenomenological meditation opens the scene of consciousness.

This kind of meditation is *phenomenological* because what is being lived is considered as *phenomena*, meaning it *appears* to us as taking place and making sense in the different experiences we have but we are no

---

13   Jacques Derrida, *Speech and Phenomena* (Evanston: Northwestern University Press, 1973), p. 86. *La réduction phénoménologique est une scène*, Jacques Derrida, *La voix et le phénomène* (Paris: PUF, 1967), p. 96.

14   Edmund Husserl, *Ideas Pertaining to a Pure Phenomenology and to a Phenomenological Philosophy, Third Book, Phenomenology and the Foundation of the Sciences* (The Hague: Martinus Nijhoff, 1980), p. 51.

longer one with it. We detach from our beliefs around phenomena and from everything that is not essential to them, revealing their intimate functioning. The phenomenological method is therefore simple but not singular. It is simply letting experience freely appear and develop but as any meditative method, it is a constant effort: an iteration of efforts, of rememberings and neutralisations, that are not demanding, nonetheless, but rather aiming to accompany experience, to follow it without altering it too much, seeking to see, describe and understand it as best as possible. Still, it is an exercise, a change of attitude, and a reiteration of subtle activities. This is what I want to highlight quoting Derrida, above, at the beginning of this part: the phenomenological reduction is a theatre stage. Why? Because it demands a performance, a methodical exercise, as well as the exploration of the scene that is created through the *epoché*, of the space that the method is constantly opening and revealing. This is why Husserl talked so often about the phenomenological description of experiences in reference to a *new dimension*, as 'an infinity of ever new phenomena belonging to a new dimension, coming to light only through consistent penetration into the meaning and validity implications of what was thus taken for granted'[15]: each *epoché* and all of them in their ensemble and iteration open and keep opening a realm where no substantial category is assumed, where, for example, this table does not appear as merely a table but as a series of constitutive elements in relation that have the meaning of *a table*.

The phenomenological stage is thus one that depends on our detaching and introspective performance, a production we construct in that way, where the play is performed by the inner workings of experience and where there is a ghostly character that examines everything: our awareness or attention.[16] In this context, aesthetic moments like appreciating a painting, being moved by a melody, or going to the theatre have been capital for phenomenologists since the beginning of the discipline, for they imply a specific set of experiences particularly useful to understand one of the most important performances of consciousness: our representational capacity or,

---

15    Edmund Husserl, *The Crisis of European Sciences and Transcendental Phenomenology* (Evanston: Northwestern University Press, 1970), p. 112.

16    For more on the similarities between performance and phenomenology, cf. Eirini Nedelkopoulou, Maaike Bleeker, and Jon Foley Sherman, 'Introduction', in *Performance and Phenomenology: Traditions and Transformations*, ed. by Eirini Nedelkopoulou, Maaike Bleeker, and Jon Foley Sherman (New York: Routledge, 2015), pp. 1–16.

in phenomenological terms, our *image-consciousness* (*Bildbewußtsein*). Husserl indicates[17] that in aesthetic experience or when we have a *purely aesthetical* attitude, when we take something to be, not real but a *mere picture* [*bloßes Bild*], a mere representation of reality, we neutralise its effects on the world and our belief in it. For example, when we read or see the scene where Helseth witnesses Rosmer and Rebecca falling from the bridge together and disappearing into the water at the end of *Rosmersholm*, we do not believe this scene to be real. Being *de facto* the bodies of actors moving in real space and in front of us, we still see the scene not as something actually happening but *as image*, i.e. 'without imparting to it the stamp of being or non-being, of being possible or being deemed likely'.[18] This neutralisation of not only aesthetic experience but of any attitude or form of image-consciousness, mnemic, imaginary, oneiric, or of any other kind we might come to grasp in phenomenological meditation, is one of the primary and main points of the phenomenological analysis of art. In this respect, a theatre scene is no different than a painting, a narration or a movie scene: they are embodied images.

Although there are other important points of aesthetic phenomenological analysis where theatre differentiates itself from other aesthetic experiences, particularly regarding the fact that actual living bodies perform in front of our eyes, allowing for a particular form of kinaesthetic empathy,[19] the distinction between aesthetic enjoyment and aesthetic judgment applies also to all aesthetic experiences.

> We can look at a picture 'with delight.' Then we are living in the performance of aesthetic pleasure, in the pleasure attitude, which precisely is one of 'delight.' Then again, we can judge the picture, with eyes of the art critic or at historian as 'beautiful.' Now we are living the performance of the theoretical or judgmental attitude and no longer in the appreciating or pleasure-taking.[20]

The consideration of these two constitutive polarities of aesthetic objects and experience, pleasure and judgement, that the neutralised positing of images allows, that their being re-presentational – i.e. less-than-real but still real – allows, is the core of Roman Ingarden's (namely,

17    Edmund Husserl, *Ideas Pertaining to a Pure Phenomenology and to a Phenomenological Philosophy, First Book, General Introduction to Pure Phenomenology* (The Hague: Nijhoff, 1982), p. 262.
18    Ibid.
19    Cf. Stanton Garner, *Kinesthetic Spectatorship in the Theatre* (Cham: Springer, 2018).
20    Husserl, *Ideas, First Book*, p. 10.

the phenomenologist that gave an important place to our *Rosmersholm*) analysis of the work of art, although his examination is so detailed that the Husserlian idea of neutralisation is no longer accurate to name the particularities of aesthetic modification and of the relationship aesthetic objectivities have with reality.[21] As we look at a painting or witness a play, we don't worry about the reality or probable occurrence of what is being re-presented. We feel, for instance, how Kroll's irritation intensifies as he discovers Rosmer's new ideals and speculates quite correctly about their source, but we do not feel that we are at any risk because of his anger, as we could be if we witnessed a similar confrontation in the real world.

Our emotions in the aesthetic world are, indeed, of a special kind. They are, simultaneously, inconsequential and freer, and more intense because of it. Even if they are lived and felt in our own bodies, and even if they might resonate in us well after the aesthetic experience has ended, giving us insights into our real lives, having sometimes earnest and lasting effects, they are not quite *ours* and merely *quasi* real, for they do not relate directly to any object or subject of our real world.

Ingarden's theory explains this by exploring the richness of phenomena and the different degrees and strata of experience that go from the initial originary sensuous emotion that, for example, a picture *carves* in us, until the moral judgement or convictions it can inspire over time. Emotion and judgement are thus two extremes of a manifold and abundant continuum of discontinuities: the aesthetic experience begins with an initial feeling that develops into many pathways. Many paths of sensation, pleasure and cognitive apprehension that will go on or stop depending on the qualities of the work of art, our psychic state, and even circumstances as trivial as how long the spectatorship experience lasts, how pure it is or how contaminated we are by external dialogue, by prejudices or by disruptions. Some of these paths will, indeed, develop into a moral position-taking or a hermeneutic-aesthetic view that will affect some of our subsequent decisions or maybe the rest of our lives. It is the fact that most of these paths, most of these bits of experience will stay in their embryonic state of sensuous emotion, and will be cutoff before they have a chance to develop and relate to the rest of our lived experience, that will create the false view of art as a pleasurable banality, as mere amusement:

---

21   Cf. Roman Ingarden, *The Literary Work of Art* (Evanston, Northwestern University Press, 1973), p. 221.

[...] aesthetic experience is not a mere experience of pleasure, which stirs in us as a kind of reaction to something given in sense perception. The reasons for considering this experience as actually momentary and relatively simple are only apparent. They arise from the fact that the aesthetic experience is often not completely unfolded, for quite incidental reasons. It is interrupted before the constitution of the aesthetic object is achieved, and consequently the culmination of the experience is also missing.[22]

Is in the context of this theory of aesthetic experience, or of *the literary work of art*, i.e. not only of fictional narratives or of what we call *literature* but of every aesthetic experience mediated by language, that Ingarden does a detailed phenomenological analysis of theatre[23] and utilises *Rosmersholm* to illustrate one of the most remarkable capabilities of theatrical *mise en scène*: their capacity to allow us to empathise with the invisible past of embodied characters. Ingarden's choice of enriching the usual plays analysed by phenomenologists with Ibsen is, moreover, for us eloquent. It is symptomatic of how phenomenology as a school was evolving in Husserl's later years and through the ensuing generations of phenomenologists: opening, from its original project of a rigorous science of egoic consciousness, towards an analysis of intersubjectivity and empathy as the fundamental constitutive instance of all phenomena. If Husserl analyses theatre usually thematising heroic pieces, like Shakespeare's *Richard III* or Schiller's *Wallenstein*,[24] to keep highlighting how, when perceived, an aesthetic object, for example, a king, is not a real king that we grasp but a fictional one, Ingarden chooses to focus on how all through *Rosmersholm*, as the intrigue develops and we form a bond with Rosmer and Rebecca, we empathise with them, we feel the feelings they are experiencing not only in the present but also and mostly in their past.

As we empathise with the body of actors and how they interpret their characters, constituting actor and character as one single intentional subject in the neutralised realm of *Bild*-consciousness, or as we

22  Roman Ingarden, *The Cognition of the Literary Work of Art* (Evanston: Northwestern University Press, 1973), p. 187.

23  Cf. Roman Ingarden, 'Appendix: The Functions of Language in the Theatre', in *The Literary Work of Art* (Evanston, Northwestern University Press, 1973), pp. 377–96.

24  Cf. Edmund Husserl, 'Aesthetic artistic presentation [*Darstellung*] and perceptual phantasy. Objective truth in the sphere of phantasy and in the sphere of actual experience. Revision of the earlier theory of image-consciousness as depiction, worked out in more detail in the case of drama', in *Phantasy, Image Consciousness, and Memory 1898-1925* (Dordrecht, Springer, 2005), pp. 616–25.

empathise with the characters we form in our imagination while reading, we understand in our flesh, little by little, the fictional biographies that the theatrical text, that this particular form of literary work of art, gives us access to. Let us not forget the phenomenological definition of empathy, feeling the feelings of others in our own flesh not as our own but as the feelings of others, constituting the other in us: 'Just as our own individual is announced in our own perceived experiences, so the foreign individual is announced in empathised ones'.[25] Empathy is, indeed, much stronger than compassion – not to mention that it is also utterly passive and unconscious, not any action or will of the subject –, because we feel and live what the other lives and feels in our own bodies, in our guts, in our skin, but we live and feel it not as if these feelings belonged to us but as belonging to the other. This distinguishes these empathetic feelings both from our own actual feelings and from our own non-actual feelings, for example, remembered or imaginary ones.

To consider this phenomenon, the phenomenon of empathy, is what makes us realise how remarkable the experience Ingarden thematises through *Rosmersholm* is: we empathise through the bodies of actors with the unseen past of the characters, and even with the thoughts and feelings of ghosts such as Beata's that is never *on stage*. We empathise thus with individual biographies but also with a family, with the fact of not having one, of not belonging to one in Rebecca's character, even with the history of nations in *Rosmersholm* as a whole. The importance of the ability we have to empathise with the past of fictional characters could hardly be overstated for it seems to bare the very possibility a work of art gives us to reflect on what it means to be human, to have human emotions and live in a transgenerational community of humans. The kinaesthetic empathy between our bodies and the bodies of actors – or between our bodies and the imagined bodies of the characters, when we read *Rosmersholm* – is the phenomenological basis for a series of aesthetic experiences that are grounded on absence.

Ingarden determines that a play has three elements that need to be relatively consistent – even if art allows for much poetic freedom – among them to form a synthetic unity, to become a *world*: 1. *Present* objectivities, namely things, people, and events given to the spectator exclusively in perception 'through the acting of the actors or through

---

25   Edith Stein, *On the Problem of Empathy* (Washington: ICS, 1989), p. 34.

the décor',[26] 2. Twofold or *present/absent* objectivities, that is objectivities that are given both in perceptual depiction, in the bodies of actors or the materiality of objects, and then also, after they have been in that manner perceptually presented a first time, subsequently re-presented through linguistic means, evoked in dialogue. And 3. *Absent* or merely linguistic objectivities which are never shown on stage but only discussed by the characters or implied and invoked by their discussions. Is this third group of absent intentional objectivities that a play like *Rosmersholm* allows us to best comprehend, and with it, the larger functioning of our consciousness that is able to focus and give meaning to absent, non-perceptual objectivities; giving sometimes even a much stronger significance precisely to those things that are not there than to *present* ones.

> [...] in Ibsen's Rosmersholm we follow the *present* vicissitudes of Rosmer and Rebecca West and in the process always discover something new about the past of these two people, we become conscious of how it mingles increasingly with their *current* lot and indeed begins to dominate the events now taking place, until, finally, it forces the tragic decision. Represented merely linguistically, the past achieves in the tragic end of Rosmer and Rebecca nearly the same self-manifestation as their decision to take their own lives, which occurs directly *on stage*. This, itself, is again intentionally determined only by the conversations of the two represented persons, but it is done in such a way that it seems as real and actually present for the spectator as the last words of the departing individuals.[27]

As it highlights the different degrees of phenomena, their various intensities beyond the merely present perceptual object, aesthetic phenomenology harmonises with and becomes a reminiscence of a much more up-to-date philosophy that some read as being far from the phenomenological project: the Derridean critique of the metaphysics of presence. If phenomenology is a convenient enemy, useful contrasting point to outline the critical philosophy of deconstruction, when we consider aesthetic experience from a phenomenological perspective, we find ourselves dwelling on the theatre of *epoché* and getting to see a not so different scene as that of deconstruction. We grasp, indeed, how each apparently solid experience is swarming with shadows, subtle drafts of memory and phantasy, fragments of sensation and emotion that

---

26  Ingarden, 'Appendix: The Functions of Language in the Theatre', p. 379.
27  Ibid., p. 380.

constitute in us experiences that are as indirect and fictional as they are real and intense, as those of Rosmer and Rebecca. This closeness between deconstructive philosophy and Husserlian phenomenology precisely with respect to how absences are the transcendental grounds, the condition of possibility of any presence was clear for Derrida himself:

> The absence of the referent is a possibility rather easily admitted today. This possibility is not only an empirical eventuality. It constructs the mark; and the eventual presence of the referent at the moment when it is designated changes nothing about the structure of a mark which implies that it can do without the referent. Husserl, in the Logical Investigations, had very rigorously analysed this possibility.[28]

Drawing on this, on the importance of absence for presence, as I highlighted the importance of the past for the present and of fiction for actual self-perception and self-reflection, I will now finish my analysis of *Rosmersholm* in a phenomenological key through a brief depiction of how hunger, that emptiness at the heart of our daily lives, is thematised in phenomenology, specifically in Emmanuel Levinas' work.

## ROSMERSHOLM
## IN A PHENOMENOLOGICAL KEY

> *You recall,* mein Johannes, *that I'm something of a sybarite.* Ein Feinschmecker. *And have been, all my days. I love to savour things in solitude. Because then my pleasure doubles, yes, ten times over.*[29]

*Rosmersholm,* first act: the conceited thinker, the somewhat deluded Ulrik Brendel touches upon the link between ideas and nourishment, eating and thought that I suppose throughout this article and that has

---

28   Jacques Derrida, 'Signature Event Context', in *Margins of philosophy* (Brighton: Harvester Press, 1982), pp. 307–30 (p. 318).

29   Ibsen, *The Complete Major Prose Plays*, p. 514.

been increasingly emphasised and explored in recent years.[30] After all, as Schiller and Freud said: hunger is one of the reasons the world turns.[31] Why would hunger not then be intrinsically related to thought, as it must be – one might suppose from reading these thinkers – intrinsically related to everything? The unassignable character of Ulrik Brendel, distasteful as he is delectable, drawing on the archetype of the fool that obstructs and deconstructs any easy assignation to moral categories, displays in its dialogue a series of suggestive comments that seem to clarify the specific way in which hunger and thought might connect:

BRENDEL

[…] whenever new ideas unfolded, dazzlingly and boundlessly within me, lifting me to the heights on their soaring wings […] The ecstasies I've relished in my time, John! […] the celebrity, the laurel crowns –all these I've gathered in my grateful hands, trembling with joy. In my most secret imaginings […]

KROLL

Hm---

ROSMER

But nothing written down?

BRENDEL

Not a word. It's always sickened me, that slave's labour of being my own secretary. And then, why should I profane my own ideals, when I can enjoy them in their purity, all to myself? But now they're going on the block. Truly –I feel just like a mother giving her budding daughters into their bridegrooms' arms. But I'll sacrifice them, nevertheless, on the altar of liberation.[32]

Brendel, this peripheral character, does not only represent a central element of the dramatic knot, namely the all-too-human tendency to give meaning to one's life through dreams of agency, through self-aggrandising dreams of celebrity and influence over others – as Rosmer himself did at one point –, and the obligatory sequel of such dreams: disappointment, either because this agency is never achieved or because, after such achievement, the meaninglessness of life waits unbothered for those who tried to solve it in that manner. He also touches upon the solitude of hunger.

---

30   Cf. Valeria Campos, *Pensar/Comer. Una aproximación filosófica a la alimentación* (Barcelona: Herder, 2023).

31   Friedrich Schiller, *The Poems of Schiller Edited by Henry D. Wireman*, p. 313; Sigmund Freud, *Civilization and Its Discontents*, p. 104.

32   Ibsen, *The Complete Major Prose Plays*, pp. 513–4.

Hunger in its larger sense – as the name of our needs, those that are more urgent – engulfs us into ourselves. Thus, referring to the sybarite pleasure of thought, the temptation of keeping ideas for oneself, only for one's own enjoyment, Brendel reminds us of Levinas' phenomenological analysis of sensibility and allows us to understand *Rosmersholm* otherwise: in the key of phenomenological absence, the sensible absence that is at the heart of every presence, the hunger, the infinite thirst that can never be satiated.

Let us explain. The philosophy of Emmanuel Levinas has as an important element the solitude of not only self-gratification but of *any* sensuous gratification, not to mention that the phenomenologist depicts sensibility and sensory satisfaction, precisely, in the gustatory semantics of hunger. These descriptions are part of a general theory of sensibility that distinguishes itself from previous phenomenological theories. Levinasian phenomenology radicalises, indeed, traditional phenomenology in that perception will no longer be understood as the intentional relation between a subject and its objects, in an infinite series of intentional expectations that are either fulfilled or disappointed, but as a sensibility that is forever hungry; a hunger that is not fulfilled by the edible and constitutes hence the gaping wound that subjects are, always shuddered by the other.

> Hunger then is hunger of the edible, perception consciousness of the perceived, like *four is twice two*. The phenomenological, that is, *reductive* description, should distrust such a presentation of the psychic[33] [...]. The immediacy of the sensibility is the for-the-other of one's own materiality; it is the immediacy or the proximity of the other. The proximity of the other is the immediate opening up for the other of the immediacy of enjoyment, the immediacy of taste, materialization of matter, altered by the immediacy of contact.[34]

Levinas' phenomenology goes in this fashion, deeper into the phenomenological scene – behind the stage, one might say –, to see the ghosts that are only evoked in the theatre of consciousness. He gets to explore sensibility in its most fundamental elements, in the strata that barely form before any intentional consciousness can be constituted, from *nausea* to *enjoyment*, and from *enjoyment* to *obligation*, as David Goldstein puts it.[35]

---

33   Emmanuel Levinas, *Otherwise than being or Beyond essence* (Pittsburgh: Duquesne University Press, 2006), p. 71.
34   Ibid., p. 74.
35   Cf. David Goldstein, 'Emmanuel Levinas and the Ontology of Eating', *Gastronomica*, 3 (2010), pp. 34–44.

What do these technical terms mean? *Nausea*, as an elaboration from Sartre's concept, is the name of the sensible encounter with Being as such, the *feeling for existence*.[36] In other words, the experiencing we get when we feel ourselves existing, among the anonymity of beings, of what Levinas calls the *il y a*, the *there is*. *Enjoyment* and *Obligation*, on the other hand, are the names of the two aspects of the twofold dynamics of the sensible encounter with alterity, be it the alterity of nourishments or the alterity of another living being. This sensible encounter, this *proximity*, precedes the constitution of consciousness but also is constantly there, in that scene, in every intentional relation, sustaining it; it is its pre-intentional *signification*, in Levinasian terms, that could not be called a 'fundament' or its 'grounds' – although it is –, because these names would betray the absolute gapingness that sensibility – this being *for-the-other*, this always being opened up by alterity – represents.

This gapingness that precedes the scene of consciousness is twofold because it is firstly hunger for matter, for the alterity of the elements that we assimilate and digest, enjoyment that folds the subject into itself, a 'folding back upon oneself proper to ipseity',[37] and then also a hunger for the other person, *contact, vulnerability, obligation*, all technical terms aiming to name that second moment of sensibility that does not mark our limits but how porous, how open we are: 'The approach of the neighbour is a fission of the subject, [...] a fission of self, or the self as fissibility'.[38] Both these moments can and should be understood as hunger: a hunger that in enjoyment – but also the disgust of satisfaction – marks our limits, our *place under the sun*, our *self*, while another hunger that in the contact of another's skin highlights our being forever more than porous, ravenous for them.

> Desire knows perfectly well what it wants. And food makes possible the full realization of its intention. At some moment everything is consummated. Compare eating with loving [...]. For what characterizes love is an essential and insatiable hunger [...]. There is also the ridiculous and tragic simulation of devouring in kissing and love-bites. It is as though one had made a mistake about the nature of one's desire and had confused it with hunger which aims at something, but which one later found out was a hunger for nothing. The other is precisely this objectless dimension. Voluptuousness is the pursuit of

---

36  Emmanuel Levinas, *Existence and Existents* (The Hague: Martinus Nijhoff, 1978), p. 61.
37  Levinas, *Otherwise than Being*, p. 110.
38  Ibid., p. 180.

an ever-richer promise; it is made up of an ever-growing hunger which pulls away from every being. There is no goal, no end in view.[39]

*Rosmersholm* is, in its construction, an illustration of Levinas' thought: the dinner that never comes and the sexual encounter that never takes place between Rosmer and Rebecca are, like the twofold dynamics of sensibility, enjoyment and contact, the unseen columns that structure the visible unfolding of the play, as these are the pre-phenomenological scaffoldings of the scene of intentional consciousness. But beyond this illustrative use one might do of the *pièce*, to read *Rosmersholm* in a phenomenological key is to give all its weight to its ending: the double suicide of Rosmer and Rebecca, as Beata's ghost and the foretelling white horse, symbolise the fact that absence – the non-appearing, the gapingness, an emptiness that is all but empty – is the reason for presence, the motor of the whole intrigue. After all, as Schiller and Freud suggested in intuitions that are closer to Levinas than one would like to think, hunger and love are no more than sensuous relations to absences that can never become present, irreparable thirsts. Even if we might fleetingly feel satisfied, we will never stop being hungry as long as we live, as we will never be in contact, nor with another, nor with the elements, in the way our desire wishes.

## CONCLUSIVE REMARKS

> *A-t-on mesuré les profondeurs de la faim?*
> *[...] La faim qu'aucune musique n'apaise.*[40]

We have tasted *Rosmersholm* with a phenomenological tongue, we have seen it with phenomenological eyes. We started this path with

---

39  Levinas, *Existence and Existents*, pp. 43–4.
40  Emmanuel Levinas, 'Sécularisation et faim', in *Herméneutique de la sécularisation*, ed. by Enrico Castelli (Paris: Aubier, 1976), pp. 101–9 (p. 108): Have we measured the depths of hunger? [...] The hunger that no music soothes.

Freud reading Schiller, one of the preferred dramaturgists in the canonical phenomenology of theatre but only to see that beyond the usual hermeneutics of Ibsen's play, typically reading it as regarding social conflict or psychic life, one could understand it as referring to another kind of conflict, pointing towards another trail: the phenomenological drama of hunger, of desire, of how what appears has its grounds on what disappears, and how one might assume this gladly, smiling. The drama of sensuous desire, always in a thirsty relationship with alterity, ultimately unsatisfiable, is no other than the drama of being alive when this life is considered at a more fundamental level than that of the constitution of the self. Is life at the level of sensibility, of pure bodily forces wanting. One would hardly complain of having such hunger. Seen like this, it certainly inspires a smile, almost a sigh of relief: 'REBECCA. Yes. Now we're one. Come! We'll go then gladly'.[41] *Rosmersholm*'s final deaths refer thus to the hunger inherent to life, while its ghosts and shadows to how phenomena actually appear, marked by their incompleteness and the non-appearing: by their not-yet-seen facets, by the past, by the unseen desire impossible to quench.

To get to this conclusion, I have first shown how the classical phenomenology of art understands it as embodied images that are neutralised, namely to which we do not give a reality status but that precisely because they are quasi-real, allow us to extend our reflection to the quasi-world of aesthetic experience: the narrative world, the pictural landscape, the biographies of the Rosmer's or their two-centuries-old tradition coming to an end. With Ingarden and his theory of the many interrupted paths aesthetic emotions launch, only some of which will get to become axiological judgements and change our conscious life, we have then seen how relevant the capacity we have to empathise with the invisible past of embodied characters is. Finally, this reflection on fiction and the past has shown us the importance of absence for presence in more general terms, just as the supper scene proves fundamental for *Rosmersholm*'s structure and its ghosts for its intrigue. This has led to the final analysis of the Levinasian theory of sensibility as hunger: the sensible irretrievable hollowness of desire. This

---

41  Ibsen, *The Complete Major Prose Plays*, p. 584.

is *Rosmersholm*'s third way: to bring us back to that sensibility off-stage, to the behind-the-scenes of hunger and love, of enjoyment and touch, to the sensible and intrinsic constitution of the self and its community, rather than to an external analysis of the social or the psyche.

Erika Natalia MOLINA-GARCIA
Universidad de La Frontera
Facultad de Educación,
Ciencias Sociales y Humanidades
Área de investigación filosófica

# L'HEURE DE SE METTRE À TABLE

Cuisiner le récit
dans *Saïgon* de Caroline Guiela Nguyen
et *Mère* de Wajdi Mouawad

À propos de sa création *Mère*[1], le dramaturge et metteur en scène libano-québécois Wajdi Mouawad écrit : « La mémoire est comme un dieu qui sort des ressacs pour enlever le présent et l'entraîner vers la terre d'en face, l'imagination, en faire un mythe et lui donner un nom[2] ». Dans ce spectacle, l'auteur évoque la relation de sa mère avec cette « terre d'en face », mouvante, un Autre-en-face qui dépend d'une position géographique : il s'agit de l'Europe, il s'agit aussi du Liban. Le prologue place le mythe, celui de la ville de Sidon, terre côtière libanaise « où, dit-on, un dieu déguisé en taureau sortit de la mer pour enlever la plus belle des jeunes filles jouant sur le rivage. Europe aux grands yeux, Europe l'Asiatique emportée vers cette terre d'en face à laquelle elle donnera son nom : Europe[3] ». *Mère* est le récit fictionnel à inspiration autobiographique de l'exil d'une famille libanaise à Paris, en conséquence de la guerre civile et militaire qui touche le pays. La plupart des scènes se déroulent dans la salle à manger de l'appartement parisien. Cet exil dure cinq ans, de septembre 1978 à août 1983, et ne s'achève non pas par un retour au pays, mais par un nouveau départ forcé vers le Canada. Cette histoire est vraie, et appartient à W. Mouawad et à sa famille – comme à bien d'autres. Les personnages portent les authentiques prénoms de sa famille. De cet exil contraint, de cette fuite, l'auteur polarise les émotions autour de la figure de la Mère – sa mère, partie seule avec les enfants sans son époux resté travailler au pays. Il écrit ainsi le troisième texte de son cycle *Domestique*, après *Seuls* et *Sœurs*,

---

1   Wajdi Mouawad, *Mère*, spectacle créé le 19 novembre 2021 à La Colline – théâtre national. Création vue à La Colline le 23 mai 2023.

2   W. Mouawad, dans le Carnet de salle pour *Mère*, La Colline, 10 mai – 4 juin 2023.

3   W. Mouawad, *Mère*, Arles, Actes Sud-Papiers / Léméac, 2022, p. 14.

avant *Père* et *Frères*. Le titre porte un singulier remarquable, « parce qu'on n'a qu'une seule mère[4] ».

Ce thème de l'exil est aussi l'objet du spectacle *Saïgon*[5] de Caroline Guiela Nguyen et la Cie les Hommes Approximatifs, organisme composé de 8 membres, fondé en 2009, qui se préoccupe de produire de l'imaginaire dans le réel, grâce à la fiction. *Saïgon* débute par une discussion entre un fils et sa mère vietnamienne exilée, en compagnie des amis de celle-ci, tous exilés eux aussi. *Saïgon*, retrace à travers plusieurs histoires enchevêtrées entre la France et le Vietnam, la vie, l'amour, les larmes et les conséquences de la colonisation française au Vietnam. Construit sur plusieurs temporalités, 1956 et 1996, le spectacle se déroule pour autant entièrement dans un restaurant vietnamien (ce dernier étant dédoublé et pourtant identique, entre Paris et Saïgon). Partant, entre autres, du constat que l'on dénombre 979 restaurants en France qui portent le nom « Saïgon[6] », C. Guiela Nguyen souhaite parler de l'histoire collective, de l'histoire franco-vietnamienne. Le projet ne s'inscrit pas directement dans un projet militant autour des questions de décolonialité (la metteuse en scène alerte : « *Saïgon* n'est pas le spectacle par lequel je vais régler des comptes avec la France. Ce serait trop simple et général à la fois[7] »), mais propose des morceaux d'histoires, à la fois fictionnels et oubliés. Presque au même moment, la compagnie monte *Mon Grand Amour*[8], un court opus qui se joue en appartement, narrant un amour déchu, entre la France et Saïgon.

Si le thème de l'exil est omniprésent dans *Saïgon* et *Mère*, ces profils de création ont aussi une particularité esthétique commune, celle de nous *mettre à table*. L'expression polysémique qualifie d'une part la démarche mémorielle des créateurs, pour qui la parole libère – dévoile, mais aussi soulage – le chagrin, et d'autre part la dramaturgie propre du spectacle, s'articulant autour de la cuisine. Comment ces deux créations

---

4  Dossier de presse, *Mère*, La Colline, 10 mai – 4 juin 2023, p. 6.
5  Caroline Guiela Nguyen, *Saïgon*, Compagnie les Hommes Approximatifs, spectacle créé le 1er juin 2017 à La Comédie de Valence. Captation du 9 décembre 2018 vue à la Médiathèque des archives de l'Odéon.
6  Nombre rectifié et ajusté dans le Carnet de salle pour *Saïgon*, Odéon – Ateliers Berthier, propos recueillis par Francis Cossu, 12 janvier – 10 février 2018. Il n'est plus question « que » de 235 restaurants nommés « Saïgon ».
7  Carnet de salle *Saïgon*, *op. cit.*
8  C. Guiela Nguyen, *Mon Grand Amour*, Compagnie les Hommes Approximatifs, spectacle créé en 2016 à La Comédie de Valence.

organisent-elles le récit de l'exil autour de la préparation de repas ? Qu'est-ce qui devient vecteur de la fable ? Quelle place la nourriture prend-elle par rapport aux mots ? Les deux spectacles, revendiquant tous deux l'imagination et la fiction dans la mise en forme d'une poétique sur la souffrance de l'exil, utilisent la cuisine, son univers, de ses mots à ses gestes, pour parler sans dire. Il s'agira alors de noter le choix topographique de la cuisine comme espace de scène, en tant que lieu intime propice aux confessions et confidences. De cette observation, il sera possible d'établir les liens forts qui rattachent exilés et nourriture, marquant des habitudes arrêtées. Enfin, il s'agira de montrer quels principes et/ou postulats pensés et impensés sont représentés par l'esthétique de la préparation du repas.

## LA CUISINE, LIEU DISCRET ET INTIME
## DU DÉLITEMENT DES LANGUES

> M. – Recettes pour les malades de la peste. Tout repas que vous servirez, à la bonne heure, à un malade de la peste est susceptible d'être son dernier repas ; de ce fait, même si certains vous disent que c'est du gâchis, je vous recommande de préparer un mets d'excellente qualité[9].

La présence de la cuisine au plateau n'a pas toujours été évidente. Athéna-Hélène Stourna retrace ses premières apparitions sur scène fin XIXe siècle, et constate que jusqu'aux années 80, ses significations théâtrales et politiques ont beaucoup changées[10]. Si elle revêt à un moment un aspect « laboratoire », notamment avec le mouvement futuriste[11],

---

9   Rodrigo Garcia, *Notes de cuisine*, trad. Christilla Vasserot, Besançon, Les Solitaires Intempestifs, 2001, p. 54.
10  Athéna-Hélène Stourna, *La cuisine à la scène. Boire et manger au théâtre du* XXe *siècle*, coédition Tours et Rennes, Presses universitaires de Rennes et Presses universitaires François-Rabelais Tours, coll. Tables des hommes, 2011, p. 174-178.
11  Mélanie Boucher, « La nourriture en arts performatifs », *Jeu*, n° 154, 2015, p. 16.

la cuisine se voit assignée au milieu des années 60 une place de choix dans l'intimité familiale. Dans un même temps, les artistes de cette période hésitent de moins en moins à incorporer la nourriture dans leurs performances, voire à en faire l'objet artistique en soi, à l'image des *Tableaux-pièges* de Daniel Spoerri[12]. La cuisine sur scène est aujourd'hui un lieu signifiant à part entière, qui induit, lorsque s'organise l'action de cuisiner de vrais aliments, un aspect performatif (après tout, il est aussi question d'art culinaire). A-H. Stourna introduit la question de la cuisine sur scène en comparant la création d'un spectacle à l'acte de cuisiner, le metteur en scène étant chef de cette cuisine, et le public, client de ce restaurant-théâtre[13]. Cuisine et théâtre sont ainsi souvent liés (on pense par exemple, aux Grecs pour qui il était permis d'y consommer leur repas durant les fêtes dionysiaques, ou encore au café-théâtre encore répandus aujourd'hui), et cette perspective n'a pas échappé à C. Guiela Nguyen. En effet, la metteuse en scène explique avoir travaillé à partir d'un lieu : un restaurant vietnamien, dans lequel elle se trouvait dans le 13ᵉ arrondissement de Paris[14]. Pour elle, « c'est du lieu que naît le récit[15] ». Pas question alors de reléguer la cuisine au rang de coulisses, si la scénographie prend l'aspect d'un restaurant, l'espace de préparation devient visible (et massif, professionnel).

Ainsi, dans *Saïgon*, l'univers semble de prime abord plus professionnel et impersonnel. Pourtant, très vite, il se remarque que les uniques clients sont soit des amis, soit des habitués. Aucun nouveau client ne rentre, l'équilibre n'est jamais perturbé. Le restaurant déploie alors l'énergie d'un univers intime, où se réfugient, à Paris comme à Saïgon, les Français et les Vietnamiens au cœur lourd. Les premiers mots de *Saïgon* sont prononcés en ce sens, en voix off :

> C'est moi qui vous parle | Je m'appelle Lam | Vous allez me voir partout | Celle que vous voyiez en cuisine, c'est ma tante | Elle s'appelle Marie-Antoinette | On lui a donné ce nom-là, à Saïgon | Le nom d'une impératrice. D'une reine | Ici, c'est son restaurant. C'est elle qui fait à manger tous les jours | Tous les

---

12   Daniel Spoerri, *Tableaux-pièges*, 1972, assemblage d'objets divers sur photocopie collée sur bois, 71×71×40,5 cm, Musée cantonal des Beaux-Arts de Lausanne.
13   A.-H. Stourna, *op. cit.*, p. 11.
14   Pour *Mon Grand Amour*, il s'agissait d'un HLM.
15   Laure Adler, Pascal Rambert, *Mon cœur mis à nu*, Besançon, Les Solitaires Intempestifs, 2019, p. 123.

soirs, après la fermeture, Marie-Antoinette pleure, mais ça, personne ne le sait, personne ne le voit[16].

Marie-Antoinette et Lam occupent chacune deux rôles : tantôt, elles appartiennent au récit en tant que personnages dialoguant, tantôt elles performent la préparation de repas en cuisine. Comme le récit est rapporté par le personnage de Marie-Antoinette jouée par Anh Tran Nghia (« L'histoire qui commence maintenant est celle que raconte Marie-Antoinette[17] »), il contient tout un pan mélancolique, appartenant autant à l'histoire du personnage, qu'à l'histoire de la personne réelle, ainsi qu'à l'histoire culturelle propre au peuple vietnamien, coutumier des larmes et des vagues à l'âme. L'aspect formaliste du restaurant est donc rapidement effacé par la familiarité et la charge émotionnelle de la patronne, qui déploie la fiction dans son univers.

Cette modalité visible de la confection du repas est la même dans *Mère*, excepté que la dimension professionnelle y est dissoute au profit d'une préparation familiale aidée d'ustensiles domestiques. Chez W. Mouawad, la famille se regroupe autour de ce qui semble être la table unique, liant cuisine et salle à manger. Sur cette table, devoirs, confection des repas... On n'en sort que tiré par la sonnerie stridente du téléphone, objet qui prendrait presque la place d'un personnage à part entière. Chez W. Mouawad se retrouve également le rapport au chagrin, l'auteur déployant en effet un topos récurrent, l'idée que « l'enfance est un couteau planté dans la gorge[18] ». Déjà dans *Sœurs*, est décrite la douleur d'être fille (qui induit une filiation ; *fille-de*), plutôt que femme (suggérant une indépendance) : « LAYLA BINTWARDA. Je suis l'exil. Je n'avais pas compris que rêver n'était pas pour moi et que je ne suis née que pour porter le chagrin de ma mère, l'humiliation de mon père et dégager le chemin pour mes frères[19] ». Dans *Mère*, le chagrin est déporté aussi sur les frères, tout en n'épargnant toujours pas la fille. La fratrie est à égalité face à la peine de la mère, tous la subissent de plein fouet, seules les attitudes diffèrent. En ce sens, l'absence scénique

---

16   C. Guiela Nguyen, *Saïgon*, texte transmis par la Compagnie les Hommes Approximatifs, p. 2.

17   *Ibid.*

18   W. Mouawad, *Incendies*, Arles, Léméac / Actes Sud-Papiers, 2009. Ce topos se retrouve dans la plupart de ses textes, y compris *Mère*.

19   W. Mouawad, *Sœurs*, Arles, Léméac / Actes Sud-Papiers, 2015, p. 45.

du frère interroge : quel rôle pour l'enfant du milieu ? Quel rôle pour
le Frère ? Son temps se présentera plus tard, dans un texte à venir. Les
textes *Seuls* et *Sœurs* ont ainsi donné leurs poids aux personnages de
Wajdi et Nayla. Ainsi, dans les deux créations, l'exil place pratiquement
tous les personnages sous le joug de l'amertume et de la douleur. Quel
lieu alors pour parler, directement, indirectement, de cette souffrance ?
Le restaurant pour *Saïgon*, la table centrale dans *Mère*, dans les deux
cas, les artistes choisissent un lieu de cuisine. Dans les deux cultures,
ce lieu social et culturel incarne le rassemblement et la communauté.
Dans la culture libanaise, le *mezze*, traditionnellement servi sur un grand
plateau au centre des convives, permet de se regrouper autour d'une
nourriture démultipliée (car le *mezze* contient une dizaine de plats) mais
commune, au sein de laquelle chacun se sert. Le service asiatique est sur
ce point similaire, proposant lui aussi une pluralité de plats, à partager
entre chaque commensal. Cette façon de consommer, s'apparente à un
rituel : toute la nourriture est préparée en amont, notamment en ce
qui concerne le découpage des aliments en bouchées, permettant de
se servir avec les mains ou avec des baguettes. Le passage à table est
l'aboutissement, la consommation du travail au profit du partage et
de la convivialité.

Comme il a été précédemment indiqué, la cuisine a connu une
évolution, au théâtre mais plus généralement dans l'histoire des arts,
passant d'un espace relégué à une sphère occupée, qui regroupe le
plus généralement des présences féminines ou enfantines[20]. La cuisine
est l'espace où le temps s'étire, les temps de préparation et de cuisson
donnant le rythme. Les mains sont occupées, et la tête libérée. Cet univers, lorsqu'il est domestique, est associé aux femmes, à la parole libre,
aux discussions et aux histoires de familles. Devenue sphère intime de
premier rang, la cuisine est aussi le lieu propice des confidences, des
épanchements, et des aveux. Dans *Cuisine et Dépendance*[21] par exemple,
les invités du dîner viennent se livrer à tour de rôle à la maîtresse de
maison, cloîtrée dans la cuisine. Enfin, ce terrain revêt, en plus d'un
aspect confidentiel, un caractère familier. Sur ce point, la réussite du

---

20  Albert Anker, peintre et illustrateur suisse de la fin du XIX^e, s'est par exemple attaché à
    la représentation des enfants dans la vie domestique.
21  Agnès Jaoui, Jean-Pierre Bacri, *Cuisine et Dépendances*, Paris, L'avant-Scène Théâtre, coll.
    Des Quatre Vents, 2005.

projet de C. Guiela Nguyen de vouloir faire de la scénographie d'un restaurant un *lieu* est totale, lorsque la comédienne Anh Tran Nghia se brouille entre fiction et réel :

> Pendant les répétitions, je demande à Dan de surgir dans la cuisine et de tout lancer à terre. [...] Dan fait ce que je lui demande et renverse la cuisine. À la fin de la répétition, il vient me voir et me dit : « Caro, c'est bizarre mais je pense qu'Anh me fait la gueule... » Je suis sceptique mais je vais quand même la voir. Effectivement, elle était furax. Elle n'arrêtait pas de dire en vietnamien : « Il a cassé ma cuisine ! »
> Je lui dis : « Anh, on est d'accord, tout ce qu'il se passe ici, c'est du théâtre ! » Elle me répond « Oui, je sais ! Moi c'est Anh, le personnage c'est Marie-Antoinette mais... il a cassé ma cuisine ». Le lieu était devenu le lieu. Voilà jusqu'où peut nous emmener la croyance en nos spectacles[22].

La comédienne, certes non-professionnelle, est elle-même prise par l'esthétique méthodiquement reproduite d'un restaurant vietnamien. L'action de casser la vaisselle touche l'actrice au-delà du jeu, et l'atteint dans sa culture et sa vie réelle de cuisinière (la cuisine vietnamienne se consomme dans une multitude de petits récipients, souvent décorés, issus de rituels artisanaux). La magie du théâtre opère et la croyance ultime dans le dispositif par la comédienne ne peut que rajouter à l'authenticité du lieu. C. Guiela Nguyen explique : « Pour fabriquer notre restaurant, il fallait le mélange des deux histoires. On s'éloigne du réel pour notre fiction, et ensuite on croit à la réalité de ce lieu inventé[23] ». Dans *Mère*, le lieu est celui fictionnellement reproduit, de l'appartement du XVᵉ arrondissement de Paris dans lequel atterrirent Wajdi et sa famille en fuyant le Liban. De cet endroit, rien n'est vrai excepté un symbolique tableau de Cézanne, première approche de l'auteur à l'art pictural.

Pour W. Mouawad en effet, la substance réelle de *Mère*, ne tient pas au récit mais au choix de la langue arabe (surtitrée) sur scène. Pour lui, la présence d'actrices locutrices de sa langue maternelle, l'arabe, est décisive. Cet intérêt pour des comédiennes arabophones, d'origine libanaise, se situe à deux niveaux : tout d'abord, l'artiste découvre avec stupeur et plaisir, que sans en employer directement la langue, son écriture est

---

22 C. Guiela Nguyen, Aurélie Charon, *Un théâtre cardiaque*, Arles, Actes Sud, 2023, p. 117.
23 *Ibid.*, p. 128.

le résultat d'impensés linguistiques laissés en lui par la langue arabe. Dans le dossier de presse du spectacle, W. Mouawad déclare :

> Jusqu'à ce spectacle, j'avais toujours travaillé avec des acteurs qui m'étaient étrangers, qui ne parlaient pas ma langue. Quels que soient les spectacles et l'exceptionnelle qualité des acteurs avec qui j'ai collaboré, le travail que j'ai eu à produire pour les amener au rythme, à la vitesse et au cri qui sont ceux de mon écriture, a été titanesque. Mais ici les deux comédiennes libanaises attrapent le rythme de ce que j'écris sans effort et sans avoir besoin d'être convaincues, tout simplement car elles le connaissent[24].

Par ses exils successifs, en France puis au Canada, W. Mouawad a peu travaillé avec des personnes partageant sa langue maternelle, la poésie, le lyrisme et le rythme naturel à sa langue était étranger aux autres. Collaborer avec les comédiennes Odette Makhlouf et Aïda Sabra lui a permis de mieux comprendre sur quel plan se place sa propre écriture, et donc quel rapport entretiennent les autres à celle-ci : « J'étais dans ma langue et dans mon histoire quand les autres se retrouvaient en exil[25] ». Ici, l'exil, associé à la perte de repère dans le langage, est déplacé, renvoyé aux autres, le dramaturge étant chez soi uniquement dans le territoire restreint de son écriture. Le deuxième intérêt dans l'association avec ces comédiennes réside dans l'espoir de trouver entre eux des souvenirs communs. A priori, leur origine commune inclut un partage sensible de la vie libanaise, du quotidien à la guerre. Lorsque W. Mouawad évoque son incapacité à citer des noms de lieux quand bien même il crée une fiction, il décrit en réalité une solitude mémorielle : « Si ne pas nommer a eu l'avantage de libérer le récit d'une réalité donnée, je sais aujourd'hui que cette incapacité était liée au fait que je travaillais avec des comédiens qui n'avaient pas vécu ce dont j'essayais de parler[26] ». Le cas de C. Guiela Nguyen n'est pas totalement similaire, dont le français est la langue maternelle. Pour autant, la question de la langue, comme la nourriture, est primordiale dans Saigon. L'équipe

---

24  Dossier de presse, Mère, op. cit., p. 7.
25  W. Mouawad, Mère, (avant-propos), ibid., p. 8.
26  Ibid., p. 8. Cette affirmation est néanmoins à pondérer dans la mesure où W. Mouawad a quitté le Liban à l'âge de ans et a donc suivi la guerre depuis l'étranger. Néanmoins, les deux actrices ne sont pas non plus restées sur le territoire durant toutes les hostilités. W. Mouawad évoque cette forte culpabilité d'avoir matériellement peu vécu la guerre dans Wajdi Mouawad, Qui sommes-nous ? Fragments d'identité, Avignon, Éditions Universitaires d'Avignon, coll. Entre-Vues, 2011, p. 29-30.

est constituée de comédiens français, de Français nés au Vietnam, et de Vietnamiens. Au plateau, tout comme dans *Mère*, les deux langues se mélangent (parfois sans sous-titrage) créant ainsi des espaces qui n'auraient jamais pu voir le jour, sans l'entrechoc linguistique : pour préserver cela, C. Guiela Nguyen explique vouloir « garder l'écriture de la parole avec des comédiens[27] ». Le spectacle se déplace entre le Vietnam et la France et la langue suit ces itinérances.

Ainsi, la langue, tout comme la cuisine, renvoie à un chez soi maternel qu'il est très difficile de quitter. Ces éléments demeurent les symboles manifestes qui relient les exilés au territoire quitté, souvent dans la précipitation. La cuisine est le lieu où nourriture et parole se mélangent, occupant, déployant savoir-faire et mots dans la confection de mets, destinés à être consommés à plusieurs.

## VIVRE L'EXIL :
## LA NOURRITURE COMME EMPREINTE

Dans *Saïgon* comme dans *Mère*, la nourriture devient un objet dramaturgique en soi. Elle prend une place considérable, d'abord dans les gestes, occupant les mains lors de la longue et minutieuse préparation du repas, puis dans les bouches : sans avoir une réelle commensalité effective sur scène, la nourriture revient systématiquement dans les discours, quel qu'en soit le sujet. Les deux metteurs en scène l'ont bien compris, les aliments sont des objets qui renvoient à une appartenance, à des lieux et à des classes sociales. Pour réussir à donner une présence scénique à cet attachement universel à la nourriture d'un lieu, ils ont choisi de créer un paratexte culinaire, constitué de recettes de cuisine. Pour *Saïgon*, C. Guiela Nguyen a constitué avec son équipe, au cours de pérégrinations dans le 13e arrondissement de Paris et lors d'un voyage artistique de dix jours au Vietnam, une « Bible[28] », rassemblant des témoignages, des impressions et des images de ce pays. Cette « Bible » a pour objectif de

---

27  Carnet de salle *Saïgon, op. cit.*
28  C. Guiela Nguyen, *Saïgon. À l'origine*, Rennes, Théâtre Nationale de Bretagne et Cie Les Hommes Approximatifs, 2018.

constituer l'imaginaire global de toute l'équipe artistique de ce projet. Pour C. Guiela Nguyen, il est « à la base du travail d'écriture au plateau avec les comédiens pendant les répétitions », servant ainsi de toile de fond sur laquelle construire la fiction et le récit. Le document contient une photographie de restaurant vietnamien, des extraits ou dialogues qui parlent cuisine ou nourriture etc. Certains éléments de la « Bible », comme la recette du porc au caramel (*Thit Kho*), sont reproduits dans les carnets de salle (comme dans celui de l'Odéon par exemple), soulignant l'importance de ce point d'imaginaire, de cet élément socle et garant d'une certaine réalité au sein de l'univers fictif du spectacle. Ce paratexte destiné au public est similaire dans *Mère*, l'auteur fournissant quelques recettes de cuisine libanaise, comme le *taboulé*, le *houmous (ou hommos)*, les feuilles de vigne, le *kebbé* et le *maamoul*. Ces recettes sont détaillées et illustrées dans les carnets de salle, ainsi que dans le texte publié[29]. Même si dans *Saïgon* le travail de cuisine est visible, aucune précision n'est apportée quant à la réelle préparation au plateau du *Thit Kho*. En revanche, les recettes décrites dans *Mère* sont réalisées sous les yeux du public par les comédiennes, durant le laps du temps de la représentation. Les mets des deux créations sont tous traditionnels, et renvoient à une cuisine quotidienne dans les pays d'origine.

Afin de pouvoir se pencher sur les notions d'exil, et par-delà, celles d'identité, les auteurs ont en commun d'avoir décidé d'utiliser la nourriture comme vecteur de la fable. Cette dernière construit et véhicule un imaginaire, elle nourrit le texte en y apparaissant cycliquement. Au sein de ces deux créations, il est possible de relever différents rôles attachés à la nourriture dans l'exil :

*a)* un bagage de voyage (ou au contraire, une coupure volontaire). Dans les deux créations, les exilés perpétuent leurs habitudes alimentaires, et consomment aliments et cuisine de leur pays d'origine. Dans *Mère*, le repas n'est pas consommé, mais les recettes, les aliments et les ustensiles de cuisine (comme le moule à *maamoul*) témoignent d'une perpétuation de racines culinaires. À l'inverse dans *Saïgon*, Linh, jeune Vietnamienne s'apprête à quitter son pays pour la France, afin d'y suivre son mari Édouard, soldat français rapatrié. Orgueilleusement et pleine d'illusions, elle se renie avant de partir :

---

29   Recettes familiales écrites par Carolina Sapiain Quiroz, illustrées par Wajdi Mouawad dans Carnet de salle *Saïgon*, *op. cit.*

Linh (en vietnamien). Range les fleurs | Range tout ce qu'il y a sur la table. C'est quoi ? Ces bols ? Cette nappe ? | Regarde, tout est sale tout est miteux | La nourriture que tu nous sers je la donnerai même pas à des chiens | tout est vulgaire | tout est laid. | Bientôt je ne verrai plus tout ça. Bientôt, je serai loin de vous avec mon amour[30].

Son départ pour le pays rêvé dont elle n'a pas conscience de la propagande, se matérialise par un violent rejet de là d'où elle vient. Pour se consacrer à la France, à ce nouveau pays et à son mari, elle repousse les signes de son identité vietnamienne. Cette position de négation de sa culture pour se destiner à une autre (plus prometteuse, financièrement, statutairement), se limite pourtant à l'avant-départ. Une fois arrivée à Paris, Linh développe à l'inverse un fort sentiment d'appartenance et n'en finira plus de cuisiner et manger vietnamien, il n'y aura d'ailleurs que ça, pour sa cérémonie de mariage en France, malgré les plaintes de son mari.

Paris 1961 – La photo.
Ils venaient dans ce restaurant. Pour lui faire plaisir. Lui ne mangeait plus vietnamien depuis qu'il était rentré. Linh lui faisait à manger français. Elle cuisinait pour elle de son côté. Plus tard, la sœur de Linh qui était arrivée en 1975 dira : *Elle était vietnamienne dans sa cuisine, tandis que lui restait français dans son salon[31]*.

La nourriture est donc fréquemment un bagage – chéri, abandonné, caché, rejeté – pour l'exilé. Parmi les facteurs d'identité, elle nécessite elle aussi un choix : perpétuer ou arrêter ? La décision est souvent variable et nuancée, Jacques Barou évoque des « pratique culinaires métissées[32] », entre la consommation de plats traditionnels hérités, et l'incorporation de nourritures commercialisées dans le pays d'accueil, souvent surgelées.

*b)* un symbole auquel se raccrocher. Les personnages continuent de se nourrir comme s'ils n'étaient jamais partis, ils se dupent par leurs sens. W. Mouawad écrit « C'est dans cette désillusion que réside la brutalité : elle qui croyait quitter la guerre en quittant le Liban, n'a rien quitté du tout, c'est même pire de loin[33] ». Cela n'épargne pas les colons, le

---

30   C. Guiela Nguyen, *Saïgon, op. cit.*, p. 19.
31   C. Nguyen, *Saïgon. À l'origine, op. cit.*, p. 38.
32   Jacques Barou, « Alimentation et migration : une relation révélatrice », Hommes & migrations, n° 1283, 2010, mis en ligne le 29 mai 2013, URL : http://journals.openedition. org/hommesmigrations/980 (consulté le 29/04/2024).
33   Carnet de salle *Mère op. cit.*

manque et les habitudes touchent toutes les classes sociales. La femme de haut fonctionnaire à Saïgon, Mathilde, cherche du champagne pour s'alcooliser, Édouard s'énerve des habitudes de sa compagne, alors qu'ils se trouvent encore au Vietnam : « T'as pas une fourchette, j'en ai marre de manger avec des baguettes[34] ». Un aliment, un ustensile qui fait défaut, la nourriture dans l'exil est aussi un plein dans un vide, une omniprésence du souvenir face à son manque physique, effectif.

*c)* une absence. La nourriture sert à combler l'absence, celle des êtres chers restés au pays, celle que provoque le sentiment d'être apatride. L'absence est double : l'être exilé se sent lui-même absent de son pays, et ressent en lui l'absence de son pays. Le sentiment de manque omniprésent lui semble partagé. La culpabilité n'est alors jamais très loin de l'inquiétude permanente. Nourrir les êtres chers qui sont parvenus à partir, avoir l'argent pour le faire devient une préoccupation majeure. Ce sentiment se devine dans les reproches de la Mère à Nayla :

> MÈRE
>
> [...] Toi tu t'inquiètes pour toi, moi je m'inquiète pour toi, pour ton frère, ton frère et pour ton père et pour le chien et pour la casserole, alors ne vient pas me reprocher de ne pas comprendre, je n'ai pas le temps de comprendre, je n'ai pas le temps[35].

Ces pensées continuelles pour ceux qui ne sont pas là, ceux qui manquent, entrainent les personnages à combler ce néant par la nourriture : « NAYLA. [...] Et je ne comprends pas pourquoi on cuisine pour vingt alors qu'on est quatre[36] ». La cohérence alientaire ne préoccupe pas la Mère, comme si elle n'était jamais partie. Dans *Saïgon*, Linh appréhende sa future solitude en France. Elle associe sa peur du manque de ses parents au repas :

> ÉDOUARD
>
> [...] Qu'est-ce qu'il y a ? Pourquoi tu pleures ?

> LINH
>
> C'est la dernière fois que je peux prendre un repas avec mes parents. Les goûts, les odeurs... les odeurs de kenchuha [*kem cà chua*]. ... [nda : en vietnamien]. Je suis heureuse... Mais il a des moments que j'ai peur d'oublier. [...]

---

34  C. Guiela Nguyen, *Saïgon, ibid.*, p. 20.
35  W. Mouawad, *Mère, op. cit.*, p. 27.
36  *Ibid.*, p. 25.

ÉDOUARD

Je comprends pas[37].

Au-delà du langage, Édouard ne peut pas comprendre, soldat sans famille ayant grandi en foyer, il ne saisit pas le lien commensal qui unit une famille autour de la confection et la dégustation d'un repas. Enfin, l'absence est aussi celle très concrète des aliments qui, eux, ne voyagent pas tous. Les exilés ont toutes les peines pour se procurer les épices, produits et spécificités de leur pays d'origine (même si cela a tendance à s'atténuer avec la mondialisation et la circulation des marchandises poussée à l'extrême). Le manque autour du repas est donc double : celui émotionnel des convives et celui concret des aliments.

*d)* une patience et un espoir. La nourriture devient également une attente et un enjeu pour l'exilé. Pour certains, seul compte le retour, pour d'autres, c'est l'intégration qui importe. Pour celle-ci, il faut s'adapter, apprendre la langue et changer de cuisine. Linh promet de se plier aux exigences du déracinement si l'accès au pays fantasmé lui est accordé : « j'apprendrai à être comme vous | j'apprendrai le français | je ferai les plats que tu aimes[38] ». Dans cette phrase, se retrouve les liens serrés entre langage et cuisine, comme dans les textes ici traités, lorsqu'il est question de déracinement. Dans *Mère*, ronger son frein en cuisinant permet de se souvenir des absents, « MÈRE. [...] ma sœur tout ça pour moi c'est la terre d'en face parce que ma tête est toujours tournée vers vous[39] », tout en caressant l'espoir doux et amer de rentrer un jour. Pourtant, la réalité de la guerre rattrape vite celle du rêve : « NAYLA. En septembre tu disais qu'en décembre on serait au Liban et en décembre qu'en janvier on serait au Liban, en janvier tu as juré qu'en février nous serions au Liban et nous voilà en avril et nous ne sommes toujours pas au Liban[40] ! ». Par la bouche des enfants, Nayla, Wajdi, ou Antoine, le fils de Linh, la vérité est crue. Ces générations plus jeunes bâtissent le socle de leur vie dans ces pays d'exil, parfois ils y sont nés. Leur identité en est d'autant plus troublée. Cette inconstance renvoie le parent dans sa position d'attente, de voyageur qui ne repartira pas – le sait-il lui-même ? – mais jamais pour autant installé. Finalement, la nourriture

---

37  C. Guiela Nguyen, *Saïgon, op. cit.*, p. 10.
38  C. Guiela Nguyen, *Saïgon, ibid.*, p. 25.
39  W. Mouawad, *Mère, op. cit.*, p. 20.
40  *Ibid.*, p. 26.

occupe dans l'exil divers rôles complémentaires, qui traduisent tous un rapport sensible, élémentaire, au déracinement. A-H. Stourna relève la propension aux alentours des années 2000, à utiliser la nourriture comme objet scénique et dramaturgique :

> Dans les spectacles récents, datant entre 1998 et 2005, qui traitent de la migration, la nourriture joue un rôle important. Elle est là pour rappeler la faim de l'immigrant pendant son voyage vers des terres inconnues et la nostalgie de son pays qui se manifeste à travers des recettes qu'il apporte, ainsi que la cuisine nouvelle de son deuxième pays avec ses produits différents[41].

L'alimentation et par extension la cuisine, forment donc une trace, une empreinte tenace, qui se greffe aux départs, précipités ou non. Reste à déterminer comment toutes ces substances alimentaires, matérielles, immatérielles, se matérialisent dans la mise-en-scène, autrement que par le biais du texte.


## UNE ESTHÉTIQUE RECOUPANT GESTUELLE MÉCANIQUE ET DÉMARCHE MÉMORIELLE


Il a été souligné précédemment que l'activité de cuisiner induit une occupation des mains, propice à la libération des mots. En effet, la mécanisation des gestes cent fois répétés, dans la cuisine d'une famille nombreuse ou d'un restaurant, introduit une temporalité spécifique : il faut être là, il faut créer, produire, transformer manuellement. Durant ce temps, souvent long, l'esprit peut vagabonder, la discussion s'ouvrir. Dans *La cuisine* d'Arnold Wesker, mis en scène par Ariane Mnouchkine en 1967[42], les comédiens jouent l'aliénation et l'exploitation du prolétariat dans le décor d'une cuisine géante. Dans ce monde ouvrier, les mains fonctionnement seules. Chez les exilés, souvent empêchés de travailler à cause de l'irrégularité de leur situation, la cuisine est l'endroit de cette chorégraphie des mains, distanciée de l'esprit.

---

41  A.-H. Stourna, *op. cit.*, p. 243.
42  Arnold Wesker, *La cuisine*, adapté par Philippe Léotard, mis en scène par Ariane Mnouchkine, créé le 5 avril 1967 au Cirque de Montmartre.

Au sein des deux créations, les cuisines sont occupées et dominées par les femmes. Néanmoins, le qualificatif « familial » pour les désigner semble peu approprié, ces femmes cuisinent pour une famille absente, pour réparer et combler un vide. Pourtant, dans *Saïgon*, les consommateurs du restaurant de Paris ne sont que des connaissances, et à Saïgon, seul Édouard mange réellement. Dans *Mère*, tous les personnages quittent le plateau sans toucher au repas enfin terminé, dressé sur une grande table au centre de la scène. Cette absence de l'acte final et réglementaire de la cuisine, à savoir manger la substance lorsque celle-ci est prête, interroge. De quoi les personnages et le public sont-ils nourris ? Dans ces représentations, les mains performent un savoir-faire, tandis que les langues racontent les origines de ce savoir, à travers la mise en récit d'histoires d'exil. Il est autant question de ceux qui partent de que ceux qui restent, de ceux qui auraient voulu et de ceux qui ont pu, des vivants et des morts. Dans une circularité remarquable, la nourriture est tout d'abord un point de départ, une matière première. Par sa préparation, sa transformation, elle devient ensuite vecteur de parole. Le conte mijote et prend son temps. Enfin, la fiction devient une préparation alimentaire, suffisante pour nourrir plateau et public. D'après A-H. Stourna encore :

> La préparation et/ou la prise de nourriture pendant un spectacle sont utilisées afin de toucher à la question de l'identité (personnelle, culturelle, nationale, religieuse). [...] L'identité suggère, entre autres, l'existence de la mémoire, mais aussi des activités corporelles liées à celle-ci. La mémoire s'exprime sous forme de récit et dans les recettes utilisées durant les représentations. La prise nourriture par le spectateur (activité corporelle), quand celle-ci fait partie du spectacle, relate cette identité d'une façon sensorielle[43].

Bien que la nourriture soit consommée sur un mode platonique plutôt que matériellement par le public dans les deux spectacles, l'idée d'une transmission de mémoire par le récit n'est pas pour autant reléguée, et demeure primordiale. Pour C. Guiela Nguyen, cette transmission, qui se conjugue avec la restitution d'une histoire, passe par les larmes : « Il y a toujours quelqu'un à pleurer et tout l'enjeu du spectacle est de retrouver ce trajet des larmes[44] ». Ce passage par les pleurs, rythme le

---

43   A.-H. Stourna, *op. cit.*, p. 252-253.
44   Carnet de salle *Saïgon*, *op. cit.*

spectacle, et témoigne d'une réalité propre aux Vietnamiens pour qui le mélodrame est coutumier, et les larmes inscrites dans le quotidien.

> Le Viêtnam, c'est possiblement monter dans un taxi et voir un chauffeur au volant en train de pleurer sur une chanson d'amour, orchestré par un avatar de Jean-Michel Jarre ! C'est extraordinaire. Mais la minute d'après, le même homme s'embrouille avec un scooter ! En vérité, les larmes, c'est un flux quotidien comme un autre. C'est en France que c'est tout un événement[45] !

Alors que pour les Français ces épanchements gênent, les larmes sont courantes chez les Vietnamiens. Lorsque le soldat Édouard, doit faire comprendre à Linh qu'il doit rentrer en France sans elle, il en appelle à son monde d'origine : « Il y a tout le monde qui pleure là-bas... tout le monde. Alors maintenant c'est fini. Faut rentrer. Maintenant faut rentrer... Faut que les gens, ils arrêtent de pleurer tu comprends[46]... ». Dans le pays de l'exil, ces larmes devenues honteuses se ravalent avec la nourriture. Ainsi, lorsqu'Hao surprend Cécile en train de pleurer, après lui avoir demandé la raison et qu'elle lui répond qu'elle ne sait pas, la solution est sans appel : « Il faut manger[47] ». Cette nostalgie permanente matérialisée dans *Saïgon* par des larmes consolées par l'absorption d'aliments (Mathilde cherche aussi l'ivresse du champagne pour échapper à ses sanglots), se dessine chez W. Mouawad par les plaintes. La Mère s'en asphyxie :

> MÈRE
>
> [...] Mais ma sœur on regarde les nouvelles à la télévision et on est comme des poissons dans les filets, on ne respire pas, on étouffe, chaque image nous arrache le cour et comme je ne peux pas taper sur la télé je tape sur les enfants | De loin c'est pire ma sœur mieux vaut être dans la merde que l'imaginer et je ne peux pas te dire combien j'imagine j'ai envie de m'arracher la tête pour arrêter d'imaginer Abdo éventré par une bombe toi abattue par un franc-tireur et tes enfants égorgés et je ne dis rien pour ne pas effrayer les enfants alors je sors dans la rue pour me changer les idées mais je suis un fantôme [...][48].

Tragiquement, dans le cas des enfants de cette femme, l'étouffement ne provient pas de la situation d'exil, mais de la Mère elle-même, dont

---

45   C. Guiela Nguyen, Aurélie Charon, *Un théâtre cardiaque, op. cit.*, p. 118.
46   C. Guiela Nguyen, *Saïgon, op. cit.*, p. 21.
47   *Ibid.*, p. 47.
48   W. Mouawad, *Mère, op. cit.*, p. 18.

la douleur et l'inquiétude oppresse sans cesse la famille. Sa relation au téléphone et aux médias est proche de la folie. Si dans *Mère* le mot n'est jamais écrit, W. Mouawad fait porter la sentence par un autre personnage dans *Racine carré du verbe être* (ces ouvrages étants construits en échos, comme cette idée récurrente de l'enfance comme « une lame dans la gorge » :

> TALYANI
> [...] Mon père est resté au pays pour travailler et parce que les lignes téléphoniques libanaises étaient souvent coupées on pouvait être des mois sans nouvelles de lui alors que la RAI nous montrait les bombardements sur Beyrouth. Voir ma mère sombrer dans la folie à force d'inquiétude m'a beaucoup marqué[49].

Cette psychose envahissante contrôle tout et atteint la vie privée des enfants, qui grandissent sous le régime de l'inquiétude. Seule l'activité de cuisiner détache la Mère de son obsession pour les nouvelles des médias et les lignes téléphoniques coupées. Mais cette nourriture à préparer devient elle aussi source d'inquiétude : « MÈRE. [...] Toi tu t'inquiètes pour toi, moi je m'inquiète pour toi, pour ton frère, ton frère et pour ton père et pour le chien et pour la casserole, alors ne vient pas me reprocher de ne pas comprendre, je n'ai pas le temps de comprendre, je n'ai pas le temps[50] ». Le temps, suspendu et incroyablement long de l'attente, manque pourtant à la Mère, qui le comble inlassablement de ses tourments et de cuisine.

En écho à la construction mémorielle et en termes de langage, la nourriture sert ici également de référence discursive commune à ces femmes en proie aux larmes et à l'inquiétude. Dans les deux créations, les cuisinières mères, celles dont la vie a été bâtie majoritairement avant l'exil, emploient des références culinaires qu'elles maitrisent dans leur langage coutumier. Ainsi, la Mère traite Wajdi de « légume » et ordonne à Nayla « Vois ce qu'il faut faire avec avant que je ne le passe dans le Moulinex et que j'en fasse de la bouillie[51] ». Les recettes qu'elles connaissent, deviennent les lieux dans lesquelles elles existent et ont leur place. Ces premières imprègnent leur esprit, et constituent leurs éléments de langage. Le personnage de la Mère n'hésite pas les comparaisons,

---

49  W. Mouawad, *Racine carré du verbe être*, Arles, Leméac / Actes Sud-Papiers, 2023, p. 26.
50  W. Mouawad, *Mère*, *op. cit.*, p. 27.
51  *Ibid.*, p. 25.

notamment lorsqu'elle assure chercher à rentrer au Liban : « Comme une épice sur laquelle on n'arrive pas à mettre la main et sans laquelle tout devient fade[52] ». Marie-Antoinette utilise le même procédé lorsqu'elle menace Édouard en vietnamien : « Tu m'énerves ! ! ! Je vais te mettre dans le pho je vais faire du bouillon avec toi[53] ! ! ! ». À cela, la réponse d'Édouard sonne comme un dur retour à la réalité du pays d'accueil, celle que les cuisinières ne comprennent pas : « on est en France ici, parle français ! T'as compris on est en France[54] ! ! ». De cette façon, par ces incorporations conscientes ou inconscientes d'éléments du registre alimentaire dans l'imaginaire du langage, celui des comparaisons et des métaphores, la fidélité à une tradition culinaire très forte est soulignée. Si le pays et les êtres chers ne sont plus là, alors reste la cuisine. Ce langage traduit également la peur constante d'une perte de mémoire, et donc des traditions :

> MÈRE (*au téléphone muet*)
> Ils critiquent nos coutumes, apprennent des manières qui ne sont pas les nôtres je ne peux pas me battre contre ça je suis en train de devenir une étrangère aux yeux de mes enfants toi tu me dis c'est à la femme de s'occuper des enfants toi c'est quoi ton rôle[55] ? !.

Au Père absent, la Mère reproche de ne pas participer à la communication de la mémoire et des traditions libanaises, qui se perd irrémédiablement dans l'exil, notamment avec le langage (l'injonction à Wajdi de continuer à pratiquer l'arabe est régulière dans le texte). Pourtant, la Mère elle-même perd avec le temps ses repères et sa mémoire flanche. À plusieurs reprises, sa fille Nayla lui fait remarquer que ses propos sont incohérents, que sa temporalité n'est pas bonne et que ses souvenirs se sont mélangés. La fiction, régime artistique du spectacle, s'immisce ainsi dans les dialogues, rappelant au public la fictionnalité de la représentation et de ses propos. W. Mouawad écrit lui-même : « Ce qui est ennuyeux avec la mémoire, c'est qu'elle croit toujours savoir quand elle ne fait que raconter des histoires[56] ». Tous les efforts de la Mère et de toute la famille pour ne pas oublier, ne peuvent rien contre le temps. Le

---

52  *Id.*, p. 38.
53  C. Guiela Nguyen, *Saïgon*, *op. cit.*, p. 51.
54  *Ibid.*
55  W. Mouawad, *Mère*, *op. cit.*, p. 35.
56  Dossier de presse, *Mère*, *op. cit.*, p. 13.

personnage de Christine Ockrent (véritable journaliste française) personnifie à elle seule à la fois l'extérieur de l'appartement et les Français.
Régulièrement, elle donne en vain des nouvelles des préoccupations
des Français et de l'Europe, outre ses rapports journaliers sur le Liban.

*Exemple 1*

CHRISTINE OCKRENT
Les nouvelles françaises ne vous intéressent pas ?

MÈRE
Pourquoi elles m'intéresseraient ? Je ne suis pas française.

CHRISTINE OCKRENT
Mais enfin vous vivez en France… !

MÈRE
Nous rentrons bientôt au Liban[57].

*Exemple 2*

CHRISTINE OCKRENT *(à Nayla)*
La Pologne ne vous intéresse pas ?

NAYLA
Ce n'est pas que ça ne nous intéresse pas, mais en dehors du Liban, rien ne
nous intéresse[58].

La journaliste n'est pas écoutée, la famille, sous pression de la Mère,
s'interdit de penser à autre chose qu'au Liban, car elle-même n'en est
pas capable. Finalement, que ce soit chez W. Mouawad ou C. Guiela
Nguyen, la cuisine est soulignée comme un espace où se nouent mémoire
et langage, où les gestes concrets et les récits d'exil entrelacent traditions
et souvenirs. Alors, la nourriture, véhicule de transmission culturelle
et identitaire, n'est pas consommée matériellement par les acteurs de
la fiction, mais donnée spirituellement en symbole. Face à l'érosion de
la mémoire, cuisiner sonne avec salut.

En somme, les deux représentations offrent le préambule d'une mise à
table, cuisinant les plats traditionnels d'un pays quitté. La chorégraphie
des gestes mécanisés favorise la mise en place d'une mémoire fictive,
occupant néanmoins une forte présence, confirmant, annulant ou créant

---

57  Wajdi Mouawad, *Mère, op. cit.*, p. 48.
58  *Ibid.*, p. 60.

les imaginaires autour des migrations. Les aliments et leur transformation bâtissent et portent la poétique des textes de *Mère* et *Saïgon*, s'éloignant ainsi de la fiction documentaire pour constituer formellement un texte théâtral poétique. Lorsque l'identité culturelle est troublée, la nourriture peut faire office de refuge. L'univers esthétique de la cuisine, personnelle ou professionnelle, donne un cadre intime aux figures féminines, cuisinières, qui déroulent la fiction. Sans être désireuse d'une quelconque morale, la dimension poétique révèle la force symbolique de la simplicité, piochant de la cuisine au langage, et donne à ces spectacles toute leur unicité. Enfin, au-delà de leur construction narrative et esthétique, les deux créations sont avant tout chargées d'histoire, et implique de fait, une réception touchant des affects historico-politiques encore brûlants. Leur inscription historique les place nécessairement dans un univers d'images dont la résonnance permet la circonscription des événements à un lieu unique (la cuisine / salle à manger, le restaurant), sans pour autant perdre en portée imaginative. Lors d'un entretien avec Sylvain Diaz, W. Mouawad répond au sujet de la vocation de l'écriture à faire ou non image : « En Grèce, le mot "métaphore" désigne le déménagement, et mon exil est peut-être lié à cette abondance de métaphores, à mon impossibilité de dire une chose sans passer par l'expression d'une autre[59] ». Se déplacer, se focaliser sur l'aspect culinaire d'une identité culturelle, pour aborder par ce biais les souffrances de l'exil est un choix d'écriture, reposant entre autres sur l'universalité du sentiment d'attachement alimentaire. Référents tangibles, symboles, les aliments et la cuisine demeurent des lieux pour l'art, portant des discours sur les corps, de leurs souffrances à leurs félicités.

Marie DUVEAU
Université Sorbonne-Nouvelle
Laboratoire de l'IRET

59  Sylvain Diaz, *Avec Wajdi Mouawad. Tout est écriture*, Arles, Lémac / Actes Sud-Papiers, coll. Apprendre, 2017, p. 92.

# ABSTRACTS
# AND BIOBIBLIOGRAPHIES

Sabine Chaouche and Clara Édouard, "The Multifaceted Roles of Food on the European Stage"

Sabine Chaouche is an alumna of the University of Oxford and a specialist in theatre history. She has published numerous works on acting, theatrical production, staging, creative processes, and gender. Among her recent works are: *Molière and After: Aspects of the Theatrical Enterprise* (with Jan Clarke, 2022) and *Creation and Economy of Stage Costumes* (2023).

Clara Édouard, PhD from ULB, specialises in gender and the press at the end of the 19th century in France and Belgium, focusing on naturalism and drama's role in reflecting societal norms and gender roles. She co-edited *Consuming Female Performers* for the same collection. She lives and teaches in Maastricht, Netherlands.

This introduction outlines the various issues related to the theme of food in theatre and presents the contributions of the authors.

Keywords: Theatre, realism, naturalism, Europe, Molière, 17th century, 18th century, 19th century.

Sabine Chaouche et Clara Édouard, « *Les rôles multiples de la nourriture sur la scène européenne* »

*Sabine Chaouche est une* alumna *de l'Université d'Oxford et spécialiste d'histoire du théâtre. Elle a publié de nombreux ouvrages sur le jeu de l'acteur, la production théâtrale, la mise en scène, les processus de création et le genre. Parmi ses récents ouvrages :* Molière and After. Aspects of the Theatrical Enterprise *(avec Jan Clarke, 2022) et* Creation and Economy of Stage Costumes *(2023).*

*Clara Édouard, docteure de l'ULB, est spécialiste du genre et de la presse à la fin du 19ᵉ siècle en France et en Belgique, avec une attention particulière pour le naturalisme et le rôle du théâtre dans la réflexion des normes sociales et des rôles de genre. Elle a coédité* Consuming Female Performers *dans la même collection. Elle vit et enseigne à Maastricht, aux Pays-Bas.*

*Cette introduction retrace les différentes problématiques liées au thème de la nour-*
*riture au théâtre et présente les contributions des auteurs.*
    *Mots-clés : Théâtre, réalisme, naturalisme, Europe, Molière, XVII* siècle, XVIII* siècle,*
*XIX* siècle.*

Thomas MARTI, « L'arrière-cuisine au-devant de la scène. La *Comedia Tinellaria*
ou les plaisirs d'une satire de la table »

Thomas Marti est PRAG à l'Université Paul Valéry Montpellier 3. Il est l'auteur
d'une thèse, intitulée *Écrire et jouer la complaisance. Éléments d'une poétique du théâtre*
*espagnol profane et urbain représentable du premier XVI* siècle*. Ses recherches se situent
à la croisée des études théâtrales et de la réflexion sur les liens entre idéologie et
littérature du Siècle d'Or.

    Cet article propose d'analyser la *Comedia Tinellaria* de Torres Naharro en
l'inscrivant dans son contexte de représentation. Il s'agit par-là, d'examiner
comment la mise en scène fictive de la domesticité d'un palais et notamment son rapport à la table sert d'abord un enjeu satirique voué à critiquer
des comportements dévoyés. Construite sur un jeu de miroir, la pièce offre
également un reflet comique à ce qui se joue dans la salle et s'inscrit dans un
dispositif de complaisance.
    Mots-clés : Théâtre, Espagne, Italie, Siècle d'or espagnol, Écrits satiriques,
Comique, Théâtre courtisan, XVI* siècle, Palais, Torres Naharro.

Thomas MARTI, *"The Backroom Takes Centre Stage. The* Comedia Tinellaria *or
the Pleasures of a Satirical Meal"*

*Thomas Marti is a PRAG at the Université Paul Valéry Montpellier 3. He is the author
of a thesis, entitled* Écrire et jouer la complaisance. Éléments d'une poétique du théâtre
espagnol profane et urbain représentable du premier XVI* siècle. *His research lies at
the crossroads of theatre studies and the study of the links between ideology and literature in
the Spanish Golden Age.*

    *This article analyses Torres Naharro's* Comedia Tinellaria *in the context of its
performance. The aim is to examine how the fictional staging of the domesticity of
a palace, and in particular its relationship to the table, serves first and foremost as
a satirical tool for criticising misguided behaviour. Built on a game of mirrors, the
play also offers a comic reflection of what happens in the auditorium, and is part of
a system of* complaisance.
    *Keywords: Theatre, Spain, Italy, Spanish Golden Age, Satirical writings, Comedy,
Courtier theatre, 16th century, Palace, Torres Naharro.*

João Pedro GOMES and Guida CÂNDIDO, "Sweet Tooth and Bitter Tables. Between Materialities and Metaphors in the Dramaturgy of Gil Vicente (D. 1536) and António Ribeiro Chiado (D. 1590)"

João Pedro Gomes is the author of a PhD thesis titled 'A doçaria portuguesa. Origens de um património alimentar (séculos XVI a XVIII)', University of Coimbra, in 2022, and of the entries "Sugar", "Honey", "Cheese" and "Smoke" in *História Global da Alimentação Portuguesa*, 2023. He has published book chapters on Portuguese culinary literature and sweets consumption during the early modern age.

Guida Cândido has completed a PhD thesis titled 'O que não haveis de comer. Fome e saciedade da obra de Gil Vicente' (2023.) She is the author of national and international awarded books, namely from the International Food Academy (France), Gourmand Award, and Cookbook Fair; and of more than 30 scientific articles, including two entries in the *História Global da Alimentação Portuguesa* in 2023.

This article aims to identify how sugar and sweet products are used in the dramatic work of two of the most renowned Portuguese 16th-century playwrights: Gil Vicente and António Ribeiro Chiado. The study looks at the material manifestations and metaphoric representations linked to sugar and sweet products within the constructed fictional narratives depicting society and its vices in the early stages of the Portuguese modern period by these two playwrights.

Keywords: Commensality, cookbooks, dietetic, early modern period, feast, marriage, vices, symbolic food, social hierarchies, social criticism.

João Pedro GOMES et Guida CÂNDIDO, « *Goût sucré et tables amères. Entre matérialités et métaphores dans la dramaturgie de Gil Vicente (D. 1536) et António Ribeiro Chiado (D. 1590)* »

*João Pedro Gomes, auteur d'une thèse à l'Université de Coimbra en 2022 sur la confiserie portugaise entre les* XVI* et* XVIII* siècles, a contribué aux articles « Sucre », « Miel », « Fromage » et « Fumée » dans* História Global da Alimentação Portuguesa *(2023). Il a également écrit des chapitres sur la littérature culinaire et la consommation de sucreries pendant la période moderne.*

*Guida Cândido a soutenu une thèse intitulée « O que não haveis de comer. Fome e saciedade da obra de Gil Vicente » en 2023. Elle est l'auteure de livres primés au niveau national et international, notamment par l'International Food Academy (France), le Gourmand Award et Cookbook Fair, ainsi que de plus de 30 articles, dont deux contributions à* História Global da Alimentação Portuguesa *en 2023.*

*Cet article montre comment le sucre et les produits sucrés sont utilisés dans l'œuvre dramatique de deux des plus célèbres dramaturges portugais du* XVI* siècle : Gil Vicente et António Ribeiro Chiado. L'étude examine les manifestations matérielles et* *les représentations métaphoriques liées au sucre et aux produits sucrés au sein des récits fictionnels construits par ces deux dramaturges qui dépeignant la société et ses vices au cours de la première modernité portugaise.*

*Mots-clés : Commensalité, livres de cuisine, diététique, festin, mariage, vices, aliments symboliques, hiérarchies sociales, critique sociale, début de l'époque moderne.*

François RÉMOND, « Carnaval et carême. Métaphores alimentaires dans la farce baroque »

François Rémond est comédien et enseignant en histoire du théâtre à l'université Sorbonne Nouvelle. Ses recherches, centrées sur le théâtre français de la première modernité, portent sur l'histoire des formes théâtrales populaires et les structures dramatiques. Son ouvrage *Les Héros de la farce : Répertoire des comédiens-farceurs des théâtres parisiens (1610-1686)* est paru chez Champion en 2023.

Forme théâtrale héritière des festivités urbaines anciennes, la farce de l'âge baroque reprend et adapte le motif folklorique de l'affrontement cyclique entre l'abondance alimentaire du carnaval et les privations du carême. Au-delà d'une simple ressource thématique, cette opposition offre à l'industrie naissante des divertissements commerciaux un support métaphorique, permettant de penser la fonction programmatique du genre comique et la temporalité de l'économie des spectacles.

Mots-clés : Farce, carnaval, carême, nourriture, abstinence, personnages, programmation, saison théâtrale, cycle folklorique, absolutisme.

François RÉMOND, *"Carnival and Lent. Food Metaphors in Baroque Farce"*

*François Rémond is an actor and teaches theatre history at the Université Sorbonne Nouvelle. His research, centred on early modern French theatre, focuses on the history of popular theatrical forms and dramatic structures. His book* Les Héros de la farce: Répertoire des comédiens-farceurs des théâtres parisiens (1610-1686) *was published by Champion in 2023.*

*The farce of the Baroque age which theatrical form is inherited from ancient urban festivities took up and adapts the folk motif of the cyclical confrontation between the food abundance of Carnival and the deprivations of Lent. More than just a thematic resource, this opposition offered the burgeoning commercial entertainment industry a metaphorical support for thinking the programmatic function of the comic genre and the temporality of the entertainment economy.*

*Keywords: Farce, carnival, Lent, food, abstinence, characters, programming, theatrical season, folkloric cycle, absolutism.*

Théo GIBERT, « Des Festins de Pierre avant Don Juan. "L'endurcissement au péché" de Luís da Cruz à Molière »

Ancien élève de l'ENS de Lyon, agrégé de Lettres classiques, Théo Gibert est doctorant en Lettres modernes à l'Université Lyon III. Ses recherches portent sur l'influence du Néo-latin sur le théâtre français du XVIIᵉ siècle. Sa thèse a pour objet la tragédie cornélienne. Il est membre de la Société d'Études Médio- et Néo-Latines et du Mouvement Corneille.

Cette étude met en avant un arrière-plan néo-latin pouvant éclairer la séquence finale du mythe de Don Juan, de Tirso à Molière. Les *Tragicae comicaeque actiones* (1605) du Jésuite portugais Luís da Cruz attestent un motif dramatique antérieur à l'apparition de Don Juan, où le festin avait une fonction à la fois tragique et comique. Revenir sur la signification initiale de ce motif permet de mieux cerner le traitement particulier qu'en propose Molière en 1665.

Mots-clés : Comédie néo-latine, théâtre jésuite, XVIIᵉ siècle, Ludovicus Cruceus, *Tragicae comicaeque actiones*, mythe de Don Juan, Tirso de Molina, Molière, Jean Rousset.

Théo GIBERT, *"Feasts of Stone before Don Juan. 'Obstinacy in Sin' from Luís da Cruz to Molière"*

*Théo Gibert is a graduate and "agrégé" of the École Normale Supérieure de Lyon. His research looks at the influence of neo-Latin drama on French 17th century theatre. His thesis brings together Pierre Corneille's tragedies and Jesuit literature. He is a member of the "Société d'Études Médio- et Néo-Latines" and of the "Mouvement Corneille".*

*This study provides the reader with a neo-Latin background that may shed light on the final sequence of the Don Juan myth, considering it from Tirso's to Molière's version. The* Tragicae comicaeque actiones *(1605) by the Portuguese Jesuit Luís da Cruz attests to a dramatic motif predating the invention of Don Juan, in which the meal had both a tragic and comic function. Backtracking on its original meaning helps to better understand the particular treatment it received in Molière's 1665 play.*

*Keywords: Neo-latin comedy, Jesuit drama, 17th century, Ludovicus Cruceus,* Tragicae comicaeque actiones, *Don Juan myth, Tirso de Molina, Molière, Jean Rousset.*

Emilia Wilton-Godberfforde, "Dining with Dom Juan and the Dead. *'Voulez-vous souper avec moi?...'*"

Emilia Wilton-Godbefforde was Head of French at the Open University and is currently based in the Faculty of Modern and Medieval Languages and Linguistics at the University of Cambridge where she is also a Fellow and Director of Studies at Corpus Christi College. Her first monograph, *Mendacity and the Figure of the Liar in Seventeenth-Century French Comedy* was published by Routledge in 2017.

The final feast is absent from Molière's play and this chapter examines the significance of this particular omission. Themes of eating, consuming and desiring are shown to form the basis of the comedic material of Molière's play but this chapter also explores the extent to which these are used to underscore higher-stake issues around divine punishment, suffering and obsessive fantasy. Molière plays with conventions and blurs the distinctions between the comedic and the tragic.

Keywords: Feast, guest, appetites, starving, flesh, fantasy, punishment, comic/tragic overlaps.

Emilia Wilton-Godberfforde, « *Dîner avec Dom Juan et le mort.* "*Voulez-vous souper avec moi ?...*" »

*De 2014 à 2023, Mme Wilton-Godbefforde a dirigé le département de français de l'Open University. Elle travaille à la faculté des langues modernes et médiévales et de linguistique de l'université de Cambridge et est Fellow et directrice d'études au Corpus Christi College. Elle a publié* Mendacity and the Figure of the Liar in Seventeenth-Century French Comedy *(Routledge, 2017) et sur Molière et Racine.*

*Le festin final, où Dom Juan, puni, doit manger des créatures dégoûtantes, est omis dans la pièce de Molière. Cet article soutient que les thèmes de l'alimentation, de la consommation et du désir constituent la base comique de l'œuvre. Il explore comment ces thèmes mettent en lumière des enjeux plus larges liés à la punition divine, à la souffrance et à l'obsession fantasmatique. Molière joue habilement avec les conventions, brouillant les frontières entre le comique et le tragique.*

*Mots-clés : Festin, invité, appétits, affamé, chair, fantasme, punition, final, chevauchements comiques/tragiques.*

Silvia Manciati, « La faim d'Arlequin sur la scène de la Comédie-Italienne de Paris dans la seconde moitié du XVIII^e siècle »

Silvia Manciati est chargée de recherche en littérature théâtrale (Univ. de Rome « Tor Vergata ») et chercheuse associée du Centre d'études supérieures de la Renaissance, équipe « Scène Européenne » (UMR 7323). Ses recherches portent sur la période française de Carlo Goldoni, sur le jeu de l'acteur entre Italie et France au XVIII<sup>e</sup> siècle, sur le rôle des femmes dans la Commedia dell'Arte.

Cette contribution vise à explorer la présence de la nourriture dans la dramaturgie et sur la scène de la Comédie-Italienne de Paris, en se concentrant sur l'évolution du masque d'Arlequin dans la seconde moitié du XVIII<sup>e</sup> siècle, lorsqu'il s'éloigne du *Zanni* des vallées bergamasques et tient en échec ses instincts primaires, sans pour autant renoncer à son besoin de manger. Elle montre également comment l'évolution du répertoire et du jeu correspond à un rôle différent de la nourriture.

Mots-clés : Comédie-Italienne au XVIII<sup>e</sup> siècle, Arlequin, Zanni, lazzi de faim, nourriture, Carlo Bertinazzi, Carlo Veronese, Carlo Goldoni.

Silvia MANCIATI, *"Arlequin's Hunger on the Stage of the Comédie-Italienne in Paris in the Second Half of the Eighteenth Century"*

*Silvia Manciati is a research fellow in theatre literature (University of Rome 'Tor Vergata') and associate researcher at the Centre d'études supérieures de la Renaissance, "Scène Européenne" team (UMR 7323). Her research focuses on Carlo Goldoni's French period, acting between Italy and France in the 18th century and the role of women in the Commedia dell'Arte.*

This contribution explores the presence of food in the dramaturgy and on the stage of the Comédie-Italienne de Paris, focusing on the evolution of Harlequin's mask in the second half of the 18th century, when he moves away from the Zanni of the Bergamo valleys and keeps his primal instincts under control, without however renouncing his need to eat. It also shows how the evolution of repertoire and acting corresponds to a different role for food.

Keywords: 18th-century Comédie-Italienne, Harlequin, Zanni, lazzi of hunger, food, Carlo Bertinazzi, Carlo Veronese, Carlo Goldoni.

Jan CLARKE, "Food and Drink On Stage and Off (1660-1700)"

Jan Clarke is Professor of French at Durham University. She has published extensively on all aspects of 17th- and early 18th-century Parisian theatre, including a three-volume series on the Hôtel Guénégaud. Most recently, she has edited *Molière and After* (with Sabine Chaouche), *Molière in Context* for Cambridge University Press, and three plays in vol. 7 of the *Théâtre complet* of Thomas Corneille.

This essay examines payments for food and drink recorded by Parisian theatre companies between 1660 and 1700. First, it looks at the provision of food offstage: during rehearsals, at company meetings or on business trips, for example. Second, it considers food and drink onstage: wine and meals that are often the source of comic business, but also, increasingly, more fashionable beverages, as the Comédie-Française sought to reflect the society in which it was embedded.

Keywords: Food, drink, wine, coffee, meals, Molière, Dancourt, Comédie-Française, Hôtel Guénégaud, rehearsals.

Jan CLARKE, « *La nourriture et la boisson sur scène et dans les coulisses (1660-1700)* »

Jan Clarke est professeure de français à l'Université de Durham. Elle a publié de nombreux ouvrages sur tous les aspects du théâtre parisien des XVIIe et début XVIIIe siècles, y compris une série en trois volumes sur l'Hôtel Guénégaud. Plus récemment, elle a coédité *Molière and After* (avec Sabine Chaouche), *Molière in Context* pour Cambridge University Press, et trois pièces dans le vol. 7 du *Théâtre complet* de Thomas Corneille.

*Cet essai examine les paiements pour la nourriture et les boissons enregistrés par les compagnies théâtrales parisiennes entre 1660 et 1700. D'une part il s'intéresse à la provision de nourriture pendant les répétitions, lors des réunions de la compagnie ou lors des voyages d'affaires. D'autre part, il examine la nourriture et les boissons sur scène : le vin et les repas qui sont souvent source de jeux de scène comiques, mais aussi, de plus en plus de boissons à la mode, la Comédie-Française cherchant à refléter la société dans laquelle elle est ancrée.*

Mots-clés : Nourriture, boisson, vin, café, repas, Molière, Dancourt, Comédie-Française, Hôtel Guénégaud, répétitions.

Sabine CHAOUCHE, « "Bombance demeurez, et vous Ripaille aussi". La Comédie-Française et l'inventivité culinaire au XVIIIe siècle »

Sabine Chaouche est spécialiste de l'histoire de la Comédie-Française. Elle lui a consacré deux monographies portant sur la naissance du concept d'Acteur de 1738 à 1801 et sur la mise en scène de son répertoire de 1680 à 1815, et des articles sur son histoire économique et sociale (tractations commerciales, réseau de fournisseurs et marchandises commandées, création des costumes de scène).

Cette étude retrace l'utilisation de la nourriture et des boissons au théâtre, en particulier à la Comédie-Française. Elle examine les différents stéréotypes comiques qui leur sont liés comme le glouton et le gourmand, les mises en scène de repas et leur rôle en matière de comique, ainsi que la culture et les pratiques culinaires des acteurs eux-mêmes. Enfin, elle aborde la question de l'alimentation, de l'embonpoint et de la prise de poids de l'acteur vieillissant.

Mots-clés : Nourriture, Ancien Régime, XVIIIᵉ siècle, mise en scène, vieillissement, Molière, café, sucre, vin, théâtre.

Sabine CHAOUCHE, "*Bombance demeurez, et vous Ripaille aussi'. The Comédie-Française and Culinary Inventiveness in the Eighteenth Century*"

*Sabine Chaouche is a specialist in the history of the Comédie-Française. She has written two monographs on the birth of the concept of the Actor from 1738 to 1801 and on the staging of its repertoire from 1680 to 1815, as well as articles on its economic and social history (commercial transactions, supplier networks and ordered goods, creation of stage costumes).*

*This study traces the use of food and beverages in theatre, particularly at the Comédie-Française. It examines the various comedic stereotypes associated with them, such as the glutton and the gourmand, the staging of meals and their role in comedy, as well as the culinary culture and practices of the actors themselves. Finally, it addresses the issue of diet, corpulence, and weight gain in the ageing actor.*

*Keywords: Food, Ancien Régime, 18th century, staging, ageing, Molière, coffee, sugar, wine, theatre.*

Laurène HASLÉ, « "On mangera de véritables côtelettes" ! Mise en scène de repas sous la direction de Montigny au Théâtre du Gymnase (1844-1880) »

Laurène Haslé est docteure en histoires des spectacles du XIXᵉ siècle. En 2020, elle soutient une thèse sous la direction de Jean-Claude Yon (EPHE) et d'Isabelle Moindrot (Paris 8). Ses recherches portent, entre autres, sur le métier de directeur, sur l'histoire de la mise en scène (et ses prémisses) mais aussi sur l'histoire du Gymnase et, plus généralement, des personnalités liées à ce théâtre.

Directeur du Théâtre du Gymnase de 1844 à 1880, Adolphe Lemoine-Montigny s'investit, dès les premiers jours de sa direction, pour faire rayonner son théâtre et le placer parmi les grandes scènes de la capitale. Reconnu pour ses talents de conseiller littéraire, de direction de comédiens et de mise en scène, il attire, entre autres, par sa recherche de naturalisme sur la scène. Précurseur, il s'intéresse à la mise en scène de repas ainsi qu'à l'utilisation de réelle nourriture sur sa scène.

Mots-clés : XIXᵉ siècle, théâtre, mise en scène, direction de théâtre, Adolphe Lemoine-Montigny, accessoires de scène, souper, nourriture, cuisine.

Laurène HASLÉ, "'On mangera de véritables côtelettes'! *The Staging of Meals under the Direction of Montigny at the Théâtre du Gymnase (1844-1880)*"

*Laurène Haslé has a doctorate in nineteenth-century theatre history. In 2020, she defended her thesis under the supervision of Jean-Claude Yon (EPHE) and Isabelle Moindrot (Paris 8). Her research interests include the profession of director, the history of stage direction (and its beginnings), the history of the Gymnase and, more generally, the personalities associated with this theatre.*

*Director of the Théâtre du Gymnase from 1844 to 1880, Adolphe Lemoine-Montigny devoted himself from the very first days of his directorship to raising the profile of his theatre and placing it among the great stages of the capital. Renowned for his talents as a literary adviser, actor-director and stage director, he attracted attention, among other things, for his quest for naturalism on stage. A forerunner, he was interested in staging meals and using real food on stage.*

*Keywords: Nineteenth-century, theatre, stage direction, theatre direction, Adolphe Lemoine-Montigny, stage props, dinner, food, cuisine.*

Debra KELLY, "Varieties of Taste. Intertwined Histories and Geographies of Theatres and Restaurants in Late Nineteenth-Century London"

Debra Kelly, Professor Emerita, University of Westminster, London; Deputy Director, Centre for Language Acts and Worldmaking, King's College London. She is co-editor of *A History of the French in London. Liberty, Equality, Opportunity* (2013) and author of *Fishes with Funny French Names. A History of the French Restaurant in London from the Nineteenth to the Twenty-First Century* (2022).

This article explores intertwined histories and geographies of theatres and restaurants in late nineteenth-century London. Focusing on, for example, the Café Royal and the Empire Theatre of Varieties, the Savoy Theatre, Hotel and Restaurant, the Palace Theatre of Varieties and Kettner's restaurant, it poses a number of questions: How did these establishments come into being? Who frequented them? Why? Who worked there? What was on the nineteenth-century London theatre and the restaurant menu?

Keywords: Theatre-going, Dining-out, Display, Performance, Entertainment, Class, Gender, Status, Power relations, European cultural exchanges

Debra Kᴇʟʟʏ, « *Variétés de goût. Histoires et géographies mêlées des théâtres et des restaurants de Londres au XIXᵉ siècle* »

*Debra Kelly, professeure émérite, University of Westminster, Londres ; directrice adjointe, Centre for Language Acts and Worldmaking, King's College London. Co-éditrice de* A History of the French in London. Liberty, Equality, Opportunity *(2013) ; auteure de* Fishes with Funny French Names. A History of the French Restaurant in London from the Nineteenth to the Twenty-First Century *(2022).*

*Cet article explore les histoires et géographies mêlées des théâtres et restaurants dans le Londres de la fin du dix-neuvième siècle. En se concentrant, par exemple, sur le Café Royal et l'Empire Theatre of Varieties, le Savoy Theatre, Hotel and Restaurant, le Palace Theatre of Varieties et Kettner's, il pose certaines questions : Comment ces établissements ont-ils vu le jour ? Qui les a fréquentés ? Pourquoi ? Qui y travaillait ? Quel était le menu des théâtres et des restaurants londoniens ?*

*Mots-clés : Sortir au théâtre, dîner au restaurant, affichage, spectacle, divertissement, classe, genre, statut, rapports de force, échanges culturels européens.*

Nathalie Cᴏᴜᴛᴇʟᴇᴛ, « Boire au café-concert. Sur scène et dans la salle »

Professeure au département Théâtre de l'Université Paris 8, s'intéresse aux formes minorées de l'histoire des spectacles : cirques, cafés-concerts, music-halls, créations des femmes, théâtres à côté, etc. Elle a notamment publié *Un Théâtre à côté : la Grimace. De la Belle Époque aux années folles*, Le Coudray, Otrante, 2020.

L'étude s'intéresse au café-concert et aux modalités du boire qui s'y déploient dans le second XIXᵉ siècle : dans la salle, dans les textes des chansons notamment. Il s'agit aussi d'appréhender la forme particulière de sociabilité qui se crée au café-concert, entre artistes et publics, autour de la consommation d'alcool.

Mots-clés : Café-concert, chanson, alcool, pochard, sociabilité, loisir urbain.

Nathalie Cᴏᴜᴛᴇʟᴇᴛ, *"Drinking at the Café-Concert. Onstage and in the Auditorium"*

*Professor in the Theatre department at the University of Paris 8, she is interested in minority forms in the history of the performing arts: circuses, café-concerts, music halls, women's creations, 'théâtres à côté'. Her publications include* Un Théâtre à côté: la Grimace. De la Belle Époque aux années folles, Le Coudray, Otrante, 2020.

*The study focuses on the café-concert and the ways in which people drank there in the second half of the nineteenth century, particularly in the auditorium and in song lyrics. The aim is also to understand the particular form of sociability created at the café-concert, between artists and audiences, around the consumption of alcohol.*

*Keywords: Café-concert, song, alcohol, drunk, sociability, urbain entertainement.*

Erika Natalia MOLINA-GARCIA, "Taste and Time. An Essay on the Phenomenology of Hunger and Theatre"

Erika Natalia Molina-Garcia completed a PhD with a thesis titled "Phenomenology of touch. Ethical readings on discontinuous paradigms". She is professor of Philosophy (https://filosofia.ufro.cl/academicos). She is the cofounder of the TACTAE Collective for Touch Studies (https://tactae.wordpress.com).

Drawing on Husserl, Ingarden and Levinas' works, this article explores Ibsen's *Rosmersholm* from a phenomenological perspective, aiming to shed light both on this play and on the phenomenology of hunger and theatre, as well as on the larger meaning of alimentary enjoyment.

Keywords: *Rosmersholm*, *Bild-bewusstsein*, Epoché, Metaphysics of Presence, Nausea, Enjoyment, Proximity, Edmund Husserl, Roman Ingarden, Emmanuel Levinas.

Erika Natalia MOLINA-GARCIA, « *Goût et temps. Essai sur la phénoménologie de la faim et du théâtre* »

*Erika Natalia Molina-Garcia a un doctorat de philosophie (Université Toulouse II & Université Charles de Prague, 2018). Sa thèse est intitulée « Phénoménologie du toucher. Lectures éthiques de paradigmes discontinus ». Elle est professeure de philosophie (https://filosofia.ufro.cl/academicos) et cofondatrice de TACTAE, collectif pour les études tactiles (https://tactae.wordpress.com).*

*Prenant appui sur les œuvres de Husserl, Ingarden et Levinas, cet article explore la pièce* Rosmersholm *d'Ibsen dans une perspective phénoménologique, cherchant à éclaircir à la fois le sens de cette pièce, la phénoménologie de la faim et du théâtre, ainsi que la signification plus générale de la jouissance alimentaire.*

*Mots-clés :* Rosmersholm, Bild-bewusstsein, *Epoché, Métaphysique de la présence, Nausée, Plaisir, Proximité, Edmund Husserl, Roman Ingarden, Emmanuel Levinas.*

Marie DUVEAU, « L'heure de se mettre à table. Cuisiner le récit dans *Saïgon* de Caroline Guiela Nguyen et *Mère* de Wajdi Mouawad »

Marie Duveau est doctorante et chargée de cours à la Sorbonne-Nouvelle, membre du Groupe de Recherche sur la Poétique de la Scène Contemporaine de l'IRET à Paris.

Elle travaille sur le théâtre néo-documentaire et la représentation des mouvements d'indignation. Elle publie bientôt *Le récit vagabond d'un témoignage générationnel : étude de la nouvelle création « The Confessions »* d'Alexander Zeldin.

En analysant les créations *Mère* de Wajdi Mouawad et *Saïgon* de Caroline Guiela Nguyen, mettant en scène chacune au plateau la préparation de mets culinaires, l'article se consacre à trouver les convergences de ces représentations (utilisation symbolique de la cuisine comme vecteur narratif), explorant les complexes rapports entre exil, cuisine et langage. L'article s'interroge également sur la manière dont cette esthétique scénique confère un rapport poétique à l'expérience migratoire.

Mots-clés : Mouawad, Guiela Nguyen, exil, cuisine, nourriture, mémoire fictionnelle, poésie, Vietnam, Liban.

Marie DUVEAU, *"Time to Sit and Eat. Cooking Up a Story in Caroline Guiela Nguyen's* Saïgon *and Wajdi Mouawad's* Mère*"*

*Marie Duveau is a doctoral student and lecturer at the Sorbonne-Nouvelle, and a member of the Groupe de Recherche sur la Poétique de la Scène Contemporaine at IRET in Paris. She works on neo-documentary theatre and the representation of indignation movements. She is soon to publish* Le récit vagabond d'un témoignage générationnel: étude de la nouvelle création 'The Confessions' *d'Alexander Zeldin.*

*By analysing Wajdi Mouawad's work* Mère *and Caroline Guiela Nguyen's work* Saïgon*, which both feature the preparation of culinary dishes on stage, the article focuses on the symbolic use of cuisine as a narrative vector, exploring the relationships between exile, cuisine and language. The article also examines the way in which this scenic aesthetic confers a poetic relationship with the migratory experience.*

*Keywords: Mouawad, Guiela Nguyen, exile, cooking, food, fictional memory, poetic, Vietnam, Lebanon.*

# EUROPEAN DRAMA AND PERFORMANCE STUDIES

*European Drama and Performance Studies* est une revue consacrée à l'histoire des arts du spectacle. Les numéros thématiques sont publiés en français et/ou en anglais.

Retrouvez tous les numéros de la revue en scannant ce code QR :

Et pour recevoir nos dernières actualités, abonnez-vous ici :

IMPRIM'VERT®

Achevé d'imprimer par Corlet,
Condé-en-Normandie (Calvados),
en Octobre 2024
N° d'impression : 185883 - dépôt légal : Octobre 2024
Imprimé en France